질적 연구를 위한 실용적 지침

사람에게 귀 기울이기

Listening to People

아네트 라로(Annette Lareau) 저
유성상 · 이인영 · 박채원 · 정다정 공역

박영story

역자 서문

이 책의 저자인 아네트 라로는 『불평등한 어린 시절: 부모의 사회적 지위와 불평등의 대물림』(에코리브르, 박상은 역, 2012)으로 한국 사회과학계에 이미 소개된 연구자이다. 펜실베이니아대학교(University of Pennsylvania)의 사회학 교수로서 질적 연구 방법에 근거한 사회 불평등 연구자로 활발하게 연구를 이어가고 있다. 미국에서 사회, 문화, 경제적으로 배경이 다른 열두 가정 아이의 양육이 어떻게 같고 다른지를 보여준 이 책은 숫자로 선언된 우리 주변의 교육 불평등이 어떤 얼굴과 언어, 몸짓, 보이지 않는 정동으로 작동하고 있는지 정밀하게 그려내어 보여주고 있다. 처음 이 책을 읽으면서 가장 흥미롭게 다가온 사실은, 책의 많은 내용 속에서 아이들과 부모, 특히 엄마와 아주 내밀하고 사적인 관계를 그려내어 보여주고 있다는 점이었다. 도대체 각 집에 CCTV라도 설치하고 나중에 이를 대화로 재구성한 것일까? 요즘 TV에 등장하는 예능 프로그램에서 아이들이 카메라에 노출되어 비치는 것과 같은 것처럼 말이다. 그런 상황이 아니라면, 어떻게 부모들과 어린 자녀(들)의 내밀한 대화와 행동들을 마치 눈앞에서 보이듯 그려낼 수 있는 것일까? 나와 같은 의심의 눈초리에 대해 저자인 라로는 아마 웃음을 참지 못하고 이렇게 말했을 테다. '그렇게 하는 것이 제대로 된 연구라고 할 수 있을까요?'

이 연구는 1990년에 시작되어 꽤 오랜 연구 준비 단계, 이론적·방법론적 탐색, 연구 초점 설정, 파일럿 연구를 거쳐 1994~1995년 동안 가정, 학교 방문을 통해 수행된 질적 연구이다. 연구논문으로는 여러 차례 해당 연구에 대한 발표가 있기는 했지만, 단행본으로 발간된 것이 2003년이니, 연구 기간이 꽤 오래 이어졌음을 알 수 있다. 이 책은 가정의 사회경제적 배경(인종, 계층)의 차이가 부모의 아동 양육 태도(기대, 지원)에 어떤 영향을 미치는지를 분석한 탁월한 연구 성과로 평가되는데, 특히 해당 도서의 뒷부분에는 연구 방법에 대해 짧지 않은 내용이 담겨 있어 눈길을 끈다. 부록에는 질적 연구를 수행하는 연구자가 실제 연구 현장에서 마주친 곤란한 상황에 어떻게 대처하였는지에 대한 사례와, 유사한 상황에 부닥칠 연구자들에게 건네는 간단한 조언이 담겨 있다. 그러다 보니 이 부록은 내밀한 사적 공간과 시간을 정밀하게 드러낸 연구자의 연구가 어떻게 수행되었는지 들여다볼 수 있는 창으로 기능한다. 이 부록이 읽는 내내 연구 자체에 대해 방법론적 신뢰에 '의구심'을 버리지 못하던 나 같은 독자들에게 '잘 참았다'라며 위로를 건네는 글처럼 읽히는 이유이기도 하다.

이 책은 누구나 따라 하고 싶은 연구의 저자인 걸출한 연구자 라로의 연구 수행 노하우를 오롯이 담아내고 있다. 무엇보다 이 책은 누구나 흉내 내 이야기할 수 있는 질문인, "'아주 잘된 연구'란 어떤 것일까?"에 누구도 흉내 내기 어려운 꼼꼼함과 친절함으로 대답을 전해주고 있다. 저자의 글에서 볼 수 있듯, "(좋은) 연구는 우리가 흔히 눈에 보이지 않고 귀에 들리지 않고 몸으로 느끼기 어려운 우리 삶의 모습을 좀 더 잘 들여다볼 수 있도록 해준다. 잘 보이지 않던 사람, 손으로 만져지지 않는 제도, 쉽게 이해되지 않던 일들의 사회적 과정 등에 대해 지식을 더해준다." 이 책은 다양하고 다차원적이며 분리됨과 동시에 중복적인 사람들의 삶의 모습, 창조적인 순간을 보이는가 하면 반복, 재생산되기도 하는 사람들의 구체적인 국면을 이해하도록 이끄는 '좋은 연구'를 해내는 훌륭한 연구자의 토대를 든든하게 해준다. 질적 연구 방법은 구체적인 사례를 통해 미시적이고 지엽적인 관점을 제공한다는 비판에 직면하곤 한다. 하지만, 질적 연구물은 나 아닌 다른 사람들의 삶에 구체적으로 발을 들여놓고, 나와의 관계를 연결하도록 하는 매개 역할을 한다. 그런 점에서 질적 연구 방법으로서 라로의 『사람에게 귀 기울이기』는 나와 세상, 나와 사람들을 잇는 중요한 다리 역할을 하고 있다.

라로는 문화기술지 작업으로 대표되는 질적 연구가 종종 '모순적'이라고 이야기한다. 방법적으로 체계적이고 엄격해야 하지만, 연구가 위치 지워지는 맥락 속에서 연구자는 민감하고 유연한 태도를 유지해야 하기 때문이다. 분명한 가설을 내세워 가설의 인정, 거부를 따지는 양적 연구와는 사뭇 다르게 질적 연구는 꽤 오랜 시간 자신의 애초 '애매한' 질문을 다시금 되짚어 수정하고, 또 고쳐가면서 연구자가 대하는 자료와 '발현하는 연구 질문들'과 사투를 벌인다. 앞서 이야기했듯, 연구는 궁극적으로 사람과 사회에 대한 이해를 더 하게 하는 작업이다. 하나의 좋은 연구에서 연구의 결과물은 연구를 대하는 독자들에게 배움의 기회를 제공하는 한편, 연구의 과정과 결과를 통해 연구자(들) 또한 성장한다.

대학원에서 가르치는 일을 한다는 것은 한편으로 교육자로서 좋은 강의를 한다는 뜻이기도 하지만, 다른 한편으로는 학생들에게 좋은 연구를 지도한다는 뜻이기도 하다. 학위의 종류와 상관없이 학생들의 연구 관심사에 따라 논문을 준비하게 하고, 궁극적으로 심사를 받도록 준비시키는 일이 대학원에서 가르치는 선생으로서의 주요 역할이다. 학생 각자의 논문 주제를 정하고 그에 따라 논문의 핵심 질문을 탐색, 설정하도록 하고, 논문의 방법론과 방법을 익혀 독립된 연구자로 자신의 연구를 독립적으로 수행할 수 있는 역량을 키우도록 하는 일은 꽤 길고, 또 어려운 일이다. 더욱이 지도하는 학생들의 수가 얼마나 많은지, 또 그들의 주제(연구 질문)와 방법(연구법)이 얼마나 다양하게 분산되어 있는지에 따라 이를 지도하는 멘토의 역할은 경계를 정하기 어려울 만큼 크다.

누군가의 삶과 앎을 지도하는 위치에 있는 사람이라면 그 누군가의 자율적이고 주도적인 태도가 그리 반가울 수 없다. 아이를 키우는 부모의 마음이 그럴 것이고, 제자들을 대하는 학교 선생의 마음이 그럴 것이다. 나처럼 대학원에서 가르치는 사람들에게 장래 좋은 연구자가 될 만한 재목을 만나는 일은 즐겁고 또 가슴 뛰는 일이다. 공자는 이를 인생의 세 가지 즐거움 중 하나라고 하지 않았던가? 안타깝지만, 누군가의 자율적이고 자기 주도적인 태도로서의 행위자성은 그냥 만들어지거나, 저절로 발현되는 것이 아니다. 자율적이고 자주적인 태도는, 끊임없는 반복적 훈련을 통해 무언가를 해내는 자기효능감의 축적, 경험해 보지 못한 새로운 것에 대한 도전적 자세, 미지의 것에 대한 호기심을 유지하고 이를 해결하려는 적극성, 눈에 보이는 현상에 대한 인과적 설명을 위해 지치지 않고 대드는 담대함이 뒤섞여 나타날 것이다. 하지만 이러한 역량은 타고난 기질도 일부 포함되지만, 꽤 훌륭하게 지도받은 배움의 산물이기도 하다. 따라서 학교 선생은 반대로 좋은 연구자를 키워내기 위해 좋은 가르침을 주는 사람이어야 한다. 그러기에 누가 훌륭한 연구자가 될 것인가라는 질문보다, 어떻게 사람들을 훌륭한 연구자로 키워내고, 이들이 훌륭한 연구를 수행하도록 할 것인가에 관심을 기울이게 된다. 능력과 태도가 뛰어난 사람을 알아보는 것보다, 가슴 뛰는 학생들과의 만남보다, 학생들이 연구자로서 성장하고 독립적인 연구 수행을 해나가는 변화의 과정을 지켜보는 것이 더 의미 있다고 여기는 이유가 여기 있다. 아마도 교육이란 게 세상에서 가장 보람된 것이라 불리는 이유가 아닐까 싶다.

훌륭한 연구자로 성장하기 위해서는 좋은 연구 지침이 필요하다. 이 책은 누구라도 연구자로서 필요로 하는 태도와 기술을 갖추게 하는 친절한 지도서로서의 역할을 자임하고 있다. 사실 연구 방법을 이끄는 문헌들에서 적잖은 참담함을 경험하곤 한다. 한편으로는 언어, 즉 방법과 기술을 담은 말의 추상성 때문이고, 다른 한편으로는 연구자의 길에 들어서 아직 갈 길을 정하지 못한 초보 연구자들이 따라갈 수 없는 고도의 숙련을 전제한 방법 때문이기도 하다. 본서가 초점을 맞추고 있는 독자는 바로 이런 초보 연구자, 질적 연구 방법으로서 참여 관찰과 면담을 취하려는 학생들이다. 본서는 연구를 시작하기에 앞서 관심 있는 영역으로서 연구 주제의 우선순위를 어떻게 정리할지, 핵심 연구 질문을 어떻게 선정하고 결정해 나갈지, 연구 질문에 따라 어떤 자료를 특정하고 어떤 과정을 거쳐 자료를 수집할지, 연구자가 애초 계획했던 임시적 연구 결과를 뒷받침하는 자료를 어떻게 탐색할지, 탐색된 자료를 어떻게 설명하고, 궁극적으로 연구자의 연구 결과를 독자들에게 어떻게 이해, 설득할지 등에 대해 세세한 지침을 전하고 있다. 각 장에는 연구 계획(1장), 연구 설계(2장), 연구 준비 및 IRB 절차(3장), 면담 준비 및 면담의 실제와 사례(4~5장), 참여 관찰의 도전 과제와 실제(6장), 현장 노트의 좋은 사례와 나쁜 사례(7장), 자료 분석(8장), 글쓰기(9장)에 관한 내용이 담겨 있다. 그리고 마지막 10장에서 왜 이러한 질적 연구 방법을 익히는 것이 가치 있는가, 어떻게 연구의 가치를 좀 더 높게 만들 것인가, 배워나간다는 것의 의미를 고려할 때 연구 초보자들에게 이 책이 갖는 의미는 무엇인가에 대한 따뜻한 학교 선생으로서의 섬세한 답변이 담겨 있다. 즉, 본서는 연구를 설계하고, 자료를 수집하고, 연구 초점을 다듬고, 좀 더 많은 자료를 수집하고, 수집된 자료를 입력하고 결과를 글로 작성하는 등의 모든 과정을, 언제든 꺼내 참고하고 지침으로 삼을 수 있는 핸드북 형태로 제공하고 있다.

무엇보다 이 책을 통해 얻게 될 두 가지 배움이 있다. 하나는 연구자의 발현적 입장이다. 라로는 이를 연구의 '발현적' 특질로 제시하고 있다. 질적 연구 방법이 발현적이라고 할 때, 연구자는 연구를 수행하면서 무엇에 집중해야 하는지를 살피는 계기를 갖게 되고, 그 계기를 통해 연구에서 무엇이 중요한지 결정하는 과정에 빠져들게 된다. 연구가 수행되면서 자신이 맞닥뜨리는 상황과 전달되는 자료 속에서 매 순간 집중할 것의 수정과 변화가 불가피해진다. 연구 과정의 발현성을 인정하고 나면, 연구의 어떤 단계에서 일어나는 상황이든 혼란과 불확실성을 수용하기 마련인데, 단계가 조금씩 진전되면서 연구의 초점이 좀 더 분명하게 맞추어지고, 맞닥뜨리는 상황에 대해 좀 덜 혼란스럽고, 좀 덜 불확실하게 된다. 다른 하나는, 질적 연구에는 적잖은 시간이 소요된다는 점이다. 앞서 『불평등한 어린 시절』이 1990년 시작되어 제대로 된 자료수집으로서의 면담과 참여 관찰이 수행된 것은 1994~1995년이었음을 제시했다. 이후 연구 결과로써 단행본이 발간된 시기는 2003년이었다. 질적 연구 방법에 따라 수행된 모든 연구가 이토록 긴 시간을 요구하는지에 대해 일반적인 대답을 내놓기는 어렵다. 하지만 앞서 이야기한 발현적 특징으로서의 질적 연구법은 연구에 임하는 연구자의 변화, 연구자가 대하는 연구 상황의 변화, 연구 자료에 대한 이해와 해석의 변화를 포함해, 연구의 초점이 끊임없이 부유하는 변화적 상황에 노출되어 있다. 연구의 시작과 끝을 특정하기 어려운 이유가 여기에 있다. 더욱이 다양한 사회적 차원에 살아가는 사람들의 언어와 행동은 그 맥락 속에서 이해되고 또 설명되어야 한다는 점에서 언어가 내재하고 있는 난감함 또한 연구자가 풀어내야 할 숙제이기도 하다. 그래서 면담과 참여 관찰을 내세운 질적 연구는 천차만별의 다양한 연구라고 불리는지도 모른다. 하지만 이러한 시간은 연구자가 자신의 연구를 궁극적으로 좀 더 가치 있는 데에 도달하게 하기 위해 꼭 필요한 일이다. 궁금해하고, 그래서 질문하고, 이어서 새로운 질문을 던지고, 또다시 질문을 바꿔 던지고, 그래서 좀 더 크고 가치 있는 질문으로 도약을 이뤄내는 데 드는 적잖은 값으로 시간이 작동한다. 그 사이 연구자와 연구 대상 사이에 수많은 일들이 결정되고, 그러면서 조금씩 가치 있는 연구자의 대답이 익어가게 된다.

이 책의 제목은 그대로 『사람에게 귀 기울이기』이다. 연구자로 배움을 청하는 독자들에게 저자는 '귀를 기울여 잘 듣는' 사람이 되기를 요청한다. 연구자는 연구 참여자들에게 귀를 기울여 잘 들어야 한다고 주문한다. 또한, 연구자는 연구 과정 중에 매개되는 자기 연구에 대한 피드백에 귀를 잘 기울이도록 요청한다. 그뿐만 아니라, 자신과 같건 다르건 다른 연구자들에게 귀를 잘 기울여 들으라고 요청한다. 이것이 심층 면담과 참여 관찰의 핵심이며, 이를 통해 자신의 관점과 세상 사이의 연결점을 발견하게 된다고 조언한다. 이렇게 사람들에게 귀를 잘 기울이게 되면, 우리는 연구자로서 갖고 있는 전제에 대해 다시 생각하고, 언제든 저지를 수 있는 실수를 검토해 만회할 기회를 얻게 되고, 새로운 생각에 대한 평가를 할 만한 여유를 갖게 되며, 우선순위 판단 및 새로운 연구 방향에 대한 심사숙고, 그리고 이어지는 수정작업을 가능하게 할 수 있다. 결국 사람에게 잘 귀 기울이는 연구자로서의 독자는 자기의 연구를 보다 가치 있게 만들어가게 된다. 질적 연구를 조언하는 지침서로서 이보다 더 좋은 책의 제목이 있을까 싶다.

우리는 알면 알수록 모르는 것이 늘어난다. 답답함이 늘어난다. 흥미로운 것은 알아나가는 것이 많아지면서 생기는 답답함은 이전의 답답함과는 다른 부류의 답답함이고, 호기심과 열정을 동반하는 조급함이 포함된 답답함이다. 연구자로서 이런 답답함을 해소해 나가는 일은 초보 연구자라는 딱지를 떼고, 좀 더 효능감 있는 연구자로 성장한다는 말과 다르지 않을 것이다. 연구는 결국 사람들이 자신이 살아가는 세상에 대한 이해 방식을 바꾸도록 하는 계기이다. 세상을 바꿔나가는 변화, 소소하게 이렇게 시작되는 것 아니겠는가?

마지막으로 이 책의 번역은 질적 연구에 관심 있는 연구자들의 소소한 연구 모임에서 시작되었다. 학위논문을 마치고 각자 독립 연구자로서의 경력을 쌓아가는 과정에서 이 책을 통해 연구 방법의 내공을 쌓아 성장하게 된 경험은 유익함을 넘는 즐거움이었다. 다시 한번 번역에 함께 참여해 배움의 기쁨을 나눈 동학들(이인영 박사, 박채원 박사, 정다정 박사)에게 감사의 마음을 전한다. 늘 그렇듯, 함께하는 배움은 혼자 배움보다 몇 곱절 큰 성장을 가져온다. 아마도 우리 번역자들의 정성과 노력으로도 부족했던 부분이 있지 않았을까 싶어 걱정스럽고 조심스럽다. 훌륭한 연구자의 연구법 노하우가 다른 말로 옮겨지면서 혹 얻게 될 독해의 불편함에 대해서 미리 양해를 구한다. 좀 더 세심하지 못했던 번역자들의 미진함으로 독자들의 너그러움을 기대한다.

더불어 이렇게 멋진 책으로 나오게 된 것에 출판사에 감사의 마음을 전한다. 지면으로 소통하고 지면으로 논쟁하던 시대가 스크린을 통한 동영상의 소비 시대로 넘어가면서 학술적 방법을 논하는 연구자들의 배움을 공유하겠다는 생각은 순진한 사치처럼 느껴지기까지 한다. 그럼에도 어려운 시기에 출판을 흔쾌히 승낙하고 꽤 오랜 시간 번역 원고를 기다려준 박영스토리 편집진들에게 감사 인사드린다. 우리의 배움만큼 이 책을 통해 많은 연구자, 특별히 질적 연구를 선택했지만, 어려워하는 많은 분이 큰 배움의 통로를 가지길 기대한다.

번역자를 대표해 유성상 씀

2025년 11월

차례

제 1 장

도입
연구 과정의 발현적 성격

L i s t e n i n g   t o   P e o p l e

면담과 참여 관찰 연구는 사람, 제도, 사회적 과정에 대한 깊은 지식을 제공한다. 이러한 접근은 사람들이 사회 구조의 힘에 어떻게 영향을 받는지 보여줌으로써 일상적인 개인의 삶에서 일어나는 사건에 의미를 부여하도록 이끈다. 매우 잘된 연구는 우리가 연구에서 생생하게 기술된 사회적 사건에 가까이 있는 것처럼 느끼게 해줄 수 있다. 예를 들어, 어떤 재앙과 같은 사건의 희생자들에 대한 설문 조사를 통해 그 사건의 규모와 범위를 파악할 수 있다면 심층 면담과 참여 관찰을 통해서는 예상치 못한 파급효과를 이해할 수 있게 된다. 『길에 있는 모든 것(Everything in Its Path)』이라는 책에서 카이 에릭슨(Kai Erikson)은 웨스트버지니아의 관리 부실로 댐이 붕괴되어 많은 물이 쏟아져 주택이 휩쓸리는 바람에 132명의 목숨을 앗아간 사례를 보여준다. 그뿐만 아니라 (부분적으로 긴급구호가 조직된 방식 때문이기도 하지만) 그 재앙이 그 지역의 핵심적인 사회적 유대와 지역 공동체성을 어떻게 해체했는지도 보여준다.

이와 관련해 문화기술지 연구자들은 사람들이 어떻게 다양하고 중층적인 사회적 세계들에서 동시에 살아가고 있는지 보여주며, 이러한 세계들이 어떻게 뜻하지 않은 방식으로 서로 충돌하는지 드러낸다. 예를 들어, 전문가들은 늘 그렇듯 다중 기관의 압박을 별로 고려하지 않는 정책을 수행하지만, 가족 구성원들은 이러한 교차적 압박을 아주 민감하게 느낀다. 『미로에 갇히다(Trapped in a Maze)』라는 책에서 레슬리 팩(Leslie Paik)은 두 명의 10대 손자와 한 명의 조카와 함께 살고 있는 노인 캐서린(Catherine)이 처한 "다중 기관적 미로(multi–institutional maze)"를 설명한다. 캐서린은 11개의 서로 다른 기관과 상호 작용하고 있으며, 기관들의 상충하는 규칙들은 혼란을 일으킨다.[1] 많은 경우 질적 연구는 사건의 의미에 대해 "지엽적인 관점"을 제공한다. 이러한 관점은 소위 당연하다고 여겨온 전제들에 반할 수 있다. 예를 들어, 매튜 클레어(Matthew Clair)는 형사법 체계를 경험하는 피고인들을 대상으로 연구를 수행했는데, 변호사들은 흑인 피고인들이 보호 관찰을 선택할 수 있음에도 이를 거부하고 대신 감옥에 들어가겠다고 결정하는 상황을 보고 놀랐다고 했다.『특권과 처벌(Privilege and Punishment)』이라는 클레어의 연구는 이런 선택의 배경이 되는 논리를 설명한다. 흑인 노동 계층 출신의 피고인들은 자기 동네에 상당한 수준의 경찰 감시망이 있으므로 보호 관찰이 매우 위험한 것이라고 보았다. 또 다른 경우, 연구자들은 서로 다른 집단이 비슷한 경험을 어떻게 겪는지 보여줄 수 있다. 인류학자인 캐서린 뉴먼(Katherine Newman)은 사회적 지위가 낮아지게 되었을 때 어떤 고통이 있었는지 알아보기 위해 쫓겨난 주부, 항공 관제사, 공장노동자, 관리자 등을 면담했다.[2] 심층 면담과 참여 관찰은 이전에는 알려지지 않았거나 혹은 사회과학 연구에서 제대로 조명하지 않았던 과정을 밝혀낼 수 있기 때문에 이런 방법들은 특별히 개념적 모델을 개선하는 데 도움이 된다.[3]

많은 사람들은 고급 수준의 심층 면담과 참여 관찰 연구를 어떻게 수

1) 여기에 나오는 11개 기관은 병원, 법원, 아동복지, 장애, HIV/AIDS 담당기관, 행정지원기관, 신경정신담당기관, 학교, 저소득건강지원프로그램, 마약담당프로그램, 교회를 의미한다. (Paik, *Trapped in a Maze*)

2) Newman, *Falling from Grace*.

3) *Ethnography Unbound*라는 책의 "The Extended Case Method" 장에서 Michael Burawoy가 문화기술지 자료의 개념적 기여에 관해 어떻게 열정적으로 변호하고 있는지 참고하라.

행하는지 배우고자 한다.[4] 내 경우를 보면, 이런 종류의 연구를 배우기 시작하면서 관련 선행연구들이 내 심경을 복잡하게 만들었다. 내가 필요로 하는 도움이 되는 말을 찾을 수 없었다. 그 책들은 지나치게 처방적인 듯했다. 마치 면담을 할 때 민감하게 "탐색해" 내야 한다고 이야기하지만, 그게 무엇인지 도무지 알려주지 않았다. 또한, 탐색해 내는 일에 내재한 난관을 충분히 인식하고 있는지도 알 수 없었다. 연구 방법에 대한 부록들을 읽어가면서, 나는 참여 관찰 연구를 수행한 연구자들이 현장에 들어가게 된 과정을 우연한 사건의 결과라고 기술하는 것을 보고 깊은 절망감에 휩싸였다. 내가 연구 현장에 들어가기를 간절히 원한다고 할 때, 도대체 어떻게 그런 뜻밖의 우연한 일을 다시 만들어낼 수 있겠는가? 면담과 관찰에 관한 책들은 연구를 수행하는 일을 마치 상대적으로 배의 순항 정도로 보는 듯하다. 그러나 내 경험은 전혀 그렇지 않다. 나는 좀 더 현실적이고 실용적인 책을 읽고 싶었다. 간절하게 말이다.

나는 사람들이 어떻게 생각하고 행동하며, 자신의 일상생활을 이해하는지를 탐구하는 연구에 관심을 가지면서 정말 훌륭하고 채 실현되지 않은 잠재력을 지닌 연구들로부터 큰 영향을 받아왔다. 이런 연구자들은 엄청난 프로젝트를 기획하고 인상적인 접근을 통해 여러 사람을 면담하거나 셀 수 없을 정도의 많은 현장 노트를 쓰면서 긴 시간 동안 자료를 수집했다. 그리고 깔끔한 연구 결과를 만들어냈다. 그러나 이러한 모든

4) 일반적으로 "현장 연구(fieldwork/field studies)" 혹은 "자연주의적 연구(naturalistic studies)"라는 말은 문화기술지와 서로 혼용해 사용된다. 문화기술지라는 말은 대체로 면담을 보조적으로 포함하는 참여 관찰을 뜻한다. 이 말을 좀 달리 표현하면 문화기술지는 참여 관찰과 면담을 포함한다고 할 수 있다. 결과적으로 나는 이런 말의 혼동을 피하기 위해 이 책에서 문화기술지라는 단어를 절제하여 사용한다. 대신 참여 관찰과 면담을 별도의 구분된 개념으로 사용할 것이다. 면담과 참여 관찰은 문화기술지에 있어 아주 중요한 전략이다. 간혹 이 두 방법은 유사한 부류의 자료를 수집하지만, 대체로 이 둘은 서로 다른 고유의 자료들을 수집하기 위한 방법으로 쓰인다.

기대할 만한 요소들에도 불구하고 최종 연구 결과는 늘 뭔가 부족했다. 도대체 무슨 일이 있었던 걸까? 무엇이 잘못된 것일까? 몇몇 사례를 보면 이런 최종 연구 보고서에는 독자들에게 풍부하고 생생하게 현장에 있다는 느낌을 줄 수 있는 충분히 수준 높은 자료의 제시가 빠져있었다. 심층 면담의 부족은 연구자의 주장을 뒷받침할 토대를 평가하기 어렵게 만든다. 나는 엄청나게 많은 자료를 수집했다며 자신들을 "믿으라"고 말하는 연구자들에게 심히 실망했다. 왜냐하면, 이 연구자들이 발견한 자료를 독자들에게 설득력 있게 보여주기를 바랐기 때문이다. 다른 사례를 보면, 연구자들은 꽤 많은 자료를 제공하고 있지만, 이들의 주장에는 초점이 없다. 가끔 이들 주장이 분명하기는 하지만 연구 질문이 너무 좁게 만들어진 경우도 있다. 더 나쁜 상황에서는 연구자가 대안적인 설명을 제시하지 않는 경우도 있다. 몇몇 사례에서는 (연구 설계든, 자료 수집이든, 혹은 자료 분석이든) 단 하나의 오류가 너무 중대해서 그 연구 전체의 가치를 급격하게 떨어뜨리기도 했다. 아주 유사한 연구가 도대체 어떻게 그렇게 천차만별의 다양한 질적 수준을 가진 결과로 나타날 수 있을까? 내가 읽은 질적 연구 방법론 책들은 이 질문에 아무런 답을 주고 있지 않았다.

나는 연구 방법을 다룬 책들이 충분히 실용적이지 않거나 꽤 괜찮아 보이는 연구가 실패할 수 있다는 문제 때문에 이 책을 쓰게 되었다. 『사람에게 귀 기울이기』라는 제목의 이 책에서 나는 강의 과제를 하거나, 학위논문을 쓰거나, 학술연구를 하거나, 혹은 책을 쓰는 일을 포함한 다양한 연구를 실제 수행하는 데 구체적이고 실용적인 도움을 주고자 한다. 결국, 초보 연구자들은 아주 힘든 문제에 직면할 수 있지만, 여전히 훌륭한 연구를 만들어낼 수 있게 될 것이다. 또한, 아무리 경험이 많은 연구자라고 하더라도 다양한 난관에 부딪히는 것을 피할 수는 없을 텐데, 나는 다른 많은 책에서 제시한 것보다 더 많은 연구 과정의 실질적인 설명과 조언을 제공할 것이다. 그리고 나는 연구를 수행하면서 연구 과정에 내재한 불확실한 성격을 강조하고, 다른 사람들에게 말하는 것뿐만 아니라 다른 사람들로부터 피드백을 듣는 것의 중요성도 강조할 것이다. 이 책의 제목이 시사하는 바와 같이, 나는 잘 듣는 것이 심층 면담과 참여 관찰의 핵심이라고 생각한다. 당신은 자료를 수집할 때 사람들의 말을 잘 들어야 하고, 자료 수집 중 당신이 알게 되는 것을 기술할 때 다른 사람들이 전하는 피드백에 귀를 기울여야 한다. 당신이 관심 있는 주제에 대한 기존 연구를 탐색하면서 다른 연구 결과에 "귀 기울여야" 하며, 연구의 다양한 요소를 정리하고 우선순위를 정하는 과정에서는 스스로의 생각에 "귀 기울여야" 한다. 이런 다양한 방법으로 귀를 기울일 때, 당신은 연결점을 발견하고, 전제를 재고하며, 실수를 발견하고, 새로운 생각을 개발하고 평가하며, 우선순위를 판단하고, 새로운 연구 방향을 숙고하며, 수많은 수정작업을 수행하게 될 것이다. 이 모든 것은 궁극적으로 당신이 연구를 통해 기여하고자 하는 바가 좀 더 분명해지고 더 가치있을 수 있도록 해줄 것이다.

'발현적'이라는 말의 의미는 무엇인가? 진행 과정에서 늘 생각하기

아날로그 방식의 사진이 만들어지는 과정을 보면, 필름을 현상하고 암실에서 인화하는 단계가 있다. 이때 암실에서는 장치를 사용하여 사진의 이미지를 확대하고, 흰색 인화지에 잠깐 노출시킨 뒤, 이미지가 노출된 인화지를 화학 약품이 섞인 용액에 담근다. 처음에 인화지는 완전히 백지 상태이다. 그러나 곧 사진 이미지가 드러나기 시작한다. 아주 천천히 그리고 균형적이지 않은 모습으로 말이다. 사진의 이미지가 드러나기 시작할 때도 작업자는 그 모습이 무엇인지 알아채기 어렵다. 하지만 아주 천천히 사진은 제 모양을 갖춰간다. 이미지가 너무 밝거나 너무 어두울 경우 작업자는 장치로 다시 다가가 (이미지를 좀 더 밝게 해주는) “번(burn)” 기법을 쓰거나, (사진 일부에 빛을 보정해주는) “닷지(dodge)” 기법을 써서 사진의 균형을 잡는다. 이때 현상액에 새 인화지를 넣고는 인화지에 떠오르는 이미지를 조심히 살핀다. 해당 사진의 이미지에 만족하게 되면 마지막으로 “정지 용액(stop-bath)”에 집어넣는다.

사진을 현상하고 인화하는 일과 면담 및 참여 관찰 연구에서 발현적(emergent) 통찰을 찾아내는 일 사이에는 아주 중요한 차이점이 있다. 하지만 천천히 무엇에 집중해야 할지 살피는 일은 그리 다르지 않다. 또한, 면담과 참여 관찰을 할 때 이 과정에서 정말 많은 조정과 변화가 불가피하다. 특히 연구를 진행하는 초반부에 말이다. 따라서 면담자와 참여 관찰자들에게 앞으로 할 일이 정확히 무엇인지 알기 어려운 난관은 별로 특별한 문제가 아니다. 만약 이러한 상황이 생기면 당연히 혼란스럽고 불확실하다고 느낄 것이다. 도대체 당신의 연구가 해당 분야에 지적 논쟁을 더할 만큼 가치가 있는지 헷갈릴 것이다. 더욱이 무엇이 새롭고 흥미로운 것인지도 알기 어려울 것이다. 혹은 이 상황에 압도되어 당신 연구가 뒤죽박죽되었다고 절망할 수도 있다. 이런 불확실성과 걱정은 사실 그리 큰 문제가 아니다. 당신이 면담을 진행하거나 어떤 상황을 관찰할 때 많은 새 질문들이 떠오를 것이다. 이때 당신은 불완전한 정보에 기대어 많은 결정을 내려야 한다. 도대체 깊이 파고들어야 하는 것은 이걸까, 저걸까? 이 사람에게 더 많은 시간을 쏟아야 할까? 도대체 나는 이 연구를 왜 하고 있는 걸까? 이 과정에서 나는 무엇을 얻기 바라는 걸까? 사회생활은 복잡하기 때문에 한 연구 내에서 선택할 수 있는 지적 경로는 늘 여러 가지가 존재한다. 결과적으로 당신은 쉼 없이 “진행하면서 생각해야(thinking as you go)” 한다.

앞으로 제8장에서 자료 분석을 다룰 때 설명하겠지만, 연구를 설계하는 데는 단 한 방법만 있는 것은 아니다. 나는 제8장에서 개를 키우는 사람들에 대해 연구를 수행하던 중 복수의 타당한 연구 질문들 가운데 무엇을 선택해야 할지 고민하는 학생의 사례를 소개할 것이다. 그 학생은 이 모든 질문을 다 다룰 수 없었고 한동안 이 문제를 해결하지 못해 쩔쩔맸다. 하지만 그는 점차 한 가지 똑똑한 방향으로 문제를 해결해 나갔고 다른 연구 문제들은 뒤로 제쳐두었다. 내 경우를 보면, 내가 박사과정 학생이었을 때 연구에 대해 논의하기 위해 앨리 혹실드(Arlie Hochschild)와 정기적으로 만났다. 이분은 내가 생각하고 있는 새로운 생각거리를 말할 때 주의 깊게 들었다. 하지만 친절하게도 이렇게 말하곤 했다. "네 생각이 정말 훌륭하다는 거, 알아? 하지만 그 생각은 다른 연구를 위해 좀 제쳐놓는 것은 어때? **좀 집중해 봐.**" 한 가지 초점을 만들어가는 법을 배우면서 내 연구의 핵심적인 부분이 더 분명하게 드러나게 되었다.

초점이 중요한 이유는 무엇일까? 독자들(사실 청자를 포함해)은 4~5가지의 분명히 서로 다른 이야기가 담긴 하나의 큰 이야기에 집중해 듣기를 어려워한다. 작가가 한 이야기에서 다른 이야기로 통통 튀어 다니면, 혹은 연사가 흥미롭기는 하지만 한꺼번에 분명히 묶어 이해하기 어려운 여러 사례를 꺼내 이야기한다면, 청자 혹은 독자들은 상당히 혼란스러워하거나 지겨워할 것이고 어쩌면 그런 상황을 참아내기 어려워할 것이다. 당신이 독자라고 할 때, 꽤 긴 글을 읽으면서 저자가 그 글을 왜 썼는지 제대로 이해하지 못했던 경험이 있을 것이다. (핵심 아이디어가 있었나? 그게 뭐였지?) 혹은 다양한 생각거리와 예시가 너무 많아서 저자가 전반적으로 내세우는 주장을 제대로 알아채기 어려웠던 적이 있을 것이다. 독자가 하나의 주장을 단순히 따라가는 것만으로도 얼마나 어려울지 과소평가하지 말아라. 만약 연구자가 분명한 초점을 갖고 있다면 전달하려고 애쓰는 핵심 주장을 독자가 이해할 수 있도록 도와야 한다.

그러나 연구자가 면담과 참여 관찰을 처음 시작한다고 할 때, 분명한 연구 초점을 찾는 작업은 한마디로 어렵다. 늘 그렇지는 않지만, 아예 불가능하기까지 하다. 연구자가 관련된 연구를 신중히 검토하고 관심을 갖는 주제에 대해 아주 많은 생각을 했다고 하더라도 말이다. 연구 초점이 천천히 형태를 잡아가는 것은 정상적인 상황에서 자료를 수집하고 선행 연구를 검토하고, 연구 질문을 다듬고 좀 더 많은 자료를 모으는 과정을 통해서다. 암실에서 인화지에 이미지를 만들어내는 것과 마찬가지로 연구 초점은 시간이 지나면서 천천히 드러나게 된다.

면담과 참여 관찰의 발현적 특성을 한 가지 더 짚어보자. 연구자는 마치 자신이 하고 있는 게 뭔지 알고 있는 것처럼 종종 **행동해야** 한다. 연구 현장과 연구 대상에 접근하기 위해 연구 목적을 반드시 설명해야 한다. 더 나아가 연구 계획서, 연구비 신청서, 기관생명윤리심의위원회(Institutional Review Board, IRB) 승인 요청서, 논문 계획서 등을 읽고 검토하는 사람들은 연구자가 연구 목적을 잘 설명하리라고 기대한다. 이 단계에서 검토위원들은 연구자가 뭘 생각하고 있는지 알고자 하고 연구를 수행하는 데 있어 간과하고 있는 게 없는지 확인하고 싶어한다. 특별히 연구 계획서를 검토하는 사람들은 연구 참여자들에게 수행하려는 연구가 어떤 영향을 끼치는지에 대해 크게 신경쓴다. 연구 계획서와 연구비 신청서에서 연구자가 기술한 것은 개념상 본질적으로 추론에 따른 구상일 뿐이다. 연구의 진짜 초점은 연구자가 자료 수집과 자료 분석을 통해 연구를 진행할 때 분명해질 수 있기 때문이다. 조정과 변화는 면담과 참여 관찰의 과정에서 빼놓을 수 없는 것이다.

영어 사용 지침서의 고전이라고 할 수 있는 『스타일의 요소(The Element of Style)』의 저자인 윌리엄 스트렁크 주니어(William Strunk Jr.)는 코넬대학교 학생들에게 이런 조언을 한 적이 있다. "어떤 단어를 어떻게 발음하는지 모른다면 큰소리 내 읽어봐라." 나중에 이 책의 개정판을 낸 E. B. 화이트(E. B. White)는 이런 그의 조언에 동의하면서 이런 말을 덧붙였다. "무지는 왜 알아들을 수 없는 것과 뒤섞이는가?"[5] 면담과 참여 관찰을 사용하여 연구 계획서와 연구비 신청서를 준비하는 경우, 연구자는 예비 연구 질문을 분명하게 진술하고, 향후 진행 계획을 개략적으로 설명해야 한다. 접근 권한 획득과 자료 수집(방법론적 접근 명시), 특정 문제에 관한 민감한 반응(예시 나열), 문제에 대한 가능한 해결 방안 사용(예시 나열)에 대하여 말이다. 논문 지도위원들에게 조언을 구할 수 있다. 연구자가 자기 연구에 엄청난 열정과 흥분에 휩싸여 있다는 것을 표현해 보여주는 것도 아주 중요하다. 정말 가치있는 일임에 분명하다! 중요한 것들을 배울 수 있다! 약간의 문제가 일어날 수 있음을 알고 있지만, 이를 해결할 계획도 가지고 있다!

여러 면에서 연구 계획을 작성하는 전체 과정은 상당히 불확정적이기는 하지만, 이 또한 연구자가 할 수 있는 최선이기도 하다. 연구자가 무언가에 대해 알게 되면, 이를 공유할 것이다. 더 많은 것을 알게 될수록 연구자는 자기 연구를 조정하게 된다. 이런 작업의 발현적 성격이 의미하는 것은 연구자는 자료 수집을 시작하기까지 오래 기다리기를 원치 않음을 뜻한다. 이 단계를 시작하게 되면 많은 것이 바뀌고, 연구자는 새로운 질문을 갖게 될 것이다. 이 모든 일은 극히 정상적이고 또한 적절하다. 어느 시점, 이상적으로는 자료 수집이 절반 정도 진행되는 시점에 연구자는 최우선의 지적 우선순위를 정하고, 핵심 연구 질문에 관한 자료 수집에 초점을 맞추기 시작한다. 그리고 점차 드러나는 주장을 뒷받침할 만한 자료를 찾게 되며, 대안적인 설명을 진지하게 고민하고, 주장을 뒷받침하기 위해 필요한 자료 유형이 무엇일지에 대해 생각하는 것이 좋다. 이후 장들에서 설명하겠지만, 연구 질문, 선행연구에 대한 이해, 자료 수집의 초점은 모두 발전하게 된다. 연구자는 명료한 초점 없이 연구를 끝내

5) *Elements of Style*(개정 3판)(Strunk and White, 1979: xvi)에서 White의 서문 참조.

고 싶진 않을 것이다. 그러나 연구의 시작 단계에서 연구자는 마치 아주 분명한 계획을 가지고 있는 것처럼 자신만만하고 당당하게 행동하기를 바란다. 이러한 계획은 연구를 수행하도록 승인을 얻도록 하고, 그래서 연구를 시작하도록 해주고, 연구자가 할 수 있는 최선을 기울이도록 한다. 그 정도면 충분하다.

이 책의 구성

제2장에서는 연구 계획으로 시작한다. 면담 연구자와 문화기술지 연구자 사이에 아주 분명한 차이가 있다는 점을 인정하면서도 이 둘은 대체로 유사한 문제에 직면한다. 나는 프로젝트의 가장 이른 단계에서 일어나는 생각거리와 의사결정에 대해 다룰 것이다. 특히 연구를 어떻게 설계할 것인지, 연구 대상자는 어떻게 선택할 것인지, 잃고 얻는 것에 관한 난해한 판단은 어떻게 해야 하는지에 대해 다룰 것이다. 그리고 연구의 전체 여정에 대해 개괄적인 내용을 제시할 것이다. 제3장에서는 준비 단계에 대해 설명한다. 여기서는 IRB 절차를 어떻게 헤쳐나가야 할지, 자료를 수집하는 동안 음식, 복장, 안전 등의 문제를 어떻게 할 것인지에 대해서도 다룰 것이다. 그리고 연구를 위해 사람들을 섭외하고 접근 권한을 얻는 까다로운 문제들에 대해서도 이야기할 것이다.

그런 다음 면담에 대해 두 개의 장을 할애할 것이다. 제4장은 "면담을 제외한 모든 것"에 대해서만 다룬다. 여기에는 면담 이전에 계획 세우기, 면담 지침 마련하기, 면담에 필요한 물품 준비하기, 참여자에게 사례하기 등의 주제가 포함된다. 제5장은 실제로 이뤄진 두 개의 면담 사례를 보여줄 것인데, 꽤 긴 인용 문구들을 보면서 경험이 없는 초심자의 면담과 능숙한 전문가의 면담 내용을 비교할 것이다. 나는 해당 인용 구절들을 잘된 사례와 그다지 성공적이지 못한 사례로 구분하여, 그에 대한 설명을 상자 형식으로 덧붙여 제시할 것이다.

참여 관찰에 대한 두 개의 장이 시작되는 제6장에서는 참여 관찰을 하는 것과 관련된 중요한 도전과제들을 살펴볼 것이다. 여기에는 연구 현장에서 사람들에게 연구자 소개하기, 연구 현장에서 자신의 역할을 규정하기, 일반적으로 저지르기 쉬운 실수(예: 연구 현장에 들어가기 전에 식사 건너뛰기, 방문 이후 24시간이 지난 후에도 현장 노트를 작성하지 않기 등) 피하기 등을 다룰 것이다. 여기에 더해, 무엇에 대해 말할지, 도움을 구하는 연구 참여자의 요청에 어떻게 대응할지 등의 도전적 문제들을 다룰 것이다. 제7장은 연구 현장에서 작성한 현장 노트 중 좋은 사례와 나쁜 사례를 구체적으로 제시해 보여줄 것이다. 그리고 여전히 부족한 현장 노트가 어떻게 극적으로 개선될 수 있을지 보여줄 것이다.

이 책을 관통하는 한 가지 주제는 연구자가 연구를 수행하면서 늘 생각해야 한다는 것이다. 연구 프로젝트의 매 순간 자료를 분석하는 것이 최선이다. 즉, 연구를 설계하고, 자료를 수집하고, 연구 초점을 다듬고, 좀 더 많은 자료를 수집하고 수집된 자료를 입력하고 결과를 글로 작성하는 등의 모든 과정에서 말이다. 그러나 연구란 게 계속 진행되는 특성이 있기는 하지만, 연구자는 잠시 멈추고 자료를 코딩하면서 알게 된 것을 체계적으로 비교하고 대조해보는 것이 좋다. 제8장은 자료 코딩과 자료 분석의 형식적 단계에 초점을 맞출 것이다. 제9장은 글 작성하기, 분명하게 주장 내세우기, 연구 주장을 뒷받침할 만한 충분한 자료 제공하기, 불확실한 근거에 관해 논의하기, 결론 도출하기 등의 문제로 돌아가 이야기할 것이다. 제10장은 이 책의 결론 부분으로 이런 부류의 작업을 하는 것이 왜 가치 있는 것인지 다룰 것이다. 많은 이들이 저지르는 실수로 인한 연구 파급력의 한계, 경험이 충분하지 않은 사람들이 가져다줄 수 있을 나름의 혜택 같은 문제도 다룰 것이다. 나는 이런 과정을 거쳐 신념을 갖는 것이 얼마나 중요한지에 대한 이야기를 마지막으로 전할 것이다.

이 책의 활용법

『사람에게 귀 기울이기』는 처음부터 끝까지 읽고 특별한 상황에 봉착하거나 구체적인 문제와 씨름을 하고 있을 때마다 언제든 들춰볼 수 있도록 기획되었다. 결과적으로 나는 각 장에서 핵심 개념들을 간단하게 정의해서 해당 맥락에서 이해될 수 있도록 했다. 전체적으로 이 책의 초점은 심층 면담과 참여 관찰을 수행하는 데 맞춰져 있다. 이 두 접근은 사회과학에서 가장 흔하게 질적 연구 방법으로 선택되는 것이기는 하지만, 그렇다고 유일한 연구 방법이라고 할 수는 없다. 소위 초점집단(focus groups), 자전적기술지(autoethnography), 문헌내용분석(content analysis of documents), 인물묘사법(portraiture), 확장사례법(extended case method), 혼합방법(mixed methods) 및 기타 관련된 여러 많은 연구 방법들[6]이 있다. 지면의 부족으로 이런 방법에 대해 이 책에서 다루지는 못한다. 그러나 질적 연구의 많은 형태가 면담 및 참여 관찰의 형

6) Denzin과 Lincoln의 *The Sage Handbook*을 참조하라. 그리고 Flick과 동료들의 *A Companion Guide to Qualitative Research*는 여러 중요한 사항과 함께 내용분석, "사회과학으로서의 사진", 대화분석, 담론분석, "심층구조 해석학"에 대한 논의들을 다루고 있다. 초점그룹에 대한 정보에 대해서는 Krueger와 Casey의 *Focus Groups*를 살펴보라. "미학과 실증주의"를 뒤섞고 있는 Portraiture는 Sara Lawrence－Lightfoot에 의해 개발되었는데, 그녀의 책 *The Art and Science of Portraiture*에서 관련된 내용을 좀 더 자세하게 살펴볼 수 있다. 여기에 더해 고전이라고 할 수 있는 Glaser와 Strauss의 1967년 *The Discovery of Grounded Theory*를 참고하라. 부라워이는 여러 곳에서 확장된 사례연구기법을 상세히 소개하고 있다. 하지만 특별히 1998년 *Sociological Theory*를 살펴보라. 그리고 근거이론과 확장된 사례연구법의 비교를 위해서는 Katz의 "Analytic Induction", Tavory와 Timmermans의 *Abductive Analysis*를 살펴보라. Klinenberg는 자신의 책 *Heatwave*에서 면담, 문헌분석, 및 기타 방법을 활용하는 것을 두고 "사회적 해부"라고 불렀다. 이 책의 2장에서 "인터넷" 문화기술지를 포함한 온라인 연구전략에 대해 살펴볼 것이다. 여러 혼합방법을 위해서는 Small의 "How to Conduct a Mixed Methods Study"라는 논문을 살펴보라.

태와 마찬가지로 연구 설계, 자료 수집(예: 면담에서의 심층 질문), 자료 분석, 글쓰기 등의 측면을 포함한 핵심적인 요소를 담고 있다. 따라서 『사람에게 귀 기울이기』의 내용이 폭넓은 연구 방법에 도움이 되기를 바란다.

연구자들은 대개 "아는 것을 쓰라"는 말을 들으므로 앞으로 나는 사회학 연구 분야에서 내가 수행했던 연구에서 많은 사례를 가져와 보여줄 것이다. 참여 관찰과 면담을 사용한 이런 연구들은 사회계급 및 인종이 가족생활(자녀 양육, 가족-학교 관계, 학교 선택 등)에 미치는 영향에 초점을 둔다. 내 연구는 부유한 가정, 상향 사회이동, 이민자 가정을 연구 대상으로 수행했다. 물론 내 연구들은 개인에 대한 연구뿐만 아니라 조직의 역동성, 정치집단, 좀 더 거시적인 사회 시스템을 보여주기 위해 면담과 참여 관찰을 사용했다. 나는 당신이 이 책을 읽으면서 당신이 속한 학문 분야에서 관심 있는 주제에 초점을 맞추기를 바란다. 이런 학문 중 많은 분야가 사람들의 일상적 삶보다는 전 지구적인 조직의 기능에 더 많은 관심을 기울이고 있을 것이다.[7)]

아마도 당신은 사회학 연구의 사례에 더해 『사람에게 귀 기울이기』가 다른 분야의 연구에서 사례들을 끌어내고 있음도 알게 될 것이다. 나는 다른 분과 학문의 동료 연구자들에게 조언을 구했고 학계 밖에서 도움이 될 만한 통찰을 모았다. 이렇게 해서 얻은 중요한 교훈과 제언들을 이 책 전체를 거쳐 여기저기 상자 형식에 담아 공유하고 있다. 사회과학 전반에 걸쳐 면담과 참여 관찰을 사용하는 정말 훌륭한 연구들이 많다. 하지만 불행히도 이 책의 지면상 단 몇몇의 사례만을 나열하고 보여줄 수밖에 없다. 가용한 자료의 목록을 더 넓히기 위해 나는 정말 적은 수의 최근 저작과 함께, 자주 읽히지 않는 훌륭한 오래된 글들을 인용했다. 참

7) 조직연구의 사례는 상당히 많다. 그중 다음 책들을 참고하라. Rivera의 *Pedigree*; Shestakofsky의 *Venture Capitalism*; Pollock의 *Colormute*; Vaughan의 *The Challenger Launch Decision*; Wingfield의 *Flatlining* 등.

고문헌 부분에서는 내가 도움을 받은 방법론에 대한 저작들을 포함하였다. 색인은 일반적인 주제와 구체적인 논의를 위해 활용할 만한 중요한 지침이 될 것이다. 이 책은 애초 실용적인 안내서로 기획된 만큼 심층 면담과 참여 관찰에 대한 이론적 뿌리를 파고들지는 않을 것이며, 여러 문헌에서 자주 논의되는 방법론 관련 쟁점을 깊이 다루지도 않을 것이다. 이론적 모델은 학문 분야별로 아주 다양하다. 그리고 이론이 당신의 연구를 안내하는 데 효과적으로 담당하는 역할은 이 책에서 다루지 않는다.[8] 또한, 면담과 참여 관찰이 갖는 상대적 이점에 대한 논쟁도 하지 않을 것이다.[9] 공공 생활에서 사회과학 연구의 적절한 활용이 어떠해야

8) 연구자가 자기 연구의 결과가 왜 중요한지를 분명히 제시하려 하고, 특정 사례에서 좀 더 일반적인 사회적 양상으로 옮겨가려는 목표를 위해서 이론적 사고는 중요할 수 있다. 당신 학문 분야에서 읽히는 핸드북이나 사전류의 문헌은 이런 핵심 이론에 대해 나름 요약을 제공해 줄 것이다. 예를 들어, Ritzer가 편집한 *The Blackwell Encyclopedia of Sociology*는 제도주의이론, 층화이론, 페미니즘, 비판적 인종이론 등과 같은 내용을 제공해주고 있다. 아주 풍부한 문헌이 이런 이론들을 실제 질적 연구에 어떻게 적용할 수 있는지를 잘 보여주고 있다. 이와 관련해 다음 문헌들을 참고하라. Skeggs의 “Feminist Ethnography”; Ladson－Billings and Tate의 “Toward a Critical Race Theory of Education”; Tavory and Timmermans의 *Abductive Analysis*; Snow and colleagues의 “Elaborating Analytic Ethnography”; Burawoy의 “Empiricism and Its Fallacies”; Cicourel의 *Cognitive Sociology*; Ragin and Becker의 *What Is a Case?* 등이 있다.

9) 면담과 참여 관찰은 명확히 구분되는 다른 연구 접근이기는 하지만, 이 방법을 사용하는 연구자들은 일반적으로 이 두 접근이 대규모 자료를 이용한 통계 분석과 아주 구분되는 논리적 차원에서 많은 부분 겹치는 부분이 있음에 동의한다. 그러나 각 접근의 상대적 장점을 취하면서 심층 면담과 참여 관찰을 수행하는 연구자들은 이 둘 간의 차이에 대해 열정적이면서 때로는 피튀기는 논쟁을 벌인다. Colin Jerolmack와 Shamus Khan은 논문 “Talk Is Cheap”에서 면담 연구 방법에 대해 공격하면서 사람들이 보여주는 태도는 실제 사람들이 행위하는 것을 이해하는 데 그다지 도움이 되지 않는다고 주장한다. 다른 연구자들은 이에 대해 강력하게 반대하는데, 예를 들어, Maynard는 Jerolmack and Khan이 “특정 사례를 지나치게 부각하면서 면담 연구방법이 유용할 수 있는 방식에 대해 제대로 논의하지 못했다”고 쓰고 있다. 또한 이들은 자신들의 주장과 대치되는 문헌에서 보여주고 있는 상당한 증거들을 제대로 인지하지도 못하고 있다고 비판했다

하는지에 대한 활발한 논의 또한 이 책은 피할 것이다.[10] 게다가 개인은 사회적인 지위로 연구 과정에 진입하는 게 분명하지만, 이런 중요한 사안은 책에서 다룰 내용은 아니다. 물론 이런 사안이 아주 다양한 방식으로 연구에 영향을 주기는 하지만 말이다.[11]

(Maynard, "News from Somewhere, News from Nowhere", p. 211). 마찬가지로 반대 관점을 보이는 다른 연구자들 중에는 다음과 같다. Cerulo의 "Reassessing the Problem", Vaisey의 "The 'Atitudinal Fallacy' Is a Fallacy", DiMaggio의 "Comment on Jerolmack and Khan", Lamont and Swidler의 "Methodological Pluralism", who reject "methodological tribalism." 등이 있다.

10) 당신이 연구하는 사람들과 일종의 상호성을 만드는 것은 이상적이고 또 윤리적이다. 상호성의 형태는 엄청나게 광범위하고 다양하다. 일부 연구자들은 연구 참여자들을 돕는 데 초점을 둔다. 예를 들어, 작게는 Charles Bosk의 사례에서 보듯 자신을 괴롭히는 의료시설 거주민들에게 작은 선물을 가져간다거나, 크게는 Timothy Black의 사례에서 보듯 약물치료센터에 들어가 환자들을 돕는 일을 하기도 한다. 어떤 연구자들은 연구의 일환으로 자료를 수집하는 것과 관련해 비용을 지불하기도 한다. 여기에 더해, 연구자와 참여자가 살면서 정말 중요한 사건에 대해 이야기하면서 긴밀하게 그리고 연구 참여자에 대한 그 어떤 판단도 없이 귀를 기울임으로서 연구자는 그리 대단하지 않지만 의미있는 도움을 줄 수도 있다. 특별히 신뢰할 만한 사람이 자기 이야기를 완전히, 그러면서도 아무런 비평없이 귀 기울여 들어주는 경험을 거의 가져보지 못한 사람들에게 말이다. 어떤 연구자들은 공적 차원에 소개될 때 자신의 연구가 "사려 깊은 지도자들"이 어떻게 이 주제에 접근하는 방법을 바꾸도록 할지에 신경쓴다. 나 또한 이런 목표를 갖고 연구에 임한다. 또 다른 연구자들은 자신들의 좀 더 큰 사회정의라는 대의의 일환으로 조직의 변화나 "참여적 연구"에 적극적으로 참여하고자 한다. 변화를 만들어내려는 이런 노력은 ('일회성' 접근보다) 지속적이고 헌신적인 관계라는 맥락에서 가장 잘 작동하게 되어 있다. 이 책의 한 검토자가 잘 지적해주고 있듯, 또 다른 연구자들은 여전히 최근의 접근이 갖는 한계를 사람들이 볼 수 있도록 하려는 노력을 기울이며 "정치적이고 도덕적으로 추적할 수 있는 것이라는 현대적 개념을 탈피"하는 사회적 양상을 발견하려는 강한 욕구에 이끌린다. 이렇게 서로 다른 전략들에 대해 온전히 검토할 수 있는 지면을 본서에서는 제공하고 있지 않다. 말하고자 하는 핵심은 뭘 연구하고 또 연구 결과를 어떻게 활용할 것인지에 대해 이토록 많은 선택지에 당면할 때 합리적인 사람이라면 최고의 선택이 있다는 점에 대해 동의하지 않으리라는 점이다.

11) 내 경험을 들자면, 1976년 나는 수줍어하는 중산층 백인 여학생으로 University of California, Berkeley의 대학원에 입학했다. 내 사회적 지위는 내 연구를 조형

이 책은 당신이 심층 면담과 참여 관찰을 사용하는 연구를 수행하면서 연구를 어떻게 설계하고, 시작하고, 자료를 수집하고, 자료를 분석하고, 연구 결과를 글로 쓸지 배우는 데 친근한 동반자가 될 수 있다. 이런 종류의 연구를 수행하는 당신의 연구 여정은 정말 흥미진진할 수 있다. 많은 중요한 연구들이 사무실의 컴퓨터 앞에서 앉아 수행될 수 있기는 하지만 면담과 참여 관찰의 중대한 측면은 사람들에게 귀를 기울이는 세계 속에서 완성된다. 그 사람들과 함께 어울리거나 공식적으로 그들을 면담 혹은 이 두 가지 모두를 방법으로 다 사용해서 말이다. 새로운 곳을 여행하거나 탐험하는 것이 다양한 사회적 세계에 푹 젖어 들도록 해 전율을 느끼도록 하는 것과 마찬가지로, 이런 연구를 수행하는 것은 당신의 일상적 생활과 다른 강력한 경험이 될 수 있다. 그러나 면담과 참여 관찰에는 많은 잠재적 도전 과제들이 있다. 권력 및 지위라는 측면에서 연구자와 연구 참여자들 간의 불균등함과 같은 문제 말이다.[12] 이러한 문제는 당신의 연구 수행 방식과 연구가 연구 참여자와 그들이 속한 공동체에 미치는 영향에 대해 경계심을 가지고 대단히 민감하게 반응할 것을

해왔는데, 사회적 정체성이 불가피하게 모든 연구자들의 연구과정에서 핵심적인 것들을 조형해내는 것처럼 내 경우도 그러했다. 이 책의 범위를 넘어서기는 하지만, 이 쟁점에 대해 좀 더 광범위한 문헌, 특히 연구자의 위치에 대한 문제는 상당히 풍부하다. 이들 중 다음 문헌을 읽어보라. Milner의 "Race, Culture, and Researcher Positionality", Lacy의 "The Missing Midde Class", Hanson and Richards의 *Harassed*. 대학원의 비공식적이고 감추어진 교육과정에 관한 연구는 다음을 참고하라. Calarco의 *A Field Guide to Grad School*. 그리고 전국교원다양성연구센터(National Center for Faculty Diversity)의 교원 및 학생에 대한 자료를 참고하라.

12) 다음 자료들을 참고하라. 질적 연구의 "도덕적으로 모호한" 측면에 대해서는 Duneier의 "Three Rules I Go By in My Ethnographic Research", 이를 착취로 표현하고 있는 연구는 Black의 *When a Heart Turns Rock Solid* 등이 있다. 페미니즘연구에 대해서는 DeVault and Gross, "Feminist Qualitative Interviewing." 등을 참고하라.

요구하는 문제다. 문화기술지 연구는 종종 모순적이다. 이어지는 장에서 설명하기는 하겠지만, 연구자는 자신의 연구에 있어 체계적이고 엄격해야 할 뿐만 아니라, 다른 영역에서는 민감하고 상당히 유연해야 하기 때문이다. 이런 연구는 피곤하고 지칠 수도 있다. 하지만 심층 면담과 참여 관찰 연구는 중대한 쟁점에 대해 우리의 이해를 깊게 해준다. 그뿐만 아니라 이런 연구들은 면담과 참여 관찰 연구 방법을 쓰는 연구자들에게 기억에 남을 만한 변혁적인 삶의 경험일 수 있다. 연구를 하고 싶다면 그렇게 연구하기를 권한다. 그 연구를 통해 당신과 다른 사람들에 대해 정말 많은 것을 배울 수 있을 것이다. 더욱 중요한 것은 연구를 통해 당신이 만들어내는 사람, 집단, 제도, 사회과정에 대한 지식이 다른 사람들이 세상을 이해하는 방식을 바꿀 수 있다는 것이다.

제2장

연구를 시작하기 전 꿈꾸기와 생각하기

Listening to People

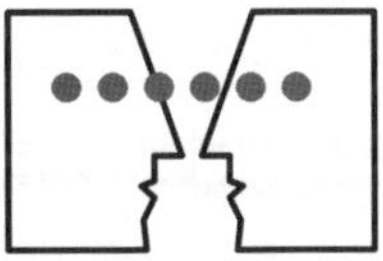

시작은 설레는 일이다. 모든 것이 당신 앞에 있으며 가능성으로 가득 찬 순간이니 말이다. 시작은 핵심적인 의사결정을 내려야 할 때이기도 하다. 면담과 참여 관찰을 활용하는 연구는 초기 시작 단계부터 통상적인 문제들에 부딪히는데, 이 장에서는 이런 시작하는 순간의 일들에 대해 다루고자 한다. 당신이 지닌 백일몽에 초점을 맞춰 시작한다고 할 때, 대체로 매력적인 연구라고 생각하는 당신만의 주제 목록 중 하나를 선택하고, 예비 연구 질문을 어떻게 할지 고민해보고, 연구 설계와 관련된 많은 중대한 결정이 무엇인지 생각해 볼 것이다. 그런 다음, 당신 삶의 다른 의무를 현실적으로 따져보는 것이 좋다. 당신이 연구자로 수행할 수 있는 연구의 너비와 깊이를 만들어 낼 수 있을 만한 그런 일들 말이다. 이 장은 이런 초기의 연구 설계와 관련해 결정해야 할 것들을 다루고 연구 여정을 전체적으로 개괄해 보여줄 것이다. 당신이 훌륭한 연구를 해내는 게 목적이기 때문에 정말 뛰어난 연구가 뭔지를 판단하게 하는 널리 알려진 준거들에 대해 간단히 논의할 것이다. 그리고 다음 장에서는 당신의 계획을 실현해나가도록 하는 다양한 단계에 대해 다룰 것이다.

꿈꾸기: 연구 개념화하기

우선, 꿈꾼다는 것에 관해 이야기해 보자. 당신은 뭘 하고 싶어 하는가? 누구를 연구하고 싶은가? 어떤 부류의 연구에 만족하는가? 혹 존경할 만한 연구가 있다면 그 이유는 무엇인가? 만족스럽지 않은 연구가 있는가? 뭐가 문제라고 생각하는가?

다른 연구에 대한 이런 질문에 답변해 나가면서 당신은 기존 연구 분야에서 꿈, 즉 하고 싶어 하는 바가 무엇인지 따져보는 일을 시작할 수 있다. 이 단계의 과정은 당신 연구가 윤리적이기만 하다면 뭐든 가능하다. 어떤 연구 현장에 접근하기가 엄격히 제한되어, 당신 연구 목표가 좀 이상해 보인다고 하더라도(예: 프로미식축구 한 팀을 따라다니며 관련 뉴스들이 어떻게 생산되는지를 보고자 하는 경우), 당신의 개인적 희망과 꿈, 즉 당신 영혼이 내는 울림의 소리가 뭔지 신중하게 생각해보는 것이 중요하다. 앞서 언급한 바와 같이, 귀 기울이기에는 여러 형태가 존재한다. 여기서 당신은 자기 내면의 목소리에 귀를 기울여야 한다. 그리고 다른 사람들에게 말하기 원하고 이들이 공유하고 있는 전문적 식견에 귀를 기울여야 한다. 다른 연구들을 읽는 것은 당신이 기존의 확립된 지식에 "귀 기울이도록" 돕는다. 미래 연구에 대해 몽상에 잠겨있다면 롤모델이 될 수 있는 연구를 확인하는 것이 도움이 된다. 그러나 당신은 아직 연구로 수행되지 않은 뭔가를 하고 싶어 할 수도 있다. 이때 누군가로부터 부정적인 피드백을 받았다고 하더라도 당신의 연구 구상에 부정적인 의견을 전한 사람의 말이 늘 옳은 것은 아니라는 점을 기억하라. 예를 들어, 내가 거의 한 달 동안 매일 어린 자녀가 있는 가정을 방문하는 두 번째 프로젝트를 시작했을 때, 동료, 친구, 대학원생 등 정말 많은 사람이 이 연구는 절대 성공할 수 없다며 김빠지는 말들을 했다. 그 어떤 가족도 이 연구를 하도록 허락하지 않을 것이라면서 말이다. 이들의 가혹한 말들 때문에 난 겁을 먹었다. 그러나 이들은 잘못 판단했고 난 그 연구를 성공적으로 마쳐 『불평등한 어린 시절(Unequal Childhoods)』이라는 책을 출간했다. 마찬가지로 대학원생이었던 레이철 엘리스(Rachel Ellis)가 학위논문을 위해 여자 교도소에서 1년 동안 문화기술지 연구를 수행하고자 했을 때, 학업지도 위원 중 한 명은 그 일이 "너무 어려워 연구를 성공하기 거의 불가능하다"라고 말했다.[1] 하지만 이 일은 불가능하지 않았다. 동료 연구자들은 카타리나 헥트(Katharina Hecht)가 런던에 거주하는 상위 소득자들을 면담할 수 있으리란 생각을 비웃었지만, 그들의 개인 비서와 협력하여 이들 면담을 성사시켰다.[2] 나는 가능성이 있는 어떤 연구 아이디어가 정말 흥미롭다고 느낀다면 이런 생각에 부정적인 반응을 보이는 사람들의 이야기를 굳이 듣지 않았다. 나는 그런 연구를 세 번, 네 번, 다섯 번이라도 새롭게 시작하고, 연구의 초점을 하나의 핵심적인 측면으로 좁히고자 하거나, 혹은 다른 방식으로 고쳐보려고 노력한 후에야 진정으로 연구를 포기할 수 있었다. 그러나 늘 그렇듯 연구자는 자신이 답하고 싶어하는 질문에 대해 공상에 빠질 것이고 면담과 참여 관찰이라는 독특한 힘을 지닌 방법을 통해 답할 수 있을 것이다. 이런 접근이 사회적 과정과 연구 참여자들에게 주는 의미를 이해하도록 돕기 때문이다.[3]

생각하기: 연구 설계 발전시키기

"뭐든 가능한" 공상 속 시간이 지나고 나면, 냉정하고 가혹한 사실을 고민해야 할 시간이 다가온다. 앞서 간단히 설명하긴 했지만, 수준 높은 연구를 설계하는 데는 많은 상호절충(trade－offs)이 있기 마련이어서 연구 현장에 **가 있을 시간**이나 면담을 수행할 시간이 필요하다. 연구 설계의 성격은 다양하다. 학부생은 대학원생이나 혹은 경험 많은 연구자들과 다른 연구를 수행하게 된다. 여기서 핵심 쟁점은 당신이 무엇을 알고 싶은가이지만, 연구를 수행하는 데 얼마나 많은 시간을 할애해야 하고 다

1) 엘리스는 단 8주동안 받아들여졌다. 하지만 이때 교회 목사님을 도와주면서 장장 1년간 머무를 수 있다는 허락을 얻게 되었다. Ellis의 *In This Place Called*를 참고하라.

2) Lareau, *Unequal Childhoods*, and Hecht, "'It's the Value that We Bring.'"

3) 에믹(emic)은 연구 참여자의 관점에서 해석하는 것을 특징으로 활용하는 것을 지칭하고, 에틱(etic)은 외적 범주를 활용하는 것을 지칭한다. Tracy, *Qualitative Research Methods*, 또는 Denzin and Lincoln, *Handbook*을 참고하라.

시 돌아가 연구 결과를 언제까지 마쳐야 할지에 대해 고민해야 한다. 또한 면담(이에 대해서는 제4장과 제5장에서 상세하게 기술할 것임) 혹은 참여 관찰(이에 대해서는 제6장과 제7장에서 상세하게 기술할 것임)을 하는 상대적인 이점을 가늠해야 한다.[4] 여기서 핵심적인 결정은 당신의 연구가 한 집단을 대상으로 할 것인지, 아니면 둘 혹은 그보다 많은 수의 집단 경험을 비교할 것인지 선택하는 것이다.[5]

---

4) 두 방법 모두 응답자에게 사건이 갖는 의미에 초점을 맞춘다. 그러나 이 둘은 서로 다르다. 심층 면담은 회상하고, 중요한 삶의 경험에 대한 자신의 신념과 해석을 공유하려는 사람들에게 조용하고 사적인 시공간을 제공한다. 면담은 참여 관찰에 비해 덜 노동집약적이기 때문에 사례수는 좀 더 크고 다양하다. 그렇게 되면 비교할 수 있는 기회를 얻게 되기 때문이다. 한편, 참여 관찰의 목적은 (참여자들의) 사회적 환경에 받아들여지도록 하고, 그들과 신뢰를 쌓고, 중요한 개인 간 혹은 제도적 역동에 대해 배울 수 있도록 하는 데 있다. 참여 관찰을 활용함으로써 당신은 심층적이고 풍부한 방식으로 사람들이 가진 일상적 삶의 의례, 경험, 그리고 사회적으로 복잡한 상호작용의 네트워크를 직접 관찰할 수 있게 된다. 참여 관찰은 특별히 사회적 행위를 인도하는 긴장을 드러내는 데 강력한 연구방법이다. 게다가 이 연구법을 사용하는 연구자가 종종 기존 규범과 실제 행위 사이의 차이, 특정한 사회적 맥락에 처한 사람들의 행위에 초점을 맞추기 때문에 이들의 참여 관찰은 아주 중요한 사안에 대해 우리가 좀 더 세심한 이해를 할 수 있도록 해준다. 참여 관찰 연구는 스스로 잘 보이고 싶어하는 연구 참여자들의 욕망에 덜 영향받는 사회적 과정에 대해 심층적이고 풍부한 이미지를 만들어준다.

5) 미국, 프랑스에서 중상층 남성들의 도덕적 경계에 대해 비교 면담연구에 대한 사례는 Lamont의 *Money, Morals, and Manners and The Dignity of Working Men*를 참고하라. Mary Waters의 *Black Identities* 또한 비교 면담연구이다. Roberto Gonzales는 *Lives in Limbo*에서 불법거주 청소년들의 문제를 보여주고 있고, Vallejo의 *Barrios to Burbs*는 히스패닉계 사람들의 상향 이동에 자리한 장애물들을 잘 그려보여 주고 있다. Lacy의 *Blue－Chip Black*은 흑인 중산층이 거주할 곳을 탐색하는 데 취하는 다양한 전략적 접근을 탐색하고 있다. 저소득층 엄마들이 왜 신뢰가 낮은지에 대한 설명은, Levine의 *Ain't No Trust*를 흑인 엄마들이 어떻게 자녀들을 양육하는지에 있어 차이점을 분석한 것은 Dow의 *Mothering while Black*을, 이민자들 사이의 경험 차이를 분석한 것은 Kasinitz et al.의 *Becoming New Yorkers*를 인종 간 관계의 차이점을 연구한 것은 Steinbugler의 *Beyond Loving*을 읽어 보자. 일반적이라고 하기 어렵지만 일부 문화기술지적 비교연구가 있기도 하다. 사회이동이 제한된 십대 청소년들을 비교한 연구에 대해서는 MacLeo의, *Ain't No*

이를 좀 다른 식으로 표현하자면, 당신은 연구를 설계해야 한다. 가능성 있는 연구에 대해 심사숙고하기 시작할 때 당신 연구에서 뭘 하고 싶은지 잘 생각해보아야 한다. 예를 들어, 당신이 관찰하고 싶은 게 정확하게 무엇이고 왜 그러한가? 이때 가장 중요한 것은 무엇인가? (학교와 같이) 어딘가에 방문한다면 왜 그곳이어야 하는가? 이것을 통해서 뭘 얻게 되길 바라는가? 참여 관찰자로서 당신은 어느 정도로 참여자의 일부가 될 것인가 혹은 관찰자가 되기를 목표로 하는가? 사람들을 면담한다고 할 때, 누구를 면담하고자 하는가? 왜 그들과 이야기해야 하는가? 그들이 당신에게 어떤 것을 새로 알려줄 수 있는가? 당신이 아는 것이 무엇인가, 또 무엇을 모르는가? 이런 질문에는 무엇이 옳다거나 혹 잘못되었다는 답변이 대체로 존재하지 않는다. 오히려 이런 질문에 어떤 답변을 하게 되는가는 당신이 어떤 연구 목표를 갖고 있는가에 달려있다. 시작 단계에서는 당신의 연구 목표가 무엇인지 분명하게 정하지 않았을 수 있다. 하지만 그게 무엇인가에 대해서는 나름의 생각을 갖게될 것이다. 점차 당신이 가진 핵심 목표를 이해할 수 있을 것이다.

면담과 참여 관찰 연구가 계속 예측할 수 없는 방식으로 진행되기 때문에 그 어떤 연구라도 유연하게 설계되어야 한다. 사전에 이상적인 계획을 세우는 것은 합당하다. 그리고 이런 계획은 당신을 돕고자 하는 사람들(예: 지도교수, 연구비 지원 기관 등)에게 도움이 될 것이다. 그러나 일이 원래 계획했던 대로 진행되지 않기 때문에 일단 연구가 시작되었을 때 계획을 수정해나가는 것이 적절하다. 문제 많은 계획을 계속 밀고 나가기보다는 수정하라. 예를 들어, 면담 연구를 진행하는 중간에 질문을

Makin' It, Willis의 *Learning to Labor*를 참고하라. 노동의 젠더분업에 대해 여러 가족을 문화기술지 방법으로 비교연구한 것으로 Hochschild and Machung의 *The Second Shift*를, 계급과 가족 생활에 대한 비교를 다룬 연구로는 Cooper의 *Cut Adrift*, Lareau의 *Unequal Childhoods*를 살펴보아라. 전문직종 가족에서 젠더와 실업상태에 관한 문화기술지적 비교는 Rao의 *Crunch Time*에서 확인하라.

수정하여 "별 차이를 가져오지 않을" 만한 질문들을 빼버리거나 새로 중요하게 등장한 문제를 탐색할 만한 새로운 질문을 추가할 수 있다. 참여관찰을 하는 경우라면, 당신이 원래 기대했던 것과 아주 다르게 상황이 전개되거나, 애초 연구하기로 했던 것에 집중하지 못하게 되었음을 알게 될 수 있다. 하지만 이때 원래 관심 있던 주제와 관련된 다른 주제에 대해 흥미로운 통찰을 얻고, 다른 이들의 신뢰를 얻게 될 수도 있다. 당신이 연구를 진행하면서 계획을 수정하는 것은 아무런 문제도 아니며, 부끄러워할 것도 아니다. 이는 지극히 정상적이다.[6] 실제로 면담과 참여관찰 연구의 강점은 연구자가 연구 현장에서 알게 된 것에 민감하게 반응할 수 있다는 점이다.

때로 이는 실제로 연구 참여자 중 처음 1/3에게는 연구가 진행되면서 떠오르는 질문을 하나도 묻지 못한다는 것을 의미한다. 분명히 이런 상황은 이상적이지 않지만, 새로운 통찰을 토대로 자료 분석을 깊게 하는 것은 말할 필요 없이 더 낫다. 그런데 이렇게 하는 것은 당신이 모든 사람에게 같은 질문을 하지 않았을 수 있고, 표를 만든다고 할 때 불완전한 자료가 있을 수 있음을 의미하는가? 그렇다. 이는 어려운 일인가? 맞다. 이를 피할 수 있는가? 그럴 수 없다. 제1장에서 논의했던 것처럼, 문화기술지 연구의 결과는 **발현적**이라는 점을 기억하는 것이 중요하다.

6) 질적 연구 방법에 경험이 많은 여러 연구자들은 변화라는 것이 그다지 예외적인 것이 아님을 잘 이해하고 있다. 논문심사위원회 및 기타 전문가들 또한 연구프로젝트의 방향성이 변화하는 상황에 나름 유연하게 처리해 줄 수 있다. 물론 각 상황은 아주 다르다. 만약 당신의 IRB 신청서(아래에서 기술할 것인데)가 모호하지만 충분히 정확하다면 IRB 위원회는 이런 변화 상황을 나름 유연하게 덮어줄 수 있을 것이다. 그렇지 않다면 당신은 IRB에 변화된 상황에 대해 수정 보고를 해야 할 것이다. 당신이 신뢰할 수 있는 동료 연구자 혹은 교수에게 (비밀스럽게) 어떻게 하는 것이 좋을지 자문을 구해보는 것이 좋다. 책에서 서술하고 있는 방법론적 부록들은 연구를 시작하는 데 장애물을 보여주는 것에 지나지 않는다. Contreras의 "The Broken Ethnography."를 참고하라.

연구 초점 맞추기

면담이나 참여 관찰을 수행할 것인지 결정하는 것은 연구 질문 또는 다르게 표현하면 당신이 알고자 하는 게 무엇인지에 달려있다. 면담은 특히 사람들이 자기 삶의 중요한 측면을 어떻게 이해하고 있는지를 알고 싶을 때 유용하고 가치 있는 연구 방법이다. 참여 관찰은 특별히 사회의 작동 기제를 밝히는 데 도움이 된다. 물론 일부 연구들은 이 둘을 한꺼번에 사용한다. 깊은 신뢰가 요구되는 아주 민감한 주제에 대해서는 (참여 관찰을 통해) 연구 참여자들과 지속적인 관계를 갖는 것이 아주 중요하고, 때에 따라서는 빼놓을 수 없는 요소가 된다.[7)]

면담 연구에서 연구자들은 연구 질문에 집중하고 자신들이 알고 싶어 하는 것을 말해 줄 수 있는 사람들을 찾아내야 한다. 면담은 종종 사람들이 자신의 사회적 위치를 어떻게 이해하고 있는지, 자신들이 맞닥뜨리고 있다고 믿는 장애물들은 뭐라고 생각하는지, 자녀, 직장, 건강 혹은 자신을 자랑스럽게 할 성취와 같은 것에 대해 어떤 걱정을 하는지 등 의미를 만들어내는 데 중점을 둔다. 조직에 관한 연구를 보면, 면담은 조직이 어떻게 작동하는지 혹은 어떻게 작동하지 않는지를 이해하도록 한다. 면담을 수행하면서 연구자는 관심 있는 주제를 이해하는 데 도움을 줄 가장 적합한 지위에 있는 집단, 혹은 개인들을 선택하고 싶어 한다. 피면담자들은 연구자가 선택한 주제에 있어 나름 전문가들이어야 한다. 예를 들어, 의사는 환자를 치료하는 것뿐만 아니라 환자가 병원 치료를 어떻게 경험하고 있는지에 대해서도 나름 식견을 이야기해 줄 수 있다.

참여 관찰 연구에 있어 연구자는 다른 사람들과 상호작용하는 사람들을 관찰하도록 용인해주는 연구 현장을 확실히 선택해야 한다. 따라서 영화를 보고 있는 사람들에 대해 관찰하는 것은 별로 이상적인 선택이

---

7) Contreras, *The Stickup Kids.*

아닌데, 이 연구에서 사람들은 관찰 가능한 방식으로 상호작용하지 않기 때문이다. (영상을 제작하는 집단을 연구하는 것이 더 낫다.) 사람들이 사랑을 키워나가고 성관계를 어떻게 하고 있는지에 관심이 있다면 데이트를 하고 있는 사람들을 따라다니는 것이 이상적일 것이다. 그러나 이런 연구는 지극히 주제넘은 일일 테고, 연구자가 관찰하는 상호작용에 영향을 전혀 미치지 않기는 어렵다.[8] 술집, 사교 파티 등 새로운 로맨스와 유혹을 관찰할 수 있는 장소에서 "어울리는" 것이 훨씬 나을 것이다. 또 다른 측면에서, 연구자가 종교에 관심이 있다면, 종교의식에 참여하는 것은 단지 예비적인 단계일 뿐이다. 예를 들어, 기독교 예배를 이해하기 위해서는 이들이 선교 활동을 하고, 노숙인들에게 먹을 것을 나눠주고, 성경 공부를 하고, 다른 방식의 소집단과 상호작용할 때, "어울릴" 수 있는 것은 아주 중요하다. 여기서 중요한 점은 연구 현장은 사람들이 상호작용하는 곳이어야 한다는 점이다. 특별한 장소에 매이지 않는 사회적 상호작용을 이해하는 데 연구자가 관심을 갖는다면, 연구자는 특정한 장소가 아니라 사람들이 모여 있는 특정한 집단에 소속되는 것이 더 나을 수 있다. (연구자는 그 집단의 구성원이 다양한 장소를 옮겨 다니는 것을 따라다닐 수 있다). 예를 들어, 조류 관찰자 집단, 여성 동아리 모임, 혹은 대학 캠퍼스 종교 단체 가입 같은 것이 그러하다.

연구 설계: 이론 세계에 미치는 당신 연구의 기여

하나의 연구로 모든 일을 다 할 수 없다. 연구를 시작하기 전과 연구가 진행되는 중 모두, 연구자는 매우 어려운 선택 상황에 놓이고 선택을 해야 할 경우가 있다. 거시적으로 생각해보자면, 모든 연구 프로젝트는 핵심적이라 할 특정 자원(시간, 돈, 접근성 등)의 활용이 제한적이다. 그

8) Handley, "The Unbearable Daintiness of Women."을 참고하라.

리고 간략히 설명하겠지만, 연구 대상 집단과 이들을 연구할 장소(적어도 초기 시점에는)를 선택하는 데는 서로 충돌하는 고려사항들이 많다. 어떻게 결정할 것인가? 내가 보기에 이 질문에 대한 대답은 당신이 연구하고 싶어하는 것에 대해 당신이 임시적으로 갖고 있는 생각과 관련되어 있다. 연구 질문은 무엇인가? 무엇을 알고 싶은 것인가? 알고 싶은 지식을 얻기 위해 어떤 단계를 밟아 나갈 것인가? 이런 쟁점들을 탐색하는 데 필요한 도움으로서, 당신 연구를 안내해줄 이론적 목표와 함께 더욱 거시적인 생각거리가 무엇일지 고민해야 한다.

실제로 연구자들 각자가 이론적 세계와 맺는 관계란 건 다양하다. 부분적으로 연구자는 자신이 존경하는 부류의 연구를 고려하면서 이런 (어려운) 결정을 만들어가는 데 지침으로 삼을 수 있다. 많은 사람은 특정 주제나 집단 연구들을 극찬해 마지않는다. 당신은 아마 이렇게 생각할 수 있다. "난 노숙자를 연구하고 싶어." 혹은 "나 여성 클럽을 연구하고 싶어.", "난 의사들을 연구하고 싶어.", "난 공학자들을 연구하고 싶어." 이런 것들이 연구 주제의 사례다. 어떤 이들은 특정 집단에 대해 풍부하고 기술적인 연구를 수행하는 것을 아주 편안하게 생각한다. 공동체 또는 조직에 관한 영향력을 발휘하는 연구들이 있다. 예를 들어, 앤드류 디너(Andrew Deener)의 『베니스(Venice)』는 캘리포니아 해변 공동체에 관한 연구다. 이 외에도 데이비드 그라지안(David Grazian)의 『미국의 동물원(American Zoo)』, 식당에서 일하는 문화를 다룬 게리 앨런 파인(Gary Alan Fine)의 『주방(Kitchens)』, 토론 동아리를 다룬 『말하기 재능(Gifted Tongues)』, 야구팀을 연구한 『소년들과 함께(With the Boys)』 등이 있다. 이들 연구는 실천과 과정에 대해 아주 심층적인 질문을 담고 있다. 이런 연구들을 통해 우리는 사회 집단, 공동체, 혹은 조직이 어떻게 기능하는지 알 수 있다. 이것은 그 자체로 하나의 목표다. 폭넓게 이해해서 이런 연구들은 이런 조직들이 어떻게 작동하는지에 있어 미묘한 의미와 그 과정을 이해하도록 해준다. 특히 조직이 내세운 사명을 어떻게 달성하고 달성하지 못하는지의 과정을 말이다.

다른 연구자들은 자신의 연구를 **발판** 삼아 하나의 이론적 질문에 집중하는 데 사용한다. 이들은 단호하게 초점을 맞춘 연구를 사회 과정이라는 좀 더 일반적인 사상의 발전에 기여하는 것으로 여긴다. 따라서 이들은 흔히 동일한 연구 주제에서 시작하는데, 이때 연구 질문을 좀 더 좁혀서 가다듬는다. 궁극적으로 이들의 목표는 분명하게 규정되고 이론에 토대한 연구 질문을 도출해내는 것이다. 마치 마이클 부라워이(Michael Burawoy)가 자신의 책 『여론 조작(Manufacturing Consent)』에서 노동자들이 자신을 고용한 사람들의 목표 달성을 돕기 위해 어떻게 주어진 규칙을 어기게 되는지 묻는 것과 같다. 킴벌리 호앙(Kimberly Hoang)은 『욕망의 거래(Dealing in Desire)』에서 베트남의 호스티스의 역할이 어떻게 글로벌 경제에서 경제적 상거래를 촉진하고 있는지 보여주고 있다. 마이아 쿠치아라(Maia Cucchiara)는 『학교 마케팅, 도시 마케팅(Marketing Schools, Marketing Cities)』이라는 책에서 조금 다른 측면을 보여주는데, 그는 학교개혁을 위해 공공기관에서 기금을 지원하는 프로그램이 학생들에게 어떻게 균등하게 혜택이 돌아가지 않게 되는지를 보여주고 있다. 캐롤린 타이슨(Karolyn Tyson)은 조직의 역동성, 특히 영재학급에 있는 많은 수의 흑인 어린이들이 학교에서 어떻게 인종적 역동성을 만들어내는지 『통합의 방해(Integration Interrupted)』에서 잘 보여주고 있다. 이런 연구에서 연구자들은 경쟁할 만한 대답이 필요한 분명하고도 분석적인 질문을 던지고 있다. 이들은 자신의 학술적 지위를 앞세우면서 일부 대답에 대해 틀렸다고 선을 긋는다. 이들은 이론적 개념을 사용하면서 자신의 상세한 경험적 자료들을 자신이 속한 학문 분야의 추상적인 이론 체계에 연결했다. 이런 접근을 취하는 연구자들은 이론과 연결 짓는 방식으로 학술적 기여를 강조한다.

선행연구 검토는 주제 선정에 어떻게 도움이 되는가

자료 수집을 시작하기 전 폭넓은 선행연구 검토는 당신 연구에서 관심사에 초점을 맞추도록 하는 데 큰 도움이 된다. 여기에 더 나은, 더 빠른 방법이란 존재하지 않는다. 그런데 당신이 학부생 혹은 대학원생인지에 따라 전략은 다양하다. 학부생들은 수업 과제를 시작하기 전에 논문 몇 편을 읽을 수 있다. 대학원 박사과정생이라면 적어도 핵심 영역의 논문 20편 이상과 주요 서적 몇 권을 읽으라고 권한다. 당신이 관심 있는 주제에서 가장 폭넓게 인용되고 있는 글들을 읽는 것, 소위 고전이라 불리는 것을 섭렵하는 것, 점차로 이를 반복하는 것이 가장 이상적이다. 당신이 어떤 주제에 관한 논문을 읽는다고 할 때, (모든 것에 대해 다 알지 않더라도) 인용되는 많은 논문이 무엇인지 익숙해져야 한다. 그러나 여기서 문제는 어느 정도라도 관련되어 있고 또 중요하다고 여겨지는 논문이 수십, 수백 개나 된다는 점이다. 예를 들어, 내가 출간한 『불평등한 어린 시절』을 보면 셀 수 없이 많은 관련 주제들이 등장한다. 의사-환자 상호작용, 교사-학부모 상호작용, 가족과 종교, 과외 활동의 장기적인 혜택, 인종적 사회화 등이 그것이다. 각 주제에 대한 문헌을 읽는 데 온 시간을 보냈다면, 절대 그 연구를 완전히 끝내지 못했을 것이다. 결국, 나는 보통 리뷰 에세이 한 편, 고전이라 할 논문 한 편, 또는 최근의 수준 높은 연구물 한 편 등, 두세 편의 글을 읽는 "경험 법칙"을 만들어냈다. 가끔은 해당 주제를 알고자 백과사전이나 핸드북을 들춰보기도 한다. 그리고 나서 읽기를 일단 멈춘다. 내가 아는 것의 바닥이 너무 처절하게 드러나더라도 말이다. 해당 주제가 더 중요하게 여겨지게 되면 나중에 더 많은 글을 읽을 수 있다고 정하면 된다. 하워드 베커(Howard Becker)가 말한 것처럼 "문헌에 겁먹을" 위험이 있다. 따라서 당신이 관심있는 핵심 주제에 대해서는 심층적인 읽기를, 덜 중요한 주제에 대해서는 비교적 피상적인 읽기를 한 이후, 읽기는 멈추고 자료 수집을 시작해야 한다.

자료를 수집하는 동안에도 계속 선행연구 검토를 하면, 관련 분야 문헌에 당신이 기여하는 바가 더욱 분명해질 것이다. (만일 매주 이렇게 자료 수집과 선행연구 검토를 동시에 계속하는 것이 너무 힘들거나 일정상 어려우면, 몇 주 간격으로 며칠을 할애하여 자료 수집 속도를 늦추어 멈추고, 읽고, 생각하는 시간을 가져라.) 물론 더 많은 것을 배우겠다고 꽤 먼 연구지로 나가는 경우도 있다. 로빈 레이드너(Robin Leidner)는 맥도날드에서 참여 관찰을 하고 보험 판매원들과도 연구를 진행하면서 합리화라는 개념에 관심을 기울였다.[9] 아마도 다른 연구자들은 맥도날드 연구에 끌린다고 할 때, 다른 주제, 예를 들어, 음식 소비 양상이나 직장–가족 생활 균형 등에 관해 이해하고 싶어할지 모른다. 어떤 주제를 택하건 간에, 관련 선행연구를 읽는 것은 필수적이며, (다소 부담스럽더라도) 도움이 될 것이다. (제9장에는 선행연구를 얼마나 많이 읽어야 하는지에 대해 좀 더 긴 논의를 제시한다.) 가끔은 연구의 초점에 따라 적절하다 싶은 학술적 논쟁을 찾고 별로 다를 것 없이 혼잡스러운 선행연구 속에서 나름의 비판 거리를 찾게 해줄 만한 "대화 상대"를 찾는 게 어려울 수 있다. 크리스틴 루커(Kristin Luker)는 질적 연구방법에 관한 자신의 책에서 기존 선행연구를 "흐트러진 데이지꽃"이라고 상상하여, 연구와 관련된 다양한 문헌을 벤 다이어그램으로 그려보도록 제안한다.[10]

연구 설계 결정하기: 대상, 규모, 기간

연구를 계획할 때, **누구**를 대상으로 연구할 것인지, 이들을 연구할 때 **얼마나 오래** 할 것인지, **어디에서** 연구할 것인지 등의 정말 중요한 핵심 결정을 내려야 한다. 연구 대상 연령대는 어떻게 할 것인가? 특

9) Leidner, *Fast Food, Fast Talk.*

10) Luker, *Salsa Dancing.* (제8장과 제9장도 참고하라.)

정 경험을 한 사람들을 대상으로 연구할 것인가? 특정 인종 혹은 한 민족 집단을 대상으로 할 것인가, 아니면 여러 복수 집단을 대상으로 할 것인가? 미국에서 태어난 사람들, 이민 1세대 또는 2세대를 대상으로 할 것인가? 대부분 이런 질문은 경우에 따라 다르기 마련이다. 그러나 다른 것들이 같다면 연구 질문이 구체적으로 요구하지 않는 한, 한 개 이상의 인종 집단과 민족 집단을 연구하고, 연구 대상의 연령대를 대략 5년(18세 이하 청소년의 경우) 이내로 제한하거나 20년 정도(성인의 경우)로 제한하는 것이, 사람들이 성장하고 시민으로 살아가는 국가의 역할을 명확히 하는 것에 도움이 될 때가 많다. 그러나 하나의 인종 집단과 민족 집단을 연구하거나 또는 다른 방식으로 연구를 제한하는 것에 나름 타당한 이유가 있기도 하다. 늘 그렇듯, 때에 따라 다르다.

또한, 얼마나 오랫동안 자료를 수집해야 할지에 대해 생각해야만 한다. 물론 심층적이고 밀도 높은 자료를 원할 것이다. 자료 수집의 목표는 "포화(saturation)" 혹은 하워드 베커가 『근거(Evidence)』라는 책에서 제시하고 있듯, "한동안 새로운 것을 하나도 알게 되지 않을 때, 당신 연구는 완성되는"[11] 것이다. 이상적으로 참여 관찰을 한다고 할 때, 주중에 연구 현장에 주기적으로 가서 한동안 그 환경에 머무르는 것이 좋다. (얼마만큼의 시간이 걸리는가는 당신 삶의 어떤 지점에서 연구를 수행하고 있는가에 달려있다. 학부생으로 한 학기 강의 과제로 연구를 한다면 2달 동안 매주 2번이면 될 것이다. 만약 박사과정생으로 학위논문을 쓰고 있다면 9개월 동안 매주 2~3번 정도는 연구 현장을 방문해야 한다.) 면담에서 계속 반복해서 똑같은 이야기를 듣게 될 때까지 충분한 사람들과 면담을 진행해야 한다. 이런 유형의 연구를 수행하는 것이 그리 수지맞는 장사라고 하기 어려우므로, 현장 연구를 수행하면서 각종 비용을 어

11) Becker, *Evidence*, p. 173.

떻게 낼지 궁리해내야 한다. 또한, 연구를 수행하는 시간과 **함께** 현장을 다녀온 후 24시간 이내에 현장 노트나 면담에 관한 노트를 작성해야 한다. 면담의 경우, 녹음한 면담 내용을 전사할 시간과 비용 또한 확보해야 한다. 이상적으로 말하자면 이런 프로젝트에 헌신하는 데 일주일에 그 이상은 아니더라도, 최소 9~15시간은 필요하다. 물론 일부 사람들은 이보다 훨씬 적은 시간에 하기도 하지만 말이다. 한 주당 더 많은 시간을 투입하는 것이 사실은 더 좋다. 따라서 반드시 머릿속에 기억해야 할 냉정하고 확실한 사실이라면 당신에게 연구를 수행할 시간이 있는가, 그렇지 않은가이다. 가끔은 시간을 "만들어내려고" 연구 일정을 이리저리 조정할 수 있다. 예를 들어, 자녀가 있는 부모는 자료 수집을 수행하는 동안 추가로 가족의 도움과 자녀 돌봄서비스를 구할 수 있다. 연구와 관련하여 다른 많은 일을 소위 일거리로 "계산"해야 한다. 연구지 이동, 추후 방문 일정 및 관련 사항 준비, 면담 및 참여 관찰 수행, 현장 노트 작성, 자료 녹취, 새롭게 알게 된 것을 반영한 메모 작성 등 말이다. 예를 들어, 매 1시간 동안의 참여 관찰에 현장 노트를 작성하는 데 대략 2.5시간을 쓴다면, 10시간의 현장 연구(3차례의 방문)에는 현장 노트를 작성하는 데 대략 25시간이 "소요"되며, 여기에는 현장 방문을 준비하는 과정에서 소요되는 1.5시간과 현장을 오가는 데 쓰는 3시간은 포함되지 않는다. 그리고 메모하거나 관련 문헌을 읽는 데 드는 3시간 이상의 추가 시간이 필요하다. 따라서 약 10시간의 참여 관찰에 드는 시간은 일주일에 43시간으로 빠르게 배가 된다. 면담은 기본적으로 이와 유사한 특성을 갖는다. 면담 일정 조정, 준비, 면담 장소로 이동, 녹음 내용 업로드, 성찰지 작성, 자필 감사 서신 보내기 등 말이다. 여기에 더해 많은 피면담자들은 면담을 취소하거나 일정을 조정해달라고 요청한다. 한 주에 세 번의 면담을 수행했다면, 그 주는 정말 운이 좋은 거다.

게다가 당신은 연구의 목표와 함께 연구가 어느 정도나 오래 지속할 것인지에 대해 생각해야만 한다. 종단적 면담은 아주 중요할 수 있다. 일부 연구자들은 아주 집중적인 자료 수집 기간(예: 6개월 혹은 1년 이후)을 끝내고 "추적(check-ins)"하거나 후속 연구를 수행한다. 자료 과정이 갖는 발현적 속성을 고려할 때, 보통의 접근은 자료 수집, 특히 면담하는 것을 잠시 멈추고 자료 분석을 수행한 다음(제8장에서 논의), 좀 더 분명한 초점을 갖고 면담을 재개하는 것이 좋다.

연구 설계: 연구 규모 및 상호절충

당신은 IRB를 신청하기 전에 연구와 관련한 아주 중요한 결정을 내려야 한다. 이 결정은 당신의 연구 목적에 기반해 있어야 한다. 한 연구가 모든 것을 다 할 수는 없으며, 대체로 연구의 규모를 줄여야 할 뿐만 아니라, 연구 집단의 수를 제한해야 한다. 작지만 풍부한 연구들은 정말 귀중한 연구가 될 수 있다. 연구의 범위를 생각할 때 "모든 것을 다 하겠다"라는 부담과 아주 대규모 표본을 연구 대상으로 삼아야겠다는 압박을 느낄 수 있다. 그러나 면담과 참여 관찰에 특유의 논리가 있으며, 자료에 대한 연구자의 깊은 이해는 연구의 모든 측면을 강하게 만들어준다. 연구의 범위는 여러 요인에 영향을 받지만, 학부생(혹은 여름방학 집중 강좌를 수강하는 학생들)은 매우 한정적인 연구(즉, "소규모" 연구)를 수행하는 것이 적절하다. 이 경우, 면담 횟수는 대략 10회 미만으로 제한되며, 방문 횟수도 해당 학기의 주당 1회 정도로 제한된다. 소규모 연구는 모든 준비 단계를 다 거치기는 하지만, 연구를 수행하는 시간이 정해져 있으므로 연구 수행 시간이 짧다. 일부 학자들은 제한된 자료로도 매우 유익한 논문과 저서를 작성하였다.[12] 실제로 『낯선 이들로부터 배우기

12) Ferguson, "Ask Not What Your Mentor Can Do for You..."; Frye, "Bright Futures in Malawi's New Dawn"; Horvat and Antonio, "Hey, Those Shoes Are Out of Uniform"; Tyson, "Notes from the Back of the Room"; Hansen, *Not-So-Nuclear Families*; Sherman, *Uneasy Street*.

(Learning from Strangers)』라는 책의 저자 로버트 와이스(Robert Weiss)는 50명 정도를 계속해 머릿속으로 떠올리기만 하면 된다고 말한다. 마리오 스몰(Mario Small)이 「사례는 얼마나 필요한가?(How Many Cases Do I Need?)」라는 중요한 논문에서 쓰고 있듯이, 점점 더 크게 만들어가려는 "군비 경쟁"을 피하려면 연구 프로젝트의 목표가 모든 것을 결정하는 요인이 되어야 한다. 게다가, 대규모 연구 대부분은 인력과 기금을 지원받는 연구자들에 의해 수행되었다. (예를 들어, 내 책 『불평등한 어린 시절』은 정말로 야심찬 연구였는데 자료 수집을 위한 연구보조원들과 함께 큰 규모의 연구지원금을 받았다.)

또한, 면담과 참여 관찰을 주로 하는 연구에서 연구자들은 늘 타협해야 하는 상황에 직면하게 된다. 선행연구에서의 지식과 자신이 갖추고 있는 지식 체계는 어떤 타협은 "받아들일 수 있고", 어떤 타협은 "절대 수용할 수 없는지"를 구분하는 데 도움을 준다. 그러나 더 적은 수의 사람들에게서 좀 더 자세하고 풍부한 자료를 얻기 위해, 연구 집단을 제외시켜야 할지 모른다는 것은 꽤 유감스러운 일임에 틀림없다. 여기 당신이 높이 평가하는 연구에 대해 다시 한번 생각해보자. 한 인종 집단을 연구하는 것에 만족하는가? 이런 연구 설계로 마음에 드는 연구를 본 적 있는가? 당신 연구에서 비교가 필수적인가? 물론 집단의 윤곽이 분명하지는 않다. 중요한 것은 당신이 무엇을 생각하는가이다. 게다가, 어떤 결정을 내리든 당신이 존경하는 다른 사람들과 이야기를 나누고, 다른 사람들의 생각에 "귀 기울이는 것"이 좋다. (그들의 말에 귀를 기울이면, 예를 들어 출판 과정에서 당신의 연구 설계를 다른 사람들이 어떻게 평가할 수 있을지 예측할 수도 있다.) 연구 참여자와 연구 안팎의 모든 것에 대해 전부 공유하지 않아도 된다. 사실 그들은 당신의 범주 구분에 대해 모든 면에서 동의하지는 않을 수 있다. (미국인들 대부분은 자신을 중산층이라고 생각하므로, 노동계층 가정이 내가 그들을 노동계층으로 분류했다는 것을 알았다면 이에 반대했을 수도 있다.) 어느 정도는 연구가 진행되는 동안 연구자는 조정할 수는 있지만, 연구가 체계적이고 잘 설계되기 위해서는 다른 중요한 요소들은 엄격하게 정해져 있어야 한다.

이상적으로 당신은 연구 방법이 있고 체계적인 연구를 원한다. 예를 들어, 서로 다른 환경에서 유사한 활동을 수행하는 사람들을 비교하는 연구에는 부인할 수 없는 이점이 있다.[13] 실제 세계라는 제약 속에서 가능한 비슷한 집단을 비교하는 것이 가장 이상적이다. 이런 "사과 대 사과" 비교 경향은 결론 부분에서 연구 결론의 신뢰를 높여줄 것이다. 예를 들어, 면담 설계에서 한 인종 집단과 세 차례의 면담을 하고, 다른 인종 집단과 두 번, 그리고 세 번째의 다른 인종 집단과 여섯 번의 면담을 하는 것은 이상적이지 않다. 개인적으로 나는 한 범주에서 2~3명만 면담을 하는 것이 편하지 않고, 한 범주에 5명, 6명, 혹은 7명 정도 있어야 양상 파악에 좀 더 확신을 느낄 수 있다. 따라서, 비교 연구 설계를 한다면, 상당히 체계적이어야 한다. 물론 결과적으로 한 집단에서는 11명, 다른 집단에서는 13명과 면담하는 것처럼 숫자를 약간 조정할 수 있다. 간단한 집단표를 만들 수도 있다(표의 사각형을 "셀"이라 함). 예를 들어, 3~6세 사이의 자녀가 있는 백인 가정과 아프리카계 미국인 가정을 중상층, 중하층, 노동 계층으로 구분해 비교한다고 해보자([표 2.1] 참고). 이민자가 겪는 특유의 경험을 피하고자 미국 시민권자 또는 5세 이전에 미국으로 이주한 사람들로 사례를 제한할 수 있다. 더 나아가 면담 연구에서는 대상 집단의 하위 범주에서 각 개인(예: 대학생 부모 또는 노동자 파트너)을 위한 다중 면담을 하는 방식으로 삼각 방법을 사용하는 것이 이상적이다. 혹은 문화기술지를 수행하면서 관찰한 하위 집단과 상세한 면담을 진행할

13) 비교 연구에 대해 장점을 논의하는 많은 글들이 있다. Bartlett and Vavrus, *Rethinking Case Study Research*를 참고하라.

수 있다.[14)]

【표 2.1】 전통적 공립학교 또는 차터 스쿨에서 3~6세 자녀를 둔 어머니의 가족-학교 관계에 대한 가상 연구

	아프리카계 미국인 어머니	백인 어머니	합계
상위 중산층	7~11	7~11	14~22
하위 중산층	7~11	7~11	14~22
노동계층	7~11	7~11	14~22
합계	21~33	21~33	42~66

당신은 여전히 다른 수많은 결정을 내려야 한다. 한 가지 예를 들어보자. 나는 (여러 다양한 인종 배경을 가진 연구 보조원들과 함께) 자녀 양육의 차이가 어떤지를 조사하는 연구를 수행했다. 이 내용은 『불평등한 어린 시절』에 요약되어 있다. 이 연구는 두 개의 초등학교 교실에서 수개월 동안의 참여 관찰을 통해 수행되었다. 그리고 개별 심층 면담을 137명의 학부모(백인 및 아프리카계 미국인 배경을 가진 88개의 가정)와 진행했다. 수많은 아동에 대한 관찰을 했었고, 면담 집단 내 12개 가정을 대상으로 집중적인 가족 활동을 관찰(대략 일주일에 3회 정도)했다. 이들의 계층은 세 가지, 즉 중산층, 노동 계층, 빈곤층으로 구분했다. 집중적으로 관찰할 가정을 찾아다니면서 나는 상호절충이 얼마나 어려운지 느꼈다. 각 가정에 우리가 방문해 하루당 2~3시간 동안 관찰할 수 있도록 허락을 요청했다. 기간은 3주 동안 거의 매일 방문한다는 내용이었다. (이

14) 실직상태의 전문직 종사자들에 대한 연구는 Rao, *Crunch Time*을 참고하라. 이 연구에서 연구자는 연구 수행 이후 수 개월이 지나 연구 참여자의 배우자들을 면담했다. Chiang, *The Study Gods*에서 연구자는 학생 집단을 한 학년 동안 관찰한 후, 관찰했던 학생 28명과 7년에 걸쳐 (여러 차례) 면담을 진행했다.

런 연구에 참여하는 조건으로 각 가정은 현재 시세로 대략 550달러를 받았다.) 참여한 가정 중에는 아프리카계 미국인 중산층 한부모 가정이 많았다. 집중 관찰을 위하여 동시에 여러 가정을 진행하지 않고 한 번에 한 가정씩만 진행했다. 백인 가정 2곳에 대한 참여 관찰을 마치고 나서 나는 아프리카계 미국인 중산층의 참여 관찰자들을 찾았다. 집중 가정 관찰을 위해 중산층 가정 4곳을 찾아다니면서, (이미 면담한 백인 중산층 가정 2곳과 마찬가지로) 아프리카계 미국인 가정 2곳은 부모 두 명이 모두 있는 가정이어야 한다고 생각했다. 혹시 가족 구조, 인종, 계층에 혼동이 있을까 염려되었기 때문이었다. 내가 참여 관찰을 하고 가족을 섭외했던 학교는 백인이 대다수인 교외 지역의 중산층 공립학교였다. 한 학급에 기껏해야 3명 정도의 아프리카계 미국인이 있었다. 3~4학년 정도의 자녀를 둔 거의 모든 아프리카계 미국인 가정은 흔쾌히 면담에 응해주었지만, 양부모를 둔 2개 가정은 집중 가정 관찰에 참여하기를 거절했다(이 과정은 거의 한 달동안 매일 집을 방문하는 일정으로 진행되었다). 결과적으로 집중 관찰 연구를 허락한 중산층 아프리카계 미국인 가정은 수개월 동안 참여 관찰한 공립학교의 가정이 아니었다. 이 일은 무엇보다도 공립 학교에서의 참여 관찰이 이 연구의 핵심이 될 수 없음을 의미했다. 이는 실로 힘든 선택이었다. 특히 내가 참여 관찰을 진행한 공립 학교에서 중산층 한 부모 아프리카계 미국인 가정이 있었는데, 아마도 이 가정은 참여 관찰에 응해줄 것을 요청했다면 받아들였을 것이기 때문이다. 난 이 프로젝트를 늘 학교 참여 관찰에 기반한 것이라고 기획해 왔음에도 불구하고, 다른 요인과 가족 구조를 혼동하지 않겠다는 나의 바람으로 상당한 수정을 거쳐야 했다. 이 연구는 학교 생활에 대해서는 덜 강조하면서 가정 생활에 대해서는 더 강조하는 것이 되었다. 간단히 말해, 연구자는 가끔 연구를 위해 크게 기대되었던 사람들이나 참여 관찰에서 아주 매력적인 관찰 현장을 포기해야 한다. 이런 것들이 체계적인 비교를 방해하기 때문이다. 전체적으로 당신에게 가장 중요한 것(내 연구에서는 인종과 계층)이 무엇인지 결정해야, 다른 요인들을 "지속적으로 유지해" 나갈 수 있다. 특정 집단들이 중요한 측면에서 비교 가능하다면 당신이 핵심적인 메커니즘에 집중할 수 있을 것이고, 결과의 확실성을 더 높이게 될 것이다.

게다가 당신 연구에서 제약 조건이 많으면 많을수록, 연구에 적합한 사람들을 물색하고 찾는 일은 더 어려워진다. 연구 대상이 되는 아동이 가정에서 첫째여야 하는가? 엘리엇 와이닝거(Elliot Weininger)와 함께 수행한 학교 선택에 대한 연구에서는 가정에서 첫째 자녀의 연령이 정말 중요했지만, 다른 연구에서는 그렇지는 않을 수 있다.[15] 연구에 참여하는 가족의 자녀가 하나 혹은 그 이상인지 아닌지가 중요한가? 가족 구조는 어떠한가? (우리는 이 사안에 대해서는 구체적으로 중요하다고 보지 않았지만, 각 인종 및 계층 범주에서 비슷한 수의 양부모 가족과 [혼합 가족을 포함하여] 한부모 가족의 수를 비슷하게 확보하도록 했다.) 엄마가 집 바깥에서 전일제 혹은 파트 타임으로라도 일하는 것이 중요한가? (우리 연구에서는 이 요인에 따라 가족을 선별하지는 않았지만, 이 사안에 대한 차이가 있었다.) 당신은 계속해서 중요하다고 생각하는 요인 모두에 대해 생각해보아라. 무엇이 빼놓을 수 없는 중요한 것인지 결정할 것이다. 흔히 당신은 몇몇 핵심적인 사안에 집중하고 다른 요인들은 사례를 통해 드러나도록 할 것이다. 연구 참여자들이 서로 다르게 나타나는 방식에 주목하라. 어떤 양상이 중요하다고 밝혀지면, 특정한 범주의 수를 늘리는 방식으로 사례수를 조정할 수 있다.

이런 모든 경쟁 관계의 우선순위를 두고 저울질하는 동안 면담 횟수가

15) Lareau, "Schools, Housing, and the Reproduction of Inequality"; Weininger, "School Choice in an Urban Setting"; Lareau et al., "Structural Constraints and the School Choice Strategies of Black American Middle–Class Parents."

아주 빠른 속도로 증가하기 쉽다. 예를 들어, 3~6세 사이의 자녀를 둔 어머니를 두 인종 집단과 세 개 사회계층으로 비교하는 가설연구에서 각 셀당 7명을 면담하게 되면, 42명을 면담하는 연구가 되는데, 이는 셀별로 11명을 두고 총 66명을 면담하는 것보다 훨씬 수월할 수 있다.

두 개 인종 집단, 한 개의 젠더, 세 개의 사회계층으로 연구를 한정하는 것은 어렵다. (그렇다면 히스패닉 인종은 어떻게 되는가? 이민자들은 어떻게 해야 하는가? 아버지들은 어떻게 해야 하는가?) 게다가 역사적으로 일부 (지배) 집단은 다른, 똑같이 중요한 집단보다 훨씬 더 많이 연구되었다. 에이미 스타인버글러(Amy Steinbugler)는 다음과 같이 지적한다. "지배 집단이 계속 반복해서 선택되면, 그 습관과 경험이 규범이 되어 우리 학문 분야에 아주 오래 남을 결과를 만들어낸다."[16] 물론 당신이 생략한 집단을 존중하고 더 많은 집단을 포함한다면 더 좋은 연구가 된다고 믿는다. 그러나 어려운 결정을 내리는 것은 꼭 필요하다. 당신은 면담 자료를 수집하고 그것을 소홀히 대하는 일을 피하고 싶을 것이다. 자료의 의미는 종종 당신 연구 참여자들의 말에 담겨있다. 양상을 숫자로 축소하기만 하는 심층 면담을 왜 수행하는가? 결국, 사례는 무작위적이지 않다. 내 경험상 직접 면담하는 것은 깊이 파고들고, 연구 참여자들과 소통하며, 그래서 많은 것을 얻도록 해준다. 그러나 한 사람이 할 수 있는 일은 그 정도이다. 가족 생활에서 인종 및 계층 간 차이를 보고자 하는 연구에서 나는 각 셀당 7~9명의 최소 면담자 수를 정했다. 각 셀에서 단지 3~4명의 면담을 하게 되면, 결과를 왜곡할만큼 특이한 사람이 있을지도 모른다고 우려했다. 각 범주에서 9~10명보다 많은 수를 면담하게 된다면, 그 연구는 너무 버거워 다루기 어렵게 될 수 있다.

나는 현실적으로 이런 많은 연구는 이제 자기 연구를 시작하는 젊은이

16) Steinbugler와의 개인 대화. 또한 Krause, "Western Hegemony in the Social Sciences"를 참고하라.

들이 수행하고 있다는 점을 잘 알고 있다. 이들은 수십 명의 면담자들과 만나기 위한 교통비 혹은 녹취 비용에 쓸 규모 있는 기금 지원을 받지 않는다. 이들은 좀 더 실용적이어야 한다. 스스로 자기 연구가 불충분하다고 느끼기 쉽다. 그러나 작은 연구가 좋다. 작은 연구는 합리적이고 실질적이다. 작다는 말의 의미는 연구가 합당한 규모를 유지하기 위해 당신이 연구에 참여할 집단의 수를 제한해야 한다는 의미다. 한 연구는 그 정도의 규모가 할 수 있는 일을 할 뿐이다. 다중 연구는 서로 다른 연구 간의 결과와 주장을 소통하도록 한다. 여기서 희소식이라면 미치 듀니어(Mitch Duneier)가 잘 지적하고 있듯, 최고의 문화기술지는 박사 학위 논문으로 작성된 젊은 연구자들에 의해 만들어졌다는 것이다.[17] 예를 들어, 『모든 우리의 가족(All Our Kin)』, 『길모퉁이 사회(Street Corner Society)』, 『도시 주민(Urban Villagers)』과 『길모퉁이 남자들(Tally's Corner)』과 같은 문화기술지의 고전이라고 불리는 연구들은 원래 박사 학위 논문으로 쓰여진 것이다.[18] 사실, 많은 문화기술지 연구자들은 자기 평생을 바쳐 오로지 한 곳의 참여 관찰 연구만을 진행한다. 그리고 자기 연구 경력의 거의 초반에 이 일을 결정하고 진행한다. 큰 규모의 연구 기금을 따낼 만큼 아직 유명하지는 않지만 이런 젊은 연구자들은 아주 중요한 이점을 갖고 있다. 이들은 시간이 충분하고, (항상 그런 것은 아니지만) 종종 가정 생활에 투입해야 할 의무가 거의 없거나, 나이든 문화기술지 연구자들보다 자유시간을 더 많이 누린다. 그리고 청소년과 성인으로 구성된 환경에서 나이든 문화기술지 연구자들보다 더 쉽게 어울릴 수 있고, 연구가 실현되도록 하기 위한 "열정"을 갖고 있다. 이들은 뭔가 대단한 것을 이루도록 할 수 있는 조합이 아닐 수 없다.

---

17) Duneier, "Three Rules."

18) Stack, *All Our Kin;* Gans, *Urban Villagers*; and Liebow, *Tally's Corner.*

연구 대상지 선정하기

연구 대상자를 누구로 정할지, 얼마나 많은 연구 참여자를 둘 것인지 고려하는 것과 함께 당신은 **어디**를 연구지로 삼을 것인지, 연구에 참여할 사람들을 찾아내고자 어떤 공동체를 염두에 둘 것인지 생각해야 한다. 실용적으로 생각하라! 당신은 사람들의 생생한 경험을 이해할 수 있을 만큼 자주 현장을 방문할 수 있어야 한다. 또는 면담을 한다면 연구 참여자 거주지, **그리고** 자신의 거주지에 가까운 사람들을 연구하는 것이 좋다. 구체적으로 이 말이 의미하는 바는, 당신의 연구 현장은 당신이 사는 곳과 가까워야 한다는 것이다(아니면 연구를 수행하기 위해 이동해야 한다). 이상적으로 당신은 연구지를 자주, 그리고 비교적 손쉽게 방문할 수 있어야 한다.

당신에게 차가 없다면 연구 현장은 대중교통으로 접근할 수 있는 곳이어야 한다. 차가 있다고 해도 편도 30분 내의 거리에 있어야 한다. 당신은 아주 구체적이고 신뢰할 만한 여정 계획을 세워야 한다. 어쩌면 현실적으로 다른 연구 현장을 선택해야 할 수도 있다. 집에서 편도 1시간이 넘는 환경에서 연구를 수행하는 것이 괜찮다고 할 수 있는 경우도 드물게 있지만, 집에 좀 더 가까운 약간 덜 괜찮아 보이는 현장을 선택하는 것이 훨씬 더 낫다. 물론 연구지를 선택할 때 교통 체증에 드는 예산 상황도 잊어서는 안 된다. 멀리 떨어져 있는 연구 현장에서 연구하는 것이 중요하다면, 생활 계획을 잘 조정해서 몇 달만이라도 그곳으로 옮겨가 살 수 있도록 해야 한다. 연구 현장에 대해 구체적으로 생각하기 시작하기 전에 당신은 그곳에 어떻게 갈지에 대해서부터 생각해야 한다.

현장에 가기

가족이나 친구로부터 차를 한 대 빌릴 수 있는가? 대학에서 차를 융통해 쓸 수 있는가? 그곳에 자전거로 갈 수 있는가? 친구가 당신을 연구 현장에 태워 주고, 당신은 그 친구에게 뭔가 해줄 수 있는 방식의 거래가 가능한가? 왕복 교통비를 위한 기금 지원을 받을 수 있는가?

원격 자료 수집

2020년 전 지구적인 코로나19 사태가 전 세계를 휩쓸었다. 미국의 대학들은 대면 연구를 포함한 많은 활동을 황급히 중단하고 대체로 온라인 수업으로 전환했다. 미국 전체적으로 이에 대한 반응은 서로 달랐다. 하지만 대부분의 미국 주들은 이동을 제한하고 사회적 거리 두기를 요청했다. 코로나 위기상황은 엄청난 수의 사망자와 함께 국가적인 비극을 초래했다. 물론 여기에는 실업률 급증과 식료품 부족 사태까지 포함된다. 전 지구적 코로나19 위기의 전체 파급력이 어떠했는지는 아직 충분히 밝혀지지 않은 상황에서 이것이 가져온 결과는 막대하리라 예상된다. 연구자들에게 새로운 도전 거리를 수습하는 것은 이런 국가적 위기 상황에서 면담과 참여 관찰을 어떻게 할 것인가 하는 점에 있어 상당한 발전을 가져왔다. 나 또한 이 책을 쓰는 데 매달렸다. 재산 보유 수준이 높은 가정(즉, 순자산 천만 달러 이상)을 면담하는 연구의 자료를 수집하던 중에 2020년 코로나 팬데믹이 발생했기 때문에, 나는 온라인(영상 녹화 기술 활용)으로 다시 면담을 시작하기까지 대략 두 달 동안 자료 수집을 멈춰야 했다. 온라인 면담은 자료 수집이 전혀 진행되지 않는 것보다는 나았다. 그러나 앞서 잠시 이야기한 것과 마찬가지로 이런 면담 방법의 변화는 다양한 도전거리를 불러왔다.

이렇게 변화된 영역을 탐색하고자 하는 연구자들은 질적 연구를 온라인으로 수행하는 것에 관한 광범위하면서 점차 커지는 문헌들을 모을 수 있었다. 여기에는 "온라인(net)" 문화기술지("온라인 공간에 적용된 문화기술지"로 정의됨), 디지털 일지(digital diaries), "재연 영상(reenactment videos)", 전자 지원 집단, 온라인 초점집단, 정치 활동, 온라인 영상, 트위터 등이 포함된다.[19] 역사적으로 일부 대면 접촉은 심층적이고 풍부한 자료를 만들어내도록 하는 부류의 연구 관계성을 만들어내는 데 아주 중요했다. 하지만 이런 연구 분야는 빠른 속도로 진화하고 있다. 다양한 학문 분야에서 온라인 질적 연구에 관한 수많은 방법론 논문이 있다.[20] 이러한 연구물에서 연구자들은 천천히 신뢰를 쌓아가고 관련 정보를 공유하도록 허락을 받는 것에 대해 논의한다.[21]

또한, 온라인상에서 면담을 수행하는 광범위한 방법론 논의도 있다.[22] 일부는 "온라인 연구를 통해 얻게 되는 응답의 질이 더 전통적인 방법으로 얻게 되는 응답과 거의 같다"라고 주장한다.[23] 온라인 면담에 대한 나의 경험은 그리 간단하지 않다. 일부 경우, 사교적인 참여자와 함께하는 2시간 정도의 반구조화된 면담의 결과는 대면 면담의 수준과 비교될 만큼 거의 비슷했다. 그러나 일반적으로 온라인 면담의 질은 대면 면담에서 내가 얻었을 것으로 기대하는 결과의 75~80% 정도에 지나지 않았다. 특히 아주 민감한 사안에 관한 내용의 깊이에서 말이다. 사실 연구 참여자와 라포르를 형성하는 것이 더 어려운데, 참여자와의 연계성이 대면 면담에서보다 더 약하기 때문이다. 그리고 민감한 사안이 주제로 등장하면 추가 질문을 하기가 불편해지는데, 연구 참여자가 편안한 상태라는 "신

19) 다음 참고하라. Lupton, "Doing Fieldwork in a Pandemic"; Kozinets, *Netnography*; Ahlin and Li, "From Field Sites to Field Events"; Pink and Mackley, "Reenactment Methodologies"; Barker, "Electronic Support Groups"; Daniels et al., "STEER"; Klausen, "Tweeting the *Jihad*"; Laurier, "YouTube"; Stuart, "Code," and *Ballad of the Bullet*.

20) Urbanik and Roks, "GangstaLife."

21) Urbanik and Roks, "GangstaLife."

22) Salmons, *Qualitative Online Interviewing*을 참고하라.

23) Deakin and Wakefield, "Skype Interviewing." See also Denscombe, *The Good Research Guide*, and Gray et al., "Expanding Qualitative Research."

호"가 대면 면담 상황과 같지 않기 때문이다. 어떤 경우에는 내 생각에 응답자들이 덜 적극적인 것 같다. 게다가 대면 상황일 때와는 달리, 면담이 갑작스럽게 끝날 수도 있다. 제5장에서 논의하겠지만, 면대면 상황에서 민감한 사안이 등장했을 때, 연구자는 종종 그 상황을 "읽어낼" 수 있어서 좀 더 상세한 내용을 얻기 위해 "심층적으로 파고들" 수 있다(연구자가 그렇게 하는 것을 참여자가 편안하게 느낄 경우). 그러나 화상 회의를 통해 상호작용을 하게 되면 이런 미묘한 느낌들을 잃게 된다. 온라인 면담은 면담을 완전히 하지 않는 것보다는 훨씬 낫다. 그러나 면담이 대면으로 이뤄질 때 얻게 되는 고차원의 자료만큼 이런 면담에서 얻게 되는 결과는 좋지 않다. 일부 다른 경험을 제공하는 사례들도 있다. 그리고 불법체류자나 난민처럼 제도적 관계자들로부터 잠재적인 피해를 입을 수 있다고 의심이 깊은 사람들은 온라인 면담을 수행하거나 면담을 녹화하는 것에 대해 안전하다고 느끼지 않을 수 있다.

온라인으로 면담하고 관찰 연구를 수행하는 것의 이점도 있다. 앞서 이야기한 것처럼 팬데믹과 같은 역사적인 상황에서 가용한 얼마 안 되는 선택지 중 하나였다. 게다가 온라인 면담은 현장까지 가는 여정과 자료 수집 비용을 요구하지 않는다. 또한, 연구를 위해 집에서 멀리 나가야 하는 불편함과 관련된 비용도 없다. 일부 연구 참여자들은 대면 면담이 너무 공식적이라거나 그다지 편하지 않다고, 혹은 너무 긴장하게 된다고 생각한다. 온라인 면담은 예를 들어, 다른 대륙에 있는 사람들과도 면담하는 방법이 된다. 그렇지 않으면 이들을 면담하기는 거의 불가능하기 때문이다. 온라인 활동은 많은 집단의 일상생활에서 아주 중요한 부분이 되고 있다. 특별히 청소년 집단에서 그러하다. 온라인 활동을 포함하지 않은 청소년 연구는 절대 완전하다고 할 수 없다.

원격으로 자료를 수집하는 것은 다양한 시각을 만들어내는 주제다. 이를 위한 사람들의 열의가 유독 다르기 때문이다. 대학 공동체에 속한 사람들은 온라인 교육을 통해 가르치는 일에 대해 엄청나게 다양한 수준의 열의를 보여주고 있는데, 그만큼 자료 수집을 위해 온라인 기술을 활용하는 것에 대한 반응 또한 아주 다양하다. 따라서 사회과학에서 자료 수집을 위해 온라인 기술을 활용하는 것은 여전히 미지의 세계가 많고 이해되는 과정에 있다.

연구자의 정체성이 연구를 만든다

연구를 수행할 때 연구자의 정체성은 중요하다. 연구를 수행하는 일은 다른 사람들의 삶을 전달하는 연구자의 권위와 정당성에 대해 복잡한 질문을 제기하기 때문이다.[24] 페슈킨(Peshkin)의 말처럼, "한 사람의 주체성(subjectivity)은 절대 벗을 수 없는 옷과 같다."[25] 당신이 해야 할 일은, 당신 연구에서 당신의 정체성과 연결된 문제를 배제하는 것보다도 어떤 경우든 간에 이런 일의 장점과 약점을 이해하는 것이다. 연구를 수행하다 보면 이런 문제는 많은 다양한 순간에 등장하는데, 특별히 참여관찰의 경우가 그렇다. 그러나 면담 연구에서도 이런 문제들을 볼 수 있다. 통상적으로 이런 문제들은 내부자/외부자 논쟁으로 틀 지워진다.

내부자/외부자 문제

포괄적인 방식으로 말해, "내부자(insider)" 관점은 한 공동체에서 자라온 이들의 경험, 공통된 인종 및 민족 구성원이라는 점, 혹은 기타 공통된 경험을 공유하는 것이 연구 프로젝트의 질, 정당성, 가치를 높인다는 것을 의미한다. 예를 들어, 『처벌: 흑인 및 라틴계 소년 삶의 보호

---

24) 이와 관련해 고전적인 문헌은 Merton, "Insiders and Outsiders."이다. 그리고 다음 문헌을 참고하라. Zinn, "Field Research"; Small, "De-exoticizing Ghetto Poverty"; Denzin and Lincoln, The Sage Handbook; Thapar-Björkert and Henry, "Reassessing the Research Relationship"; and Duneier and Back, "Voices from the Sidewalk."

25) Peshkin, "In Search of Subjectivity." 주체성과 연구자의 입장에 대해 다루고 있는 연구들이 많다. 전체적인 것을 개괄하기 위해서는 Denzin and Lincoln, *The Sage Handbook*을 참고하라.

(Punished: Policing the Lives of Black and Latino Boys)』의 빅터 리오스(Victor Rios)와 『권총 강도 아이들: 인종, 마약, 폭력, 아메리칸 드림(The Stickup Kids: Race, Drugs, Violence, and the American Dream)』의 랜돌 콘트레라스(Randol Contreras)는 연구 대상 공동체에서 자란 자신들의 경험이 연구에서 어떤 고유한 이점을 갖는지 강조해 보여주고 있다. 이들은 자신이 어렸을 때 연구에서 보여주는 핵심 활동에 일부 참여해왔다. 리오스의 경우 자신은 "내부자"와 "외부자(outsider)"의 시선 모두를 갖고 있는 상황에서 관찰하면서 "나 또한 그 동네 아이들과 마찬가지로 경찰들의 괴롭힘에 직면했었다는 사실이… 이 청소년들이 경험하고 있던 바로 그 감각을 체화해 보여주도록 했다"고 기술한다.[26] 리오스의 연구에서 젊은 남자애들은 리오스를 상당히 존경받는 지위를 지칭하는 말로 "O.G. 빅(Vic)"이라고 불렀는데, 여기서 O.G.는 "진짜 깡패(original gangster)"라는 것을 뜻한다. 이런 지위는 연구 참여자들 사이에 신뢰를 얻고, 이들에게 가까이 다가가는 데 도움이 되었다. 하지만 그가 기술하고 있듯이, 그 젊은 남자애들이 자신을 기쁘게 해줄 방법을 찾는 상황을 보면서 그는 여전히 "나의 내부자적 지위가 내 관찰을 방해하고 있음을 인정한다"라고 했다. 그는 경찰과의 (부정적인) 경험에 근거해 연구의 가정을 세웠을 것이다. 여기서 그의 설명을 보면, 리오스는 내부자가 접근성과 신뢰를 얻는 데 있어 큰 혜택을 얻는다는 고전적인 문제를 잘 인지하고 있다. 그럼에도 이런 이점은 핵심적인 문제를 당연하다고 받아들이고, 다른 문제를 그냥 지나치는 관점을 만들어내게 된다. 내부자는 또한 자기 영역의 외부에 있는 공동체에서 타인들과 관계를 맺는 데 어려움을 겪을 수 있다.[27]

---

26) Rios, *Punished*, p. 15.

27) 예를 들어, Rios가 지역 경찰관을 면담하고 싶어했다면, 지역사회에서 그의 과거는 그와 같은 수준의 신뢰를 쌓도록 하지 못했을 것이다.

다른 문헌들을 보면 외부자들이 가져다주는 아주 신선한 관점에 대해 살펴볼 수 있다. 『노동자의 존엄성: 도덕성과 인종, 계급, 이민의 경계(The Dignity of Working Men: Morality and the Boundaries of Race, Class, and Immigration)』에서 미셸 라몽(Michèle Lamont)은 프랑스와 미국에서 살아온 퀘벡 출신으로서 "쉽게 확인할 수 없는" 억양을 갖고 있어 얻은 혜택에 대해 이야기한다. 라몽이 미국 남성들을 면담할 때, "대부분 … 저의 외국인스러움을 알아채는데, 그래서 이들에게 너무도 당연하다고 생각하는 개념(예를 들어, **가짜**(phony)의 개념과 의미)에 대해 질문할 수 있었다. 아마도 영어를 모국어로 쓰는 연구자들이라면 그렇게 자유롭게 물어볼 수 없었을 것이다."[28] 외부자는 종종 문화적 관습에 대해 무지할 것이라고 가정되고, 따라서 다른 사람들보다 더 자유롭게 질문할 수 있다. 이는 확실히 이점이라고 할 수 있다.

뜨겁게 논쟁이 진행되는 내부자/외부자 문제는 인종과 문화기술지 영역에서 특히 치열하게 공방이 이뤄진다. 나는 일반적으로 "외부자"가 "내부자"에 대한 고차원적 연구를 수행할 수 있다고 보는 관점을 견지한다. 외부자가 연구 대상이 되는 사람들에게 보이는 깊은 존중은 호기심 및 개방성과 함께 아주 중요하다.[29] 나는 여성이 남성에 대해 훌륭한 연구를 해낼 수 있고, 이성애자가 동성애자에 대해 아주 강력한 연구를 수행할

28) Lamont, *Money, Morals, and Manners and The Dignity of Working Men*.

29) Weber의 고전적인 공식에 따르면 목표는 "이해(verstehen)"이다. Weber, *The Theory of Social and Economic Organization*를 참고하라. Small은 자신의 논문 "De-exoticizing"에서 베버의 개념을 "공감(empathy)"으로 번역해 사용하고 있다. Duneier의 "Three Rules I Go By in My Ethnographic Research."를 참고하라. 이 세 가지 규칙은 다음과 같다. 첫째, 당신이 연구하고 있는 사람들과 신뢰를 구축했다고 전제하지 말 것, 둘째, 늘 놀랄 준비를 하고, 당신의 사회적 지위가 "설명하는 데 유용한 현상을 간과하게 할 수 있음"을 계속 떠올릴 것, 셋째, 연구 참여자뿐만 아니라 그와 같은 상황에 있던 사람들과 논의할 것. 관련해 Zinn, "Field Research," 그리고 Denzin and Lincoln, *The Sage Handbook*을 참고하라.

수 있으며, 한 인종 및 민족의 배경을 가진 구성원이 다른 인종 및 종족적 배경을 가진 사람들에 관해 인상적인 연구를 수행할 수 있다고 믿는다. 물론, 외부자는 다른 사람들과 마찬가지로 실제를 잘못 이해하거나 곡해할 수 있다. 특히 인종과 계층의 장벽이 있는 경우에 그러하다. 연구자들은 이런 실제를 받아들이고, 듀니어가 잘 짚고 있듯, "당신은 당신이 연구하려고 애쓰는 사람들과 신뢰 또는 특별한 라포르를 만든다고 가정하지 않아야 한다. 심지어 당신이 그들의 신뢰와 라포르를 이미 형성하고 있는 것처럼 보일 때조차도 말이다."[30] 그럼에도 불구하고 외부자는 아주 신선한 통찰을 가져다 줄 수 있다. 이들은 "내부자"라는 지위 때문에 다른 사람들이 알아차리지 못하는 것들을 볼 수 있다. 외부자 제한, 즉 같은 집단에 속한 사람들만 서로를 연구할 수 있다는 생각은 특정 사회적 위치에 있는 사람들이 자신과 비슷한 사람들만 연구하는 안타까운 결과를 가져오기도 한다. (예를 들어, 이러한 관점은 인종 및 민족적 배경, 사회계층, 성적 취향, 젠더, 종교 등 자신이 속한 공동체만을 연구할 수 있음을 의미한다.) 더 나아가 결국에는 어떤 연구라도 제한받게 된다. 당신이 복수의 집단을 연구하는 연구 설계를 하면 여러 혜택을 갖는다. 물론 더 많은 일거리가 생기는 것이기는 하지만, 외부자/내부자 문제에 관한 비판적 논평의 일부를 피할 수 있도록 도와주기 때문이다. 즉, 훌륭한 연구는 인종 및 민족 자격 지위에 관한 문제에 대해 외부자와 내부자 관점 모두에서 이루어졌다.

"내부자/외부자"의 논란이 젠더뿐만 아니라 인종과 민족 자격 지위를 둘러싼 대부분의 주의를 끌고 있기는 하지만, 당신이 중산층이고 연구 대상자로 정한 사람들은 경제적으로 곤궁한 상황이라면 역시 문제가 커질 수 있다. 물론 부자인 사람을 인터뷰하는데 당신이 부자가 아니라면

30) Duneier, "Three Rules."

"연구를 계속하는 데" 여러 문제가 생길 수도 있다. 당신과 별반 다르지 않은 사람들을 면담한다고 할 때도 문제가 생길 수 있다.

내부자/외부자 논쟁의 격론을 부르는 특징을 고려한다면, 당신이 어떤 입장에 있건 서로 다른 관점을 견지한 사람들에게 비판을 받을 수 있다. 핵심적인 목표는 연구를 통해 불완전한 지식이 축적되고, 결론적으로는 점점 더 많은 완전한 그림이 완성되도록 내부자와 외부자에 의해 구현되는 연구의 수를 많이 늘리는 것이다. 여전히 당신은 내부자-외부자 논쟁에 대해 깊이 읽고, 당신이 가진 관점에 대해 생각하는 것이 중요하다. 당신의 입장을 지지해 줄 방법론적 연구들을 인용하는 것도 좋다. 이 연구에 가장 적합한 것이 무엇인지, 직면한 한계가 무엇인지 결정을 내려라. 그리고, 그 문제에 대해 피할 수 없는 질문을 받을 때는 사려 깊고 정교하게 당신의 입장을 변호하라.

연구 여정: 개괄

연구를 수행하는 것은 지적인 여정이다. 여기서 나는 핵심적인 단계에 대해 간략한 개괄을 제시할 텐데, 물론 각 연구는 일정 정도 서로 다르다는 점을 인식하고 있다. [표 2.2]는 당신의 지적 여정이 구분되는 부분들을 보여준다. 우선, "연구 시작 단계"에서 당신은 기존 연구에 대한 예비 검토 혹은 비판을 하고, 초기의 연구 질문, 그리고 자료 수집을 시작하기 위한 계획을 세운다. 그런 다음 "연구 첫 단계"에서 자료를 수집하고 자료를 통해 새로 알게 된 것이 무엇인지 생각하고, 연구 초점을 맞추기 시작한다. "연구 중간 단계"에 들어서면 자료 수집은 연구 수정 과정으로 이어지는데, 이로써 연구 질문이 많아지게 된다. 당신은 자료가 무엇을 보여주는지 고민한다. 당신은 당신의 비판을 더욱 날카롭게 할 문헌들을 다시 찾아본다. 그리고 당신이 발견한 것을 확정할 수 있는 지적 입장(즉, 논점)을 발전시키기 시작한다. 일단 하나의 논점이 생기면, 그 논점에 문제를 제기하는 반증의 근거들을 찾는다.[31] (이 과정은 연구 질문을 고심하고, 당신의 비판적 주장을 날카롭게 하고, 자료를 검토하고, 제시한 근거의 강점이 무엇인지 평가하고, 반증의 근거들을 탐색하고 근거의 전체 구조를 그려보고, 새롭게 찾아낸 결과에 대해 최종 주장을 발전시켜 나가는 "중간"의 단계를 반복한다.) 가끔 한 연구는 여러 다양한 방향으로 나갈 가능성을 보인다. 하지만 가장 강력한 자료가 무엇인지, 연구에서 **당신**이 가장 흥미를 갖는 부분이 어딘지, 다른 사람들이 당신의 가장 큰 업적이라고 보는 부분이 무엇인지, 혹은 기타 요인들에 근거해 반드시 결정을 내려야 한다. 마지막으로, "연구 종료 단계"에서 당신은 최종 연구 질문을 갖게 되고 기존 연구에 대한 비판, 자료 전체에서 초점을 맞추게 되는 부분, 당신 자료가 전체 연구 분야에 주는 신선한 기여점 등을 제공하게 된다. 비판, 자료, 분석적 결론은 당신의 주장을 구성하게 된다. 방법론적 부록들은 연구자의 지적 여정이 어떠했는지를 생생하게 설명해줄 수 있는 내용이 되기도 한다.[32]

31) 연구자는 자신이 연구하는 사람들과 이 과정에서 무엇을, 언제 공유할지에 대해 늘 가변적인 상황에 놓여있다. 어떤 이들은 "꼭 물어보아야 한다"고 고수하는가 하면, 어떤 이들은 꼭 그렇지 않다. (꼭 물어보아야 한다는 입장에 대해서는 Hubbard et al., *Reform as Learning*; Duneier, *Sidewalk*; and Bloor, "Notes on Member Validation."을 참고하라). 일반적으로 당신이 연구하는 사람들은 알고 싶어 하지 않거나 그럴 필요 없다고 생각하며, 당신의 연구 질문이 어떻게 변화하고 있는가에 대해 그때그때 다른 태도를 보인다. 그러나 이 과정을 잘 관리하는 것은 상당히 개인적인 것으로 그들에게 당신이 무엇을 약속했는지, 옳은 일을 하는 것에 대해 당신이 무엇을 느끼는지에 달려 있다.

32) 예를 들어, Andrew Deener는 *The Problem with Feeding Cities*에서 자신의 연구 여정에 대해 통상적이지 않은 수준의 분명한 설명을 제공해주고 있다. 또한 Lareau, *Home Advantage*를 참고하라.

【표 2.2】 지적 여정: 진화하는 초점

여정의 일반적인 단계	연구 질문	문헌	자료 및 분석	연구 질문 예시*
연구 시작 단계	초기 연구 질문	문헌에 대한 지식: 성가시게 하는 것에 대한 감이 있거나, 문헌이 불완전하다고 생각함	자료 수집, IRB, 승인 계획 마련	사회 계층은 아이들의 학교 밖 삶을 어떻게 형성하는가?
연구 첫 단계	새로 출현하는 연구 질문	문헌 재검토: 자료를 이용하여 문헌에서 누락된 내용을 고려함	자료 수집 알게 된 내용에 대한 생각 초점 두기 시작 기여점에 대한 생각	중산층 자녀는 노동 계급 자녀보다 더 바쁜가?
연구 중간 단계 (중간 부분은 여러 번 반복될 수 있다. 이 시기에는 다른 사람의 피드백을 구하고 주의 깊게 듣는 것이 중요함)	새롭게 출현한 다양한 방향의 여러 연구 질문 문헌에 대한 심화된 이해와 새로운 발견에 비추어 연구 질문을 수정하여 질문, 문헌, 자료를 일치시킴 우선순위를 설정함	문헌 재검토: 자료를 이용하여 문헌에서 누락된 부분에 대한 비판을 날카롭게 하며, 그것에 집중함	연구 질문에 답하기 위한 자료 수집에 집중 자료를 통해 새로운 지적 입장(즉, 주장)을 구축 연구 결과가 문헌에 어떻게 기여하는가? 논점을 뒷받침하는 근거 찾기 체계적 자료 코딩	여러 질문들: 계층에 따라 젠더가 아이들의 삶을 다르게 형성하는가? 계층에 따라 인종은 아이들의 삶을 다르게 형성하는가? 부모들의 전략은 왜 다른가? 부모의 문화적 취향은 어떻게 다른가? 부모들은 기

				관의 전문가와 어떻게 다르게 상호작용 하는가? 아이들의 선호가 그들의 활동에서 어떤 역할을 하는가?
연구 종료 단계	궁극적인 주요 연구 질문 (다른 질문은 주요 질문에 종속되거나, 별도 논문을 위해 "분리(spin -off)" 함).	자신의 연구가 문헌을 어떻게 발전시키는지에 대해 중점적으로 설명함	자료를 토대로 문헌에 기여하는 최종 주장(혹은 논점)을 발전시킴	질문: 사회 계층은 자녀 양육의 문화적 논리를 어떻게 형성하는가? (답변: 모든 부모는 자녀가 건강하고 행복하기를 바라지만 중산층 부모는 집중 양육을, 노동자 계층과 빈곤층 가정은 자연적 성장을 사용함)

* 연구 질문은 라로의 『불평등한 어린 시절』을 기반으로 함.

이 책의 제8장은 주로 자료 분석에 대해 논의하지만, 현실적으로 자료 분석은 메모 작성하기, 다른 사람들과 대화하기, 피드백을 주는 사람들의 의견에 귀 기울이기, 초점 맞추기 등의 자료 수집 전체 과정에 "녹아들어" 있다.33)

종합적으로, 연구는 통상적으로 하나의 연구 질문으로 시작하여, (서로

33) Tavory and Timmerman, *Abductive Analysis*를 참고할 것. 이들은 통상적으로 보통 활용되는 실천을 소위 "귀추적 접근(abductive approach)"이라고 부른다.

다른 방향을 향한) 다수의 질문으로 연구 프로젝트가 확장되며, 자료의 강점과 타인의 의견에 귀 기울여 설정한 우선순위, 타인이 제공하는 피드백을 토대로, 하나의 수정된 중심 연구 질문으로 끝맺는다. (선택하지 않은 질문들은 당신의 핵심 질문 하위에 두거나 별도의 프로젝트로 "빼두어도" 좋다.) 자료를 수집하면서 당신은 연구의 초점을 분명히 하기 위해 노력해야 한다. 연구가 끝나갈 무렵, 이상적으로는 연구 결과가 연구 대상 집단을 잘 기술하거나, 더 나아가 일종의 분석적 질문을 다룸으로써 기존 문헌에 기여한다. 따라서 자료 수집의 가장 초기부터 당신은 새롭게 알게 된 것이 무엇인지 따져보기 시작한다. 일반적으로 당신이 수집한 자료는 그다지 고르지 않다. 어떤 지점에서 정말 훌륭한 자료들이 많이 있기도 하지만, 다른 지점에서는 이런저런 불충분한 자료들이 많기도 하다. 자료 수집 과정은 당신의 지적 우선순위가 무엇인지 반영해준다. 연구의 초기 단계에서 제기한 초기 연구 질문, 기존 문헌, 자료들은 대체로 완벽하게 서로 맞아떨어지지 않는다. 이는 정상이다. (제8장에서 이런 문제에 대해 자세히 다룰 것이다.) 가끔 당신은 연구 질문을 새롭게 알게 된 것에 비추어 완전히 바꿔야 할 수도 있다.

비판에 대한 대응: 4R's 대응 규칙

잭 카츠(Jack Katz)는 독자들이 질적 연구에 대해 반복해서 제기하는 네 가지 질문, 즉 대표성(representativeness), 반응성(reactivity), 신뢰성(reliability), 반복가능성(replicability)을 특징적으로 드러내기 위해 "4R's"라는 문구를 만들어냈다([표 2.3] 참고).[34] 4R's를 고려하는 것은 두 가지 이유로 도움이 된다. 하나는 자신의 관점을 갖춰야 하고, 다른 하나는 쉽게 가라앉지 않을 이런 쟁점에 대해 타인으로부터 도전적인 질문을 받게

34) Katz, "A Theory of Qualitative Methodology." 그리고 Rurawoy의 1998년 "The Extended Case Method."도 참고하라.

되었을 때 답변을 준비해야 하기 때문이다. 연구나 관점에 따라 답변은 달라지겠지만, 이런 사안에 어떤 답변이 가능한지에 대해 아주 간략하게 공유하고자 한다. 대표성의 문제에 있어, 연구 집단이 특히 예외적인지 확인할 수 있도록, 최선을 다해 자신의 연구와 비교해볼 만한 집단을 비교해야 한다. (만약 당신의 연구 집단이 비전형적이라면, 통상적인 성격의 연구가 아니라면, 왜 이런 예외적 사례가 이 연구에서 중요한지 분명히 해줘야 한다.) 이것은 질적 연구에서 가장 흔한 질문이기 때문에 이 책 제9장에서 자세히 다룰 것이다. 반응성 문제 또한 중요한 관심사로, 특히 참여 관찰에서 주로 제기된다. 그러나 참여 관찰 연구를 위해 현장을 자주 방문한다면 사람들은 당신에게 익숙해지고, 더 전형적인 행동으로 되돌아가게 될 것이다. 또한, 관찰을 위해 당신이 현장에 있을 때 어떻게 달랐는지 연구 참여자들에게 "출구 면담"을 진행하는 것도 도움이 된다. (대체로 아이들 혹은 솔직한 사람들에게 질문하는 것이 효과적이다.) 신뢰성 확보를 위해서는 새로운 것을 더 이상 발견하지 못할 때까지 계속 면담을 하는 것이 좋다. 당신이 현장에 있을 때 뭔가 새로운 것을 알게 되는지 그렇지 않은지를 알기 위해 수개월 이상 여러 번 현장을 방문해야 한다. 이상적으로, 시간대, 요일, 가능하다면 현장에서 주로 어울리는 사람들을 달리하는 것이 좋다. 또한, 연구의 논점을 약화할 만한 반증의 근거들을 찾아야 한다. 반복가능성 측면에서는, 누가 연구를 수행하는지와 상관없이 연구 결과가 공통된 양상을 가질 수 있다는 사실에 주목해야 한다. 예를 들어, 다른 지역에서 다른 연구자가 수행한 문화기술지 연구들은 종종 유사한 양상을 보여준다.[35] 또한, 당신의 연구 결과와 다른 연

35) 예를 들어, 많은 도심 질적 연구자들은 저소득층 지역사회는 "존중받기"를 중요하게 여긴다고 기록하고 있다. Anderson, *Code of the Street*을 참고하라. Maia Cucchiara은 *Marketing Schools, Marketing Cities*에서 Posey-Maddox이 *When Middle-Class Parents Choose Urban Schools*에서 보고하고 있는 사례와 동일한 양상을 발견했다. 이 두 맥락에서 중산층 학부모는 도심학교를 장악하고 변화시

구 사이에 일관성을 찾을 수 있다.

【표 2.3】 4R's

	질문에 대한 가능 답변
대표성 "표본이 적은데 당신의 결과가 대표성이 있다고 어떻게 알 수 있나?"	"나의 연구는 사건의 의미를 더 깊이 이해하고자 한다. 일반화하는 것이 목표가 아니다. 대신, 핵심적인 사회적 과정에 대한 이해를 높이고자 한다. 나는 중요한 요인을 밝히는 데 집중하며, 이는 가끔 다른 연구에서 놓치는 과정이다."
반응성 "연구자가 현장에 있으면 상황이 달라지지 않나?"	"그렇다, 연구자는 자료 수집 과정의 필연적 요소이며, 이는 피할 수 없다. 하지만, 사람들이 평소와 다르게 행동하는 것은 피곤한 일이다. 참여 관찰 연구에서 사람들이 '특별 예절(golden manners)'을 오랫동안 유지할 수는 없다. 대개 사람들은 적응하게 된다. (리얼리티 TV쇼에서도 이런 모습을 볼 수 있다.)"
신뢰성 "언제 가느냐, 누구와 면담하느냐에 따라 결과가 많이 달라지지 않나? 결과를 신뢰할 수 없나?"	"신뢰성은 다른 날에 연구를 하더라도 동일한 결과를 얻을 수 있는가에 관한 것이다. 나의 참여 관찰은 일회성 조사가 아니라 장시간 진행되는 것이므로, 다른 방식에 비해 이 문제가 적다. 시간이 지나도 일관된 주제를 찾을 수 있다."
반복가능성 "결과를 복제할 수 있나?"	"나의 연구 현장이 기밀로 유지되고, 각 연구는 아주 고유하므로, 정확하게 복제할 수는 없다. 하지만, 비슷한 결과를 찾기 위해 여러 연구를 살펴보는 게 일반적이다. 다양한 연구가 있으며, 각 연구

키면서 저소득층 학부모들을 주변화시켰다. 물론 역사적 시점 그리고 (계층, 인종, 연구경험 등을 포함해) 연구자의 사회적 입장은 이런 환경을 연구자가 어떻게 "보고", 해석할 것인지에 영향을 미칠 수 있다. 이와 유사한 결과를 보여주는 것으로 Gaztambide-Fernández, *The Best of the Best*, 그리고 Khan, *Privilege*를 참고하라. 여기에 더해, 『불평등한 어린 시절』에서 관찰되는 가족들의 경우 다른 연구자보다 특정 연구자들을 더 좋아하기는 했지만, 연구팀 전체의 기록은 이들이 보여주는 전체 내러티브에서 상당히 비교가능한 것이었다.

	는 기여점이 있다." "현장에서 비슷한 질문을 하는 연구자가 비슷한 결과를 찾을 수 있기를 바란다."

가끔 4R's에 관한 질문은 상당히 조명받으며 종종 이 질문에 답하기 어렵다. (몇몇 도전적인 질문에 대해서 당신이 할 수 있는 일이란 게 그리 많지 않기 때문이다.) 그러나 모든 비판이 당신의 연구 결과에 다 똑같이 영향을 미치는 것은 아니다. 모든 연구에는 흠이 있기 마련이고 당신 연구 또한 예외가 아니란 점을 잘 기억해야 한다.

사람들이 4R's 문제를 제기할 때 무엇을 말할지는 당신이 결정해야 하지만, [표 2.3]은 다른 사람들이 내게 문제를 제기했을 때 의존했던 문구들을 담고 있다.

훌륭한 연구를 특징짓는 질적 요소들

연구를 시작할 때, 연구가 끝날 때까지 무엇을 하고 싶은지 되새기는 것이 좋다. 그것을 바탕으로 무언가를 써보고 싶은가? 글의 길이는 어떠해야 하고 예상되는 독자들은 누구인가? 유사한 입장에 있는 다른 사람들이 수행한 모범적인 연구가 있는가? 사진 혹은 동영상을 공유하기 바라는가? 듀니어와 같은 일부 문화기술지 연구자들은 자기 연구 현장에 관한 영화를 만들기도 했다.[36] 당신이 최종 결과물로 머릿속에 그리는 것에 따라 당신이 수집해야 할 종류의 동의 종류가 결정된다. 사진은 독자들에게 아주 강력한 시각자료가 된다. 누군가의 목소리를 담은 음성을 들려주는 것 또한 아주 설득력이 있다. 그러나 이렇게 하는 데 있어 당신은 연구 참여자의 동의를 얻을 수 있도록 IRB 승인을 받아야

36) Duneier, *Sidewalk*, the film.

한다.

여기에 더해, 다른 사람들이 당신 연구를 어떻게 평가하고 있는지, 당신 연구에서 무엇을 기대하는지에 대해 생각하는 것이 도움이 된다. 사회과학자들 사이에서는 일부 합의가 안 되는 부분이 있기는 하지만, 이들은 탁월성의 기준에 있어 대체로 동의하지 않는 것보다는 동의하는 것이 더 많다. 이런 기준들을 식별해내는 다양한 방법이 있다. 링컨(Lincoln)과 구바(Guba)가 연구의 "진실성(trustworthiness)"에 대해 논의하는 부분도 이 중 하나다.[37] 그러나 이런 많은 기준은 근본적으로 다음과 같은 질문을 던진다. "그래서 어떻다는 것인가?" 예를 들어, 연구제안서 작성 지침을 보면, 연구 맥락을 설정하고 제안된 연구의 "이점(payoff)"을 설명하고, 이를 기존 연구 분야에 위치 지을 것을 강조한다.

연구 계획서 작성에 있어 영향력 있는 한 지침서의 저자는 다음과 같이 말한다. "독자들이 당신의 연구 분야에서 주요 이론적 쟁점이 교차하는 문제가 어디에 있는지 이해할 수 있도록 해주고, 당신의 연구가 기존 연구를 검증하거나 혹 그와 다른 새로운 생각거리를 어떻게 던져줄 수 있을지 보여주어라. 훌륭한 연구 제안서는 대안적인 관점이 있다는 것을 잘 설명해주고, 해당 연구 분야를 광범위하게 제시하는 방식으로 저자의 입장과 관점을 주장한다. 대안적인 관점에 대해서는 무관심한 편향적 경향을 발전시켜 나가기보다는 말이다."[38] 이와 유사하게, 국립과학재단(National Science Foundation, NSF)의 지침서는, 최종적으로 선정된 기금지원 제안서들이 "창의적이고, 새로우며, 향후 변혁적인 가능성을 가진 개념을 제안 및 탐색"하고 "사회적 이익 혹은 진전되고 바람직해 보이는

37) Lincoln and Guba, *Naturalistic Inquiry*.

38) Pzreworski and Salomon, "On the Art of Writing Proposals." 이 지침서는 지원자들을 안내하기 위한 다른 재정지원 기관에 의해 게시되었다. 저널 투고 논문의 심사 기준에 대해서 관련 내용 참고하라.

사회적 성과(즉, 포괄적인 파급효과)를 증진"할 것을 강조하고 있다.

훌륭한 연구의 기본적인 특징
• 기존 지식 체계에의 분명한 기여 • 기존 문헌의 한계를 지적하는 잘 정리된 평가 • 수집 가능한 자료로 대답할 수 있는 연구 질문 • 자료 수집의 범위와 깊이 • 연구 결과의 분명한 제시 • 근거를 해석으로 연결하는 심층 분석 • 주장에 반하는 근거가 있을 수도 있다는 인식 • 사례를 토대로 더욱 일반적인 관심사를 반영하는 논의 • 이론과 실천을 위한 함의 제시

훌륭한 연구의 기본적인 요소가 무엇인지 생각해보는 일의 일부로, 자신이 읽고 존경하는 논문과 책들의 목록을 만들어두어야 한다. 이 목록에는 해당 분야에서 상을 받은 연구물도 포함된다. 그리고 이런 연구들이 담고 있는 탁월한 부분에 관한 내용을 정리해두어야 한다. (검토한 연구물 중 최악의 사례에 대해서도 비슷한 목록을 만들 수 있다. 교훈이 될 것이다.) 이런 연습을 통해 당신은 연구 여정의 목표 지형을 만들 수 있다. 안타깝게도 당신이 연구를 수행하면서 연구의 "질적 수준 평가"를 하고, 연구의 가치가 어느 정도인지 감을 가질 수 있기는 하겠지만, 연구 시작 시 세웠던 목표에 도달했는지를 평가하는 최적의 사람은 당신이 아닐 수 있다. 다른 사람들만이 이런 평가를 제공해줄 수 있다. 따라서 가능하면 빨리, 그리고 자주 이런 피드백을 받도록 하라. 기다리지 마라! 동료와 당신보다 영향력이 큰 사람들은 모두 도움이 된다. 이들의 피드백은 당신의 위치가 어딘지, 연구 여정에서 어디로 향하고 있는지 자세히 들여다보도록 한다. 물론 당신이 우러러보는 연구, 흥미진진하다고 생각되는 이론, 써보고 싶은 종류의 논문에 대해 생각하고 싶을 것이다. 당신을

이끌어 줄 수 있는 롤모델을 갖는 것은 도움이 된다. 그리고 연구 여정을 전체를 거치면서, 특히 자료를 분석하고 직접 글을 쓰는 단계에서 애초 세워둔 연구의 목표, 즉 당신이 그리고 있는 "북극성"을 돌아보게 될 것이다.

요약: 연구 시작하기

새로운 연구의 가장 초기 단계는 역설로 가득 차 있다. 기존 연구를 잘 알고 있어야 하지만, 결국에는 뭔가 새로운 것을 하려고 노력하는 것이므로, 기존 연구에 지나치게 얽매이지는 않아야 한다. 초기의 연구 질문이 필요하지만, 자료를 수집하면서 연구 질문이 바뀔 수밖에 없다는 점을 받아들여야 한다. 연구를 위해 계획을 세워두고 싶을 것이고, (어려운) 결정에는 그에 합당한 이유가 있기를 원할 것이다. 하지만 그 어디에도 완벽한 연구란 없다는 점에서 이런 조정과 절충에 너무 큰 걱정을 하지 않아도 된다. 연구자는 자신의 사회적 지위과 그것이 자신의 시각에 어떤 영향을 미치는지에 대해 민감해야 한다. 그렇지만 전 지구적 방식(인종적, 민족적 배경, 사회적 계층적 지위, 나이 등)에서 연구자의 지위에 대해 걱정하는 것은 자신의 지위가 어떻게 연구를 형성하는가에 대해 구체적으로 조율하는 것보다는 덜 중요하다. 마지막으로 각 연구는 그 자체로 고유하지만, 훌륭한 연구란 무엇인가에 대해 폭넓게 공유되는 기준이 있다. 불확실성은 어려운 문제이기는 하지만 이런 상황의 본질적 불확실성을 받아들이는 것이 중요하다. 당신은 모르는 것이 정말 많다. 이게 바로 당신이 연구하는 이유다. 연구를 시작하는 것은 흥분되는 일이며, 연구를 시작하면서 이런 기대와 즐거움을 누리려고 하는 것이 가장 이상적이다.

제3장

준비하기
연구 초기 단계

L i s t e n i n g t o P e o p l e

놀랍게도 연구 프로젝트는 적지 않은 수의 실행 계획상의 요소를 가지고 있다. 연구자는 연구 참여자를 찾아 접근하고, 연구 참여자에게 연구에 대해 무엇을 말할지를 정하고, 연구 현장의 실제 이름을 감출 것인지를 결정하는 것이 필요하다. 더 개인적인 측면에서는 연구자의 안전, 교통수단, 복장 등을 고려해야 한다. 일단 자료를 수집하면, 연구 자료를 쉽게 검색할 수 있도록 시스템을 만드는 것이 필요하다. 규칙적인 메모는 자료 수집에 대해 생각하고 집중하기 위해 도움이 된다. 면담과 참여관찰 과정에서는 많은 불확실성이 존재하기 때문에, 연구 과정은 불안감을 유발한다. 이번 장에서는 이러한 문제들에 대해 논의한다. 하지만 인간 대상의 보호를 위한 IRB의 승인은 필수이므로, 거기서부터 시작하고자 한다.

기관생명윤리심의위원회(IRB)

어떤 여정이든 불가피하게 어려움을 마주하게 된다. 참여 관찰 연구는 특히 골칫거리를 가지고 있다. 연구를 수행하려면 인간 대상의 보호를 위한 IRB의 승인을 받아야 한다. 연구자의 대학 내 IRB 사무국 외에도, 연구 대상 기관(예: 병원, 학구, 아메리카 원주민 보호지역 등)에서 자체적으로 IRB를 운영할 수 있다. IRB는 과거 연구자들이 비양심적인 방법으로 행동했을 때의 연구 남용 사례로부터 발전하였다(예: 저소득 아프리카계 미국 남성들에게 중요한 정보를 제공하지 않고, 페니실린이 사용 가능해진 이후에도 치료를 제공하지 않았던 악명 높은 터스키기 매독 연구).[1] 간략히 IRB는 연구자가 연구 참여자에게 위험성을 설명하고, 연구 참여자의 사전 동의를 구할 것을 요구함으로써, 연구 대상(즉, 인간 대상)을 위험으로부터 보호하고자 하는 의도이다. IRB가 유지하고자 하는 단순하지만 중요한 일련의 권리가 있다. 즉, 사람들은 연구 대상이 되지 않을 권리가 있고, 연구에 강제로 참여할 수 없으며, 언제든지 연구 참여를 중단할 수 있고, 연구 특성에 대해 반드시 들어야 한다. 연구자가 연구 참여자의 복지를 목표로 하는 유익성의 윤리적 원칙은 또 다른 중요한 우선순위이다. 만약 연구가 해를 가할 수 있다면, 참여자들은 이에 대해 미리 듣고 사전 동의를 할 수 있어야 한다. 만약 당신이 연구에 참여한다면 잠재적인 위험에 대하여 알고 싶어할 것이며, 그래야 정보에 입각한 동의를 할 수 있을 것이다.

쉽지 않은 조화: IRB와 함께 일하기

모든 사람이 IRB 신청을 할 필요는 없다. 일반적으로 결과를 출판할 의향이 전혀 없는 학생들은 IRB로부터의 승인을 받지 않아도 된다. 하지만 나머지 사람들에게는 필수이다. 안타깝게도 IRB는 의학 모델에 기반을 두고 있어, 참여 관찰을 이용한 연구와 정도는 덜하지만, 심층 면담에 적합하지 않다. IRB의 관료적 게이트키핑 요구와 "진행하면서 이해"하는 출현적 성격의 문화기술적 작업 사이에 문화적 충돌이 있다. IRB 사무국에는 작성해야 할 신청서 양식이 있으며, 이 양식을 제출하면 "IRB 프로토콜"을 작성하는 것이다(즉, 공식 절차를 따르는 것을 의미한다). IRB 정책은 연방 정부에 의해 수립되지만, 시행 관련 규범은 지역 기관에 따라 매우 다양하다.

---

1) Centers for Disease Control and Prevention, "Syphilis Study at Tuskegee".

> **IRB 승인에는 시간이 소요된다**
> IRB를 거치는 것은 비행기 탑승 전 공항 보안 검색을 거치는 것과 비슷하다. 거의 모든 사람이 결국에는 통과하므로, 당신도 그럴 가능성이 높다. 하지만 서두르면 안 된다.

이 장에서 연구자의 프로젝트가 IRB의 요구사항을 성공적으로 충족하고 승인을 얻는 방법에 관한 상세한 논의를 제공하는 부록을 추가하였다. 우선 주요 사항은 다음과 같다.

- 서두를 수 없으므로, 일찍 시작해야 한다. 신청서가 승인되기 전 미리 한 학기 정도 시간을 확보하라.
- 항상 연구에 대한 IRB 규정을 정리해 두어라(공식 수업을 듣는 학생이 아니고, **절대** 연구를 출판하지 않을 것이라고 확신하는 경우 제외).
- 면담 조사를 위한 IRB 규정을 작성하고, 면담을 시작한 다음, 향후 참여 관찰을 포함할 수 있는 "수정안"을 정리하라. 수정안 처리는 보통 원본 제출보다 더 빠르고 쉽다.
- 프로젝트가 진행되면서 더 많은 유연성을 갖기 위해 연구의 중심 질문을 좁게 설정하는 것보다 넓게 제시해야 한다(예: "직장에서의 권력과 권한에 관해 연구하고자 함"보다, "사람들이 직장에서 직면하는 어려움에 관해 연구하고자 함"으로 설정).

기밀성 관련 결정

어느 날 나는 소규모 "브라운 백(brown bag)" 세미나에서 발표자를 소개하고 있었는데, 그 발표자는 최근 출간된 두 번째 책에 대해 논의하기 위해 참석한 것이었다. 세미나 전 마음이 급하다 보니, (어리석게도) 이력서에만 의존하고 상세한 정보를 찾아보진 않았다. 나는 이 학자와 대학원에서 같이 공부했었고, 첫 번째 책의 초점이 되는 특정 기관에 대해 많은 사람이 논의하는 것을 들었다. 그래서 나는 준비된 대사를 꾸며가며 소개말에서 그 기관의 이름을 말했다. 발표자는 창백해지면서 급히 나를 저지하며 그 이름은 공개 정보가 아니라고 말했다. 나는 심히 당황했다. 이러한 사회적 실수에 대해 생각해 보았을 때, 나는 이 문제의 일부가 그 기관의 이름이 학과 내에서 공공연히 알려진 사실이었다는 점을 깨달았다. 많은 사람이 그 기관을 언급했기 때문에, 그것이 기밀인 줄은 몰랐다. 따라서 연구자는 시작하기 전에 현장의 기밀성이나 공동체, 사람들을 "감출 것인지(mask)" 결정해야 한다. 신원을 보호할 것이라면, 연구자는 최소한의 사람들, 즉 지도교수님과 필요한 경우 파트너에게만 말해야 한다. 그 외 학생, 친구, 친척, 고용주, 이웃, 동료 등 다른 이들에게는 코드명(code name)을 알려야 한다. 이는 연구자가 매우 초기부터 코드명을 정하고, 항상 코드명으로 공동체와 참여자들을 지칭해야 함을 의미한다(단, 출판하기 전까지는 원하는 만큼 코드명을 변경할 수 있다).

연구 현장 이름을 숨기는 관행에 대해 사람들의 의견은 엇갈린다. 역사적으로 사회과학자들이 연구 현장 이름을 감추는 것이 흔했지만, 이러한 관행은 활발한 논쟁의 대상이 되고 있다.[2] (참고로, 언론인은 연구 초점의 정체를 숨기는 것에 대해 격렬히 반대한다.) 일부는 혼합적 접근법을 취한다. 예를 들어, 학자들은 도시 이름을 밝히는 것이 정확성을 높이면서, 독자가 맥락을 이해할 수 있고, 가치 있는 세부 정보를 제공하므로 도시 이름을 밝히지만, 연구 참여자의 실명과 단체 혹은 학교구(지역 학교)의 신원은 기밀로 유지한다. 물론, 일부 학자들은 연구 참여자의 이름을 밝혀야 그들의 관심사에 대하여 목소리를 높일 수 있다고 강력하게

2) Reyes, "Three Models of Transparency in Ethnographic Modeling"; Jerolmack & Murphy, "The Ethical Dilemmas and Social Scientific Trade-Offs of Masking in Ethnography"; Contreras, "Transparency and Unmasking".

주장한다. 다른 이들은 동등하게 격렬히 반대한다. 그러나 어떤 결정을 내린다고 하더라도, 초기에 결정을 내려서 연구 참여자에게 이를 명확하게 알려야 한다.

나는 연구 참여자의 신원을 숨기는 전통을 따른다. 나는 연구 결과가 사람들에게 부끄러움을 느끼게 하거나 해를 끼치는 것을 원하지 않는다. 기밀성을 제공함으로써, 사람들이 신원을 추측한다고 하더라도 연구 참여자들은 그들이 참여하지 않았다고 부인할 수 있다. 그리고 많은 연구 참여자가 기밀성을 참여 조건으로 삼기도 한다. 나의 최근 연구에서는 천만 달러 이상의 자산을 가진 사람들을 대상으로 그들의 부의 성격과 유증(bequests) 계획에 관해 매우 개인적인 질문을 한다. 참여자의 이름을 밝혀야 했다면 이 연구를 수행할 수 없었을 것이다. 사실, 기밀성을 제공하지 않는 것의 미덕을 선전하는 사람들은 때때로 공공장소를 연구하는 도시인류학자들이었다. 가족생활은 더욱더 사적이다. 또한, 향후 당황할 수 있는 상황에서 아이들을 보호하는 것이 좋다.

만약 사람들이 서로 연결되어 있으면, 한 단체나 지역사회의 이름을 밝히는 것이 의도하지 않게 다른 것들을 드러낼 수 있다(종종 점들을 연결 짓기는 쉽다). 또한, 온라인 검색을 통해 검색할 수 있는 문서를 인용하는 것도 정보를 누설할 수 있다. 제시카 칼라코(Jessica Calarco)가 제안한 것처럼 한 가지 가능성은 "특정 개인이 누군지 파악하기 어려울 정도로 충분히 감추는 것"이다.[3] 만약 연구자가 연구 중인 공동체를 감추고 있다면, 연구 중인 현장과 비교할 수 있는 유명한 "자매" 동네나 도시를 생각하는 것이 도움이 된다. 그런 다음 사람들이 어디서 연구하고 있는지 물어보면 이렇게 기분 좋게 말할 것을 제안한다. "사실 동네 이름은 비밀이지만, 그 지역은 [일정 거리 떨어진 비교 가능한 장소의 이름]과

3) 인디애나대학교 Jessica McCrory Calarco, 사적 대화.

비슷한 중상층의 부유한 교외 지역이다." 일부 사람들은 매우 적극적이어서 실제 지명을 알려 달라고 조를 수 있다. 만약 술을 너무 마셨거나 친한 사람과 가슴 따뜻한 대화를 나누고 있다고 하더라도, 기밀을 약속했다면 연구지를 공유해서는 안 된다. 누군가가 연구자를 귀찮게 한다면 연구자는 단호해져야 하며, 농담을 던진 후("당신은 CIA인가요? 지금 심문하는 건가요?"), 주제를 바꾸어라.

누구에게 물어볼 것인가? 연구 참여자 모집하기

연구자는 연구 참여자나 연구 현장을 섭외할 때, 주로 "약한 유대의 장점(the strength of a weak tie)"(즉, 지인)에 의존한다.[4] 친구, 친척, 지인 등의 네트워크가 연구자의 시작을 도울 수 있다. 이것이 좋은 방법인 이유는 그 사람이 당신을 보증해 줄 수 있기 때문이다. 누구를 연구하고 싶은지를 정해라. 그런 다음, 이웃, 친척, 오랫동안 못 만난 친구, 페이스북 친구, 동료, 교수, 이전 교육기관 동문 등 주변 사람들에게 잠재적인 연구 현장이나 연구 참여자와 연결해 줄 수 있는지 물어보아라. 물론, 먼저 그들에게 연락을 취하여 당신을 대신하여 섭외 요청하는 것이 불편하지 않은지를 확인하는 것이 좋다.

요청하는 방법은 다양하니 섭외하려는 사람이 편안하게 느끼는 방식을 선택하라. 특히 젊은 층에게는 문자 메시지가 유용하며, 노년층의 경우 이메일, 전화, 편지 등이 모두 효과적이다. 가능하면 지인에게 당신 대신 잠재적 연구 참여자에게 연락하는 것과 당신이 연락해도 되는지 허락을 구하도록 부탁하라. 연락을 취하면, 답변을 받을 때까지 첫 일 주일 정도는 기다려라. 그런 다음, 지인과 다시 상황을 점검하거나 두 번째 시도를 해 볼 수 있다. 여전히 답변이 없다면 포기하거나, 몇 달 후에 다시 시도

4) Granovetter, "The Strength of Weak Ties".

해 보아라.

연구에 포함하기에 적절하지 않은 사람들도 있다. 당신이 감독하는 사람이나, 당신이 다른 형태의 권한을 행사하는 사람들에게는 요청하지 말아라. 여러 가지 이유로 가족 구성원, 인척, 또는 직장 동료와 같이 일부 집단은 적절하지 않을 수 있다. 그런 경우는 피하는 게 좋다. 또한, 경험상, 향후 사회에서 만날 가능성이 있는 사람과는 면담하지 않는 것이 원칙이다. (그 이유는 연구에서, 특히 면담의 경우, 연구 참여자만 당신에게 드러나게 되는 비상호적 관계이기 때문이다. 이러한 점에서 당신은 의사, 상담사, 사회 복지사와 같다.) 예를 들어, 『불평등한 어린 시절』의 학교 관찰에서 10세 자녀를 둔 흑인 중산층 부모를 섭외하지 못하였을 때, 나는 내가 아는 모든 사람에게 이 조건을 충족하는 가족을 아는지, 혹은 연구에 적합한 사람을 알 수도 있는 사람을 아는지 묻기 시작하였다. 현재(또는 앞으로 있을) 내 사회적 관계망에 속한 잠재 응답자를 소개받을 경우 면담 가능성을 확인해 보지는 않았지만, 보통 그들에게 다른 사람을 아는지 물어보았다. 다른 접근 방식으로는 의사 진료실의 대기실(또는 기타 적절한 사무실)에서 머무를 수 있도록 허가를 받고, 접수원이 환자에게 안내문을 주어 연구팀원에게 안내하거나, 연구자가 직접 환자에게 접근하여 연구에 관해 설명할 수 있다.[5] 혹은 온라인 집단을 통한 섭외나 잠재 응답자가 설문조사에 응답하는 "선별 설문 조사(screener survey)" 방법이 있다. 만약 잠재 응답자가 적격하다면, 연구자는 면담을 목적으로 그들에게 연락을 취하게 된다.

조직을 연구한다면, 네트워크를 활용하는 것이 아무런 도움 없이 조직에 접근하는 것보다 훨씬 빠르고, 대체로 더 성공적이다. 또한, 일부 환경에서는 이것이 유일한 방법이기도 하다. 해야 할 일은 다음과 같다. 연

5) Muñoz, "Everybody Has to Think".

구에 관한 4~5문장의 매우 간략한 설명이 있어야 한다. 지원 대학이나 기관의 서식(letterhead)(전자문서 가능)가 있는 것이 이상적이다. 주변 사람들에게 그 조직에 아는 사람이 있는지, 혹은 그 조직에 소속된 사람을 아는 사람이 있는지 물어보아라.

특히, 이 단계에서는 연구를 자세히 설명하거나, 90분 분량의 면담 혹은 관찰 접근 권한을 요구하지는 않는다. 대신, 간단한 전화 통화를 요청한다. 잠재적 참여자가 15분간의 전화 통화에 동의하는 것은 연구에 참여하는 것에 동의하는 것이 아니라, 연구에 대해 더 알아보려는 데 동의하는 것이다. 면담이나 관찰의 "요청"은 대면, 혹은 전화 통화를 통해 이루어지거나, 누군가가 응답자에게 당신을 "보증"한 후에 이루어지는 것이 중요하다. 이메일, 문자, 온라인을 통한 "콜드 콜(cold call)"은 누군가가 당신을 보증한 경우보다 성공률이 낮으니 피하는 게 좋다. 예를 들어, 나와 엘리엇 와이닝거가 함께한 『거주지 선택, 학교 선택(Choosing Homes, Choosing Schools)』이라는 연구에서 우리는 부모를 섭외할 수 있는 세 개 학군을 찾고자 했다. 이를 위해서는 교육감들의 허락이 필요했지만, 내가 아는 교육감은 한 명도 없었다. 하지만 교육 비영리 단체에서 일하는 사람을 가볍게 알고 지냈다. 나는 교육 분야의 "형세 파악"을 위해 함께 만나서 커피를 마실 수 있는지 물어보았다. 우리는 만나서 연구의 목적을 설명했고, 그녀는 우리가 접근할 수 있는 학교구나 사람들에 대해서 매우 친절히 알려주었다. 그녀는 교육감 정기 모임을 운영하는 교육자 존 라킨(John Larkin)을 알고 있었다. 그녀는 그에게 이메일을 보내 소개를 해주었다. 나는 그에게 사무실에서 30분 정도 만나는 것이 가능할지 물었고, 그는 동의했다. 이후 회의에서 우리는 프로젝트를 설명했고, 라킨 씨는 즉시 나에게 교육감 모임을 대상으로 강의를 요청했다. 그런 다음, 우리가 정확히 만나고 싶은 사람들에 관해 추가 질문을 한 후, 다른 교육감들에게 우리를 소개해 주기로 동의했다. 우리는 명단을 공유했고, 명단에 있는 교육감들에게 "존 라킨의 추천으로 연락드립니다"라는 제목으로 이메일을 보내며, 라킨 씨가 나를 보증했다는 점을 강조하였다. 나는 각 교육감에게 "부모의 거주지 결정 방법"에 관한 프로젝트와 관련하여 대면 미팅을 요청했고, 이메일은 간단했다. 다음은 약간 수정한 버전이다.

스미스(Smith) 교육감님께,
존 라킨 씨의 추천으로 연락드립니다. 라킨 씨께서 말씀해 주신 것처럼 저는 엘리엇 와이닝거 교수(뉴욕주립대학교 브록포트대학)와 함께 부모가 거주지를 결정하는 방법을 조사하는 「거주지 선택, 학교 선택」이라는 연구를 수행하고 있습니다.
연구의 일환으로, 저희는 교육감님들과 면담을 진행하고 있습니다. 교육구의 이름은 모두 기밀로 처리될 것입니다.
혹시 다음 주에 이와 관련하여 전화로 말씀 나누실 수 있을지요? 첨부 내용은 연구에 대한 좀 더 상세한 정보입니다.
허락해 주신다면 다음 주에 사무실로 연락하여 15분 정도 통화하실 수 있는지 확인해 보도록 하겠습니다. (만약 저에게 연락을 원하실 경우, 제 휴대전화 번호는 555-232-2222입니다.) 통화에 대한 동의가 면담에 대한 동의를 의미하는 것은 아니며, 단지 연구에 대해 더 상세히 알아보기 위함임을 말씀드립니다. 바쁘시다는 걸 잘 알고 있습니다. 요청을 고려해 주셔서 정말 감사합니다.

아네트 라로 드림

첨부:
저는 엘리엇 와이닝거 교수와 함께 어린 자녀를 둔 부모들이 거주지를 선택하는 방법에 관한 연구를 하고 있으며, 이와 관련하여 이메일 드립니다. 저희는 부모들이 특정 지역에서 거주지를 구하는 데 영향을 미치는 요인을 상세히 알아보고자 합니다. 특히, 어린 자녀를 둔 부모의 과정에 관심이 있습니다. 귀하의 성명, 학교명, 지역, 혹은 가족은 모두 기밀 처리될 것입니다. 지역사회의 경우 북동부 대도시 교외 지역으로 묘사될 예정입니다.

이메일을 보낸 후에, 나는 교육감들과 만났다. 교육감들은 나에게 어떤 종류의 학교를 연구하고 싶은지 물어보곤 했다. 내가 몇 가지 일반적인 기준을 제시한 후, 교육감들이 학교를 선정하여 교장을 소개해 주었고, 나는 교장에게 연락하여 대면 회의를 요청하였다. 모든 이메일은 매우 간결했다.

대개 기관에서 레터헤드를 받을 수 있는데, 이메일에 레터헤드를 삽입하거나 첨부할 수 있다. 또한, 자신의 직책을 추가하는 것이 도움이 될 수 있다(예: "저는 X 대학교의 학부생입니다."). 일부 이메일 하단에 출판물을 추가하는 사람들도 있지만, 나는 보통 출판물 링크를 추가하지는 않는다. 그러나 잠재적 연구 참여자와 통화할 때 나의 이전 연구에 대해 간략히 설명한다. 즉, "저는 가족을 연구하는 사회학자이고, 가족, 양육, 학교에 관한 책을 몇 권 썼습니다". 또한, 누군가 내 이름을 검색하고 내 웹사이트에 방문했을 때 어떤 내용을 볼 수 있는지를 검토한다. 어떨 때는 내 사진(그리고 연구 보조원의 사진)과 간략한 연구 설명, 연락처를 포함한 연구 사이트를 만들기도 한다. 연구 관련 이미지를 올리기도 한다.

이러한 전략은 면담할 사람을 찾을 때도 효과적이다. 지인들에게 필요한 범주에 속하는 사람을 아는지 물어본다. 당신을 보증하는 사람을 언급하면서 전화 통화 요청을 위한 메시지나 이메일을 보낸다. 연구에 참여할 의향이 있는지 확인하기 위해 전화를 건다. 그런 다음, 면담 끝에 연구 참여자에게 면담할 수 있는 사람을 아는지 물어본다. 또한 나는 연구 참여자에게 (때로는 문까지 걸어가는 몇 분 동안) 물어본다. "혹시 제가 아마 몇 주 내 연락을 좀 드려도 괜찮을까요? 연결될 만한 분이 계시는지 알아보고 싶어서요." 성가시게 굴지는 않으면서 "슬쩍 유도하기(nudge)" 할 수 있다. 만약 감사의 손 편지나 작은 선물을 보낸다면, 그 사람이 소개를 해주도록 유도할 수 있을 것이다. 이러한 "눈덩이 표본(snowball sample)"(즉, 연구 참여자가 다른 사람을 섭외하거나 추천하는 경우)에서 한 사람에게 추천받을 수 있는 인원을 제한하기도 한다(특히, 주제가 사회관계망이거나 다양한 사람이 필요한 경우).

하지만 여전히 아는 사람을 찾을 수 없을 때가 있다. 그럴 경우, 연구 대상에 따라 소셜 미디어 플랫폼을 통해 연락할 수도 있다. 예를 들어, 펜실베이니아대학교 4학년생, 김상은 "숀"(Sangeun "Shawn" Kim)은 링컨고등학교 졸업생들의 공개 인스타그램 계정을 통해 20명의 고등학교 졸업생에게 연락했고, 그중 8명이 인터뷰에 동의하여 상당히 성공적이었다. 그는 비공식적이고 친근한 접근 방식을 사용했다.

> 안녕하세요! 좀 뜬금없지만, 혹시 링컨 졸업생이신가요?
> 네!
> 오, 좋아요! 저는 사실 펜실베니아대학교에 다니는 4학년 학생이고, [인종 문해력(racial literacy) 프로그램]에 관한 프로젝트를 진행 중이에요. 링컨 졸업생들과 이야기를 나누고, 온라인으로 면담을 진행하고 있어요. 혹시 의견을 공유해 주실 수 있을까요?
> 네, 그럼요.
> 김상은 "숀"

그는 이 프로젝트를 위해 공개 인스타그램 계정을 새로 만들어서, 웃고 있는 자기 사진 두 장과 함께 다음과 같은 캡션을 달았다. "이 계정은 연구용입니다. 만약 xxx 고등학교의 졸업생이라면, 연락해 주세요!"

다른 경우에는 편지를 써야 할 수도 있다. 우편으로 편지를 받는 일이 점점 드물어지고 있어서, 더 관심을 얻을 수도 있다. 약간 이상하게 느껴질 수도 있지만, 편지에 "귀하가 허락해 주신다면 사무실로 연락하여 15분 정도 통화하실 수 있는지 확인하겠습니다."라고 작성할 수 있다. 그런 다음 사무실에 전화해서 "제가 보낸 편지에서 말씀드린 것처럼, X 씨와 짧게 통화할 수 있을지 확인하고자 전화를 드렸습니다."라고 말한다. 또 다른 방법은 대화하고 싶은 사람의 비서에게 먼저 전화를 걸어서, 그 사람과 통화가 가능할지를 물어보는 것이다. 방문이 가능하다면, 편지를 직접 전달할 수도 있다. 다른 사무실 환경에서는 편지를 보낸 후에 직접 방문하여 다음 절차를 이어가는 것이 가능하며, 바람직하다. 만약 당신이 편하게 느낄 수 있다면, 아주 작은 선물을 가져갈 수도 있다. 명절 기간에는 집에서 구운 쿠키를, 여름에는 집에서 키운 토마토를, 혹은 브라우니 믹스로 직접 만든 브라우니처럼 말이다. 이것은 교류를 원활하게 하기 위한 진심 어린 제스처이며, 전략적인 목적이 분명하지만, 상대방이 도와줄 거라는 기대 없이 제공하는 것이 중요하다. ("제가 베이킹을 좋아하는데, 여분이 많아서 가져왔습니다. 혹시 실례가 안 된다면요. 사무실에 관심 있는 분이 계실까요?"라고 말할 수 있다.) 예를 들어, 레이첼 엘리스(Rachel Ellis)는 여성 교도소를 연구하고자 했고, 그래서 교도소 내부 심의위원회와 대학 모두의 IRB 승인이 필요했다.[6] 엘리스가 최초 제출한 제안서가 아무런 설명 없이 교도소 측에서 거부된 이후, 수정된 제안서도 지연되자, 엘리스는 교도소 행정 사무실에 찾아갔다. 그녀는 신청서를 접수한 사람의 이름을 알고 있었고, 오트밀 초콜릿 칩 크리스마스 쿠키를 가져가서("여분"이라고 말하며), 제안서 검토 일정을 알고 있는지를 물어보았다. 결국 그녀는 승인받았다. 당신이 직접 방문할 때, 요청서에 대한 답변을 묻지는 않는다. 단지 담당자가 요청서 검토 일정을 아는지, 추가 정보가 필요한지 물을 뿐이다. 때로는 추천서 및 추천인 명단이 포함된 이력서가 도움이 될 수 있다. 예를 들어, 『불평등한 어린 시절』을 위해 가족 관찰을 요청할 때, 나는 추천인으로 교회 목사를 기재하였다.

하지만, 요청하기 전에 당신은 연구에 관해 설명하는 연습을 하는 게 좋다.

무엇을 말할 것인가?

대개 사람들은 당신이 무엇을 하는지 별로 관심이 없다. 게다가 모든 연구에 편향성이 있긴 하지만, 연구 대상의 행동에 당신이 미치는 영향을 최소화하고 싶을 것이다.[7] 따라서, 연구 목적의 대략적인 내용을 응

6) Ellis, *In This Place Called Prison.*

답자에게 정확히 밝히되, 너무 상세히 말하지 않는 것이 좋다. 연구를 설명하기 위해 "엘리베이터 스피치(elevator speech)"를 생각해 두는 것이 좋다. 정확한 스피치가 필수이다. 하지만, 다음 표에서 제시하는 것처럼, 스피치는 몇 초 정도로 굉장히 간략해야 한다. 시간에 따라 초점이 바뀔 수 있으므로, 스피치는 **모호하지만 정확해야** 한다.

이러한 스피치를 작성하는 것은 생각보다 어렵다. 전문용어의 사용을 피하고, 너무 상세하게 말하지 않는 게 좋다. 예를 들어, 연구자들이 환경에 영향을 미친다는 연구를 고려할 때(서부발전소 연구에서 도출된 "호손 효과(Hawthorne effect)"를 참고하라), 공동체에 미치는 당신의 영향을 최소화하는 것이 좋다.[8] 당신의 영향을 완전히 제거하는 것은 불가능하나, 무의식적으로든 아니든, 당신을 돕기 위해 사람들이 행동을 바꿀 것을 우려하여, 너무 많은 세부사항을 제시하지 않는 게 좋다. 예를 들어, 만약 당신이 여성이 남성보다 가정생활을 더 많이 돌보는 "보이지 않는 노동(invisible labor)"에 관심이 있다면, 사람들에게 매우 솔직하게 "저는 남성들이 가담하지 않는 여성들의 가정 운영 계획에 대해 모두 알고 싶습니다."라고 말하고 싶을 수 있다. 이 발언은 연구 참여자에게 많은 정보를 제공하여, 자신들은 계획을 하지 않으므로 연구에 참여할 필요가 없다고 주장할 수도 있다. 게다가, 응답자들은 연구자를 만족시키고자 자신의 계획에 대해 더 많이 이야기하거나, 자신이 계획을 세워야 한다고 생각하여 자신이 담당하는 계획을 늘리려고 할 수도 있다. 따라서, **모호하지만 정확한** 스피치가 필요하다. 당신은 "저는 가정생활을 영위하고 하루를 보내도록 돕기 위해 얼마만큼의 노력이 필요한지에 관심이 있습니다." 혹은 "일–가정 균형에 관심이 있습니다."라고 말할 수 있다.

---

7) Peshkin, "In Search of Subjectivity", Denzin & Lincoln, *The Sage Handbook*을 포함하여 주관성(subjectivity)과 위치성(positionality)에 관한 문헌을 참고하라.

8) McCambridge et al., "Systematic Review of the Hawthorne Effect".

【표 3.1】 소개 스피치 예시

	소개 스피치 오류	문제점	수정된 스피치
연구 설명	"사회계층과 교육적 성취는 상관관계가 있습니다. 저는 이러한 과정이 전개되는 메커니즘을 밝히고 싶습니다."	전문용어(사회계층, 상관관계, 성취) 초점이 불분명	"저는 다양한 삶의 배경을 가진 아이들의 학교 경험을 이해하는 데 관심이 있습니다."
연구 요청	"저는 참여 관찰자로 참여할 학교를 대상으로 문화기술지 연구를 수행하고자 합니다."	전문용어(문화기술지, 참여 관찰자) 요청 사항이 불분명	"저는 어떻게 가정생활이 학교생활에 영향을 미치는지 이해하고자 합니다. 만약 괜찮으시다면, 일주일에 두 번, 한 번에 두세 시간씩 수업 방문을 하고 싶습니다."

가장 중요한 것은 연구 참여자를 섭외할 때 연구 참여자에게 무엇을 요청하는 것인지 분명히 해야 한다는 것이다. (이것이 IRB가 원하는 것이기도 하다.) 스피치가 완전히 익숙해질 때까지 연습하라. 친구들 앞에서서 큰 소리로 연습하라. 스피치하는 동안 사람들이 불편을 느끼는 것은 흔한 일이다. 시선을 떨구거나, 머리나 안경, 손을 만지작거리거나, 긴장한 기색을 드러내거나 말이다. 가능한 한 이런 행동은 피하는 것이 좋다. 스피치에 익숙해지고 싶으면, 아침에 커피를 끓일 때나, 운동을 할 때, 일상생활 속에서 최소한 15번 정도는 연습해야 한다. 스피치 한 후에는 상대방에 관심을 보이며 라포르를 형성하는 것이 좋다. "여기서 일하시나요?", "회사에는 얼마나 계셨나요?" 등 질문을 던지거나, "정말 좋은 곳이네요.", "요즘 날씨 정말 좋네요." 등 화제를 던져라. 사람들이 편하게 느낄 수 있도록 하라.

무엇을 입을 것인가?

연구에서 자신을 표현하는 것은 중요한 문제로 특히 자주 방문하는 참여 관찰의 경우 더욱 그러하다. 당신은 관찰자이긴 하지만 맥락의 일부이기도 하다.

연구 참여자가 연구자를 어떻게 인식하느냐에 따라 그들이 연구자에게 보이는 신뢰의 정도에 차이가 발생하게 된다. 때로 연구자는 연구 참여자와 다른 인종, 계층, 젠더인 경우가 많다. 사회학자들의 가르침대로 우리의 계급적 위치는 문화적 취향과 성향에 영향을 미친다.[9] 옷은 사람들이 자신의 사회적 지위와 취향을 반영하는 한 가지 방식이다. 다수의 연구는 사회적 상호작용, 정체성 및 기타 주요 문제를 형성하는 데 인종의 중요성을 보여주었다. 젠더도 중요한 역할을 한다. 여성은 장식이 많은 옷을 입어야 한다고 사회적 압력을 받는 경우가 남성보다 많다. 또한, 옷(그리고 머리 모양)은 정체성과 결부된다. 현장 연구자는 새로운 사회적 환경에 녹아들면서도 자신의 핵심 정체성을 유지해야 한다는 모순적 과제를 안고 있다.

대학 연구소에서 대면 조사를 진행할 사람을 고용한 한 친구는 항상 깔끔하고 단정한 옷차림을 한 사람들을 고용했다. 옷이 화려할 필요는 없지만, 깨끗해 보여야 했다. 많은 학자가 낡고 약간 지저분해 보이는 스타일을 선호하므로 이러한 지침은 생각만큼 정확하지 않을 수 있다. 또한, 의복은 상대적으로 중립적이어야 한다. 즉, 특별한 이유가 없는 한, 의복은 자신의 사회적 계층을 드러내지 않아야 하고, 혹은 강하고 파격적인 느낌을 주지 않아야 한다. 모든 사회적 상황에서 입을 수 있으면서 충분히 잘 녹아들 수 있는 옷이 좋다. 구체적으로는 청바지(특히 검은색 바지), 새것

9) Bourdieu, *Distinction*.

같은 운동화, 단정한 티셔츠나 스웨트셔츠를 입거나, 좀 더 갖춰서 입으려면 어두운 색 바지에 플랫슈즈, 단정한 상의를 입는 것이다. (세부사항은 유행에 따라 다르다.) 대학 이름이 적힌 스웨트셔츠나 티셔츠는 좋은 선택지이다. 비록 대학 이름이 적힌 옷은 계층을 드러내는 것이기도 하지만, 연구 대상에게 연구자의 정체성을 상기하는 역할을 한다. 다만, 특정 스타일의 옷차림이 자신의 정체성에서 정말 중요한 부분인 경우, 다른 옷을 입는 데 쓰이는 심리적 비용이 너무 크므로 예외로 한다. 특히 유색 인종 연구자들은 자신이 정당하게 보이기 위한 옷차림에 부담을 느낄 수 있다. 그러나 옷차림과 관련된 문제는 모든 상황에서 발생할 수 있다.[10] 특별 복장을 하고 연구 현장에 가는 것은 복잡할 수 있다. 이는 한 연구 현장에서 다른 현장으로 이동할 때, 직장 화장실이나 자동차에서 옷을 갈아입어야 함을 의미할 수도 있다. (이는 다소 우스꽝스럽게 느껴질 것이다.)

> **라포르를 형성하기 위한 복장**
> 내가 정말 좋아하는 청록색 운동화가 있는데, 한 번은 연구 현장에 그 운동화를 신고 갔더니 유명한 래퍼가 디자인한 운동화랑 비슷해서 엄청난 칭찬을 들었다. 나는 현장 복장으로 그 운동화를 신도록 계획하기 시작했다. 학생들이랑 생산적이고 재미있는 대화를 많이 할 수 있을 것 같았기 때문이다.
> 노라 그로스(Nora Gross), 『슬픔에 빠진 형제들(Brothers in Grief)』

내가 연구 현장 복장으로 주로 입는 몇 가지 옷차림이 있다. 다른 데서 내가 설명했던 것처럼, 현장 연구는 피곤한 일이고 때로 연구를 위해 무거운 발걸음을 이끌 수도 있으니, 거의 유니폼과 같은 표준화된 옷차림이 있는 게 도움이 되었다. 『불평등한 어린 시절』 연구를 진행하고 있

---

10) Black의 *When a Heart Turns Rock Solid*는 친구들과 저녁에 술을 마시러 나가기 전, 자신의 옷차림이 맘에 들지 않는다는 이유로 친구들에게 "셔츠와 향수를 건네받았다"라고 말한다.

을 때, 나는 주로 깔끔한 티셔츠, 검은색이나 카키색 바지처럼 무채색의 평상복을 입었다. 이러한 옷차림이 중요하다는 점을 어느 날 대학 고위층과의 회의를 마친 후 백인 노동자 계층 가족, 야넬리(Yanellis) 가족의 가정에 방문했을 때 깨닫게 되었다. 그날 나는 바삐 다녀서 야넬리 가족의 작은 연립주택 앞에 주차할 때까지 별다른 생각을 하지 못했다. 값비싼 보라색 맞춤 양모 정장에 반짝이는 검정 하이힐, 그리고 얇은 금목걸이를 바라보며 나는 내가 얼마나 다르게 보이는지를 깨달았다. 나는 그들이 절대 사거나 입지 못할 옷을 입고 있었다. (아마 내 모습은 그들의 고용주를 떠올리게 했을 것이다.) 현장 연구가 한창이었음에도 야넬리 씨 부부는 당황한 기색이 역력했다. 나 역시 어떻게 농담을 던져야 할지 몰라서, 그저 어색하기만 했다. 따라서 연구 대상에게 낯선 방식으로 옷을 입을 경우 옷차림이 경계를 만들 수 있다. 이러한 경계를 넘을 수 있긴 하지만, 시간과 에너지가 필요하다.

옷차림에 관한 결정은 특히 연구자가 연구 참여자와 사회적 지위가 다를 때 민감하다. 기본적으로 연구자들은 자신에게 진실해야 한다. 크리스토퍼 엠딘(Christopher Emdin)은 그의 책 『후드를 입고 가르치는 백인을 위하여-그리고 나머지 모두를 위해서도(For White Folks Who Teach in the Hood—and the Rest of Y'all Too)』에서 도시 지역 교육자들이 교실에서 청소년들과 소통하기 위해 옷차림을 맞춰보는 것을 직접적으로 제안한다. 예를 들어, 청소년들이 좋아하는 운동화를 신는 것처럼 말이다. 연구 대상과 옷차림을 공유하여 연결되고자 하는 것은 좋은 원칙이다. 하지만, 인위적인 차림으로 자신이 아닌 사람인 척할 수는 없다. 옷차림은 진실해야 한다. 이상적인 것은 평소 자기 옷차림에 약간의 변형을 가미하는 것이다.

현장에서의 안전

안전에 대한 걱정은 다양하게 발생한다. 항상 자신의 목소리와 위험에 대한 느낌에 "귀 기울이고" 그에 따라 행동하라. 위험에 관한 모순적 양상이 있다. 안전에 대한 일부 걱정은 과장되었다. 연구 과정에서 가장 흔한 위험은 공격이나 상해가 아니라, 자동차 사고, 오토바이 사고, 보행자 사고, 가정 내 사고 등 일반적인 것들이다. 예를 들어, 월마트(Walmart) 직원을 대상으로 한 면담 조사에서, 여름 동안 연구자 20명에게 "경미한" 차 사고 5건이 발생하였다.[11] 이렇게 연구자가 상해를 입는 경우가 전혀 없는 것은 아니다. 다른 한편, 위험은 존재한다. 특히, 지인이나 권력자에 의한 성폭행 위험이 특히 우려된다.[12] 랜돌 콘트레라스(Randol Contreras)와 같이 갱단을 연구한 사회학자들도 연구자들이 겪을 수 있는 어려움과 연구 현장을 감춰서 신뢰를 유지하는 것이 우선되어야 한다는 점에 대해 광범위하게 저술한 바 있다.[13]

이럴 때는 현장 지식이나 지침이 도움이 된다. 종종 면담 대상자나 연구에 참여하는 사람들이 팀 내에서 누가 괴롭힘에 취약한지, 어떻게 상황을 관리해야 하는지 파악하는 데 도움을 줄 수 있다. 『불평등한 어린 시절』 연구를 위해 가정 관찰을 수행할 때, 나는 안전 문제로 저소득층 지역에 접근하지 말라는 경고를 많은 사람에게 받았다. 나는 그러한 회의론자에게서 경험한 일부 적대감이 구조적 인종 불평등과 흑인 거주지역에 진입하는 것에 대한 백인들의 거부감이라는 일반적 양상과 관련이 있다고 결론 내렸다. 따라서 나는 이 조언을 듣지 않았다. 연구가 마무리

11) Reich & Bearman, *Working for Respect*, methodological appendix.

12) Nordstrom & Robben, Fieldwork under Fire; Hanson & Richards, Harassed; Clancy, "I Had No Power to Say That's Not Okay"; Johnson, "The Self at Stake."를 참고하라.

13) Contreras, "Transparency and Unmasking", "The Broken Ethnography."

될 무렵 나는 나와 연구 보조원들의 안전에 대한 위험이 과장되었다고 결론 내렸다.[14] 연구자에 대한 위험은 무엇보다도 연구자의 인구통계학적 특성에 따라 달라진다. 카린 레이시(Karyn Lacy)가 보고하듯 유색 인종 학자들은 백인 중상류층 가정으로부터 냉담한 대접을 받을 수 있다.[15] 또한 유색 인종 학자들은 예컨대 인종적 적대감 기색을 내비치는 백인 공동체로부터 위협을 느낄 수 있다. 이러한 연구자들에게는 공공장소가 부가적인 이점을 제공한다.

모두가 미리 조심하는 것은 이상적이다. 항상 누군가에게 가는 곳을 알려라. 현금이나 고가의 물건을 가지고 다니지 말아라(현장에 가기 전에 시계를 차지 않거나, 컴퓨터를 집에 두거나, 트렁크에 넣고 잠가라). 친구에게 데려다주고, 데리러 오도록 부탁하거나 같이 가달라고 할 수도 있다(친구가 연구할 때 보답하거나 다른 의미 있는 방법으로 보답할 수 있다). 더 어려운 상황은 응답자 혹은 주요 응답자의 친구가 위험에 처한 경우인데, 이러한 문제에 관해서는 다양한 문헌이 있다.[16]

자료 관리

자료 수집을 시작하기 전에 자료를 정확히, 자주, 체계적으로 기록할 수 있는 관리 시스템을 구축하는 것이 좋다. 실제로 이것저것 급히 하다 보면, 프로젝트의 조직적인 측면은 한 편으로 밀려나기 쉽다. 아무리 꼼꼼하게 일상생활을 정리한다고 해도(그렇지 않은 사람이 많겠지만), 한

14) 나와 연구 보조원이 머무르는 동안 약물 남용으로 어려움을 겪고 있던 아주머니가 연구 보조원의 지갑에서 20달러를 훔쳐서 연구 보조원을 화나게 하고 그 가족을 당황하게 만든 일이 있었지만, 명문대학 도서관에서도 가방을 훔치는 일은 흔히 발생한다.

15) Lacy, “The Missing Middle Class.”

16) 다음을 참고하라. Huang, “Vulnerable Observers”; Hanson and Richards, *Harassed*.

곳에 전부 기록하지 않아서 면담 횟수나 방문 횟수를 정확하게 보고하지 못하는 상황이 발생하기 쉽다. 재구성할 수도 있지만, 그러기엔 시간이 오래 걸릴 수 있다. 컴퓨터가 고장 나거나, (안타깝게도) 백업해 두지 않았다면 문제는 더 복잡하다. (컴퓨터가 없던 시절, 어떤 학자들은 불안하여 화재에 대비하여 원고를 냉동고에 보관하기도 했다.)

컴퓨터에 있는 전자 사본, 백업 사본, 인쇄본, 문서, 면담 음성 파일 등 정리해야 할 자료 유형은 다양하다. 또한, 프로젝트에서는 동의서, 계획서, 기타 행정 서류 등이 포함된다. 이는 복잡한 일이며, 누군가에게는 벅찬 일이기도 하다. 하지만 줄리 모겐스턴(Julie Morgenstern)이 『내면으로부터의 정리(Organizing from the Inside Out)』에서 설득력 있게 서술하는 것처럼, 체계가 없으면 자료를 잃거나 찾는 데 시간을 낭비하느라 혼란을 초래할 수 있다. 핵심은 자신에게 맞는 시스템을 찾는 것이다.

무엇을 해야 하는지와 관련하여 연구자와 정리 전문가들의 문헌이 방대하게 있다. 시스템은 비교적 단순하게 만들어서 주요 파일 몇 개와 하위 폴더로 구성해야 한다. 예를 들어, 내 컴퓨터에는 십여 개의 주요 파일밖에 없다(예: 학과, 강의, 학생, 논문 등). 거기에 진행 중인 각 연구의 주요 파일(예: 자산 연구, 난민 연구, 계층 상승 연구)이 있다. 각 연구마다 한 개 주요 폴더가 있고, 그 안에는 자료 폴더(아래에서 설명)가 있다. 앞서 언급했듯이 "논문" 폴더가 있는데, 여기에는 연구에 관해 작업 중인 논문 폴더를 새로 만든다(초안, 학회 발표자료, 피드백, 논문 투고 등). 각 논문마다 나는 "피드백"이라는 파일을 만드는데, 여기에 다른 사람들과 나눈 대화 내용, 리뷰, 비판적 평가 내용을 작성한다(각 논문의 "피드백" 폴더에 추가). 프로젝트가 진행되는 과정에 따라, 학회 발표 논문용 별도 폴더처럼 더 많은 폴더를 만든다. 원본 자료는 항상 홈 파일에 두고, 자료 사본을 논문 파일에 옮겨 둔다. 논문 작업을 하는 동안에는 아무 생각 없이 원하는 만큼 파일을 많이 만든다(즉, "기타", "좋은 인용문", "서문" 등). 몇 개월 후에는 최종 출판 논문과 논문에 관해 받은 피드백을 제외하고는 모두 삭제한다. 폴더 시스템은 무한한 가능성을 지닌다. 분석적 용어(예: 사회적 자본)를 사용하여 폴더 시스템을 조직할 수 있다. 월별 혹은 연도별 현장연구로 조직할 수도 있다. 정말 아무 상관없지만 시스템이 너무 복잡해서는 안 된다. 자료를 모호하지 않고 분명하게 정리해야 한다. 나는 또한 완료한 면담과 관찰을 잘 챙기고, 전사, 코딩 여부를 파악하기 위해 "추적(tracking)" 엑셀 파일을 사용한다. 실명과 코드명이 포함된 "원본 자료 파일"은 따로 보관한다. 일상 작업에서는 코드명만 사용한다.

자료 조직하기

각 연구의 주요 폴더 아래에는 IRB, 이메일 교신, 연구비 제안서, 영수증 등의 하위 폴더를 보관하는 "조직" 폴더가 있다.

각 연구에는 또한 음성 파일, 면담 전사, 참여자 배경 정보, 현장 노트, 문서를 포함하는 "자료" 폴더도 있다. 나는 현장(혹은 가정)마다 현장 노트를 구성한다. 그리고 폴더 안에 관찰한 내용을 요약하는 파일명과 함께 날짜별로 정리한다(예: 5월 8일 저녁 식사, 5월 9일 졸업 파티). 일부 연구에서 자료 폴더는 면담 유형에 따라 하위 폴더로 나눈다(즉, 학부모회, 공인중개사, 입학사정관, 학부모).

대규모 면담 조사에서 나는 파일명 시스템을 갖추는 걸 좋아한다. 예를 들어, 응답자 신원, 계층, 인종, 위치, 면담자 이니셜, 날짜를 파일명에 포함한다. 아래 제시한 정보는 엘리엇 와이닝거와 함께한 『거주지 선택, 학교 선택(Choosing Homes, Choosing Schools)』에서 가져온 것이다.

Fisher MOM WC B City AL 4월 20일
이는 이 날짜에 도시 학교구에 거주하는 노동자 계층(working-class), 아프리카계 미국인(African American) 어머니 피셔 씨를 내(Annette Lareau)가 면담했음을 의미한다.

McBride DAD WC W Kingsley RH 5월 3일
이는 이 날짜에 킹슬리 교외 지역에 거주하는 노동자 계층 백인 아버지 맥브라이드 씨를 리타 하비(Rita Harvey)가 면담했음을 의미한다.

자료
면담
  중산층 부모
    Goodwin MOM MC B City AL 5월 23일
    Goodwin DAD MC B City RH 5월 24일
  노동계층 부모
    Fisher MOM WC B City AL 4월 20일
    McBride DAD WC W Kingsley RH 5월 3일
현장노트
  학교 1
    신학기 맞이 밤 AL 9월 10일
    학부모회 집행위원회 AL 9월 15일
    핼러윈 퍼레이드 AL 10월 3일

파일 이름을 지정하는 이러한 시스템은 사람들을 기억하는 데 도움이 된다. 또한 서로 다른 범주에 얼마나 많은 사람이 있는지 세기도 더욱 쉽다. 물론 자신에게 의미 있는 범주를 만들어야 할 것이다.

> **자료 추적하기**
> 연구자는 자신의 자료를 추적하기 위해 매우 체계적이어야 한다. 누구와 면담하였는지, 얼마나 오래 면담했는지, 언제 현장에 방문했는지, 얼마나 오래 방문했는지 등등. 또한, 가명 명단을 잘 관리해야 한다. 글 속에서 사람들의 호칭을 기억하기 어려울 수 있다.
> 마이아 쿠치아라(Maia Cucchiara), 『학교 마케팅, 도서 마케팅(Marketing Schools, Marketing Cities)』의 저자

이 모든 과정에서 실명 사용은 자제하고 파일명에는 코드명을 사용한다. 그러나 면담 내용이 수정되지는 않는다. (두 단계 인증을 포함하는 비밀번호 보안 대학 서버에 보관된다.) 파일명 체계가 일관적이면 매우 유용하다.

또한, 연구에서 문서를 수집하는 건 흔한 일이다. 연구자에게 유용한 주요 정보(문서 수집일, 문서 보관 위치, 연구와의 관련성 등)를 포함하여 엑셀 파일에 문서들을 “기록(log)”할 수 있다. 문서에 주요어 혹은 태그를 지정할 수도 있다. 대부분 소프트웨어 프로그램에는 자료 분석에 문서를 통합하는 방법이 있다. 어떤 사람들은 문서를 사진으로 찍어서 탑재하기도 한다.

앞으로 설명하겠지만, 자료 수집을 정말 정확하게 해야 한다. 게다가 자료에 쉽게 접근하고 무엇을 했는지 잘 파악하기 위해서 체계적인 방식으로 자료를 관리해야 한다. 완료한 면담과 현장 방문을 잘 추적해야 한다. 질적 연구에서는 유연함이 적절할 때가 있지만, 가차 없이 체계적이어야 할 때도 있다. 자료 기록에 있어서 연구자는 체계적이며 뒤처지지 않아야 한다.

메모의 가치

연구 과정은 발현적 과정이므로 계속해서 생각해야 한다. 그러므로 계획 절차, 자료 수집, 코딩 절차, 글쓰기에 걸쳐 정기적으로 분석 메모를 작성하라. 이러한 중요한 메모를 통해 관심 있는 문헌, 문헌의 한계, 연구자 프로젝트의 목표, 새롭게 발견한 결과 등을 파악할 수 있다. 자료를 적극적으로 수집할 때, 일과 후, 즉 면담이나 현장 메모를 마친 후, 알게 된 사실을 성찰하는 글쓰기를 하라. 분석 메모는 알게 된 바를 정리하기 위한 매우 비형식적 메모이다. 하지만, 앞으로 이 책에서 설명하듯이 최소한 한 달에 두세 번은 친구, 동료, 글쓰기 모임 구성원, 관련 주제 작업자 등에게 공유할 수 있는 더욱 일관성 있는 분석 메모(한 줄 간격으로 1~2쪽 분량)를 쓸 수 있도록 계획해야 한다. 이러한 분석 메모를 통해 연구자는 한 걸음 물러나 큰 그림을 바라볼 수 있다. 무엇을 알게 되었는가? 문헌은 뭐라고 하는가? 다른 이들의 결과와 나의 결과는 무엇이 다른가? 무엇이 새로운가? 무엇이 흥미로운가? 현장 노트와 면담 인용문을 가져와서 이것이 설명하는 개념과 연결 짓고, 문헌의 한계를 새로운 자료를 통해 어떻게 수정할 수 있는가를 보여줄 수 있다. 이렇게 하면서 연구자는 자기 연구의 기여점을 확인할 수 있다. (또한, 메모를 통해 해당 분야에서 연구자의 역할과 그것이 어떻게 연구 결과를 형성하고 있는지 성찰할 수 있다.) 다른 사람들에게 주기적으로 피드백을 얻는 것도 중요하다. (혼란스러운) 메모를 다른 사람들과 공유하고 얘기를 나누면, 그들이 흥미로운 점을 알려줄 것이고, 이는 연구자가 연구에서 가장 중요한 부분에 집중하는 데 도움이 될 것이다.

전인적 인간 되기: 삶에서 연구의 역할

일 외에도 당신에겐 가정과 삶이 있다. 다소 변형된 형태라도 연구 기간 자기 삶이 지속하길 바랄 것이다. 시간을 내는 것은 단순히 업무 일정에 대한 것만이 아니다. 친밀한 관계에 있다면, 상대방에게 향후 몇 달간 더 오래 일해야 하고, 현장 방문 당일 밤에는 관찰 내용을 잊어버리기 전에 현장 노트를 작성해야 해서 외출할 수 없다고 미리 알리는 것이 좋다. (일부 연구자는 현장 연구 일정에 맞추어 특별한 아침 식사 또는 점심 데이트나 이벤트를 준비하기도 한다.) 자녀가 있는 면담자나 현장 관찰자는 추가 보육을 고려해 볼 수 있다. 연구하는 동안 방문 횟수가 줄어들 수 있다고 가족에게 미리 알릴 수 있다. 중요한 가족 생일 파티를 놓칠 수도 있다. 하지만, 잠자고, 운동하고, 친구를 만나고, 다른 유형의 자기 관리에 참여하는 시간이 필요하며, 또한 균형을 가지고 "배터리를 재충전"하기 위한 사교 활동을 해야 한다. 이때 비결은 (한정된 기간의) 자료 수집 동안에 당신을 만날 수 있는 횟수에 대한 주변 사람들의 기대를 낮추고, 현장 연구 과정 동안 그들이 사랑받고 보살핌받고 있다고 느끼게 하는 것이다. 즉, 관계를 영원히 망치고 싶지 않다면, 의미 있는 방식으로 관계를 발전시키며, 당신 삶에 있는 사람들에게 당신을 지지하는 것에 대해 감사를 표해야 한다.

불안감

면담과 참여 관찰을 하는 일은 흥미롭고, 즐거우며, 흥미로운 사실을 보여주지만, 본래 불확실하므로 스트레스를 받기도 한다. 여러 대학에서 질적 연구 방법을 가르치면서 학생들이 느끼는 높은 불안감 수준에 매우 놀랐다. 그리고 나 또한 연구를 설계하고 수행하면서 상당한 불안을 경험하였다. 시간이 흐르면서 나는 이러한 불안이 고유한 요인을 갖긴 하지만, 개인 특성으로 이해해서는 안 된다고 결론 내렸다. 오히려 이러한 불안은 사회 구조적 뿌리를 가지고 있다. 연구를 수행하는 현실과 연구가 어떻게 전개될지 알 수 없는 불확실성의 산물인 것이다. 특히, 앞으로 설명하겠으나 이러한 작업을 할 때 거절당하는 경우가 많으며, 거절의 고통은 큰 편이다. 사람들은 면담 요청을 거절하거나 소리 없이 사라진다. 현장 사람들이 무시하거나 무례하게 대하기도 한다. 화를 내거나 연구를 그만둘 위험도 항상 존재한다. 물론 때로는 단지 그들이 나쁜 하루를 보내고 있을 수도 있다. 배가 고플 수도 있고, 잠이 부족하거나, 연애 상대에게 화가 난 것일 수도 있다. 당신 때문이 아닐 수 있다. 하지만 살얼음 위를 걷는 것 같거나, 뭘 해야 할지 모르겠다고 느끼기 쉽다. (많은 학생이 어려움을 가중하는 "가면 증후군(imposter syndrome)"을 경험하기도 한다.) 모든 것이 새롭다. 이러한 새로움은 흥미롭지만, 스트레스이기도 하다. 사실 보통 이를 알아차릴 때쯤 자료 수집이 끝난다. 내 경험으로는 새로운 연구에는 각자의 불안이 있다. 경험이 어느 정도 도움이 되긴 하지만 만족할 만큼은 아니다.

더욱이 질적 연구를 수행하는 실제 절차는 다소 불분명하다. 내가 학생이었을 때는 완전히 수수께끼 같다고 생각했다. 특히 알아야 할 구체적인 정보, 취해야 할 행동, 성공 기대 수준이 모호했다. 즉, 언제 현장 문제를 더 잘 알 수 있고, 예방할 수 있을까? 누군가 참여 요청을 거절하거나, 연구 현장이 잘 돌아가지 않거나, 연구 현장에서 쫓겨날 위험에 처하는 등의 문제가 단순히 연구를 수행하는 것에 대한 대가일 때는 언제일까? 물론 이 책은 추가 지침을 제공하고자 하지만, 비교적 더 많이 지식을 가지고 있다고 하더라도 불안을 느낄 것이다. 셰이머스 칸(Shamus Khan)은 학생들에게 프로젝트가 진행되는 동안 자신을 어떻게 돌볼 것인지 생각할 수 있는 "정신 건강 계획"을 세우라고 강조한다.[17] 또한, 제9장에서 논의하듯 "글쓰기 모임"을 시작하면 떠오르는 생각을 나누고, 스스로 책무성을 부여하며, 앞으로 나아가는 데 도움이 되는 정기적이고 안전한 공간을 마련할 수 있다.

그러나 최선의 준비에도 불구하고 이러한 공포와 의심의 감정을 피하긴 어려우며, 뛰어난 연구 성과를 보이는 연구자에게도 이러한 감정이 발생한다. 이러한 감정은 어떤 면에서는 정당화될 수 있다. 최고의 연구자에게도 실수는 발생할 수 있다. 현장 연구의 예측 불가능한 특성으로 인해, 미리 막기 힘든 난관에 놓일 수도 있다. 모든 발생 가능한 문제를 예측하려고 노력하다 보면 불안하고 화가 나는 것은 당연하며, 문제가 발생할 때 더욱 그러하겠지만, 문제가 항상 의미 있는 것은 아니다. 대신

17) Shamus Khan과의 사적 대화; Hildalgo & Khan, "Blindsight Ethnography."를 참고하라.

일을 하는 대가의 일부이다. 자기비판의 순간은 (마비로 이어지지 않는다면) 사실상 매우 값질 수 있다. 불안이나 불안으로 이끄는 질문들은 연구를 진행할 때 **유용할** 수 있다. 불안이 연구의 걱정거리와 잠재적 문제를 경고하기 때문이다. 연구자이거나 연구를 이해하는 사람들과 이야기하고, 조언을 듣는 것은 중요하다.

시작하려면 시작해야 한다

프로젝트를 시작하기 위해서는 시간이 걸린다. 몽상에 잠기고, 사람들과 대화하고, 어려운 선택을 내리고, 시작을 잘못하기도 한다. 당신의 연구를 믿고 참여하기로 하는 한 사람만 있어도 시작할 수 있다. 가장 흔한 문제는 시작하는 것이다. 시작은 두렵고 어렵다. 하지만 프로젝트를 하려면 언젠가는 시작해야 한다. 누군가 거절한다고 하더라도, 연구를 설명하고 연습하며 배울 수 있다. 이런 일의 장점은 조율할 수 있다는 점이다. 프로젝트는 발전할 수 있고, 발전할 것이다. 그러니 어느 지점에서는 시작하는 것이 좋다. 10가지의 다른 시작 방법의 목록을 만들고, 달력에 날짜를 표시한 후, 심호흡하고, 시작하라.

제4장

면담 배우기
면담 전후에 무엇을 할 것인가

Listening to People

대학 졸업 후 내 첫 번째 직업은 샌프란시스코 법원에서 일하는 것이었다. 나는 피고인들을 면담하고 보석금 없는 석방 가능성을 위한 파일을 편집하였다. 매일 나는 동료와 함께 우중충한 엘리베이터에 탑승하여 바닥부터 천장까지 검은색 금속 막대로 이루어진 작은 감방으로 향했다. 그러고 우리는 버저를 눌렀다. “문지기”는 어슬렁거리면서 우리를 감방 밖으로 내보냈고, 크고 달그락거리는 금속 문으로 안내했다. 우리는 시립 교도소에 들어갔다. 경찰의 업무는 사람들을 감옥에 넣는 것이지만, 우리의 업무는 그들의 석방을 돕는 것이었기 때문에 언제나 직원들로부터 냉랭한 대접을 받았다. 우리는 “접수 데스크”의 뒤로 가서 전날 저녁에 체포된 사람들에 대한 정보를 복사했고, “문지기”에게 그 목록을 주었다. 그러고 나서 방문 시간 동안 가족 대기실을 겸한 구역으로 돌아와서 최근 체포된 피고인이 면담을 위해 호출되기를 기다렸다.

형광등, 차가운 금속 의자, 플렉시글라스(Plexiglas)로 된 창문, 수감자와 우리 사이의 유일한 통신수단인 전화기가 있는 시립 교도소 대기실은 면담을 하기에 이상적인 장소는 아니었다. 면담은 보통 15분 미만으로 간단히 진행되었다. 각각의 면담에서 피면담자의 주소를 확인하고, 참고인들의 이름과 연락처를 수집하며, 피면담자의 (법적) 소득 원천을 알아내고 석방 절차에 대해 설명하는 것이 우리의 업무였다. 수감된 사람들 중 많은 이들이 정신이 혼미하거나, 술에 취하거나, 약에 취하거나, 심한 불안 상태였고, 일부는 경찰을 부른 급박한 상황에서 부상을 입었거나, 체포 과정에서 경찰에 의해 부상을 당했다. 일부는 화가 나서 “당신네들은 절대 나를 꺼내주지 않을 거야”라고 외쳤다. 두 해 동안 나는 몇 백건의 면담을 수행했다.

이 경험으로부터 내가 얻은 가장 중요한 교훈은 면담을 수행할 때 정밀성과 상세함이 필요하다는 것이었다. 석방 사례는 피고인이 지역에서 강한 사회적 유대(즉, 가까운 친구와 친척)를 가지고 있으므로 보석금을 건너뛸 가능성이 없다는 증거에 토대를 두고 있었다. 앞서 언급한 것처럼, 우리는 피고인들에게 그들의 주소, 이곳에 살았던 기간, 경제적 지원의 원천, "참고인"이 될 수 있는 사람들의 연락처 정보를 물었다. 그러고 나서, 우리는 참고인들에게 전화를 하여 (또는 참고인들이 우리에게 전화하여) 피고인의 주소, 거주 기간, 경제적 지원 형태를 질문했다. 피고인에 대한 면담과 그들의 참고인에 대한 면담에서 얻은 정보가 정확히 일치하는 것이 매우 중요했다. 일부 피고인은 어머니나 할머니의 주소 같은 그들의 법적 주소를 일상적으로 제공했다. 하지만 법원은 (여자친구의 집과 같이) 피고인이 실제로 어디에 머물렀는지 알기 원했고, 주소의 충돌은 사건을 결정적인 시간까지 지연시킬 수도 있었다. 불일치가 있는 경우에 우리는 다음 재면담까지 기다려서 주소를 확인해야만 했다. 시립교도소는 머무르기에 어려운 곳이었기 때문에, 피고인들은 가능한 한 빨리 석방되기를 원했다. 면접관들은 충분한 기술을 통해 조사하지 않음으로써 문제를 일으킬 수 있었다. 때때로 피고인들은 추가 정보를 위한 조사를 받을 때 좌절감을 느꼈다. 나는 모든 사람이 내가 하는 일을 좋아하지 않는다는 사실에 익숙해져야만 했다. 일들이 잘 풀릴 때조차도, 면담의 일부 순간은 불편했다. 물론 보석 없이 피고인을 석방할 것인지에 대한 판사의 최종 결정에는 여러 가지 요소가 영향을 주었지만, 면담은 핵심 요소였다.

이 첫 번째 직업은 나에게 면담의 첫 번째 질문은 보통 단순히 대화의 시작에 하는 말에 불구하고, 중요한 세부사항을 이끌어내는 후속 질문인 심층 질문(probe)에 따라 면담의 질이 오르내린다는 사실을 가르쳐주었다. 나는 (구속에 대한 괴로움을 포함하여) 피고인과 참고인 모두가 말하는 것을 듣고 그들이 당면한 과제에 집중할 수 있도록 도울 필요가 있었다. 다시 말해서 나는 듣고, 간단히 확인하며, 방향을 바꾸면서 "중심" 잡는 법을 배웠다. 그리고 사람들이 바보 같은 말을 할 때에도(예: 내 몸과 옷에 대해 논하거나, 내가 이후에 그들과 성관계를 시작해야 한다고 주장하거나, 내가 과거에 그들을 돕지 못했다고 진술할 때) 나는 (보통 간단한 의견이나 농담으로) 그들이 한 말을 간략히 수용하고 그들의 의견에 대한 나의 반응에 산만해질 필요 없이 바로 당면한 과업으로 돌아가야 했다.

피고인의 경제적 이익에 부합하는 "무료 보석"을 위해 교도소에 있는 피고인들을 면담하는 것과 연구에 이해관계를 가지고 있지 않은 연구 참여자들을 연구를 위해 면담하는 것 사이에는 많은 차이가 있다. 하지만 모든 면담에 공통적인 특징도 있다. 면담자는 (피면담자의 선호에 민감하게 반응하면서도) 자신의 요구를 충족시킬 수 있도록 정중하고 부드럽게 면담을 이끌어야 한다.[1)] 하지만 피면담자들은 면담자에게 호의를 베풀고 있으며 최대한의 예의와 존중을 받아야 한다. 비록 면담자는 정보 수집이라는 측면에서 목적을 가지지만, 언제나 참여자의 염려에 주의를 기울일 필요가 있고 질문이 참여자를 불편하게 하거나 그들이 면담을 중단하기를 원할 때 기꺼이 참여자의 의견을 따를 필요가 있다.

비록 기본적으로 연구 참여자들이 연구자에게 도움이 되지만, 나는 면

---

1) 면담의 위계와 권력에 대한 조명은 면담에 대한 페미니스트 비평을 참고하라. 예를 들어, DeVault와 Gross의 글에 따르면 면담을 사람들과 대화하는 것으로 간주하는 것은 "모든 경험적 연구에 수반되는 권력의 역동, 즉 연구자와 정보 제공자 사이의 위계적이고 종종 책임감 있는 관계, 해석과 재현의 정치, 과학에 근거한 주장의 사회적 결과를 무시하는 것이다. 여기에 페미니즘에 대한 정치적 기여까지 더하면 페미니스트 면담 연구의 지형을 파악할 수 있다." DeVault and Gross, "Feminist Qualitative Interviewing," p. 235.

담이 때때로 연구 참여자들에게도 흥미롭고 가치 있을 수 있다고 생각한다. 사람들은 특히 판단이나 비판 없이 자신의 이야기를 들어주는 것을 좋아한다. (누군가가 당신을 방해하거나 비난하지 않고 한 시간 이상 무료로 당신의 말을 듣는 경우는 얼마나 자주 있는가?) 사람들이 자신의 삶에 대해 이야기함으로써, 그들은 귀중한 통찰력을 얻을지도 모른다. 때때로 그것은 의미 있고 긍정적일 수 있으며, 그들이 사건이나 인생 경험을 처리하는 데 도움이 될 수 있다. 확대된 사회에서의 사회적 지위와 권력 역동이 면담을 형성함을 연구자들이 인정하지 않는 것은 순진한 생각일지 모른다. 일부 사람들은 면담을 착취적인 것으로 본다.[2] 그러나 연구 참여자가 면담에 참여하는 것에 기꺼이 동의한다면, 그리고 면담과 후속 자료가 깊은 존중과 함께 관리되고 기밀성이 유지된다면, 면담은 착취의 형태로 보이지 않는다.

면담의 질은 다양하며, 일부는 선로를 이탈하는 경향이 있다. 어떤 연구 참여자들은 말을 많이 하지만 극도로 모호하고, 그들을 정상궤도로 되돌리는 것이 어렵다. (그리고 때때로 연구자는 정말 지루해하고 "내가 이것을 전사하기 위해 돈을 내야만 할까?"라고 생각하기도 한다.) 일부 연구 참여자는 적대적이거나 의심을 한다. 아니면, 더 평범한 상황에서, 특히 연구 참여자가 무척 바쁜 경우에 면담은 그저 불쾌한 일이 될 수 있다. 그런 경우에, 면담은 잠이나 휴식으로부터 귀중한 시간을 빼앗는 것이다. 연구자가 통제할 수 없는 면담의 많은 측면이 있지만, 연구자는 중요한 요소들을 통제할 수 있다. 여기서 연구자의 목표는 "위해를 가하지 않는 것"이다. 그리고 때때로 연구의 결과는 다른 사람들이 세계를 새로운 방식으로 보도록 도울 수 있다.

---

2) 다른 문헌들 중 Dunbar et al., "Race, Subjectivity, and the Interview Process"와 DeVault and McCoy, "Institutional Ethnography"를 참고하라.

면담의 목적

면담의 주요 목표는 연구 참여자로부터 정보를 모으고 연구 참여자가 가능한 많이 연구자를 도울 수 있도록 관계－로버트 와이스(Robert Weiss)의 용어로 "파트너십"－를 구축하는 것이다.[3] 연구자와 피면담자는 협업하는데, 이때 연구자는 ("벽 너머의" 질문이나 그 사람이 어떻게 대답해야 할지 모르는 것을 묻기보다) 합리적인 질문을 한다. 대부분의 질문은 개방형 질문이다(한 단어 이상의 대답이 필요하며, 정답이나 오답이 없다). 연구자가 면담하는 사람들은 그 주제에 대한 "전문가"이고, 그들이 연구자를 가르친다.

내가 제2장과 제8장에서 논의하였듯이, 연구자는 새로운 연구 질문을 가지길 원한다. 연구자는 널리 받아들여지는 면담을 하는 데 목적이 있다. 그리고 이상적으로 연구자는 이 분야에서 쓰인 연구물에 대해 무언가를 알고 있지만, 기존 연구에서 연구자를 성가시게 하는 무언가가 있다. 또는 연구자는 단순히 주제에 대해 더욱 많이 알게 되는 데 관심이 있다.

연구자는 또한 호기심을 가질 것이다. 그러나 궁금한 모든 것을 물어볼 수는 없다. 따라서 새로운 연구 질문을 통해, 연구자는 중요하다고 생각하는 정보에 집중하고, 새롭고 흥미로운 연구 방향을 제시하는 것에 대해 기꺼이 놀라움을 느끼고자 한다. 이렇듯 정보를 향한 분석적 탐색은 샘플 설계, 면담 지침 작성, 면담 진행, 자료 분석, 글쓰기 과정 등 면담 과정의 다양한 단계에서 이루어진다. 다음 장은 실제 면담, 특히 양질의 자료를 얻기 위해 물어야 할 질문의 종류에 집중한다. 이번 장은 면

3) 면담과 문화기술지에 관한 훌륭한 문헌이 많이 있다. 이들 중 일부로 다음을 참고하라. Weiss, Learning from Strangers; Gerson and Damaske, *The Science and Art of Interviewing*; Emerson et al., *Writing Ethnographic Fieldnotes*; Nippert－Eng, *Watching Closely*; and Hammersley and Atkinson, *Ethnography*.

담을 준비하는 데 필요한 많은 세부사항, 면담 지침 및 민감한 질문하기와 같은 면담의 까다로운 측면에 대해 논의함으로써 연구자의 준비에 도움을 주고자 한다.

면담의 가치

면담은 놀라울 정도로 친밀하고 자신을 드러내는 일일 수 있다. 사실 오래전에 짐멜(Simmel)이 언급하였듯이, 이방인은 "종종 가장 놀라운 개방성을 만나는데 이것은 때때로 고백의 형태를 띠면서 가장 가까운 사람에게조차 조심스럽게 보류되는 신뢰와 같다."[4] 면담은 주요 인생 사건, 희망과 꿈, 그들의 삶을 형성한 사건에 대한 개인의 관점을 가장 잘 보여준다. 이전에 언급하였듯이, 자료수집 방법으로써 면담 연구 과정은 보통 참여 관찰보다 시간이 적게 소요된다. 보통 연구자가 신중하게 조사를 설계한다면, 연구자는 중요한 정보를 수집할 수 있고 일상적 삶의 일정에 제한된 영향을 미칠 수 있다. 참여 관찰 조사에서 면담과 관찰은 "긴밀히 같이 갈 수" 있는데, 관찰한 것을 통해 연구자는 조사 후반에 이르러 면담에서 비공식적으로 (예: "내가 발견하였는데") 또는 공식적으로 질문을 던질 수 있다.

그럼에도 불구하고, 면담에는 한계가 있다. 피면담자가 어떤 것에 대해 인지하지 못하거나 그것을 묘사할 수 없다면, 효과적인 면담이 이루어지기 어렵다. 일상의 많은 중요한 국면들이 당연하게 받아들여지고 분명히 표현되기 어렵기 때문에, 문제가 면담에 의해 효과적으로 조명되기에는 상당한 제약이 있다. (예를 들어, 부모들은 자신이 다른 아이보다 한 아이에게 더 따뜻한지 거의 알아차리지 못한다.) 또한 면담은 사회적 바람직성 편향(social desirability bias)에 놓인다. 보통 사람들이 부끄러운 사

4) Simmel, "The Stranger," p. 404.

실을 받아들이기 주저하기 때문에, 낙인을 받게 되는 사회적 패턴을 드러내기는 어렵다(예: 과도한 무력 사용을 선호하는 규범에 의해 인도받는 경찰서).[5] 자신이 끔찍한 친구였다고 자발적으로 받아들이는 사람들은 거의 없을 것이다. 그 대신에, 사람들은 자신을 긍정적인 방식으로 묘사한다. 하지만 때때로, 매우 능숙한 면담자들은 연구 참여자들이 자랑스러워하지 않는 그들의 행동을 포용함으로써 사람들이 자신에 대한 보다 균형 잡힌 초상화를 제공하도록 격려할 수 있다. 물론, 참여 관찰에서도 낙인화된 행동을 관찰할 수 있는 접근성을 확보하는 것이 항상 가능한 것은 아니다. 간단히 이야기하자면, 모든 연구 방식은 한계를 가지고 있다. 그러나, 이러한 내재적인 한계에도 불구하고, 면담은 많은 영역에서 효과적으로 사용되어 왔다. 가족 구성원 관찰을 포함한 민감한 문제에서도 면담은 참여관찰 수행을 위한 허락을 얻기 위한 중요한 방법이다.[6] 또한 면담은 참여관찰에서 발견한 이슈를 더욱 깊게 이해하기 위해 가치가 있다.

준비하기

면담을 실현하기 위해서는 놀랍게도 많은 세부사항이 있다. 어떤 연구자들은 체크리스트를 만들기를 원할 것이고, 다른 연구자들은 무엇이 포함되어 있는지 단지 기억하기를 원할 것이다. 면담이 시작되기 전에 다음의 세부사항들이 준비되기만 한다면, 하나의 옳은 접근만이 있는 것은 아니다.

---

5) Hunt, "Police Account of Normal Force"; Sierra－ Arévalo, "American Policing and the Danger Imperative."

6) 가족에 대한 관찰은 성사되기 어렵다. 미리 면담을 하는 것도 접근 권한을 얻는 한 가지 방법이다. Lareau and Rao, "Intensive Family Observations."

면담 장소 정하기

좋은 면담을 보장하는 첫 번째 사항은 면담이 진행될 장소를 정하는 것이다. 면담이 대면으로 이루어질 경우에 점점 더 많은 사람들이 지역 커피숍이나 공공장소에서 만나고 싶어 한다.[7] 일부 사람들은 커피숍에서의 좋은 경험을 전하기도 하지만, 나는 프라이버시가 없으며 연구 참여자의 정보 제공을 제한하는 이러한 환경이 이상적이지 않다고 믿는다. 특히, 이러한 장소에서 행해지는 면담은 누군가가 연구자에게 매우 개인적인 것을 이야기하거나 눈물을 흘릴 기회를 감소시킨다. 또한 연구자는 방해받을 수 있는데, 누군가가 연구자를 알아보고 연구 참여자의 프라이버시를 손상할 수 있다. 공공장소의 소음은 녹음기의 음질을 나쁘게 하고 전사를 더 느리고 어렵게 할 수 있다. 하지만 일부 사람들(특히 저소득층 가정)은 복잡한 주거 환경에서 살고 있고, 공공장소에서 만나는 것이 면담을 하지 않는 것보다 나을 수 있다. 특히 연구자가 작은 아이들과 함께 있는 엄마들을 면담할 경우에는 공원이 좋은 장소가 될 수 있는데, 아이들이 주변에서 뛰어놀 수 있기 때문이다. 특별히 개별 공간이 있는 경우에 도서관도 선택 안이 될 수 있다.

장소가 중요하기 때문에, 연구자는 면담 참여자를 모집할 때 연구자의 선택 안들에 대해 생각하길 원한다. 면담을 계획할 때, 연구자는 면담이 얼마나 지속될 예정이고 어디서 이루어질지에 대해 이야기하고 싶어한다("일반적인 경우 면담은 당신의 집이나 다른 사적 장소에서 행해질 것입니다"). 연구에 대해 설명하는 연구 참여자와의 전화 대화에서 나는 대화를 이끌어 다음과 같이 이야기하려 한다. "일반적으로 당신의 최대한의 편의를 위해, 저는 당신이 계신 곳으로, 당신의 집으로 갈 것이고 그럴 경우 당신은 이동하실 필요가 없습니다." 그들이 장소로 커피숍을 제안할

7) 원격 자료 수집에 대한 논의는 제2장을 참고하라.

경우에, 그들의 목소리 톤에 따라 나는 한번 더 시도하여 다음과 같이 이야기할지 모른다. "맞아요, 많은 사람들은 커피숍을 제안합니다. 하지만 실례가 되지 않는다면, 조용하고 보다 사적인 장소인 당신의 댁에서 면담을 하는 것이 훨씬 좋을 수 있습니다. 그리고 당신은 청소를 하기 위해 신경 쓰실 필요가 없습니다." 여기서 내가 연구 참여자의 집에 가는 것을 제안하면서 침착하고 현실적인 목소리로 약간의 압력을 가하고 있다는 데 주목할 필요가 있다. 그러고 나서 나는 기다린다. 종종 짧은 멈춤이 있다. 이 시점에 많은 사람들이 연구자가 집에서 면담을 수행하는 것에 동의할 것이다. 그러나 다른 사람들은 커피숍이나 근무 장소를 선호한다고 이야기 할 것이다. 그러면 나는 그들이 제안하는 것에 빠르고 쉽게 동의한다. 대화가 어떻게 전개되는지에 따라, 나는 공원을 제안할 수도 있다. 마찬가지로 만약 내가 면담을 계획하였지만 나중에 연구 참여자가 취소 의사를 밝힌다면, 전화나 화상 면담을 제안할 수 있고 일부 연구 참여자들에게 이것이 덜 스트레스가 될 것이다. 이러한 경우, 특히 저소득층 연구 참여자들에게, 휴대폰으로 화상 면담을 하는 것은 데이터를 소비하기 때문에 매우 비용이 드는 일이 될 수 있다. 이러한 경우에 전화 통화를 하는 것이 더 나을 수 있다.

만약 연구자가 캠퍼스의 연구실을 사용할 수 있거나 도서관의 공간을 예약할 수 있다면, 로비나 바깥 거리에서 연구 참여자를 맞이하여 건물 안으로 들어오도록 안내해야 할 것이다. 만약 연구 참여자가 건물에서 길을 잃는다면 (또한 들어오도록 허가받지 못한다면) 연구자는 귀한 시간을 잃게 된다. 주차할 수 있는 곳이나 가장 가까운 대중교통 정류장에 대해 연구 참여자에게 정보를 제공해야 한다.

만약 연구자가 면담을 위해 도시 밖으로 이동한다면, 호텔 방에서 면담하는 것을 피하라. 지역 도서관은 대개 예약할 수 있는 개별 공간을 갖추고 있다. 일부 호텔에는 회의실도 있다. 지역 대학은 공간을 제공할

지도 모른다. 한 연구에서 나는 선택 안이 없었기에 시청에 전화를 했다. 나는 몇몇 사람과 통화를 했고, 매번 내가 도시 밖에서 온 대학 소속 연구자이고 그 공동체의 "시민"과 면담해야 함을 설명하였다. 하지만 그 지역 도서관에는 공간이 없었다. 결국 그들은 친절하게도 회의실을 두 시간 동안 사용할 수 있도록 허락하였다.

적절한 여유 시간 계획하기

연구자가 면담 일정을 잡을 때, 다음 약속 전까지 충분한 여유 시간을 가지길 바란다. 예를 들어, 나는 최근 푸에르토리코(Puerto Rico)를 방문하여 공항에서 한 시간이 조금 넘는 곳에 사는 부유한 남성을 면담하였다. 나는 면담이 오전 10시에 시작되도록 일정을 잡았고, 집에 서둘러 가고 싶은 마음에 오후 5시 30분 비행기를 예약했다. 이는 면담이 끝날 것이라고 생각한 시각보다 5시간 후였고, 나는 충분한 시간이 있다고 생각했다. 그러나 교통 체증으로 인해 공항까지 가는 모든 길은 90분 이상 소요됐다. 피면담자는 아침에 의사를 만나야 해서, 우리는 면담을 10시 30분으로 옮겼으나 의사가 늦게 도착했다. 피면담자의 여자친구는 나를 커다란 손님용 별장(밖에 1,500만 달러짜리 새 저택이 지어지던 동안 그가 머무르던 곳)으로 안내했다. 그녀는 나에게 물 한잔을 주었고, 나는 그곳에 앉아 키가 크고 활짝 핀 흰색, 보라색, 그리고 주황색의 많은 난초들과 다른 열대 꽃들에 감탄하면서 기다리고 있었다. 피면담자는 11시가 되어서야 집으로 돌아왔다. 그는 도착해서 우아한 공간으로 성큼성큼 들어와서 내 손을 흔들며 "당신을 도와드릴 로버트 스타인버그(Robert Steinburg, 가명)입니다."라고 말했다. 나는 그가 왔다는 것에 안심하고, 모든 상황이 정상 궤도로 돌아왔다고 낙관했다. 그러나 그는 이후 컴퓨터 작업을 했고, 15분 동안 계약자와 이야기를 나누었으며 여자친구와 10분 동안 볼일에 대해 의논하고, 커피를 한 잔 끓이고, 여자친구의 십 대 딸과 학교 프로젝트에 대해 이야기했다. 이제 오전 11시 35분이 되었다. 나는 비행기를 타기 위해 오후 2시까지 운전해서 가야 했고, 여유 시간을 잃었다. 자리에 앉기까지는 10분이 더 걸렸다. 결국, 우리는 모기들이 자유롭게 날고 배경으로 전기톱이 작동하는 (녹음의 품질에 영향을 주는) 건설현장의 의자에 앉았다.[8] 면담은 계획된 시간으로부터 75분 이후인 오전 11시 45분에 시작되었고, 오후 2시 15분에 끝났다. 내가 그 만남에서 가장 어려웠던 부분은 면담이 시작되길 기다는 동안, 유연하고, 명랑하고, 쾌활하고, 스트레스를 받지 않는 것처럼 보이기 위해 계속해서 노력해야 하는 것이었다. (스타인버그 씨가 다른 일을 하는 동안, 나는 그 여자친구의 딸과 이야기를 나누고, 장소에 대해 기록하고, 미소를 지으며, 받은 한 컵의 물을 홀짝홀짝 마셨다.) 만약 하루에 두 개의 면담을 하기로 했다면, 이것이 최대한 할 수 있고 효과적인 것일 텐데, 이들 면담 사이에는 보통 최소한 4시간의 여유 시간이 있어야 한다. 하지만 어떤 경우에 연구자가 두 사람을 같은 집에서 면담한다면, 연이어하는 것이 타당하다.

면담 가기 전 확인하기

대학원생이었을 때 나는 가장 첫 번째 연구 여행을 떠났는데, 샌프란시스코에서 로스앤젤레스로 비행기를 타고 이동하였고, 차량을 빌려 교육구까지 약 90분을 운전해서 갔다. 나는 면담 일정을 수 주 전에 미리 잡았고, (바보같이) 확인하지 않았다. 내가 교육청에 도착해서 "핸슨 씨(Hanson)"를 찾았을 때, 비서의 얼굴이 창백해졌다. 핸슨 씨는 2주 전에 갑자기 **사망했던** 것이다. 매우 곤란한 상황이었다. 나의 실수를 더욱 복잡하게 만든 것은, 내가 향후 다른 관리자와 면담 일정을 정할 수 있는

8) 더욱 최악으로, 병원 진료로 그의 눈은 부어 있었고 커다란 검은 선글라스를 쓰고 있었다. 따라서 그의 얼굴을 잘 볼 수 없어서 가족에 대해 이야기할 때 중요한 감정적 반응을 놓쳤다.

지 문의했음에도 불구하고 일정 재조정을 강조하지 않았던 것이었다. 교육청 직원들은 내가 면담을 해야 하고 그것이 즉시 이루어져야 한다고 느꼈다. 그들은 내가 이야기할 수 있는 몇 명의 사람들을 모았다. 따라서 면담은 급하고 불완전하게 이루어졌다. 이 기억에 남는 초기 사건의 결과로, 나는 항상 약속 하루 또는 이틀 전에 면담 일정을 확인한다.

나는 면담 하루 전에 문자 메시지와 이메일로 다음과 같이 확인한다. "친애하는 xxx에게: 펜실베이니아대학교 연구의 일환으로 저와 이야기하는 데 동의해 주셔서 정말 감사합니다. 저는 당신을 만날 수 있기를 매우 기대하고 있습니다. 하지만 저는 월요일 오후 3시에 여전히 당신이 가능하실지 확인하고 싶습니다. 물론 무슨 일이 생겨서 이 시간이 좋지 않다면, 부담 없이 다시 일정을 정하셔도 좋습니다."

마지막 문장을 덧붙이지 않는 유일한 경우는 내가 면담을 위해 두 시간 이상 운전하거나 비행기를 타고, 면담 시간 변경이 나에게 중요한 영향을 미칠 경우였다. (물론, 연구 참여자들이 일정 조정을 요청한 경우에, 나는 기쁘다. 그 이유는 사람들이 바쁘고, 면담 일정을 정하기 어려우며, 두 달 후에 만날 것을 제안하는 것은 면담을 성사시킬 수 있는 선택 안이기 때문이다.) 일정 재조정을 제안하는 것은 연구 참여자가 호의를 베풀고 있다는 것에 연구자가 감사해하고 있다는 신호를 쾌활한 모습으로 보내는 것이다. 연구 참여자들이 과정을 통제한다.

내 경험에 비추어보면, 불행하게도 면담 중 최소한 25퍼센트가 연기되고, 대개 마지막 순간에 그런 일이 발생한다. 면담 중 일부는 성사되지 않는다. 비록 연구자가 면담이 하고 싶어 안달이 나더라도, 쾌활해하고, 협조하고, 극히 이해하는 것 이외에는 선택의 여지가 없다. 그것은 윤리적 대처이기도 하다. 따라서 연구자는 강압적이기를 원하지 않는다. 연구자로서 당신이 연구를 위한 목표를 정하더라도, 연구 참여자들이 참여하고 싶지 않다고 분명히 신호를 보낸다면, 연구자는 그들의 희망에 정중히 따라야 한다.

연구 참여자가 면담을 취소할 때, "괜찮으시다면, 나중에 상황이 진정되면 연락드리겠습니다."라고 말하는 것이 좋다. 또는, 만일 연구자가 편안하다면, "기다리는 것이 더 나을까요, 아니면 나중에 만날 시간을 지금 정할 수 있을까요?"라고 물어볼 수 있다. 일의 진행 상황을 보고 대처할 수 있다. 만약 누군가가 잠수를 타고 이메일이나 문자 메시지에 답변을 하지 않는다면, 연구자가 제한적으로 두 번의 요청을 더 하도록 권한다.[9] 그러고 나서, 몇 개월을 기다리거나 완전히 포기해라. 여러 건의 문자 메시지와 이메일을 보내서 사람들을 괴롭히는 것은 보통 효과적이지 않다. 그것은 또한 신뢰를 해쳐서 다른 연구자들을 더 힘들게 할 수 있다. 일부 연구 참여자들은 단순히 움직이지 않는다. 분명히 이것은 연구자가 실패했다는 것을 의미하지는 않는다. 이런 일은 누구에게나 일어날 수 있다. 따라서 연구자가 최종 샘플로 필요한 것보다 많은 사람들을 면담을 위해 모집하는 것이 중요하다.

또한 다른 전략을 사용하여 잠수를 탄 사람을 계속 모집하는 것도 가능하다. 어떤 환경에서는 공공장소에서 그 사람을 마주치도록 준비할 수 있다. 어떤 맥락에서는 (다른 맥락에선 아니더라도) 연구자가 "들러서" 음식을 가져다주고 손으로 쓴 메모를 남길 수 있다. 그들은 해고당하거나, 아이가 아프거나, 가족의 응급상황이 생기는 것을 포함하여 어떤 일이 일어나서 응답하지 못했을지도 모른다. 때때로 연구자는 연하장을 보내거나 "그냥 인사하기 위해" 쿠키를 가지고 방문할 수도 있다. 12월의 휴일은 제멋대로인 연구 참여자들을 위한 간식을 준비하기 좋은 시간이다. 간식을 가지고 들릴 때, 연구자는 "인사를 전하고 싶었고 작은 간식을 가져왔어요."라고 이야기할 수 있을 것이다. 여기서 중요한 것은 "불쑥 나타나는" 노력

9) Sackett, "Ghosting."

이 연구자가 연구 참여자를 모집하는 순간이기보다 단순히 연락을 재정립하고 "사정을 살피는" 때라는 것이다. 이것이 어떻게 전개되는지에 따라, 연구자는 다음 단계로 나아갈 수 있을지 모른다. 때때로 사람들은 연구에 참여하는 것을 편안하게 느끼지만, 바쁘고 잊어버렸기 때문에 (사람들이 회신하려 했던 이메일에 회신하는 것을 잊어버리는 것처럼) 응답하지 않는다. 연구자를 따뜻하게 맞이하였을 경우에, 방문 시점에서 보통 며칠 또는 몇 주 후에 일정 재조정을 위해 연락하는 것이 합리적일 것이다. 하지만 다른 경우에는, 단순히 연구 참여자가 참여하고 싶지 않기 때문에 잠수를 타는 일이 발생한다. 만일 연구자가 차가운 반응을 받는다면, 사람들에게 압력을 가할 수 없다. 연구자는 그들에게 감사를 표하고 떠나야 한다.

음성 녹음 장비: 녹음기 두 대 사용하기

뛰어난 기억력을 가진 사람들조차도 면담의 세부사항을 기억할 수 없다. 기록을 남기는 것이 극도로 방해가 되는 참여 관찰에 비해, 피면담자들은 연구자가 그들의 단어를 메모하기를 기대한다. 그렇게 하는 가장 쉬운 방식은 음성 녹음기를 사용하는 것이다. 일반적인 기술 실패 때문에, 연구자는 두 대의 음성 녹음기를 동시에 실행해야 한다. 만약 IRB가 허락한다면, "비행기 모드"로 설정하거나 연구자가 방해받지 않도록 확실히 한 후의 휴대전화가 이상적이다. 법의 표적이 된 일부 사람들에게는 (경찰이 사용하는) 작고 독립된 음성 녹음기는 편안한 선택 안이 아니다. 휴대전화가 더 낫다. 연구자는 면담을 잘 녹음할 (즉, 전화 서비스를 이용하지 않는) 중고 휴대전화를 면담만을 위해 구입할 수 있다. 마이크는 음질을 개선해 줄 수 있다. 일부 사람들은 연구자가 그들의 셔츠에 고정할 마이크를 주는 것을 정말 좋아한다. (그들은 텔레비전에 나오는 것에 대해 농담을 하고, 자주 웃는다.) 다른 사람들에게는 그것이 오히려 안정을 취하기 어렵게 만든다. 면담이 대면에서 이루어지든 또는 화상 회의를 통해 이루어지든 간에, 연구자는 녹음 장치를 켜기 전에 면담의 녹음에 대한 허락을 구해야 한다. (만약 피면담자가 요구한다면, 연구자는 구두 동의를 구하거나 그들이 사전에 "검토할 수 있는" 사전동의서를 보낼 수 있다.) 어떤 사람들은 영상 파일이 녹화되는 것에 불편함을 느낄 수 있다. 그런 경우에, 연구자는 휴대전화에 녹화하거나 백업 녹화를 시도할 수 있다. 비록 위험할 수 있지만, 연구자가 연구 참여자에게 그들의 휴대전화를 사용하여 면담을 녹음한 후 이메일로 보내줄 것을 요청한다면 음질은 더 나을 것이다. 일부 연구 참여자들은 이렇게 할 것이지만, 다른 사람들은 절대 그렇게까지 하지 않을 것이다.

연구자는 장비를 숙지할 때까지 계속 연습해야 한다. 대부분의 사람들은 면담 내용을 지우거나, 면담에 라벨을 잘못 붙이거나, 녹음기를 켜지 않거나, 배터리가 방전되거나, 다른 (재앙적인) 사건과 같은 기술적인 결함을 연구에서 적어도 한 번은 겪는다. (최선의 노력에도 불구하고, 나는 수행한 연구마다 하나의 면담을 잃었다.) 이러한 이유로 연구자는 녹음기 두 대와 여분의 배터리 한 세트를 가지고자 한다. 하지만, 만약 연구자가 녹음기를 단지 한 대만 가지고 있고 여분의 배터리가 없는데 면담 내용을 잃는다면, 그것은 세상의 끝이 아니다. 하지만 연구자는 아마 평생 그것을 기억할 것이다.

동의서

구두로 동의를 구하는 것이 아니라면, 일반적으로 연구자는 IRB에서 승인한 양식에 사람들이 서명하게 할 것이다(제3장 부록 참조).[10] 이상적으로 양식에는 연구자가 속한 조직의 로고가 포함될 것이다. (만일 컬

10) IRB에서 귀하의 연구가 면제된다고 판단하는 경우, 동의서가 필요하지 않거나 조직 내에 다른 사람을 대신하여 동의서에 서명하는 사람이 있을 수 있다. 그러나 이 경우에도 사람들이 연구 대상임을 알 수 있도록 구두로 재확인하는 것이 좋다.

러 프린터를 사용하여 편지 상단에 기관 이름, 주소, 로고 등이 포함된 편지지에 동의서를 인쇄하면 보다 세련되고 전문적인 인상을 준다.) 동의서의 문구는 매우 명료하고 직설적이어야 하며, IRB에서 허락한다면 한 페이지를 초과해서는 안 된다. 동의서는 이것이 연구 조사이고, 연구자가 연구 참여자들의 허락을 구하고 있으며, 그들의 이름이 결코 사용되지 않을 것이며 (또는 사용될 것이며 어떤 맥락에서 그러할 것인지), 어느 시점이든지 연구 참여자는 면담을 중단시킬 수 있으며, 그들을 불편하게 하는 어떤 질문에도 대답하지 않을 것을 선택할 수 있음을 명확히 설명할 것이다. (다음 장에서 설명하겠지만, 나는 또한 매 면담이 시작될 때마다 연구 참여자들에게 구두로 이 점들을 설명한다.) 나는 동의서에 내 명함을 붙인다. 학생들은 대학교 로고가 인쇄된 저렴한 명함을 구할 수 있다. 연구자는 연구 참여자들에게 보관할 수 있는 빈 동의서를 주고, 서명된 동의서를 가져간다.

양식의 서명 영역에서, (연구자가 조사하고 있는 인구 집단에서 이것이 너무 간섭적이지 않다면) 응답자의 집 주소, 휴대폰 번호 및 이메일 주소를 기록할 수 있는 줄이 페이지에 있는 것이 좋다. 만약 종단연구를 하고 있다면, 연구자는 피면담자가 어디에 있는지 항상 알고 있을 세 명(형제자매, 사촌, 또는 부모님과 같은)의 이름, 주소, 전화번호를 물어야 한다. 하지만 이 모든 요청은 면담이 끝날 시점에 연구자가 계속 연락할 수 있을지에 대해 물어볼 때까지 보류되어야 한다. 그런 다음 연락처를 요청하고 백지에 작성해야 한다. 추후에 연구자는 이것을 동의서에 추가할 수 있다. 많은 대학들도 참여자들에게 현금을 제공할 때 서명을 요구한다. 그러나, 일부 기관들은 상품권에 대한 서명을 요구하지 않는다. 따라서 경우에 따라 서명해야 하는 별도의 양식이 있을 수 있지만, 일부 기관들은 상황이 허락할 경우 면제를 선택한다.

면담 가방

나는 조사를 시작할 때 면담 꾸러미를 준비하는 것이 도움이 된다고 생각한다. 나는 내 컴퓨터에 "면담 꾸러미"라는 파일 폴더를 가지고 있는데, 이 폴더는 각 면담에 가져가는 자료 목록을 포함한다. 그런 다음 나는 다음의 인쇄된 자료 물품들과 함께 꾸러미를 만든다.

- 피면담자에게 제공할 명함이 붙여진 동의서
- 서명용 동의서
- 지불 또는 상품권 수령을 위한 대학 양식(필요한 경우)
- 면담 지침, 소득표(income card), 경험 목록(아래에서 논의)
- 필기용 백지
- 면담 장소를 알려주는 인쇄된 안내서
- 휴대전화와 주소를 포함한 피면담자의 연락처 정보; 만약 피면담자에게 비서가 있다면, 비서의 휴대전화 번호, 이름, 주소(저장 방법에 따라 정보에 대한 자동 생성이 가능할 수 있음)
- 이메일 또는 문자 대화 기록을 포함한 피면담자에 대한 모든 배경 정보

나는 특별한 토트백이나 배낭에 면담 꾸러미와 다음과 같은 물건들을 넣는다.

- 모두 하나의 방수 가방에 들어가는 음성 녹음기 두 개, 여분의 배터리, 마이크
- 감사 편지, 봉투, 우표(내가 영감을 받아 감사 노트를 쓸 경우에 대비하여)

- 감사 선물
- 배고플 경우를 대비하여 단백질 바, 견과류 또는 다른 음식

어떤 사람들은 소개의 글을 편지 상단에 달고 다니지만, 이런 종류의 서류는 거의 필요하지 않다. 하지만 만약을 대비하여 가지고 다니는 것이 연구자를 더 안심시킬 수도 있다. 허가가 필요한 환경에 있다면, 연구자는 IRB 승인서(그리고 여권 사본)와 함께 그것들을 가지고 다녀야 한다. 게다가, 나는 면담이 끝나고 거의 항상 (이상하게 보일 것이라고 생각되지 않는 한) 연구 참여자에게 감사 카드를 보낸다. 비록 구식이지만, 사람들은 그것에 대해 고맙게 생각하고, 연구자가 누군가를 소개해 달라고 부탁하면 그것이 (나중에 설명하겠지만) 기억을 되살릴 수 있다.

나는 축제 느낌을 주는 색색의 폴더들을 좋아한다. 이것들은 종이가 구겨지는 것을 방지하기도 한다. 내가 여러 개의 조사를 돌리고 있다면, 파일 폴더의 색은 상징적 가치(예: 관료의 경우 누런색 폴더, 순자산이 높은 가정의 경우 녹색 폴더)를 가진다.

보통 나는 면담을 위해 떠나기 전에 (또는 면담을 마친 직후) 코드명을 지정하려고 노력한다. 코드명은 그 사람의 실제 이름(예: 네바에(Nevaeh)의 경우 타미카(Tamika), 로버트(Robert)의 경우 토마스(Thomas), 티나(Tina)의 경우 미미(Mimi))이 주는 느낌과 비슷해야 한다. 연구자는 종종 성씨(surname)의 원형을 찾을 수 있고, 그러고 나서 다른 이름을 찾을 수 있다. 그래서 "톰슨(Thompson) 성"을 검색하면 스코틀랜드 이름임을 발견할 수 있고, 그 다음에 다른 스코틀랜드 성을 찾을 수 있다. 아기 이름 웹사이트들은 피면담자가 태어난 해에 가장 인기 있는 이름을 포함하기 때문에 도움이 된다. (또한 연구자는 그 사람의 이름과 비슷한 이름을 검색할 수 있다.) 때때로, 특히 면담을 마친 후 몇 달 또는 몇 년이 지나면, 연구자가 면담했던 사람들이 연구자의 마음에서 흐릿해질 수 있다. 이러한 이

유로, 나는 각 연구 참여자들에게 짧은 설명 꼬리표(예: 재즈 또는 마라톤)를 붙이는 것을 선호한다. 나에게만 의미가 있는 이 설명 꼬리표는 그 사람이 매우 좋아하는 것을 나타내거나 나에게 면담에서의 핵심적인 순간을 떠오르게 한다.[11] 대규모 연구에서, 이러한 설명은 도움이 될 수 있다.

실행 계획: 면담 현장에 시의적절하게 도착할 수 있도록 하기

위성위치확인시스템(global positioning systems, GPS) 이전에 연구자는 지도를 읽어야만 했다. 하지만, 만약 연구자가 교외에서 인터뷰를 한다면, GPS가 작동하지 않을 수도 있다. 또는, 연구자 휴대전화의 전원이 나갈 수도 있다. 따라서, 장소 안내 지도 사본을 가지고 있는 것이 좋다. 또한, 연구자는 어디로 가고 있는지를 미리 살펴보아야만 한다. 100번 중 단 한 번만 안내 지도가 필요할지도 모르지만, 그것이 연구자를 구할 것이다. 길을 잃거나 늦게 도착하는 것을 피하기 위해, 대중교통 지연, 기차 놓침, 교통, 또는 드문 사건들을 위해 많은 여분의 시간을 남겨라. 만일 일찍 도착한다면, 안전하게 앉아서 면담에 관해 읽거나 생각할 수 있는, 면담 장소에서 보이지 않는 장소를 찾아라. (면담 지침을 검토하여 연구자의 기억을 환기하기에 좋은 시기이다.) 만약 연구자가 업무 장소에 도착한다면, 데스크에서 신분을 확인하고 등록하는 데 항상 몇 분이 소요된다. 그러나 연구자는 너무 일찍 도착하고 싶지 않을 것이다. 나는 회의 약 8분 전 사무실 건물의 안내 데스크에 도착하는 것을 목표로 한다. 만일 내가 집에 있는 누군가를 면담한다면, 정확한 시간에 현관에 걸어 들어가려고 노력한다.

---

11) 이 아이디어를 제공해 준 템플대학교(Temple University)의 Keith McIntosh 교수님께 감사드린다.

좋은 에티켓: 연구 참여자에게 감사하기

가능하다면, 당신이 면담하는 사람에게 기념품이나 일종의 감사 선물을 전달하라. 나는 도착할 때, 내가 가져온 것을 준다. 내 경력의 대부분 동안, 나는 파이를 가져갔다. 나는 디저트를 좋아하기 때문에 파이를 선호하고, 케이크—비싼 빵집 케이크는 슈퍼마켓 케이크와 매우 다르게 보인다—와 달리 파이는 보다 평범하다. 일반적으로 파이는 운송이 쉽고, 비싸지 않을 수 있다. 대개 참여자들은 파이를 좋아하고, 내가 그들에게 선물할 때 진심으로 기뻐하는 것처럼 보인다. 또한, 나는 (믹스를 사용하여) 브라우니를 구울 수도 있다. 하지만 덜 성별화된 것을 포함하여 많은 선택사항들이 있고, 음식 알레르기와 다른 제한사항들에 민감할 수도 있다. 데이지 꽃다발, 초콜릿 한 상자, 와인 한 병도 피면담자들에게 좋은 "감사" 선물이 된다. 적절하다면, 사진이 들어있는 비싸지 않은 액자(예: 행사에서 부모와 아이가 있는 가족을 면담할 때)도 매우 감사히 받아들여질 수 있다. 상품권은 좋은 선택이 될 수 있다. 금액은 예산에 따라 다르지만 많은 사람들에게 10달러 또는 15달러의 금액이 의미가 있다. 경우에 따라 금액을 높이는 것(예: 50달러)은 응답률을 높일 수 있다. 나는 1억 달러의 자산을 가진 사람을 면담할 때에도 늘 어떤 종류의 선물을 가져간다. (그런 경우에 선물은 꽃다발, 식물, 와인 한 병, 면담 후에 피면담자에게 흥미로울만한 책이 될 수 있다.) 이 모든 선물은 IRB에 기록되어야만 한다. 하지만, 일부 기관에서 연구자는 여러 선택 안을 나열하고, 모두 특정 금액 아래일 것임을 언급하고, 하나를 선택할 것임을 언급할 수 있다. 종종 학생들은 (충분한 소요 시간을 가지고) 자신의 기관에 보조금을 신청할 수 있지만, 예산이 아주 빠듯한 학생들도 브라우니 한 접시를 만들거나 빛나는 빨간 사과를 살 수 있다. 그 음식은 선물처럼 보여야 하고, (플라스틱 랩으로 쌓인) 종이 접시에 놓여 있어야 하고, 가능하다면 리본이나 나비 모양 매듭과 손으로 쓴 감사 카드와 함께 전달되어야 한다. 선물을 가져옴으로써, 연구자는 깊이 자리 잡고 있는 호혜성의 사회적 규범을 실천하는 것이다. 이 모든 선물은 세부 상황에 따라 다르지만, 이상적으로 참여자의 관심사나 가치를 인지한다. 그렇지만 사치스러운 선물은 거의 낯선 사람과의 호혜성의 규범을 던져버리기 때문에 선물이 너무 정교하거나, 비싸거나, 개인적이어서는 안 된다.

면담 지침 만들기

면담 지침은 연구자가 연구에서 배우고자 하는 것을 드러내는 데 도움을 주는 개방형 질문이다. 90분에서 120분 동안 진행되는 면담의 경우, 추가적인 세부사항을 이끌어 내기 위한 수많은 작은 질문(또는 심층 질문)과 함께 면담 지침의 주요 질문은 12개 정도여야 한다. 후속 질문을 이끌어 내기 위해서는, 연구에서 중요한 주제 또는 문제와 각 참여자의 면담 동안 이끌어내는 데 중요한 정보에 대해 생각해 보라. 어떤 연구자들은 주요한 "큰 그림" 문제와 하위 주제로 스프레드시트를 만든다. (종종, 이들은 자료 분석의 일부로 연구자가 코딩에서 사용할 주제가 된다.) 물론 제2장과 제8장에서 논의된 것처럼, 연구 질문과 면담 지침 질문은 언제나 연구 목표라는 보다 광범위한 문제와 기존 문헌으로의 기여에 대해 연구자가 어떻게 전망하는지와 관련되어 있다.

나는 연구 참여자가 쉽게 대답할 수 있도록 면담 지침이 일반적인 질문으로 시작하는 것을 선호한다. 가족에 대해 조사할 때, "당신이 자란 가정에 대해 이야기해 주세요."가 면담을 시작하는 일반적인 방법이다. 피고용인의 경우, 나는 "일과 중에 무엇을 하는지 이야기해 주세요."라고 물어볼 것이다. 그러면 나는 그들의 직함, 그들이 감독하는 피고용인의 수/직장상사의 수, 근무시간, 주말과 저녁 근무, 흥미롭고 지루한 업무 등을 조사할 수 있다. 제5장에서 더욱 자세히 논의하는 것처럼, 면담은 일반적인 수준에서 시작해서 첫 15분 이후에 더욱 구체적으로 진행된다. (나는 일반적으로 개인의 연봉과 같은 가장 민감한 주제에 대해 묻는 것을 면담이 끝날 때까지 미룬다.) 연구 참여자가 인생의 사건과 경험에 부여하는 의미를 이해하는 목표를 달성하기 위해 연구자가 질문해야 할 "누가, 무엇을, 언제, 어디서, 어떻게"에 대한 수많은 귀찮은 질문들이 있다. 연구자는 면담이 연구자에게 중요한 것에 집중되기를 원한다. 더욱이, 개방형 질문을 가진 면담 지침은 참여자들이 더욱 편안함을 느끼고, 옳고 그른 답변이 있다는 암시를 줄이고, 그들이 응답할 때 좀 더 세부사항을 공유하도록 독려한다.

내가 다음 장에서 더 자세히 설명하듯이, 연구자는 항상 연구 참여자가 전문가인 주제에 대해 질문하고 싶어 한다. 추측을 필요로 하는 질문들은 예상치 못한 어려움들로 이어질 수 있다. 예를 들어, 나의 연구 『불평등한 어린 시절』을 위한 부모들과의 면담에서, 나는 결국 아버지들이 아이들의 조직적 활동의 실행계획에 대해서 거의 알고 있지 못한다는 것을 알게 되었다. 이 깨달음은 치과의사인 백인 중산층 아버지와의 면담에서 구체화되었다. 내가 그에게 아들의 교실에 있는 아이들의 명단을 건네주고, 그가 알고 있는 부모와 그리고 그가 식료품점에서 인사를 할 수 있는지에 대해 물었을 때, 그는 "내 아내가 내가 누구를 알고 있는지 이야기해 줄 수 있습니다."라고 대답했다.[12] 이 놀라운 대답은 아내에 대한 그의 깊은 의존을 보여주었다. 축구 비용과 가라데(karate)에 등록하는 과정에 대한 아버지의 세부 지식 부족으로 면담은 어려움을 겪었다. "그것은 제 아내에게 또 하나의 좋은 질문입니다."라고 아버지는 말한다. 아

12) Lareau, "My Wife Can Tell Me Who I Know."

버지들은 자녀에 대한 열망과 (내가 더 배우기 위해 조사해야 하는) 아버지다움에 대해 설명하는 데 뛰어났다. 하지만 많은 것을 하지 않았기 때문에 그들이 거의 알지 못하는 것을 탐색하기 위해 아이들의 조직적 활동 관리에 대해 묻는 것은 좌절스러운 일이었다. 이 정보는 그 자체로 중요한 자료였고, 그 결과 나는 향후 연구에서 어머니들만을 면담하는 것을 편안하게 느끼게 되었다. 하지만 나는 기본적으로 그다지 유익하지 않은 면담에 많은 시간과 노력과 돈을 낭비했다. 따라서 연구자들은 언제나 그들에게 친밀한 주제에 대해 사람들을 면담하기를 원한다. 때때로, 연구자가 연구 참여자가 다른 사람들의 행동에 대해 어떻게 생각하거나 느끼는지에 대해 묻거나 일부 경우 타인이 어떤 행위를 한 이유에 대해 아는 바를 묻는 것이 유용할 수 있다. 때로는 연구 참여자가 자신보다 다른 사람에 대해 이야기하는 것이 더 쉬울 수 있다. 때로는 연구 참여자가 다른 사람이 무엇을 하고 왜 하는지에 대해 이야기하기 시작할 때, 비로소 자신의 경험을 더 추가한다. 그러나 연구자는 주로 연구 참여자의 경험에 집중하기를 원한다.

이상적인 면담 지침은 답변을 안내하는 것이 아니라 중립적이고 개방적인 질문을 하는 것이다. 그래서 나는 "당신은 블루칼라 가정에서 자랐나요?"라고 묻기보다 "당신이 자란 가족에 대해 말해주세요."라고 물어본다. 제5장에서 보여주듯이, 나는 가끔 우물쭈물하거나 말을 더듬는다. 면담이 어떻게 진행되는가에 따라 질문들은 다르게 이루어질 수 있다. 이것은 이상적이지 않지만, 현실이다. 연구자는 연구 참여자들의 대답을 정확한 방식으로 측정하는 것이 아니라, 더 깊은 의미를 찾기 위해 탐구하는 것이다. 면담 지침은 연구를 통해 진화한다. 어떤 사람들은 예비면담이나 가족이나 친구와 (수행 후 버려지는) 연습 면담을 하는 것이 도움이 된다고 생각한다. 일단 연구 참여자를 면담하기 시작하면, 나는 처음 몇 번의 면담에서 지침을 수정한다. 그러고 나서 4분의 1 정도 면담을 마친 후에 점검하고, 면담을 듣고, 면담 지침을 좀 더 조정한다. 그러면 제2장과 제8장에서 언급했듯이 연구의 초점이 진화한다. 면담의 2분의 1에서 3분의 2 정도를 마칠 즈음에 나는 초점에 대해 훨씬 더 명확해지려고 노력한다. 그때 나는 연구의 본질적인 이슈를 포착하기 위해 면담 지침을 다시 수정한다.

샘플 면담 지침

여기서 나는 문화적 지식에 대해 히써 컬(Heather Curl) 및 티나 우(Tina Wu)와 함께 수행한 연구의 최종 면담 지침을 공유한다. 구체적으로 이 연구는 백인과 흑인 상향 이동 성인들이 출신 가족이 경험한 문화적 취향에 대한 긴장을 조사했다.[13] 연구는 진화하여, 지침은 연구의 절반 정도를 진행하는 동안 최종적으로 수정됐다. 30명의 참여자 모두 노동자 계층 가정 출신이었지만, 두 개의 학위(예: 학사 학위 및 MD 또는 JD와 같은 최고 권위의 고급 학위)를 취득했다.

지침 상단에는 상기시키는 용도로 이 연구의 주요 주제를 나열했다.

다섯 개에서 여섯 개 주제

(1) 유머, 농담, 대화
(2) 자세 및 태도(언어, 목소리, 표현)
(3) 당신이 몰랐던 사실
(4) 음식의 취향, 알코올, 소비 방식
(5) 진실된 순간 또는 진실되지 않은 순간
(6) 종업원, 식사, 외출

---

13) 연구 질문 형성에 대한 논의와 질적 연구에 관한 많은 서적은 제1장, 제2장, 제8장을 참고하라. 이 연구와 주요 주제는 Pierre Bourdieu의 연구, 특히 문화 자본의 개념과 상향 이동이 문화적 취향에 미치는 영향에 대한 관심에서 비롯되었다. Curl, Lareau, and Wu, "Cultural Conflict."

배경과 경험

1. 당신이 성장한 가정에 대해 이야기해 주세요.
    a. 세부 질문: 부모님은 생계를 위해 무슨 일을 하셨습니까? 가정에서의 생활은 어떠하였나요? 당신의 여동생이나 형제들의 직업은 무엇인가요? 다녔던 학교에 대해 이야기해 주세요. 학교 밖에서는 무엇을 하였나요? 누가 당신의 친구였고, 또는 자라면서 누구와 함께 많은 시간을 보냈나요? 당신들은 함께 무엇을 했나요?

    맥락: 당신에게는 대학에 간 이모/삼촌/사촌이 있나요?
2. 당신은 현재 상황을 어떻게 설명할 수 있나요?
    a. 세부 질문: 당신은 현재 생계를 위해 무슨 일을 하고 있나요? 당신의 업무 환경에 대해 이야기해 주세요. 당신은 누구와 일을 합니까? 당신의 직장은 어떤가요? 당신은 일 이외에 무엇을 하나요? 일 외의 대부분의 시간을 누구와 보내나요? 당신은 어떤 활동을 하나요? 당신은 여가 시간을 어떻게 보내는 것을 좋아하나요? 어디에 사시나요? 당신의 현재 이웃에 대해 설명해 주세요. 당신은 그곳에 얼마나 오래 살았나요? 어디에서 이사 온 것인가요?

문화적 지식과 이동성

3. 현재 당신의 상황을 생각해 보았을 때, 어떤 면에서 소속감과 소속감이 없음을 느끼십니까? 직장에서 자신감을 느꼈던 순간을 묘사할 수 있나요? 또한 자신감이 없었던 순간을 묘사할 수 있나요?
    a. 세부 질문: 언제, 어디서, 어떤 상황에서, 누구와, 어떻게 느끼고, 몸으로 어떻게 느끼는지
4. 우리는 사람들이 성장한 방식과 현재의 방식이 어떻게 다른지에 대해 더 많이 알고 싶습니다.
    a. 어떤 사람들은 그들의 현재 세계에서 사람들이 행동하는 방식과

비교하였을 때, 가족들이 자신에 대해 이야기하는 방식과 자신을 나타내는 방식 사이에 차이가 있다는 것을 알게 되었다고 말합니다. 이 영역에서 어떤 차이를 발견하셨나요? 또는 그 차이가 크지 않나요?

i. 사람들이 서있거나, 앉아있거나, 자신을 나타내는 방식에 어떤 차이가 있습니까? 어떤 사람들은 사안들을 알아차리고, 어떤 사람들은 그렇지 못합니다.

b. 사람들이 말하고, 욕하거나 농담하는 방식의 차이는 어떨까요? 오늘날 함께 일하는 사람들과 당신의 친지들—블루칼라 직업을 가진—이 경험하는 상황에 차이가 있나요? 또는 그 차이가 크지 않나요?

c. 음식과 음료는 어떻습니까? 당신이 자란 블루칼라와 현재의 세계 사이에 어떤 차이가 있나요?

d. 가족의 세계에서 현재의 세계로 이동하면서 다른 사람이 알고 있는 것을 몰랐었다고 느낀 것이 있습니까?

편안함/불편함

5. 당신은 외부인처럼 느낀 적이 있나요? 여기에 대해 좀 더 이야기해 주세요.

   a. 당신의 인생에서 처음 새로운 환경으로 들어갈 때 불편하거나 장소에 맞지 않는다고 느꼈던 순간에 대해 묘사할 수 있나요? 어떤 지점에서 당신 주변의 사람들과 다르다는 것을 인지하였나요? 당신은 어떻게 반응하였나요? 또는 무엇을 했나요?

6. 당신은 스스로에게 일어난 변화를 알아차렸나요?

   a. 어떤 식의 변화였나요? 당신이 그 변화를 발견했을 때의 사건을 기억할 수 있나요?

7. (선택) 당신은 다른 환경에서 다르게 행동하는 스스로의 모습을 발견하나요? 예를 들어줄 수 있나요?
   a. 당신이 일터에 있을 때의 행동 방식과 집에서 가족과 친지와 있을 때의 행동 방식에 차이가 있나요? 어떤가요?

(선택) 이동 이야기

8. 저는 당신이 지나온 여정에 대해 당신과 함께 생각해보고 싶습니다.
   a. 고등학교 시절에 대해 이야기해 주세요. 어떤 학교에 다녔고, 학교는 어떠했나요? 무엇에 주의를 기울였나요?
   b. 대학 시절에 대해 이야기해 주세요. 어떤 학교에 다녔고, 학교는 어떠했나요? 무엇에 주의를 기울였나요?
   c. 당신의 첫 정규 직업에 대해 이야기해 주세요. 그 직업은 무엇이었나요? 무엇을 했나요? 누구를 위해 일했나요? 그 일은 어떠했나요? 무엇에 주의를 기울였나요?
   d. [연구 참여자에게 그것에 대한 명명 없이 이동 경험을 조사하기] 이 시기에 중요한 관계나 우정이 있었나요? 그 관계에 대해 이야기해 줄 수 있나요? 누구와의 관계였나요? 무엇을 경험했나요? 어떻게 이 관계는 끝났나요, 아니면 아직도 삶에 중요하다면 지금의 관계는 어떤가요?
   e. 이 시기 동안 스스로에 대해 무엇을 발견했나요?
   f. 당신의 가족 및 면담 초반에 언급하였던 사람들과의 관계는 어떠했나요?
   g. 당신이 상향이동을 하는 데 있어서 무엇이 당신에게 중요했다고 생각하나요? 여기에 중요한 사람이 있었나요?
9. 이 주제에 대해 우리가 이야기하지 않은 다른 중요한 것이 있나요?

인구통계학 질문

10. 참여자 정체성: 인종, 젠더, 전문직업/직업 경력, 민족 정체성, 교육적 배경
11. 부모 정체성: 인종, 젠더, 전문직업/직업 경력, 민족 정체성, 교육적 배경 (교육 연한 "어머니의 교육적 배경에 대해 이야기해 주세요: 고등학교를 다녔나요?", 만약 대학을 다녔고, 졸업했다면, 어디에서 다녔나요?)
12. 집을 소유하고 있나요 아니면 임대하고 있나요? 만약 오늘 팔리게 된다면, 그 집은 얼마에 팔리나요?
13. 가족 중 당신이 도와주는 사람이 있나요?(개인당 얼마만큼, 얼마나 자주)
14. 당신의 총 연간 가구소득은 얼마인가요?

    10,000달러 이하

    10,000 - 30,000달러

    30,000 - 60,000달러

    60,000 - 100,000달러

    100,000 - 150,000달러

    150,000 - 200,000달러

    200,000 - 250,000달러

    250,000 - 300,000달러

    300,000 - 350,000달러

    350,000달러 이상

실제로, 이 면담 지침을 통해 면담을 전개하는 것은 연구 참여자 당 90분에서 2시간 30분이 소요되었다. 언제나 그렇듯 피면담자가 편안함을 느끼고 대화가 흘러가는 것이 목표였기 때문에, 질문의 순서는 면담이

어떻게 전개되는지에 따라 달라졌다.

연구의 주요 주제를 다루는 질문하기

때때로 연구에서, 연구자는 연구 참여자가 직업을 찾거나, 집을 구하거나, 대학 생활에 적응하는 것과 같은 과정을 거칠 때, 다른 다양한 것들을 경험했는지 알 필요가 있다. 면담을 하는 동안 연구 참여자가 연구자의 목록에 있는 모든 가능한 문제들을 경험했는지 (또는 경험하지 못했는지) 묻고 싶지 않을 것이다. 하지만, 만약 연구자가 묻지 않고 단순히 그 사람이 자발적으로 정보를 제공하기를 기다린다면, 연구자는 특정한 사건이 발생하지 않았는지 확신할 수 없고, 연구 참여자는 단순히 요점을 제시하는 것을 잊어버릴 수도 있다. 한 가지 해결책은 연구 참여자에게 (카드보드로 된) 목록을 주고, "이 목록을 살펴봅시다. 이런 일들 중에 당신에게 일어난 일이 있나요?"라고 말하는 것이다.

예를 들어, 선발 없는 사립대학의 학생들이 어떻게 제도적 도전을 다루는지에 대한 셰릴 퍼거슨(Sherelle Ferguson)의 논문 연구에서 퍼거슨은 학생들에게 아래와 같은 경험 목록을 물어보기 위한 아이디어를 생각해 냈다.[14] 나는 그것이 좋은 아이디어라고 생각했다. 우리 둘이 두 대학에서 44명의 백인, 흑인, 그리고 중국계 미국인 1세대 대학생들을 대상으로 또 다른 연구를 했을 때, 우리는 연구 참여자들에게 면담이 진행되고 약 15분에서 20분 동안 그 목록의 사본을 나눠주고 어떤 경험을 했는지 말해달라고 요청했다.[15]

14) Ferguson, "Getting on the Inside Track."

15) Ferguson and Lareau, "Upwardly Mobile."

당신은 대학시절에 다음과 같은 학문적인 문제를 겪은 적이 있습니까?
□ 수업, 과제, 공부 시간에 어려움을 겪었다
□ 중요한 과제(예: 에세이, 중간고사)를 잘 수행하지 못했다
□ 수업시간에 내 성적은 아주 빨리 떨어졌다
□ 중요한 과제의 마감일을 준수하지 못했다
□ 수업에 낙제했다/낮은 점수를 받았다
□ 강의에서 미이수 학점을 받았다
□ 언제 강의 수강을 그만두거나 철회해야 할지 불확실했다
□ 전공 선택에 대한 회의가 있었다
□ 분기별로 어떤 강의를 선택해야 할지 잘 몰랐다
□ 강의를 계획하는 데 어려움을 겪었다(예: 강의 섹션 마감)
□ 강사와 갈등이 있었다
□ 교수나 지도교수의 추천을 받는 데 어려움이 있었다
□ 부정행위나 표절의 혐의를 받았다
□ 학점을 옮기는 데 어려움을 겪었다
□ 장애지원실로부터 지원을 받는 데 어려움을 겪었다
□ 병이 나서 적어도 3일은 결석해야 했다
□ 임시 휴학을 해야 했다
□ 중요한 프로그램(예: 우등 프로그램, 장학 프로그램)에서 자격을 잃었다
□ 학사경고를 받았다
□ 대학을 그만두는 것을 고려하였다
□ 학업적으로 제적을 당하였고/당하였거나 내 제적에 대한 진정을 내야 했다

연구 참여자가 한 가지 주제에 대해 이야기한 후, 연구자가 참여자에게 일어나지 않은 무언가를 결론 내리지 않기 위해 (면담 내내 이 질문을 반복하여) "다른 것은 없습니까?"라고 물어야 한다. 물론, 이 목록을 훑어가는 데 시간이 걸릴 수 있다. 내가 제5장에서 보다 개괄적으로 논의하는 것처럼, 모든 면담에서는 가능한 한 깊이를 얻기 위해 더 자세히 조사하면서 어떤 질문에 시간을 써야 할지 어려운 선택을 해야 한다.

피면담자의 인구통계학적 특성에 관한 질문 포함하기

사회과학 분야에서 독자들은 전형적으로 연구 참여자에 대한 기본적인 정보를 알고 싶어 한다. 응답자의 사회적 계층 배경과 인종 및 민족적 신분이 삶의 경험을 형성할 수 있기 때문에 이러한 정보를 수집하는 것이 일반적이다. 어떤 경우에는 면담 도중 정보가 표면화되지만 종종 그렇지 않다. 따라서 인구통계학적 질문은 면담 말미에 간략하게 묻는 것이 일반적이다. 모든 주요 전국 설문조사의 질문지가 이용 가능하며, 어떻게 최선의 방식으로 "고정 응답(fixed-response)" 질문을 하는지에 대해 광범위한 연구를 수행했기 때문에 그들의 표현을 사용하는 것이 도움이 될 수 있다.16)

여기 내가 어린아이들을 둔 백인과 아프리카계 미국인 부모들이 어디에 살지 결정하고 어디에서 아이들을 학교에 보낼지를 어떻게 결정하는지에 대해 엘리엇 와이닝거와 함께 수행한 연구의 심층 면담 말미에 물은 인구통계학적 질문 예시 몇 가지가 있다.

면담 말미에 물을 인구통계학적 질문 예시

마지막으로, 제가 연구에 참여하는 모든 사람들에게 물어야 할 통계적 질문이 있습니다.

1. 몇 년도에 태어났습니까? (또는, 당신은 지난 생일에 몇 살이 되었나요?) 결혼하셨나요? 결혼한 지 얼마나 되셨나요? 이전에 결혼한 적이 있습니까?)
2. 교육적 배경에 대해 이야기해 주세요. (대학 과정 수학)
   a. 세부 질문: 최종 학위, 학위 취득 시 나이, 기관, 전공?
   b. 대학 시절에 대출을 받았나요? 만약 그 금액을 추산한다면, 어느 정도인가요?
3. 집 밖에서 일하시나요?
   a. 그렇다면, 당신은 무엇을 하나요? 고용주, 직함, 업무, 전일제 또는 파트타임?
   b. 당신은 일과 시간 동안 무엇을 하나요?
   c. 만일 아니라면, 당신은 아이들이 태어나기 전에 일하였나요? 당신은 지금의 패턴을 유지할 것인가요 아니면 파트타임이나 전일제 일로 복귀할

16) 일반 사회 조사, 소득 역학 패널 연구, 유아 교육 연구 등을 참고하라. 전미여론조사센터(National Opinion Research Center)와 국립교육통계센터(National Center for Educational Statistics)는 평판이 매우 좋은 설문조사 기관 중 두 곳이다.

것을 생각하고 있나요?

4. 어디에서 태어났나요? 부모님은 어디에서 태어났나요?
   a. 당신은 어떤 인종 및 민족 집단과 동일시하나요?
   b. 당신의 젠더와 성적 지향을 어떻게 설명하시나요?
5. 배우자/파트너 및/또는 자녀 아버지의 교육적 배경(학위, 전공분야, 학교, 대출)에 대해 이야기해 주세요.
   a. 일과 시간 동안 그/그녀는 무엇을 하나요?
   b. 그/그녀의 직함은 무엇인가요? 고용주? 역할? 당신의 파트너는 집 밖에서 일 하나요? (만약 그렇다면: 그 일은 전일제인가요 아니면 파트타임?)
   c. 당신의 파트너는 일을 위해 이동하나요?
   d. 당신의 파트너는 몇 살입니까? 어디에서 태어났나요?
   e. 당신의 파트너는 어떤 인종 또는 민족 집단과 동일시하나요?
6. 당신의 어머니는 고등학교를 다니셨나요? (세부 질문: 고등학교 졸업? 대학? 대학원?) 어머니는 집 밖에서 일하시나요? (직업, 직업 종류) 피면담자의 생애에서 다른 부모 또는 의붓 부모에 대해 질문하기. 생물학적 부모인지 명확히 하기.
7. 마지막으로, 통계적인 목적을 위해 당신 가족의 세전 총수입에 대해 가장 잘 설명하는 문자를 알아야 합니다. 금액에 대해 알 필요는 없고, "A, B, C, D, E" 문자만 알면 됩니다.
8. 당신의 저축을 가장 잘 설명하는 문자는 무엇인가요? 나는 단지 "A, B, C, D" 문자를 묻습니다. 당신은 은퇴 계획을 가지고 있나요?

민감한 질문하기: 소득 및 기타 문제

면담을 수행함에 있어 가정에서의 식량 부족, 불륜, 상환 노력 실패, 아동기의 성적 학대, 실업 등과 같이 많은 민감한 주제들이 있다. 그러나 거의 모든 연구자들이 묻고, 사람들이 대답하기 어려운 한 가지 질문은 소득에 대한 질문이다. 사실 내가 대학원에 다닐 때, 나의 교수님 중 한 분은 사람들에게 소득보다 성(sex)에 대해 묻는 것이 더 쉬웠다고 말했다.[17)]

민감한 질문을 계획할 때, 연구자는 왜 그 정보가 필요하고 어떤 종류의 정보를 필요로 하는지 다시 생각해 볼 필요가 있다. 만약 연구가 소득이나 실업과 같은 주제에 초점이 맞추어져 있다면, 연구자는 (앞에서 논의했던 것처럼) 조사를 통해 개방형 질문을 하게 될 것이다. 그러나 보다 많은 경우 연구자는 샘플을 설명하기 위해 "인구학적 특성" (즉, 인구에 대한 기술) 또는 "통계 정보"로서만 소득을 필요로 한다. 이러한 경우라면, 연구자는 면담이 마무리될 때까지 기다린다. 소득 질문은 보통 가장 마지막 질문이다. 연구자가 개방형 질문을 마무리할 때, 연구 참여자에게 "이제 통계적인 목적으로 몇 가지 배경 질문이 있습니다."라고 변화가 있음을 "신호" 보내는 것이 좋다.

소득을 묻는 방법에는 여러 가지가 있다. 나는 종이 한 장에 다른 소득 수준을 입력한다. 범주는 연구자가 연구하는 인구 집단에 따라 다르다. 때로는 10,000달러의 간격을 가지지만, 매우 소득이 높은 응답자의 경우에 50,000달러의 범주에 포함된다. 연구자는 인구 집단에 맞는 범주를 묻고자 하고, 월별 또는 연도별, 개인별 또는 가구별(또는 개인으로 시작하여 가구로 이동)로 수행하는 것이 더 나은지도 파악하고자 한다. 소득 범주를 결정하고 인쇄하면, 소득표를 보다 견고한 폴더나 판에 고정한다. 그리고 나서 가볍고, 살짝 지루한 목소리로 (내가 매우 일상적인 것을 묻는 것처럼), 나는 차분히 종이를 건네고 다음과 같이 말한다.

> 이제 통계적 목적을 위해, 알파벳의 어떤 글자가 당신의 세전 총 가구소득을 가장 잘 묘사하는지 A, B, C, D, E 중 하나로 이야기 해주시겠나요? 나는 당신의 세전 총 가구 소득을 일반적인 용어로 가장 잘 묘사하는 알파벳 철자만 알면 됩니다.

---

17) Edin과 Lein은 Making Ends Meet에서 저소득층 여성들이 면접관이 자신을 면밀히 조사하거나 정부 혜택을 빼앗으려는 것이 아니라는 확신을 갖게 되자, 적극적으로 이야기를 꺼냈다는 사실을 밝혀냈다. 내 작업에서도 비슷한 패턴을 발견했다.

질문을 할 때 불안하고 확신이 서지 않을 수도 있지만, 연구자는 매우 침착하고 확신에 찬 것처럼 행동하고 싶어한다. 의자에서 꿈틀대거나, 머리카락 사이로 손을 뻗거나, 다른 방식으로 불안함을 드러내지 않도록 하라. 또한, 연구자는 분명하게 큰 소리로 (하지만 너무 크지 않게) 말하면서 (바닥이 아닌) 연구 참여자를 보길 원할 것이다. 그리고, 당신은 그것을 비밀로 유지할 것을 약속한다. 이 귀중한 정보가 없다면 독자들은 연구자의 자료에 대해 의심하거나 실망할 것이다. 따라서 연구자는 질문하는 연습을 해야 한다. 이상적으로, 연구자와 동료는 그것이 더 일상적으로 느껴질 때까지 반복해서 연습할 수 있다.

일반적으로 소득에 대해 물어볼 때는 잠시 멈춤과 침묵이 있다. 매우 불안할 수도 있지만, 그 사람을 기다리는 것이 중요하다. 대부분의 사람들은 단순히 답하거나 명료화하는 질문을 할 것이다. 때때로 사람들은 이 문제가 민감하기 때문에 불편해할 것이다. 때때로 사람들에게 그들의 이름이 절대 사용되지 않을 것이며, 사회과학에서는 사회적 집단 간의 패턴에 관심이 있다고 안심시키는 것이 도움이 된다. 하지만, 물론 확립된 연구 윤리를 따라 사람들에게 강요할 수는 없다. 따라서, 당신은 그 사람이 어떻게 느끼는지 보기 위해 "작은 표시에 주의를 기울일" 필요가 있다. 만약 그들이 수입을 밝히기를 주저한다면, 나는 그들의 이야기를 매우 주의 깊게 들을 것이다. 예를 들어, 만약 그들이 "저는 이것을 밝히고 싶지 않습니다"라고 말한다면, 연구자는 그들의 안내를 따라야 한다. 그 주제에 대한 대화는 즉시 끝나야 한다. 만약 그들이 덜 명확하다면, 연구자는 다른 접근법을 사용하여 다시 시도할 수 있다. 그 역동에 따라, 어떤 면담자들은 "당신의 수입이 5만 달러 이상인지 이하인지 (또는 당신에게 편안한 수치가 무엇인지) 저에게 얘기하여도 괜찮으실까요?"라고 물을 것이다. 그리고 어떤 경우에는, 연구자들이 다시 "10만 달러 이상인지 이하인지" 묻는다. 그러나 다른 사람들은 절대로 그렇게 하지 않을 것이다. 그것은 매우 개인적인 결정이다. 하지만, 만일 당신이 사무적이고 지루해하는 태도를 가지고 있으면서 그 주제를 "별일 아닌 것"이고 단순히 기술적인 문제인 것처럼 대한다면, 대부분의 사람들은 그들의 소득을 말해줄 것이다. 그들은 또한 당신에게 주식이나 채권이 있는지를 말해줄 것이다. 많은 사람들, 특히 엘리트들은, 그들의 순자산을 대충 알고 있고, 그것을 "오, 10"이라고 반올림할 것이다. (그것은 1,000만 달러를 의미한다.) 수입에 대해 물어볼 때 당신이 어떻게 행동하는지는 피면담자가 반응하는 데 커다란 차이를 만든다.

재산에 대한 질문에 있어, 대부분의 미국인들이 가장 중요하게 생각하는 자산은 그들의 집이다. 연구자는 그저 무심코 "만약 오늘 팔리면 당신의 집 가치는 어느 정도 될까요?"라고 물을 수 있다. 거의 모든 주택 소유자들이 이 질문에 대한 답을 알고 있다. (부동산 웹사이트에서 찾아보는 것도 도움이 된다.) 만약 연구자가 그들의 주택 담보대출의 크기를 알고 싶다면, 소득을 물은 후까지 기다리는 것이 좋다. (순자산이 아니지만 기록하는 것은 매우 중요하다.) 그러고 나서 나는 일상적으로 "그리고 당신이 이 집을 샀을 때, 30년간 담보대출을 받았나요?"라고 묻곤 한다. 그들이 대답한 후, 나는 "대출이 상환될 때까지 몇 년이 더 남았는지 알고 있나요?"라고 물을 것이다. 보통 사람들은 멈추고 이 질문에 대해 생각해 보아야 한다. 마지막으로, 연구자는 "그리고 당신은 10%를 지불했나요?"라고 물을 수 있다. (만약 그들이 20%를 지불했다면, 그들은 이 질문을 호의적으로 생각할 것이다. 따라서 연구자는 낮게 시작하기를 원할 것이고, 심지어 5%도 가능하다.)[18] 이 수치들로부터 이자율 추정치를 적용하여, 연구자는 그들이 얼마나 빚을 지고 있는지, 그들의 집에서 얼마나 많은 지분을 가지고 있는지를 추정할 수 있다. 또는, 당신이 충분히 친밀한 관계를

18) 나는 "계약금은 얼마였나요?"라는 질문이 지나치게 직접적이라고 생각한다. 백분율로 질문하는 것이 조금 더 부드럽게 느껴진다.

형성하였다고 느낀다면, 그들에게 직접 물어보라.

민감한 질문들을 하는 것은 연구자를 긴장하게 만들 수 있다. 연구자는 시도해보아야 하며, 보통 연습을 통해 나아질 것이다. 그러나 어떤 연구자들은 응답자가 단순히 대답을 클릭할 수 있도록 하기 위해 노트북이나 아이패드(iPad)를 사용한다. 이것은 도움이 될 수 있다. 매우 낙인찍힌 건강 행태에 대한 연구들은 응답자가 컴퓨터에 답변을 입력하도록 하는 것이 말로 하는 답변에 비해 다소 더 정확한 정보를 얻을 수 있다.[19] (한 분석은 4~8% 더 정확한 정보가 될 것으로 추정한다.) 따라서, 연구자는 노트북이나 아이패드, 또는 다른 기기에 질문을 작성하고, 면담의 마지막에 그들에게 그 정보의 기밀이 철저히 유지된다는 것을 강조하면서 답변 작성을 요청할 수 있다. 그들이 답변을 끝내면, 컴퓨터를 닫도록 하고 감사를 표하라.

면담 종료 후에도 계속 녹음기 켜기

소득에 대한 질문을 하고 나면 공식적으로 면담이 끝난다. 그래서 나는 보통 "질문은 여기까지입니다. 정말 감사합니다! 많은 것을 배웠습니다."라고 말한다. 하지만 녹음기를 끄지 않는다. 그러고 몇 분간 대화를 한다. 면담이 종료되었다고 이야기한 후에 연구 참여자가 면담과 관련된 흥미롭고 유의미한 말을 하는 것은 매우 흔하다. 따라서 녹음기를 켜둔

---

19) Tourangeau and Smith, "Asking Sensitive Questions"; Krumpal, "Determinants of Social Desirability Bias"; Gerbert and colleagues, "When Asked, Patients Tell"; Perlis and colleagues, "Audio-Computerized Self-Interviewing Versus Face-to-Face Interviewing"; Phillips and colleagues, "A Systematic Review." 다른 연구자들은 연구에 참여할 사람을 모집할 때 '선별 설문조사'를 사용하는데, 이때 민감한 질문을 한다. 나는 선별 설문조사가 응답자에게 더 많은 업무를 유발하기 때문에 모집에 미치는 영향에 대해 걱정했지만, 일부 연구자들은 이 조사가 매우 유용하다고 말한다.

채로 두는 것이 도움이 된다. (준비된 질문은 여기까지라고 이야기한 것이므로 이는 기만적인 것이 아니며, 참여자는 연구자가 녹음기를 끄지 않았다는 것을 분명히 알 수 있다.) 물론, 만약 연구 참여자가 녹음기를 끄라고 요구한다면 즉시 꺼야 한다. 하지만 대개 연구 참여자들은 그것을 알아차리거나 신경 쓰지 않는다. 상황에 따라 다양하지만 보통 대화는 5분 정도 지속된다.

또한 가족 중 다른 사람과 면담을 하길 원하거나 "눈덩이" 샘플의 일부로 참여자가 다른 연구 참여자를 소개해 줄 수 있는지 확인하고 싶을 때가 있다. 따라서 이 참여자에게 더 원하거나 필요한 것이 있다면, 질문할 시간은 면담이 끝난 후에 떠나기 전이다. 면담이 끝난 후에는 보통 따뜻한 감정이 남는다. 연구자와 연구 참여자 간에 교감이 이루어진 것이다.

다른 연구 참여자 모집하기

내가 만약 파트너나 배우자를 면담하고 싶다면, 면담을 마친 후에 다음과 같이 말할 것이다.

> 저는 당신의 의향을 여쭙고 싶습니다. 제가 파트너/배우자와 면담하는 경우가 많은데, [이름]과 대화를 나눌 수 있을지 궁금합니다. 이 대화와 비슷할 것이며, 제가 [이름]과 대화를 나누기 위해 올 것입니다.

그러고 나서 나는 그 참여자가 무엇을 말하는지 보기 위해 기다린다. 나는 종종 "물론, 당신이 저에게 말한 것을 그들에게 말할 수는 있지만, 저는 제가 알게 된 것을 누구에게도 말할 수는 없습니다."라고 덧붙인다. "저는 향후 몇 달 동안 사람들을 면담할 것입니다."라고 기간을 명시하는 것이 도움이 된다. 만약 나의 연구 참여자가 "그들에게 물어볼 수 있습니다."라고 대답하면, (예비 면담 대상자가 나에게 연락하게 하는 것은 보통 무응답을 증가시키므로, 그때까지 기다리기보다) 이제 막 조사를 마친 연구 참여자에게 내가 후속 조치를 취할 수 있는 권한을 가지는지 확인하려고 노력한다. 나는 분명 바쁘고 면담 성사에 덜 헌신하는 잠재적 면담 대상자의 손에 미래의 면담이 담리길 원하지 않는다. 나는 방금 면담을 마친 연구 참여자에게 다시 연락할 수 있다는 양해를 구할 것이다.

다른 경우에, 면담이 끝날 때가 다른 가능성 있는 연구 참여자를 소개받을 수 있는지 살필 수 있는 "눈덩이"를 시도하기 좋은 시간이다. 이때 나는 다음과 같이 말한다.

> 저는 다른 분들도 찾고 있다는 점을 말씀드리고 싶습니다. ("이 학군에 거주하는 세 살에서 여섯 살 사이 어린아이 엄마"와 같은 특징을 설명한다.) 혹시 아는 분이 계실까요?

그러고 나서, 그 사람이 생각하는 동안, 때때로 나는 몇 초를 기다린다. 여기서 조급해하거나 의자를 이동하지 않는 것이 중요하다. (이는 그들이 서둘러야 한다는 신호를 미묘하게 상대방에게 보내는 것이다.) 나는 그저 기다린다. 때로는 연구 참여자들이 내가 누구를 면담하려고 하는지를 다시 묻고, 나는 우리가 찾고 있는 유형의 사람을 반복하여 이야기하고, 때로는 구체적으로 설명한다. 위에서 같이 만약 그들이 누군가를 안다면, 나는 감사를 표하고 나서 계획을 제시한다. 예를 들어, 나는 "몇 주 안의 일상생활에서 그분들과 만나게 되는지, 아니면 전혀 만날 일이 없는지 궁금합니다."라고 말한다. 연구 참여자가 그들을 만나게 된다면, 나는 "이야기를 꺼내 주신다면 매우 좋을 것입니다."라고 제안한다. "그분들이 너무 바쁜 경우에, 만약 가능하시다면, 그분들에게 연락처를 제게 전달해도 되는지 물어보는 것이 가장 이상적입니다. 그러면, 저는 그분들에게 연락을 취할 것입니다. 하지만, 저와 대화하기로 동의하는 것이 연구 참여를 의미하는 것은 아니며, 단지 연구에 대해 더 알기 위한 것입니다." 그렇게 하고 나서 나는 감사하다고 말한다.

보통 이 대화는 5분 정도 이어진다. 이때 나는 내 물품(예: 메모하던 종이, 동의서, 펜 등)을 천천히 챙길 것이지만, 녹음기는 계속 놔둘 것이다. 그러고 나서 나는 천천히 녹음기를 내 쪽으로 옮기고, 참여자가 이야기를 마무리 지었을 때, 그것을 끄고 나서 재빨리 가방에 넣고 일어나 작별인사를 할 것이다.

면담이 1시간 이상 진행되었다면, (내가 보통 운전을 하기에) 떠나기 전에 화장실을 이용해도 되는지 묻는 것이 적절하다고 생각한다. 만약 집에서 (거의 항상 있는) 사랑스럽거나 매력적인 것을 보면, 나는 연구 참여자와 감탄을 나눈다. 그러고 우리가 문으로 걸어갈 때, 나는 많은 것을 배웠다는 것을 반복해서 말하고 참여자에게 감사를 표한다. 그 시점에 나는 "제가 몇 주 내에 (나를 위한 추천이 있는지) 확인을 위해 당신께 연락드려도 괜찮으실까요?"라고 이야기할 수도 있다. 때때로 나는 사람들이 나를 살짝 유도할 때에 대해, 그리고 내가 유도에서 발견하는 가치에 대해 약간 언급하기도 한다. ("가끔 저는 사람들에게 한 달 정도 후에 다시 연락해서 슬쩍 유도해도 괜찮을지 물어봅니다.") 이 시점에서 우리는 출구로 걸어간다.

면담이 끝날 때 무엇을 해야 할지 항상 약간 불분명하다. 예를 들어, 나는 참여자와 악수를 해야 할지, 감사를 표하기 위해 팔을 두드려주어야 하는지, 아니면 그냥 나가야 할지 고민한다. 어떤 경우에는, 응답자가 나를 안아주기 시작한다. 연구자는 연구 참여자가 앞장서서 그 방식을 이끌길 원한다. 보통 나는 손을 뻗어 악수를 청하고 눈을 바라보며 미소를 짓고 감사를 표현할 것이다. 내가 선물을 가져오면 참여자는 그것에 대해 고마워할 것이다. 그러고 나는 자리를 뜬다. 그때 나는 보통 매우 들뜨고 "흥분"되기도 하지만 꽤 피곤하기도 하다.

면담 이후의 작업들

면담 후 24시간 이내(기억이 가장 생생할 때)에 메모를 작성한다. 메모에는 면담에 참여한 사람, 환경, 주요 순간을 설명하라. 면담 중 최소 4~5개의 순간에서 피면담자의 생생한 비언어적 행동을 기억하는 것이 가장 이상적이다(예: "인상을 찡그리고", "의자에서 열렬히 앞으로 기대고", "아쉬워하며", "손등으로 눈물을 닦아내고"). 면담 중에 메모를 했다면 면담의 중요한 순간에 피면담자의 표정이나 말투를 독자에게 설명할 수 있다. 이러한 행동에 대해 완전히 확신하며, 이상적으로는 당시 (방해받지 않고 메모할 수 있는 경우, 또는 면담 직후) 기록한 노트를 가지고 있는 것이 중요하다.

연구자는 면담 음성 파일을 컴퓨터에 업로드해야 한다. 현재 진행 중인 연구에서 나는 보통 응답자별로 배경 정보, 전사한 면담 내용, 음성 파일 및 기타 정보가 담긴 폴더를 만든다. (다른 사람들은 피면담자에게 식별 번호를 부여하기도 한다.) 하지만 나는 모든 음성 파일을 한 폴더에 저장하고, 전사한 면담 내용을 다른 폴더에 저장했다. 자료 분석을 수행하는 데 있어 (자연적인 멈춤과 일종의 웃음을 포함) 단어 하나하나를 정확하게 전사하는 것이 중요하다. 이상적으로는 각 면담을 연구자 스스로 전사할 것이다. 하지만 속도가 느리고 자신의 목소리나 면담 중 실수하는 부분을 듣기가 어려울 수 있다. ("왜 후속 질문을 하지 않았지?"라는 생각이 든다.) 전사 작업은 시간이 많이 걸리고 이용 가능한 자동 전사본에는 종종 오류가 있다. 어떤 사람들은 음성 녹음 받아쓰기 시스템이 오류를 줄이면서 전사할 수 있기 때문에 면담 내용을 들은 다음 자신의 목소리로 다시 받아쓰기를 하기도 한다. 다른 사람들은 주의 깊게 듣기 위해 "풋 페달(foot pedal)" 또는 기타 되감기 소프트웨어를 사용하여 전사하고, 다른 사람들은 버튼 하나만 누르면 전사를 일시 중지할 수 있는 웹사이트를 사용한다.[20] (연구비를 받는) 어떤 사람들은 음성 파일의 전사에 비용을 지불할 여유가 있다. 서비스를 이용하는 경우 파일을 업로드하기 전에 파일에 코드명을 입력하라. 그러나 최고의 전사 서비스도 오류가 발생할 수 있다. 따라서 다시 한번 들어보고 수정하는 것이 가장 좋다 (또는 연구비가 있는 경우 근로 학생을 고용하여 수정하는 것이 좋다). 전사된 파일에는 항상 코드명이 표시되어 있다. 일부는 잘 알려지기도 한 매우 부유한 계층을 대상으로 한 최근 연구에서 나는 대학, 주소, 사업체 이름 등 모든 주요 정보에 코드명을 기입하는 등 전사본을 비식별화하여 코더(coder)가 비식별화된 면담 내용을 가지고 작업할 수 있도록 한다. (하지만 나는 여전히 전사본을 읽고 결과를 작성할 때 [식별 정보가 포함된] 면담 원본을 사용한다.) 이러한 노력에도 불구하고 실제 녹음을 포함한 연구 자료를 완전히 비식별화하기는 어렵다. 따라서 나는 항상 연구 보조원과 기밀 유지 문제에 대해 오랫동안 진지하게 논의하고, 연구 보조원에게 기밀 유지 동의서에 서명하도록 요청한다. 이 논의에서 나는 연구 보조원에게 이름, 도시, 주, 직종 및 기타 신원을 확인할 수 있는 특징을 변경하는 경우 연구 결과 전반에 대해 다른 사람들과 논의할 수 있다고 말한다. 하지만 절대로 실제 이름을 밝히지 않는 것이 매우 중요하다. 우리는 연구 참여자의 신뢰를 배신해서는 안 된다.

또한 연구자가 면담에서 알게 된 내용을 분석하는 "분석 메모"를 작성하는 것도 좋다. 많은 사람은 여기에 요약을 작성하는 것도 도움이 된다고 본다. 예를 들어 주디스 레빈(Judith Levine)은 두 명의 대학원생 연구 보조원과 함께 졸업한 선배들의 구직 활동에 대해 면담하고 각 참여자에 대한 면담 프로필을 만들었다. 면담 프로필은 면담에 대한 핵심 요소를

20) https://otranscribe.com/.

(한 줄 띄어쓰기를 하여) 약 두세 페이지로 요약한 것이다. 또한 면담을 통해 무엇을 알게 되었는지에 대한 성찰도 포함했으며, 종단적 설계를 사용했기 때문에 후속 작업을 위한 질문도 포함했다. 요약에서는 특정 주제에 대해 "좋은 인용"이 있음을 스스로 상기시킬 수도 있다.[21)]

대부분의 사람들은 스프레드시트에 연구 참여자에 대해 기록하는데, 이는 면담이 끝난 직후 작성해야 한다. 한 시트에는 참여자의 실명과 코드명, 연락처 정보가 적혀 있다. 물론 이 시트는 비밀번호로 보호되어 있으며 다른 자료와 분리된 별도의 파일에 저장되므로 혼동하여 실수로 이메일에 첨부할 염려가 없다. 또 다른 시트는 코드명, 나이, 인종, 소득, 샘플을 설명하는 데 도움이 되는 중요한 정보를 포함한다. (연구자는 샘플을 설명하기 위해 어떤 표를 포함할지 생각해 볼 수 있다. 그런 다음 요약 시트에 있는 이 정보를 관리할 수 있다.) 이 요약된 자료는 나머지 자료와 가까이 컴퓨터에 저장하여 다른 사람들과 공유할 수 있다. 이 추적 시트는 자료 전체를 요약하는 데 도움이 된다. 작성하는 것이 지루할 수 있지만, 매우 가치 있는 자료이기도 하다. (내 소속 기관의 IRB 정책에 따라 나는 샘플에 대한 정보를 구글(Google) 문서에 보관하지 않는데, 구글 직원이 볼 수 있기 때문이다. 그 대신, 나는 암호로 보호된 대학 서버의 "박스(Box)"에 문서를 보관하는데, 2단계 인증이 적용되어 더 안전하다.)

요약

면담은 연구자를 다른 사람의 세계로 들어갈 수 있게 해 준다. 면담이 잘 진행될 때에, 보통은 그러한데, 나는 마치 나머지 세계가 사라지는 거품이 있는 것처럼 느끼고, 그 사람이 나에게 자신의 삶에 대해 가르쳐주

21) Levine, "Landing a Job."

는 것에 집중하게 된다. 때로는 연구자가 누군가의 삶의 궤적, 기쁨, 비극, 일상적인 도전 등을 배울 수 있다. 그리고 그들의 경험을 변화시킨 중요한 사회적 힘을 분명히 볼 수 있다. 이 일을 하는 것은 영광이고, 대개는 기쁨이 된다.

제 5 장

어떻게 좋은 면담을 하는가
깊게 파기

L i s t e n i n g   t o   P e o p l e

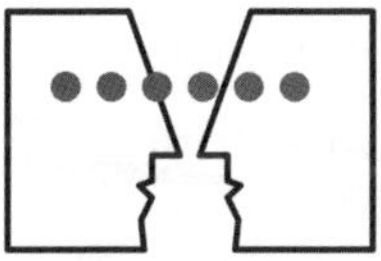

심층 면담은 예상치 못한 방식으로 전개된다. 제4장에서 설명했듯이 심층 면담을 위해 연구자가 만드는 면담 지침은 연구에 따라 달라질 수 있다. 하지만 대개는 10~12개의 광범위한 핵심 개방형 질문(여기에 더하여 더 자세한 정보를 이끌어내기 위한 다양한 탐색 질문, 표준 인구통계학적 자료를 수집하기 위한 일부 단답형 질문)만 포함될 수 있다. 면담의 첫 15분 동안 연구자의 주된 목표는 연구 참여자가 규칙적으로 상세한 답변을 하도록 유도하는 것이다. 이 목표는 매우 중요하다. 연구 참여자가 본래의 핵심 질문에 어떻게 대답하는지, 그리고 연구자가 심층 질문(참여자가 자신의 경험에 대해 더 많이 말하도록 유도하는 세부적인 후속 질문)을 얼마나 성공적으로 구성하는지가 수집하는 자료의 질에 직접적인 영향을 미칠 것이다.

세부사항이 중요하다. 면담 중 보다 세분화된 정보의 요청은 참여자가 말하는 내용을 연구자가 완전히 이해하고 연구 질문에 답을 찾기 시작할 수 있는 가능성을 높인다. 경험적 증거에 대한 주장을 하기 위해 숫자를 사용하는 양적 연구자와 달리, 면담을 수행하고 참여 관찰을 하는 질적 연구자는 **단어**를 사용한다. 연구 결과를 공유할 때 참여자의 말을 정확히 인용하고 그들의 경험에 대한 구체적이고 상세한 설명을 제공하면 독자가 연구자의 주장을 더욱 확고하게 받아들일 수 있는 근거를 마련할 수 있다. 또한 이러한 풍부한 세부사항은 독자가 연구자가 탐구하는 사람들의 삶을 더 명확하게 이해하는 데 도움이 된다. 독자에게 깊이와 통찰력을 제공하면 독자는 마치 연구자와 "어깨를 나란히 하고" 연구 과정에 함께 있는 것처럼 느끼게 된다. 또한 독자가 연구자를 단순히 신뢰할 필요가 없기 때문에, 추가 세부 정보는 독자에게 스스로 근거를 평가할 수 있는 기회를 제공할 수 있다. 독자들은 그들이 본 것에 기반하여 스스로 판단할 수 있다. 독자에게 세부 정보를 보여주려면 연구자는 깊이 파고들어 이 정보를 수집해야 한다.

연구 참여자들은 때때로 놀라울 정도로 솔직하거나, 예측할 수 없을 정도로 감정적이거나, 무장해제될 정도로 재치 있거나, 어리둥절할 정도로 냉소적이기도 하다. 하지만 답변의 어조나 길이에 관계없이 대부분의 답변은 예상치 못한 다른 영역에 대해 더 깊이 조사할 수 있는 기회를 제공하는 요소를 포함하고 있다. 연구 참여자가 말한 내용에 대해 무엇을, 언제, 어떻게 후속 조치를 취할지 신속하게 결정해야 하는 것은 스트레스가 될 수 있다. 동시에 불확실성과 즉흥성은 면담의 재미와 보람을 동시에 만들어 준다. 이 장은 면담 자료의 질을 향상하고, 불안감을 줄이며, 면담에 내재된 즐거움을 확장하기 위해 설계된 전략을 제공하여 연구자와 참여자 모두에게 도움이 되고자 한다.

조사 결과를 기억에 남고 설득력 있게 만들 수 있는 생생한 세부사항을 이끌어내려면 면담을 진행할 때 많은 생각을 해야 한다. 중요한 질문을 모두 포함하면서 대화의 흐름을 만들 수 있도록 면담 지침을 암기해 두는 것이 도움이 된다. 하지만 어떤 경우든 연구 참여자의 답변 중 어떤 부분을 더 탐구할지, 어떤 부분을 후속 질문 없이 그냥 넘어갈지 즉각적으로 결정해야 한다. 게다가 어떤 참가자는 짧은 답변만 하고, 어떤 참가자는 너무 말이 많은 경우도 있다. 두 유형 모두 문제가 있는 면담과 실망스러운 자료로 이어질 수 있다. 모든 면담자가 실수를 저지르기는 하지만 지식, 연습, 회복력, 심지어 운은 실수의 빈도와 심각성을 줄이는 데 도움이 된다. 이 장에서는 양질의 면담을 위한 팁과 일련의 지침을 제공할 뿐만 아니라 두 가지 실제 심층 면담의 일부를 단계별로 안내한다.

여기서 소개하는 두 면담은 내가 연구 경력 초기에 연구 보조원들의 도움을 받아 수행한 연구 프로젝트에서 나온 것이다. 이 연구는 부모가 자녀를 양육하는 방식에서 계급과 인종의 차이에 초점을 맞추었으며, 그 결과는 나의 저서 『불평등한 어린 시절』의 기초가 되었다. 이 장에서 발췌한 내용은 아홉 살 아들들이 (다른 팀에서) 방과 후 유소년 리그 미식축구를 하는 두 명의 노동자 계층 어머니와의 심층 면담을 통해 얻은 것이다. 이제 막 면담하는 법을 배우고 있는 대학원생인 초보자가 수행한 면담의 일부를 소개하는 것으로 시작하겠다. (안타깝게도 내가 초보자 시절에 했던 면담의 사본은 없지만 비슷한 실수를 많이 했던 것으로 확신한다). 발췌문에는 면담의 특정 강점과 약점에 주목하는 박스형 코멘트를 첨부하고, 적절한 경우 더 풍부한 세부 정보를 얻을 수 있는 대체 질문을 제안한다. 그런 다음 노동자 계층의 어머니들과 면담한 내용을 공유한다. 여기에서도 내가 면담 중에 저지른 실수를 지적하고 피면담자의 답변 중 특정 측면에 대해 후속 조치를 취하기로 한 결정의 근거를 설명하는 해설을 제공한다. 이 예는 응답자의 주관적인 경험을 더 잘 이해할 수 있도록 생생한 사례와 세부사항을 이끌어내는 데 성공한 좋은 조사 사례를 강조할 수 있는 기회를 제공한다. 두 가지 샘플 면담으로 넘어가기 전에 심층 면담을 진행하기 위한 몇 가지 지침을 제시한다.

좋은 면담을 위한 지침

연구 참여자와 소통하는 올바른 방법은 따로 없다. 모든 면담은 특별하다. 때때로 면담자가 형식적인 조사 이상을 하지 않아도 참여자가 자발적으로 매우 좋은 답변을 하기도 한다. 반대로 아무리 좋은 기법이라고 해서 모든 경우에 성공하는 것은 아니다. 그럼에도 불구하고 좋은 면담을 진행하기 위한 몇 가지 일반적인 "게임의 규칙"이 있다.

연구자가 가장 관심 있는 주제의 전문가인 연구 참여자와 면담하기

강력한 자료를 수집하려면 제2장과 제3장에서 설명한 대로 적절한 사람을 면담해야 한다. 연구 참여자가 질문하는 주제에 대해 전문가인 경우 훌륭한 정보를 제공할 수 있다. 부모는 자녀 양육에 대해 많은 것을 알고 있다. 교사는 학급을 이끌었던 경험에 대해 이야기할 수 있다. 갱단원은 갱단 활동의 전문가이다.

면담에서는 참여자가 가장 잘 알고 있는 분야에 집중하도록 하라. 피면담자의 생각, 감정, 경험, 행동 등에 대해 가능한 한 자세히 알아내는 데 우선순위를 두라. 다른 사람의 느낌이나 생각, 행동에 대해 이야기하도록 요청하는 것은 피하라. 예를 들어, 일반적으로 연구자는 부모에게 자녀의 경험에 대해 면담하지 않을 것이다. 자녀가 더 나은 자료 출처이기 때문이다. 그러나 IRB 규정에 따라 특정 범주의 참여자에 대한 접근이 제한되거나 완전히 금지되는 경우도 있다(제3장 참조). 예를 들어 아동의 경우, 연구자는 부모, 교사, 코치 및 기타 성인과의 면담을 통해 간접적으로 얻은 정보에 의존해야 할 수 있다.

주의 깊게 듣고 가능한 한 적게 말하기

면담을 수행할 때 유념해야 할 가장 중요한 규칙은 가능한 한 말을 적게 하는 것이다. 다행히도 연구자는 케이트 머피(Kate Murphy)가 훌륭한 책, 『좋은 관계는 듣기에서 시작된다(You're Not Listening: What You're Missing and Why It Matters)』에서 논의하는 것처럼 경청하는 능력을 개발할 수 있다. 무엇보다 면담은 파트너십으로 연구자의 주된 기여는 피면담자의 말을 주의 깊게 경청하고 정확하게 듣는 것이기 때문에, 세심하게 듣는 것은 면담에서 특히 중요하다. 하지만 면담을 시작할 때, 연구자는 연구 참여자가 신뢰를 보내며 면담이 진행됨에 따라 세부적인 대답을 제공할 수 있는 편안함을 느낄 수 있도록 라포르를 형성하기 위한 충분히 이야기를 해야 한다.

면담 시 해야 할 일과 하지 말아야 할 일
한 번에 한 가지 질문만 하라.
특정 행동, 사건 또는 경험에 대해 질문하라.
세부 질문을 통해 많은 세부사항을 파악하라.
참여자가 자신의 전문 지식을 활용할 수 있는 질문을 하라.
특정 순간에 대한 정신적 이미지를 그릴 수 있도록 충분한 세부 정보를 얻어라.
참여자의 말을 주의 깊게 듣고 있다는 것을 보이라.
참여자에게 대답 가능한 응답을 미리 알려주지 말라.
너무 빨리 움직이지 말라.
다른 사람들의 생각에 대해 이야기하도록 요청하지 말라.

알고 싶은 내용과 알고 싶은 이유를 명심하기

면담은 제로섬 프로젝트이다. 시간이 제한되어 있다. 한 가지에 대해 질문하면 다른 것에 대해 질문하는 데 시간을 빼앗기는 것이다. 언제 더 자세히 조사하고 언제 넘어가야 할지 결정하는 것은 숙련된 면담자에게도 어려운 일이다. 가장 중요한 연구 우선순위를 명확하게 염두에 두면 면담이 끝나기 전에 각 참여자에게 어떤 질문을 해야 할지 쉽게 알 수 있다.

적극적인 면담자가 되기

본래 내성적인 사람이라도 면담자로서 적극적인 태도를 보여야 한다. 연구자는 무엇을 아는 것이 도움이 될지에 대해 연구 참여자보다 더 잘 이해하고 있다. 즉, 참여자가 질문에 대답하는 데 집중할 수 있도록 도와주면서 더 자세한 정보를 요청하는 등 미묘하게 논의를 이끌어가는 것은 연구자의 몫이다. 그러는 동안 연구자는 면담이 저절로 원활하게 진행되는 것처럼 보이도록 노력해야 한다.[1] 눈물을 흘리거나, 표정이 밝거나, 기분이 좋아 보이거나, 특정 손동작을 사용하는 등 참여자의 신체 언어를 관찰하고, 기록하고, 너무 방해가 되지 않는다면 간단한 설명을 빠르게 적는 것을 권유한다. 앞서 언급했듯이 내가 면담 중에 메모를 하는 경우, 면담을 진행하면서 이 정보를 추가한다.

참여자에게 정답과 오답이 없다는 확신을 심어주기

많은 사람들이 공식적인 면담에 참여해 본 적이 없다. 이 범주에 속하는 참여자들이 긴장하는 것은 당연하다. 이들은 면담이 일종의 시험이며 합격하지 못할 수도 있다고 걱정할 수 있다. 따라서 면담이 시작되기 전에 그들을 안심시킬 수 있는 사람과 "이야기"를 나눌 수 있다. 면담 환경에서 감탄스러운 물건에 대해 언급하거나 보석에 대해 칭찬하거나, 지원자의 회사 웹사이트에서 본 무언가에 대해 이야기하거나, 지원자의 삶의 다른 측면에 대해 간단히 이야기할 수 있다. 면담이 진행되는 동안 연구자는 미소를 짓거나 농담을 하거나 다른 방식으로 이것이 심문이 아니라 대화라는 신호를 보낼 수도 있다. 연구자는 참여자의 답변이 연구에 얼마나 도움이 되는지 찬사를 보낼 수 있다. 또한, 모든 인터뷰는 다음과 같은 말로 시작하는 것이 좋다: "저와 이야기해 주심에 감사합니다. 여기에는 옳고 그름이 없다는 점을 강조하고 싶습니다. 이것은 비공식적인 대화에 가깝습니다." 이러한 종류의 안심시키는 행위는 연구 참여자를 편안하게 만드는 데 도움이 될 수 있다. 그런 다음 IRB 규정을 준수하고 있는지 확인하기 위해(제3장의 부록 참조) 연구자는 다음과 같은 내용을

---

1) 긴 심층 면담을 정중하게, 더 나아가 친근하게 정보를 교환하는 것처럼 보이게 하려면 많은 노력이 필요하다. 여기에는 연습과 기술이 필요하다. 텔레비전 앵커가 4~5명의 뉴스 해설자들과 함께 진행하는 텔레비전 뉴스 프로그램을 시청하거나 진행자가 다양한 사람들을 인터뷰하는 토크쇼를 시청하는 것이 도움이 될 수 있다. 내셔널 퍼블릭 라디오(National Public Radio)에서 배포하는 *Fresh Air*와 같은 라디오 인터뷰 프로그램을 듣는 것도 도움이 될 수 있다.

첨언해야 한다: “비록 그럴거라고 예상하지는 않지만, 어떤 질문이 당신을 불편하게 한다면, 여기에 대해 단순히 대답하지 않을 수 있습니다. 당신은 언제든지 인터뷰를 중단할 수 있습니다.” 저는 또한 종종 “혹시 제게 질문이 있나요?”라고 묻기도 한다. 마지막으로, 응답자가 동의서(제3장 부록 참조)에 서명하는 동안 “이제 녹음기를 켜겠습니다. 괜찮으시겠습니까?”라고 말한다. IRB에서 다루는 각 단계에 대해 피면담자의 명시적인 허가를 받게 된다.

참여자의 말 사용하기

면담이 처음이었을 때, 나는 연구 참여자의 말에 내 나름대로의 해석을 덧붙여 질문을 계속 던졌다. 예를 들어, “당신이 따라잡기 위해 고군분투하고 있었던 것으로 들리네요.”라고 요약한 것이다. 내가 이렇게 한 이유는 부분적으로 상대방이 방금 한 말을 한 단어 한 단어 반복하는 것이 이상해 보였기 때문이다. 나는 이것이 너무 뻔하다고 생각했다. 안타깝게도 내 버전은 때때로 빗나가서 문제를 일으켰다. 참여자의 말을 그대로 사용하는 것은 매우 강력하고 들은 내용을 의역하는 것보다 훨씬 낫다. 이것은 참여자의 말을 경청하는 것 외에도 그 말을 정확히 재생산할 정도로 말하는 내용에 충분히 신경을 쓰고 있음을 보여준다. 한 가지 일반적인 접근 방식은 연구 참여자의 답변 중 마지막 몇 단어를 골라 단어 하나하나를 반복한 다음, 참여자가 다시 말을 재개할 때까지 기다리는 것이다. 예를 들어, 이 장의 뒷부분에 나오는 초보자 면담 발췌문에서 엄마가 다음과 같이 말한다. “아무것도, 이제 스포츠는 끝났어요.” 좋은 조사는 “스포츠는 끝났어요.”라고 말하고 더 이상 덧붙이지 않는 것이다. 면담자가 말하는 것이 이상하게 느껴질 수 있지만, 일반적으로 단어는 참여자의 공감을 불러일으키고 귀중한 조사 도구가 될 수 있다.

효과적인 심층 질문 재사용하기

연구자가 면담 지침에서 각 질문에 대한 고유한 세부 질문을 만들 필요는 없다. 참여자가 연구자가 자신의 말을 주의 깊게 듣고 있다는 것을 인식하면, 일반적으로 자신의 이야기를 하는 데 참여하게 되고 세부 질문이 반복되는 것을 눈치채지 못할 가능성이 높다. 일부 면담에서는 동일한 세부 질문을 반복해서 사용하는 것이 도움이 될 수 있다: "그것에 대해 더 말씀해 주시겠어요?"가 좋은 세부 질문이다. "최근에 그런 일이 있었던 순간을 떠올릴 수 있나요?" 역시 좋은 세부 질문이다. 침묵도 좋은 조사 도구이다. 연구 참여자가 잠시 멈추면 몇 초간 기다리라. 보통 그 사람은 침묵을 채우기 위해 더 자세한 내용을 추가하면서 말을 재개할 것이다.

사건이나 경험이 응답자에게 주는 주관적인 의미를 파악하는 데 집중하기

질적 연구자들은 특정 사건이나 경험이 개인에게 **어떤 의미인지** 알아내는 데 더 관심이 있다. 다시 말해 사건이나 경험에 대해 연구 참여자는 무엇을 좋아하고 좋아하지 않았는가? 참여자의 인생에서 가장 의미 있는 사건의 예는 무엇인가? 어떤 어려움이 있었는가? 면담자는 피면담자와의 관계를 구축하고 때때로 가능하다면 면담에 깊숙이 들어가서 매우 개인적인 질문을 한다(예: 피면담자가 커다란 어려움을 공유한 후 "기분이 어떠셨나요?"). 면담은 주관적인 의미를 탐구하는 데 유용한 도구이다.

자신의 지식을 활용하여 질문하는 것을 두려워하지 말기

최근에 나는 부유하고 젊은 기혼자인 멕시코계 미국인 어머니를 면담했다. 이 여성은 전통적인 성별 분업이 있는 블루칼라 가정에서 자랐다. 가족의 제한된 자원으로 인해 때때로 가정에 식량 부족이 발생하였지만, 그녀의 어머니는 집 밖에서 일한 적이 없었다. 또한 연구 참여자는 그녀가 경제적 부담으로부터 보호받았던 반면에, 형제들은 경제적 어려움을 관리하도록 기대되었다고 언급했다(예: 부족한 예산으로 충분한 음식을 사도록 식료품점에 보내졌다). 그녀는 자신의 어린 시절에 대해 계속 이야기했고, 나는 그녀가 성장하는 동안 어려움을 겪었다는 것을 느꼈다. 그녀가 어렸을 때 책 읽는 것을 좋아했다는 말을 들은 직후, 나는 위험을 감수해보기로 결심했다. "집안일을 해야 했나요?"라고 물었다. 집안일에 대해 한마디도 하지 않았기 때문에 이 질문에는 위험이 따랐다. 내가 그녀의 말을 듣지 않는 것처럼 보일 수 있었기 때문이다. 게다가 내 연구 프로젝트는 가족과 돈에 관한 것이었기 때문에, 집안일은 직접적으로 관련된 주제가 아니었다. 하지만 나는 다른 연구를 통해 일부 노동 계층 가정에서 여자아이들이 많은 양의 집안일을 해야 한다는 것을 알고 있었다. 내가 집안일에 대해 물었을 때 그녀의 얼굴이 밝아졌다. 그녀는 다양한 감정을 담아 "네!"라고 대답하고는 계속해서 음식 준비, 손 설거지, 아버지 바지 다림질 등 많은 집안일이 얼마나 싫었는지 설명하며 어떻게 불공평하고 느꼈는지 등을 이야기했다. 그녀는 그 질문을 내가 그녀의 어린 시절의 핵심적인 부분을 이해했다는 신호로 해석하는 것 같았다. 나의 위험한 질문은 결국 면담의 전환점을 만들게 되었다. 그 질문 이후, 참여자는 더 따뜻해지고 훨씬 더 솔직해졌다. 때로는 위험을 감수하고 자신의 경험이나 문헌에 대한 지식을 바탕으로 질문을 던지는 것이 좋다. 질문이 통하지 않으면 그냥 넘어가라. 종합적으로, 연구자는 일반적으로 면접 전반에 걸쳐 일관성 있는 질문을 하고 싶어 하지만, 문제를 밝혀줄 수 있는 한 사람이 겪은 독특한 경험에 대해 깊이 파고들 수 있도록 열려있길 바란다. 때로는 이러한 탐색을 통해 연구에 새로운 질문을 추가하여 다른 참여자들에게 질문할 수도 있다.

경청하는 동안 계속 생각하기

면담 중에 보통 연구 참여자가 주된 주도권을 가진다. 참여자가 면담 지침의 뒷부분에 나오는 질문에서 다루어지는 내용에 대해 자연스럽게 이야기를 시작하면 연구자는 두 가지 선택지를 가진다. 예를 들어 "아, 그 이야기는 나중에 다루겠습니다."라고 말하며 참여자의 방향을 전환할 수 있다. 또는 참여자의 이끎을 따라 (아무 말 없이) 바로 다음 질문으로 넘어갈 수 있다. 내 생각에는 두 번째 선택이 훨씬 더 나은 결정이다. 방향의 재전환은 참여자의 입장에서 대답의 흐름을 방해하고 더 이상 자발적으로 정보를 공유하지 못하게 할 수 있다. 그러나 참여자의 답변에 따라 이렇게 방향을 전환하는 것은 연구자가 면담을 진행하면서 질문을 적절히 곡예하듯 해내야 한다는 것을 의미한다. 연구자는 머릿속으로 빠르게 선택지를 정리하는 동안에도 계속 주의 깊게 경청하고 완전히 몰입한 모습을 보여야 한다. 이 선택지는 "이 질문을 계속 이어가야 할까?", "후속 질문을 해야 할까?", "다른 질문으로 전환해야 할까?"와 같은 질문들이다. 연구자는 즉석에서 결정을 내려야 하며, 참여자가 정확히 무엇을 말했는지 정확히 알지 못한 상태에서 그렇게 해야 한다. (답변을 듣는 동안 메모를 해두면 다루어야 할 것을 기억할 수 있기 때문에 도움이 될 수 있다.) 여러 가지 문제를 동시에 관리해야 하는 상황에서는 면담이 긴장될 수 있다. 가장 우선순위가 높은 몇 가지를 정리해 두면 문제를 손에 잡는 데 도움이 된다. 가장 좋은 시나리오는 연구자가 무엇을 알고 싶고 왜 알고 싶은지에 대한 명확한 생각을 가지고 있는 것이다. 하지만 이 또한 연구가 진행됨에 따라 발전한다. 이상적으로 면담이 절반에서 3분의 2 정도 진행되었을 때쯤이면 초점과 우선순위가 처음 시작할 때보다 훨씬 명확해질 것이다.

연구자가 추가 정보를 원하는 경우 연구 참여자가 제기한 주제로 돌아가기

일반적으로 간단한 답변이라도 몇 가지 잠재적인 질문이 생길 수 있다. 연구자는 한 번에 하나의 질문만 할 수 있기 때문에 일부 질문의 탐색은 필연적으로 어렵다. 다른 질문은 인터뷰 후반에 자연스럽게 다시 떠오를 수 있다. 하지만 그렇지 않더라도, 연구자가 자연스럽게 질문으로 되돌아가도 괜찮다. 연구자는 "아까 말씀하셨던 건 … 당신에게 어떤 의미였나요?" 또는 "…에 대해 더 말씀해주시겠어요?"라고 말할 수 있다. 이렇게 두 번 되묻는 것은 유익할 수 있는데, 연구 참여자에게 귀 기울여 듣고 있음과 이야기한 것을 기억하고 있다는 것을 보여주기 때문이다. 또한 나는 마지막에는 항상 "이 주제와 관련하여 저희가 이야기하지 않은 다른 중요한 사항이 있을까요?"라고 묻는다. 이와 관련하여 샤머스 칸의 마지막 질문은 다음과 같다. "이 면담에서 저는 [내 연구 질문 넣기]에 관심이 있었습니다. 제게 이야기하기를 원했지만 말하지 않은 것이 있나요? 제가 여쭤봤어야 했는데 하지 않은 질문이 있나요?"[2]

권력 불평등에 유의하기

면담에는 미묘하고 복잡한 권력 역학관계가 존재한다. 면담자와 참여자는 서로 삶의 경험이 다를 뿐 아니라 인종 및 민족적 배경, 나이, 성별, 학력 등을 포함한 다양한 사회적 지위를 가지고 있기 때문에 사회적 위치도 다르다. 이러한 요소들은 필연적으로 면담 과정을 형성한다. 참여자는 연구에 참여하는 데 동의하고 무엇을 공유할지 결정한다. 면담 진행자는 강력한 권한(질문을 던지고 면담을 안내하는 역할)과 무력함(참여자가 면담 가능 여부, 공유할 내용, 깊이 등을 결정)을 모두 가지고 있다. 연구자는 참여자가 원하지 않는 일을 하도록 압력을 가하지 않도록 주의해

---

2) Shamus Khan, 사적 대화.

야 한다. 참여자의 말을 주의 깊게 듣고 민감하게 반응해야 한다. 동시에 면담을 주도하지 않으면 수집하려는 정보를 얻을 수 없으므로 면담이 초점을 유지할 수 있도록 과정에서 어떤 형태로든 힘을 발휘해야 한다. 여기에 쉬운 답은 없지만, 이러한 문제에 대해 경각심을 갖고 그에 따라 면담을 조정해야 한다. 또한, 정보 수집은 녹음기 양쪽에서 모두 이루어진다. 참여자들이 사전에 연구자를 신뢰할 이유가 거의 없기 때문에, 그들은 항상 연구자의 의도에 대한 단서를 찾고 있다. 한 번의 면담에 몇 시간을 투자했더라도 참여자가 불편한 표정을 짓고 불안한 신호를 보낸다면 연구자는 참여자가 어떤지 살피기 위해 면담을 중지하고 싶을 것이다. 참여자가 원할 경우에 면담을 종료해야 한다. 연구자는 동의서의 의미와 정신을 따라야 한다.

지나치게 말이 많은 연구 참여자 관리하기

일부 참여자는 "말 많은 사람"으로서 이야기가 다른 길로 새기도 한다. 이러한 사람들은 통제하기 어렵기 때문에, 연구자가 처음 몇 분에 개입해야 한다. 참여자의 답변이 궤도를 벗어났을 때, 참여자가 횡설수설하거나 장황하게 말을 늘어놓더라도 연구자가 초조해하지 않는 것이 중요하다. 가장 좋은 방법은 질문을 반복하는 것이다. 대답을 들으면서 고개를 끄덕이고 감사하다는 표정을 지으면서도, 참여자가 숨을 고르는지 주의 깊게 관찰한 다음, 연구자가 탐색하고자 하는 내용으로 면담의 방향을 다시 돌려라. 연구자는 다음과 같이 말할 수 있다. "정말 흥미롭군요. 자, 이제 저에게 이야기해 주세요. [그리고 질문 반복하기]." 면담을 관리하는 기술을 잘 익히고 있는지 측정하는 하나의 방법은 전사본을 검토하는 것이다. 일반적으로 연구자는 한 문단(한 줄 띄어쓰기) 길이의 답변을 읽기 원할 것이다. 드문 경우를 제외하고, 한 질문에 대한 답변이 한 줄 띄어쓰기로 한 페이지에 가득하다면 문제가 있는 것이다. 연구자는 더 많은 질문을 해야 한다.

지나치게 간결한 연구 참여자들 예상하기

확실히 위축되어 있거나, 겁이 많거나, 단순히 말이 많지 않은 사람들을 면담하는 것은 더 어렵다. 이러한 응답자들은 매우 짧은 답변을 제공하는 경향이 있다. 연구자가 자세히 설명해 달라고 요청하면, 어떤 응답자는 무표정하게 쳐다보거나 심하면 짜증을 내는 것처럼 보이기도 한다. 필요한 세부 정보를 얻을 가능성을 높이기 위해 면접의 처음 몇 분 동안 시도할 수 있는 몇 가지 전략이 있다.

과묵한 면담 대상자 중 일부는 다음과 같이 회유하는 것에 잘 반응한다. "정말 감사합니다. 사람마다 많이 차이가 있기 때문에, 제가 당신의 경험을 조금 더 이해할 수 있도록 세부 정보를 알려주시면 매우 큰 도움이 될 것입니다." 때로는 자기 비하적인 발언을 하면 주눅이 든 참여자의 자신감이 높아지기도 한다. "저는 이것이 실제로 어떻게 작동하는지에 대해 사실 잘 모르는 사람입니다. 좀 더 자세히 말씀해 주시겠어요? 어떻게 접근하시나요?" 때로는 면담을 잠시 멈추고 방에 있는 매력적이거나 특이한 물건, 참여자 옷차림의 흥미로운 부분, 참여자에게 중요해 보이는 기타 주제 등 다른 것에 대해 이야기하는 것이 도움이 될 수 있다. 수줍음이 많거나 위축된 참여자는 그들이 관심을 가지는 주제에 대해 이야기하는 동안 (때때로 눈에 띄게) 긴장을 풀 수 있다. 이를 통해 연구자는 그들이 편안함을 느낄 때 어떤 행동을 하는지 파악할 수 있다. 당신이 느낄 수 있는 어떠한 좌절감을 숨기고 이야기하는 것에 진심으로 확실히 관심을 보이는 것이 중요하다.

또한 연구자가 "참견"할 자격이 있다고 느끼고 추가적이고 세부적인 질문을 하는 것이 중요하다. 참여자는 연구자가 어떤 종류의 정보를 원하는지 모른다. 참여자는 연구자가 계속해서 자세한 내용을 물어봐야만 그것을 알게 된다. 연구 참여자가 필요한 정보를 자발적으로 제공하지 않는다면 참여자가 연구자의 질문이 범위를 벗어났다고 생각하지 않는 것처럼 보이는 한, 연구자는 그것에 대해 질문해야 한다. 만약 도를 벗어났다고 생각하는 것처럼 느껴질 경우 즉시 물러서야 한다. 사람들은 성적인 관행, 부모에 대한 분노, 경력 실패 등을 포함하여 사회적으로 민감한 사안에 대한 정보를 자발적으로 제공하지 않을 가능성이 높다. 그러나 정중하게 요청하면 많은 사람들이 자발적으로 정보를 제공할 것이다. 잠재적으로 민감한 주제를 제기할 때, 연구자는 그들에게 더 많은 이야기를 할 수 있는 권한을 부여하는 것이다. 하지만 결국에 어떤 사람들은 단순히 다른 사람들보다 더 말을 많이 한다. 만약 당신이 알고 있는 모든 전략을 모두 시도했는데 약 한 시간이 지난 후에도 여전히 면담이 잘 진행되지 않는다면, 면담을 마무리하고 상대방에게 감사의 인사를 전한 후 떠나는 것이 좋다. 실망스러운 면담은 누구에게나 일어난다.

깊이 파고드는 것과 앞으로 나아가는 것의 균형 맞추기

한 번의 면담에서 깊이와 넓이라는 연구자의 목표 사이에는 긴장감이 있다. 특히 연구자는 면담의 비교적 초반에 한 가지 주제를 포함하여 몇 가지 문제에 대해 "깊이 파고들고" 싶어 한다. 하지만 또한 질문이 두 가지 이상이라는 점도 염두에 두길 원한다. 미리 면담에서 무엇이 "협상 가능하지 않은지" 생각해 두는 것이 좋다. 그런 다음 면담의 흐름에 따라 다른 주제로 넘어갈 수 있다. 제4장에서 언급했듯이, 연구 참여자에게 검토할 중요한 사건 목록을 제공하는 것이 도움이 될 수 있다. 목록을 사용하면 여러 주제를 더 생동감 있게 다룰 수 있다.

질문을 피하기 위한 계획 수립하기

연구자는 함께 보내는 시간이 자신이 아닌 다른 사람에게 쓰이기를 원한다. 하지만 많은 사람들이 연구자에 대해 궁금해한다. 연구자는 자신에 대해 공유할 수 있는 간단하고 환경에 적합한 몇 가지를 생각할 수 있을 것이고, 연구의 초점으로 다시 돌아갈 수 있다. 예를 들어, 대학원생으로서 나는 어디에서 공부하고 있는지, 언제 졸업하고 싶은지 공유하고, 취업에 대한 긴장감에 대해 농담을 하기도 했다. 그런 다음 면담에 집중했다. 또는 가족을 방문하는 동안 (그들을 안심시키기 위해) 내 가족에게 "소리를 많이 지르며 자랐다"라고 자주 말하기도 하고, 여동생과 내가 방을 공유했을 때 어떻게 "항상 다툼"을 했는지에 대해 (제6장에 기술하였듯이) 이야기를 들려주곤 했다. 목표는 나를 신뢰할 수 있고 현실적인 사람으로 보이게 하는 무언가를 보여주는 것이었다. 누군가가 계속 이야기를 해달라고 하면, 연구자는 "면담이 끝나고 나서 기꺼이 더 많은 이야기를 나누고 싶어요. 하지만 지금은 당신의 경험에 대해 듣고 싶습니다."라고 말할 수 있다. 주디스 레빈(Judith Levine)은 "당신의 시간을 너무 많이 뺏고 싶지 않다는 점을 생각하고 있습니다. 우리의 면담 시간을 충분히 확보하고 싶어요."라고 말한다. 그런 다음 면담이 끝날 때 몇 분간 이야기를 나누다가 다른 마감일이 있다며 "저는 가봐야 합니다."라고 애원하곤 한다. 연구자는 참여자가 왜 나에 대해 더 알고 싶어 하는지에 대해 생각해 볼 수 있을 것이다. 때때로 그 사람은 연구자가 신뢰할 만하다는 확신을 얻고자 한다. 때로는 참여자가 어떤 주제에 관심이 있다고 말하는 경우, 그 사람이 진정으로 원하는 것은 그 주제에 대한 자신의 관점을 말하는 것이다. 또한 (기자들과 마찬가지로) 연구자는 질문에 대답할 필요가 없다는 것을 기억하라. 그 대신 다른 질문으로 대답해도 된다. 내 생각에는 연구 결과에 관해서는 가능한 한 "모호하지만 정확한" 답변을 하는 것이 좋다. 공유할 수 있는 하나의, 일반적인 (불쾌하지 않은) 요점이 있을 수 있다. 또는 연구 결과를 알기에는 "아직은 너무 이르다."라고 말할 수도 있지만, 연구 마지막에 간략한 개요를 공유할 수 있다.

모든 질문을 다 했는지 확인하기

면담은 예측할 수 없는 방식으로 진행되기 때문에, 면담 지침에 있는 질문 중 적어도 하나라도 잊어버리는 경우가 매우 흔하다. 나는 "흐름에 따라가는" 유형의 면담자이기 때문에 특히 모든 참여자에게 동일한 질문을 하는 데 서툴렀다. 다른 문제들 가운데, 무엇보다도 이러한 불일치는 기본표를 사용하여 전체 샘플의 패턴 빈도를 요약하기 어렵게 만든다. 불완전한 자료를 피하기 위한 한 가지 전략은 면담이 끝나기 전에 잠시 멈추고 "죄송합니다. 당신께 중요한 질문을 하는 것을 잊어버리지 않았는지 확인하기 위해 잠시 멈추겠습니다."라고 말하라. 이렇게 하면 지침에 포함된 핵심 질문을 모두 다루었는지 확인하는 데 도움이 된다. 그럼에도 불구하고 나중에 중요한 후속 질문을 하지 않았다는 사실을 깨닫는 것은 불가피하다. 이는 실망스럽기도 하지만 정상적이다.

일부 연구자는 후속 질문을 이메일로 묻는 것을 편안해한다. 나는 한 번은 연구 참여자의 정치적 성향과 대통령 선거에 투표했는지 여부를 묻는 것을 잊어버린 적이 있다. 그녀는 (지지 정당이 없고 투표한 적이 없다고) 질문에 답하였다. 하지만, 이런 종류의 후속 질문은 면담자를 약간 무능해 보이게 하고 참여자에게 원치 않는 추가 부담을 줄 수 있기 때문에 곤란하다. (하지만 일부 응답자는 후속 질문을 명시적으로 요청하기도 한다). 내 생각에는 체계를 갖추어 연구자가 각각의 주요 질문을 묻는 것을 기억하는 것이 좋다. 그럼에도 중요한 질문을 잊어버리는 것은 누구에게나 일어날 수 있는 일임을 기억하라. 잠을 못 이룰 정도로 걱정할 가치가 없다. 일어날 수 있는 일이다.

훌륭한 답변에 귀 기울이되 기대치는 현실적으로 유지하기

종종 면담 중에 연구 참여자가 특히 도움이 되고, 더 나아가서는 핵심적인 내용을 유창하게 이야기하는 순간이 있다. (연습을 하다 보면 훌륭한 인용문을 바로 쉽게 알아차릴 수 있다.) 하지만 참여자 한 명당 한두 건 이상의 뛰어난 인용문을 기대하는 것은 현실적이지 않다. 대학원생 시절에 이 주의 사항을 들었을 때 나는 충격을 받았다. ("이 모든 작업이 단지 하나의 인용문을 위해 이루어지는 것이라고?"라고 생각했다.) 하지만 소규모 연구에서도 여러 번 면담을 진행한다는 점을 기억하라. 상세하지 않을지라도, 모든 면담은 연구자의 주장에 대한 근거를 제공한다. 연구 결과를 작성할 때, 다양한 참여자의 훌륭한 인용문을 통합하면 결론을 더욱 설득력 있게 만들 수 있다.

두 개의 면담 예시

면담 예시 1: 상세하지 않은 면담

여기서 살펴본 첫 번째 면담은 똑똑하고 사려 깊은 백인 박사 과정 1학년 학생인 제나 하비(Jenna Harvey, 이 장의 모든 이름과 마찬가지로 가명임)라는 초보자에 의해 수행되었다. 그녀는 내 책 『불평등한 어린 시절』의 연구 프로젝트에 참여 중이었다.[3] 이 발췌문은 두 칸 띄어쓰기로 40페이지에 이르며 면담의 약 15%를 차지한다. 또한 전체 면담을 완료하는 데 약 90분이 걸렸다. 여기에는 몇 가지 긍정적인 면이 있다. 하지만 전반적으로 이 면담은 일관되게 풍부하고 상세한 인용문을 생산하지 않고 있다. 발췌문과 함께 제공되는 박스형 해설에서 지적했듯이, 특히 세부 질문에서 다른 선택을 사용하였다면 보다 효과적이었을 것이다.

면담자는 백인 노동자 계급의 기혼자이자 어머니인 피면담자 실버만 부인(Ms. Silverman)을 그녀의 아홉 살 된 아들 더기(Dougie)가 소속된

3) 나는 다양한 계층과 인종적 배경을 가진 부모들이 자녀를 양육하는 방식에 초점을 맞춰 연구를 진행했다. 나는 특히 자녀의 여가 활동, 가정에서 부모와 자녀의 언어 사용, 학교, 개인 병원, 진료실과 같은 기관에서 자녀의 경험에 대한 부모의 개입에 차이가 있는지에 관심이 많았다.

미식축구팀의 가을 연습장에서 만났다. 더기는 내가 연구의 일환으로 관찰하고 있던 교실의 학생이었기 때문에, 실버만 부인은 이미 프로젝트에 대한 편지를 받은 상태였다. 연습장에서 실버만 부인과 대화를 나눈 것 외에도 면담자는 면담을 잡기 위해 그녀에게 전화를 걸고 전날 밤에 연락하여 12월에 실버만 부인의 집에서의 면담을 확정하였다. 아래 발췌문은 실버만 부인이 동의서에 서명하고 음성 녹음기 사용을 허가한 후부터 시작된다.

면담 시작하기

면담자: 우선, 미식축구 연습장에서 이 얘기를 하셨지만, 가족 중 누가 있는지 말씀해 주시겠습니까? 나이가 더 많은 딸과 아들이 있는 것이 맞나요?

실버만 부인: 맞아요.

면담자: 아이들의 이름을 잊어버렸네요.

> 도리에 벗어난 질문은 아니지만, "죄송합니다, 이름을 잊어버렸습니다." 또는 더 좋은 방법으로 "죄송합니다. 그들의 이름을 기억나게 해주실 수 있으실까요?"라고 사과하는 것이 더 낫다. 부모는 보통 자녀를 자녀를 인생에서 가장 소중하게 생각한다. 연구자가 그들의 자녀 이름을 잊어버리면 예민해질 수 있다.

실버만 부인: 짐(Jim)은 스물한 살, 트리시(Trishie)는 열네 살, 그리고 더기는 아홉 살입니다.

면담자: 이제 더그(Doug)를 한 번도 만난 적이 없는 사람에게 그를 설명한다면 어떻게 묘사하겠습니까?

실버만 부인이 아들을 지칭할 때 "더기"라는 호칭을 사용한다는 점에 유의하라. 면담자는 이 문장을 시작하면서 이름을 "더그"로 바꾸고, 이 과정에서 부주의로 연구 참여자와 자신 사이에 작은 균열을 초래했다. 이제 두 여성은 면담자가 "더기"를 사용하여 피면담자를 정확히 따라 했다면 그랬을 것처럼 긴밀하게 협력하지 않는다.

실버만 부인: 어떤 날은 좋은 아이이고 어떤 날은 나쁜 아이지요. 그 아이는 똑똑해요. 제게는 아주 똑똑한 아이예요. 가끔 그 아이의 행동에 문제를 발견해요. 하지만 그 아이는 훌륭해요.

이 어머니의 답변은 면담자가 직면하는 일반적인 도전의 좋은 예이다. 피면담자는 짧은 단답형 답변에서 다섯 가지 요점(아들은 어떤 날은 "좋은 아이", 다른 날은 "나쁜 아이"이고, "그는 똑똑하다"[방어 또는 경외감의 힌트인 "제게는 아주 똑똑한 아이예요"에 주목할 것]와 "가끔" 아들의 행동에 "문제"가 있다는 것)을 소개했다. 너무 많은 다양한 경로가 제시되는 것은 스트레스가 된다. 연구자는 어떤 것을 선택해야 할까?

나는 두 가지를 제안한다. 즉, **긍정적인** 점을 선택한 다음 상세하고 구체적인 세부사항을 요청하는 심층 질문을 사용하여 필요한 자료에 대해 응답자에게 알려주기 시작하라.

"지난 최근 며칠간 그가 좋은 아이였을 때의 예를 이야기해 주세요. 오늘이나 어제 무슨 일이 있었나요?"

또는 "네, 저도 교실에서 그가 얼마나 똑똑한지 보았습니다. 당신이 집에서 주목한 점에 대해 이야기해 주세요."라고 이야기할 수 있다.

두 번째 예는 첫 번째 예보다 더 위험부담이 있다. 학업(academics)을 강조하고 연구자를 학교와 연계시키기 때문이다. 학교와 긴장이 있을 때는 이것이 단점이 될 수 있다. 나는 지금은 이 방법을 따르지 않을 것이다.

지금 다섯 가지 경로 중 나는 긍정적인 경로가 가장 좋은 두 가지 선택이라고 생각한다. 아래에서 보여주는 것처럼 "나쁜 아이"와 "행동 문제"는 부정적이다. 이 단어들은 그녀의 아들을 (그리고 그녀를) 이상적이지 않은 시각으로 바라보게 한다. "하지만 그는 훌륭해"는 매우 일반적이므로 세부사항을 위한 좋은 출발점이 되지 못한다.

면담자: 그 문제 행동에 대해 더 자세히 말씀해 주시겠어요?

연구 참여자가 답변에서 아들을 **네 번**이나 칭찬했기 때문에 이것은 이상적인 세부 질문이 아니다.

"좋은 아이예요."
"그 아이는 똑똑해요."
"제게는 아주 똑똑한 아이예요."
"그 아이는 훌륭해요."

안타깝게도 면담자의 후속 질문은 이러한 긍정적인 속성들을 들었음을 보여주지 않는다. 대신, 그녀는 유일한 부정적인 점을 겨냥하였다("문제 행동에 대해 더 얘기해 주시겠습니까?"). 연구 참여자는 면담자가 귀 기울여 듣지 않거나 가족을 나쁘게 보이게 하는 정보를 얻는 데 더 관심이 있는 것으로 결론 내릴 수 있다.

면담의 협력적 성격을 항상 염두에 두는 것이 중요하다. 면담의 궁극적인 목적인 연구를 강화해 줄 수 있는 생생하고 상세한 자료를 위해서는 연구자와 참여자가 함께 노력해야 한다. 이 면담에서는 후속 심층 질문의 초점을 긍정적인 점("지난 최근 며칠 간 그가 좋은 아이였을 때의 예를 이야기 해주세요. 오늘이나 어제 무슨 일이 있었나요?")에 두었으면 더 많은 신뢰를 쌓을 수 있었을 것이다. 그런 다음 면담 후반부에 행동 문제(또는 양육의 다른 어려운 순간들)로 돌아갈 수 있었을 것이다. 하지만 많은 부모가 자녀와 깊이 동일시하여, 자녀를 비판하는 것은 부모를 비판하는 것과 같다는 점을 명심하라.

실버만 부인: 아이가 피곤하거나 기분이 안 좋을 때 무언가를 하라고 하면 그냥 안해요. 아이는 짜증을 내거나 그런 식이에요. 예전에는 더 나빴지만 지금은 종종 하던 것을 하지 않는다는 점에서 점점 좋아지고 있습니다. 성장하고 있는 것 같아요.

면담자: 아이는 어떤 일로 짜증을 냈나요?

엄마가 대화를 "좋아지고 있다."는 긍정적인 방향으로 대화를 전환하고 있고, 이 방향을 따르는 것이 좋을 것이다. 하지만, 면담자의 질문은 더 많은 세부사항을 얻는데 좋은 노력임에도, "아이는 어떤 일로 짜증을 냈나요?"라고 물을 때 그녀는 지나치게 일반적으로 접근하고 있다. 이것은 그녀의 연구 참여자가 여러 가지 다른 짜증을 요약하도록 유도하고, 모호하고 일반적인 설명으로 이어질 가능성이 높다. 지난주에 일어난 것과 같은 최근의 짜증에 집중하는 것이 좋다. 예를 들어 "지난주에 일어난 것과 같이 최근의 예를 생각해 보고 그것에 대해 자세히 말해줄 수 있나요?"라고 물을 수 있다.

그런 다음 참여자가 더 많은 정보를 추가할 때, 보다 훌륭한 세부 내용을 조사할 수 있는 기회에 귀를 기울이라. 연구자가 묻는 구체적인 후속 질문은 무엇을 알고 싶고 왜 알고 싶은지에 따라 달라진다. 이 면담에서 화에 대해 좀 더 배울 수 있는 유용한 심층 질문은 다음을 포함한다. "화를 내기 직전에 무슨 일이 있었나요?", "화를 내기 직전에 당신은 어디에 (집 안 또는 밖) 있었나요?", "당신은 누구와 함께 있었나요?", "아이의 친구 이름이 뭐였나요?", "몇 시였나요?", "그가 한 말을 정확히 기억할 수 있나요?" 당신은 항상 일반적인 양상이 아닌 특정 순간에 대해 질문하는 것을 목표해야 한다.

실버만 부인: 만약 "안 돼. 친구랑 갈 수 없어."라거나, "안 돼. 이건 가질 수 없어."라고 말하면 그래요. 그 아이의 기분에 따라 다르죠. 항상 그런 일이 있었는데 저는 그 아이를 그냥 무시하거나 소리를 지르곤 했죠. 그게 다예요.

여기서 연구 참여자는 ("그게 다예요."라고) 자신의 대답에 한계를 설정하기 시작한다. 이러한 변화는 나쁜 신호이다. 목표는 면담이 진행됨에 따라 참여자가 점점 더 자세한 답변을 제공하도록 하는 것이다.

이 사례의 경우, 면담자는 참여자가 아들을 "무시하려고" 하는 것이 어땠는지, "힘들지 않나요?"라고 물었을 수도 있었다. 또한 어머니의 고함에 대해서도 위험을 무릅쓰고 질문했을 수도 있다. 참여자가 소리를 지르는 것을 부끄러워할 수 있기 때문에 이 질문은 까다로울 것이다. 민감할 수 있는 심층 질문에 다음과 같이 안심을 불어넣는 것이 도움이 된다: "많은 엄마들이 소리를 지르는 것에 대해 이야기하는데, 그 정도는 매우 다양합니다. 당신은 어떤가요?"

면담자: 현재 트리시와 짐이 모두 여기에 살고 있나요?

실버만 부인: 트리시는 그렇지만, 짐은 아니에요.

> 예 또는 아니요 이상으로 대답을 요구하지 않기 때문에, 면담 끝 부분까지 기다려서 이 질문을 하는 것이 더 낫다. 면담의 초반 시점에서, 목표는 참여자가 길고, 구체적이고, 상세한 대답을 하도록 이끄는 것이다.

면담자: 좋습니다. 요새 더그는 어떤 것에 빠져있나요? 그의 시간을 어떻게 사용하나요?

> 연구에서 이것은 중요한 질문이다. 면담자는 이 질문을 제대로 하였다.

실버만 부인: 이제 스포츠가 끝났으니, 그는 주변에서 할 일을 찾을 것입니다. 이제 스포츠가 끝났으니 특별한 것은 없어요. 앉아서 우리와 함께 TV를 보거나 닌텐도 게임을 할 거예요. 그게 다예요. 글쎄요, 만약 친구들이 오면 나가겠지만 노크하지 않으면 만나러 가지 않아요. 그냥 집에서 TV를 보거나 닌텐도 게임을 하겠지요.

> 이는 합리적인 답변이지만, 여전히 너무 일반적이다. 이 답변은 너무 많은 내용을 다루고 있어 더기가 실제로 "스포츠"가 "끝났을 때" 무엇을 하는지 파악하기 어렵게 한다. 중산층 자녀의 경우 스포츠 참여가 일 년 내내 이루어지기 때문에 이 부분이 답변에서 가장 흥미로운 부분이다. 이 블루칼라 가정에서 아들은 미식축구만 할 뿐이다. 여기서 면담자에게는 많은 선택지를 가진다. 다음 세부 질문 중 하나를 사용할 수 있다:
>
> "스포츠는 끝났습니다." 이것이 내가 가장 먼저 선택할 심층 질문이다. 정확히 무엇이 이어졌는지에 따라 면담자는 아들이 미식축구에 얼마나 많은 시간을 보

냈는지, 연습과 경기에 누구와 함께 갔는지, 아들이 어떻게 거기에 갔는지, 얼마나 많은 일을 했는지, 그녀가 그것에 대해 어떻게 느꼈는지, 아들이 그녀와 어떻게 이야기했는지 등을 질문할 수 있을 것이다.

"아들이 부모님과 함께 TV에서 어떤 프로그램을 보나요?" 이 심층 질문은 피면담자를 정확히 인용하지 않지만 (실버만 부인은 "우리와 함께"라고 함) 대답을 다른 말로 바꾸지도 않는다. 면담자는 더기가 어떻게 여가 시간을 사용하는지 이해하기 위해 TV를 어디에서 보는지, 얼마나 오래 보는지, 집단에 다른 사람은 누가 있는지, 누가 프로그램을 선택하는지, 특별한 간식이 있는지 물어볼 수 있다. 이 모든 질문은 가족의 역학 관계를 밝혀준다.

"더기는 닌텐도를 해요." 참여자의 대답을 조용히 기다린 후, 면담자는 피면담자가 그녀의 아들이 언제 어디서 닌텐도를 하는지, 졌을 때 어떻게 반응하는지, 누구와 게임을 하는지, 얼마나 오래 게임기를 가지고 있었는지 등을 세부적으로 물어볼 수 있다.

"친구들이 놀러 오나요?" 이 질문을 통해 면담자는 참여자 아들의 일상생활에 대해 더 자세히 알 수 있다. 그녀는 친구들이 집에 얼마나 자주 오는지, 오는 친구들의 이름에 대해, 구역의 아이들이 집에서 얼마나 멀리 가도록 허락되는지, 참여자의 아들이 자전거를 가지고 있는지, 어디에 이것이 보관되어 있는지, 하루에 몇 시간 동안 밖에 있는지, 특별한 시간까지 집에 돌아와야 하는지 등을 물을 수 있다.

"어제 방과 후 무슨 일이 있었는지 말해 주세요." 이 세부 질문은 참여자가 말한 내용을 반복하지 않고 참여자가 위에서 언급한 일상 활동의 종류를 설명할 수 있도록 하며, 면담자가 보다 세부적 설명을 독려할 수 있는 방식으로 토론을 유도할 수 있는 기회를 준다.

이 심층 질문들 중 어떤 것도 괜찮았을 것이고, 어떤 하나라도 면담자가 훨씬 더 세부적인 정보를 얻도록 했을 것이다. 하지만 그녀는 후속 조치를 전혀 취하지 않기로 결정한다. 이는 그녀가 참여자가 이야기하는 것에 관심이 없다는 것을 의미하며 이 답변이 더 이상의 자세한 설명 없이도 완전히 만족스럽다는 것을 보여준다. 이 답변 이후에 참여자의 대답은 길어지기보다 점점 짧아지며 좀더 광범위해지기 시작한다.

면담의 초기 전환점 도달하기

이 연구의 주요 목표는 아이들이 시간을 어떻게 보내는지와 부모가 아이들과 하루를 보내는 데 얼마나 많은 노력을 기울이는지 알아보는 것이다. 실버만 부인의 이전 답변은 특히 중요한데, 핵심 연구 질문을 직접적으로 다루고 있기 때문이다. "초심자"가 흔히 저지르는 실수는 면담자가 세부 질문 없이 너무 성급하게 진행하여 절실히 필요한 상세함과 세부사항을 피면담자가 제공할 수 있는 좋은 기회를 놓치게 되는 것이다. 또한 여기서 후속 조치를 취하지 않으면 면담자는 무심코 참여자가 더 짧은 답변을 하도록 훈련하게 된다. 이 시점에서 면담이 충분히 오래 진행되어 면담자가 원하는 것과 면접 대상자가 제공해야 하는 것에 대한 기대치가 굳어지기 시작한다. 다른 선택지는 배제되고 있다. 기대치를 설정할 수 있는 기회의 창은 면접 시작 후 약 15분 정도 지나면 점점 작아진다.

면담자: 아이는 이웃에 친구가 많나요?

실버만 부인: 네.

면담자: 같은 블록에 있는 건가요, 아니면 얼마나 떨어져 있나요?

더 자세히 물어보는 것이기 때문에 이것은 합리적인 세부 질문이다.

실버만 부인: 길 건너편에 남자아이들이 서너 명 있어요. 여기 두 명 더 있고요. 그리고 바로 옆 거리에 한 명이 있습니다. 그래서, 여름에는 모두 함께 모이는 거죠.

이 답변은 매우 흥미롭다. 면담자는 잠시 멈추고 남자아이들의 이름, 나이, 친척이 있는지 아니면 모두 다른 가정에서 왔는지, 참여자가 아이의 가족들과 친밀

한 관계에 있는지 여부를 물어야 한다.

참여자의 마지막 문장, "그래서, 여름에는 모두 함께"라는 대사는 인용하기 좋은 풍부한 문장이다. 이 문장은 아이들이 함께 어울리는 자율성을 가지는 어린 시절의 삶을 암시한다.

합리적인 심층 질문은 이렇게 시작할 수 있다. "와, 정말 멋지네요. 길 건너편에 있는 서너 명의 남자아이들은 한 가족인가요? 몇 살인가요?"

그러면 추가 심층 질문이 자연스럽게 이어질 수 있다. "남자아이들은 모두 같은 학년인가요?", "같은 학교에 다니나요?", "그들은 함께 걷거나 버스를 타나요?" 또는 면담자는 여름에 초점을 맞추는 것으로 시작할 수 있다. "여름에 대해 말해 주세요. 다들 함께 있나요?"라고 말할 수 있다. 참여자의 근무 일정과 여름 동안 특별한 준비를 해야 하는지 여부, 아니면 아이들이 낮 동안 스스로 잘 지내는지 물어볼 수 있다. 면담자는 "그럼 여름에는 모두 함께 있군요"라고 반복하고, 참여자가 침묵을 어떻게 채우는지 조용히 기다릴 수 있다.

이와 같은 심층 질문은 보다 구체적이고 생생한 세부사항으로 분석을 심화시킬 수 있다. 이것이 바로 질적 연구에서 심층 면담을 사용하는 주요 목표이다. 그 대신, 면담자는 좀 더 일반적인 질문을 한다(아래 참조). 지금까지 인터뷰가 잘 진행되고 있지만 보다 (높은 품질을 만드는) 구체적이고 세부적인 답변이 이루어지기 보다, (낮은 품질을 만드는 것으로) 답변이 점점 더 일반화되고 있다.

면담자: 아이들은 무엇을 하나요?

실버만 부인: 집에 와서 닌텐도 게임을 하거나 지금은 [TV에서] 미식축구 시즌이니까 밖에 나가서 미식축구를 하기도 하죠. 여름에는 야구를 하기도 해요.

면담자: 미식축구를 하러 어디로 가나요?

이 심층 질문은 많은 잠재력을 가지고 있다. 연구 참여자가 아들의 미식축구에 대해 느끼는 감정(픽업 및 리그 경기), 아들이 미식축구에 참여하는 것이 그녀에게 어떤 의미가 있는지, 그녀에게 얼마나 많은 일이 있는지 등에 대해 더욱 자세히 설명할 수 있는 기회가 열린다. 하지만 면담자는 후속 조치를 취하지 않는다. 아래에서 볼 수 있듯이 면담자는 야구로 화제를 전환한다.

실버만 부인: 바로 여기 길가에 있습니다. 그들은 바로 거기서 스포츠를 하지요. 그게 그들이 하는 전부입니다. 때때로 그들은 서로 자극하기도 해요.

면담자: 야구는 어디서 하나요?

실버만 부인: 바로 여기 같은 거리에서요.

면담자: 그럼 일주일 중 오후에 몇 번이나 거기로 나가나요?

실버만 부인: 한두 번이요. 아이는 이번 주에는 두 번 뛰었어요.

면담자: 아이가 친구들의 집에 가기도 하나요?

실버만 부인: 가끔씩요. 아니면 아이가 전화를 걸어서 "나올 거지? 아니, 우리 여기나 저기로 갈 거야"라고 말하죠. 아니면 그냥 집에 있을 수도 있죠.

면담자는 이렇게 물어볼 수도 있다: "최근에 누군가 나올지 확인하기 위해 전화했던 사례에 대해 말씀해 주시겠습니까?" 이 면담이 더 깊이 파고드는 데 도움이 될 것이다.

면담자: 그래서 그 아이는 미식축구와 야구를 하였는데 그게 봄이었나요?

실버만 부인: 맞아요.

면담자: 미식축구의 경우, 아이를 등록하는 데 어떤 비용이 들었나요?

실버만 부인: 미식축구를 위해 40달러를 지불합니다.

면담자: 거기에 유니폼도 포함되나요?

실버만 부인: 네.

면담자: 그리고 일주일에 몇 번 동안 밤에 연습을 하나요?

실버만 부인: 학교 가기 전에는 매일 밤에 했어요. 학교가 시작되면서 세 번으로 줄었어요.

면담자: 여름 연습은 언제부터 시작했나요?

실버만 부인: 아마도 8월이었던 것 같아요. 지난 주나 지난 2주 정도였던 것 같아요.

면담자: 그럼 월요일부터 금요일까지 매일 밤이었나요?

실버만 부인: 네.

면담자: 그리고 몇 시에 했나요?

실버만 부인: 6시부터 8시까지요.

면담자: 그리고 학교는 언제 시작했나요?

실버만 부인: 개학이 시작되면서 3일로 줄었어요. 그것도 6시에서 8시였어요.

면담자: 그리고 연습을 준비하도록 아이에게 자주 알려줘야 했나요?

> 면담자가 여기서 더 자세히 물어보는 것은 좋지만, 그녀가 질문을 구성하는 방식에 주의를 기울여 보았을 때 적절한 대답은 "예" 또는 "아니요" 일 것이다. 다음과 같이 좀 더 개방적인 질문이 더 좋을 것이다. "아이들이 연습을 준비해야 할 때, 아이들이 얼마나 주도하고 부모가 어떤 역할을 하는지에 따라 그것은 많이 달라질 수 있습니다. 더기는 어떤가요?"
>
> "주도하고"라는 표현은 답변의 틀을 정해서 편향에 대한 우려를 불러일으킬 수 있다. 그러나 이러한 프레이밍은 참여자가 면담자가 어떤 종류의 정보를 원하는지 이해하는 데에도 도움이 된다.

실버만 부인: 가끔 날씨가 더울 때, 처음 연습을 시작했을 때 아이는 정말 가기 싫어했어요. 구보와 더위 때문에 가기 싫다고 하더군요. 한 번은 그만두기도 했는데, 코치가 전화해서

다시 돌아갔어요.

세부 질문이 원하는 깊이를 생성하지는 못하지만, 실버만 부인은 아들이 미식 축구를 그만두게 된 것과 그녀와 남편의 대응 방식에 대해 매우 흥미로운 이야기를 시작한다.

여기에서 연구 참여자는 "처음 연습을 시작했을 때" 아들이 "가고 싶어 하지 않았다."라고 밝혔다. 연구의 핵심 초점이 자녀의 조직적인 활동을 촉진하기 위해 부모가 하는 일이라는 점을 감안할 때, 이는 부모가 아이들이 참여하도록 얼마나 밀어붙이는지를 평가하는 방법을 강조한다는 점에서 면담에 있어 흥미로운 순간이다.

이 답변은 많은 잠재력을 가진다. 면담자는 잠시 멈춰서 심층적으로 질문하는 것이 좋다. 다시 말하지만, 그녀는 고를 수 있는 여러 가지 선택지가 있다. "더웠다."거나 "구보 때문에 가기 싫었다.", "한 번은 그만두었다.", "코치가 전화했다." 또는 "그 아이는 돌아갔다."로 질문할 수 있다.

내가 면담자라면 "날씨가 너무 덥고 더워서 가기 싫어했던 것에 대해 더 얘기해 주세요."라고 할 것이다. 그러면 나는 불만이 언제 시작되었는지, 아들이 정확히 무슨 말을 했는지, 얼마나 더웠는지, 유니폼은 어땠는지, 더기 아버지가 무엇을 말했는지 기억하는지(면담자가 참여자에게 다른 사람의 생각 등에 대해 이야기하도록 요청해서는 안되기 때문에), 그녀가 어떻게 생각했는지 등을 상세히 질문할 수 있다. 그러고 나서 나는 아들이 그만둔 날로 돌아가서 그날 왜 그런 일이 일어났는지, 그 결정을 촉발한 것은 무엇인지, 아들이 누구에게 말했는지, 그녀와 남편이 어떻게 반응했는지, 아들이 코치에게 어떻게 말했는지 등에 대해 세부사항을 물어볼 것이다. 이 모든 조사를 하는 데 시간이 걸리고, 다른 중요한 질문을 할 수 없음을 의미한다. 이러한 종류의 상호절충이 좋은 것인지 여부는 연구 질문의 성격에 따라 달라진다. 내 연구의 질문을 고려할 때, 여기에 더 많은 시간을 할애하는 것이 그만한 가치가 있다.

면담자: 그리고 그가 그만두었을 때 무슨 일이 있었나요?

면담자가 이 이야기에 대한 후속 조치를 취하는 것이 좋다. 이 심층 질문은 주로 결과(예: "무슨 일이 있었는지")를 묻는다. 좀 더 개방적인 심층 질문이 바람직하다. 고를 수 있는 선택지는 많이 있다. "그것에 대해 더 자세히 말해 주세요. 처음 들었을 때 기분이 어땠나요? 남편이 그것에 대해 뭐라고 말했나요? 그것을 어떻게 관리하셨나요?" 이는 사건의 의미와 사건이 어떻게 전개되었는지에 대한 세부사항을 알도록 하므로 더 나은 추적 질문이다.

실버만 부인: 그 아이는 단지 더위 때문에 가고 싶지 않았고, 애로우 필드(Arrow Field)를 도는 모든 구보를 하고 싶지 않았어요. 장거리 달리기거든요. 그냥 하기 싫었던 거죠. 그리고 그의 코치가 전화해서 다시 돌아오라고 해서 돌아가기로 결정했죠.

이 기간 동안 얼마나 더웠는지 알면 – 참여자의 기온 추정치를 알면 – 도움이 되었을 것이다. "세상에. 더웠던 것 같네요. 짐작할 수 있다면 그때 정확히 얼마나 더웠을까요?" 이런 종류의 질문에 대한 답변으로 참여자들은 종종 모른다고 대답하는 경우가 많다. 하지만 다시 한번 물어보고 터무니없는 것(화씨 85, 95, 105도, 116도였다고 생각하시나요?)을 포함하여 몇 가지 선택지를 제시하면, 그들은 예상치를 제시한다. 또한 "그 아이는 그냥 하기 싫었던 거죠."라는 핵심 문구에 대한 더 상세한 설명을 얻는 것도 좋다. 면담자는 "그래서 그 아이는 그냥 하기 싫었던 거죠."라는 문장을 반복하고 기다릴 수 있다. 이상적으로, 이 질문을 받았을 때 참여자는 아들이 그만둘 때 실제 한 말을 기억할 수 있을 것이다. 아들의 정확한 말을 알게 되면 사건에 대해 더 생생한 그림을 그릴 수 있다.

면담자: 아이가 코치에게 그만두겠다고 말했나요, 아니면 당신이 그에게 전화했나요?

이 인용문 뒤의 의도(예: 부모 또는 자녀가 이 사건을 처리했나요?)는 훌륭하다. 하지만 "전화했나요?"라는 문구는 이상적이지 않다. 어머니는 어떤 조치를 취할 '필요'는 없었지만, 코치에게 알리는 것을 무언가 해야만 하는 것으로 생각했을 가능성이 높다. 하지만 어머니의 대답은 면접관의 의도를 이해했음을 보여준다.

실버만 부인: 아이가 그렇게 해야만 했어요.

이것은 흥미롭다. 다음 대답은 짧지만 인용할 만하다. "아이가 그렇게 해야만 했어요."

면담자: 그 아이가 그렇게 했나요?

실버만 부인: 네.

면담자: 연습장에서 이야기했나요?

실버만 부인: 제가 그날 밤 일하러 가야 했기 때문에 아버지가 그를 데려갔고, 아이는 장비를 반납하고 그만두겠다고 했어요.

면담자: 그러자 코치가 아이에게 전화를 했나요?

실버만 부인: 다음 날 밤에 다시 돌아갔고요. 애로우에서 아이를 다시 등록했죠.

면담자: 그리고 아이를 다시 등록한 것이 연습에서였나요?

실버만 부인: 네.

면담자: 그리고 다시 돈을 내야 했나요?

실버만 부인: 우리는 40달러를 지불했고 그들은 우리에게 20달러를 돌려주었기 때문에 [더기가 그만두었을 때], 20달러를 내야 했어요. 그래서 우리는 20달러를 다시 냈어요.

면담자: 그게 시즌 중 언제였나요?

실버만 부인: 시즌이 시작되고 약 2, 3주 후였어요.

면담자: 아이가 그렇게 하기 전에 결정에 대해 또는 팀에 다시 합류하

는 것에 대해 당신과 상의했나요? 어떻게 되었나요? 그것 때문에 다툼이 있었나요?

> 여기서 면담자가 개선되고 있다. 그녀는 세부사항을 위해 더 자세히 묻는 노력을 기울이고 있다. 모든 질문은 소중하지만, 한 가지 질문만 하고 다른 질문을 하기 전에 대답을 주의 깊게 듣는 것이 더 좋다. 세 번째 질문은 세부조사의 예비 질문으로 남겨 두는 것이 좋다. 면담자가 세 번째 질문을 심층 질문으로 사용하는 경우 "다툼"이라는 단어를 도입하지 말고 참여자의 말을 사용해야 한다.

실버만 부인: 아니요, 저는 단지 재등록을 원하면 그렇게 해주겠다고 말했을 뿐이에요. 하지만 "연습 안 할 거야, 연습 안 할 거야"라는 말은 듣고 싶지 않아요. 너는 연습하러 가야 해. 이것은 아주 중요한 부분이에요. 그 아이는 괜찮았어요. 그래서 우리는 아이를 연습에 나가게 했어요. 어떤 저녁에는 가기 싫다고 해서 그래서 제가 "더기, 가야 해"라고 말했죠. 옷을 입고 나니 그는 괜찮았어요.

> 미식축구에 관한 아들의 저항에 대한 연구 참여자의 접근 방식을 명확히 전달하기 때문에(예: 더기, 가야 해), 이것은 이 면담에서 현재까지 가장 마음에 드는 인용문이다.

면담자: 그래서 아들이 저항하거나 화를 냈나요?

> 면담자가 여기서 더 자세한 세부사항을 얻고자 하는 것은 훌륭하다. 그러나 그녀의 표현은 참여자의 선택지를 좁힌다. 이 질문은 저항하거나 화를 내는 두 가지의 거의 고정된 선택지를 제시한다. 참여자가 면담 초반에 "화를 내다."라는 표현을 사용했지만, 면담자가 여기서 이 용어를 사용한 것은 너무 많은 지침을 주는 결과를 초래한다. 그냥 "그것에 대해 더 얘기해 보세요."라고 말하는 것이 더

나올 것이다. 또는 "특정 날을 떠올릴 수 있나요?"라고 말하는 것이 좋다. 또는 그 아이가 "'나는 연습하지 않을 거예요'라고 말했을까요."라고 말할 수 있다.

실버만 부인: 가끔씩은요. 아이는 가기 싫다고 말하곤 했어요. 하지만 우리는 그를 가도록 했어요.

이 흥미로운 문구에 대해 좀 더 알아보면 큰 도움이 될 것이다. 가장 좋은 방법은 면담자가 거의 한 마디도 빠짐없이 연구 참여자가 방금 "당신이 그를 가도록 했어요."라고 말한 것을 반복하는 것이다. 그런 다음 5~10초 정도 기다린다. 일반적으로 이 침묵의 시간은 참여자가 말하도록 유도한다.

또한 참여자가 아들의 미식축구 참여에 대해 어떻게 생각하는지, 왜 아들이 모든 연습, 경기 등에 참석하는 것이 중요하다고 생각하는지 등에 대해 더 알아보는 것도 도움이 된다. 그것은 아들의 저항에도 불구하고 그녀가 고집하는 가족의 관행을 강조하기 때문이다. 면담자는 "그 부분에 대해 더 자세히 말해 주세요."라고 이야기할 수 있다. 세부 설명이 없으면 아들이 우울해하며 징징대는 건지, 아니면 미식축구를 계속하는 것에 대해 전면적인 이의를 제기하는 것인지 말하기 어렵다. 추가 세부질문은 "어떻게 이런 일이 일어났는지 자세히 말해 주세요. 아들이 무엇을 하고 있었나요?"가 될 수 있다. 면담자는 "이게 말이 될지 모르겠지만 그의 어조를 설명해 주실 수 있을까요?"라고 시도할 수 있을 것이다. 또한 참여자가 언급한 이의 제기의 시점을 명확히 하는 것도 도움이 될 것이다. 그녀는 아들이 팀에 다시 합류한 후가 아닌 그만두기 전에 일어난 행동에 대해 이야기하고 있는 것 같지만 명확하지 않다.

면담자: 실제로 아들에게 유니폼을 입혀야 하는 상황까지 간 적은 없나요?

실버만 부인: 아니요, 아니요, 아니요. 만약 그런 상황에 처했다면 그냥 포기하고 가지 않을 것이라고 하고, 그만두거나 다른 방법을 찾아야 할 거라고 말했을 거예요.

면담자: 그가 그만둘 때 그만두기로 한 결정에 대해 당신과 이야기했

나요?

"그가 그만두기로 한 결정에 대해 당신과 이야기했나요?"라는 질문은 참여자가 단순히 예 또는 아니오로 대답하도록 유도한다. 질문 문구를 다르게 하면 더 포괄적인 답변을 얻을 수 있다. "더 자세히 말해 주세요. 그 아이가 어떻게 이야기했나요?" 또는 "당신이 그것에 대해 처음 들었을 때가 기억나나요? 그 아이가 어떻게 이야기를 꺼냈나요?"

하지만 면담자가 질문의 틀을 만든 방식에도 불구하고 참여자의 답변(아래)은 좋은 예다.

실버만 부인: 그는 그만두고 싶다고, 그만두고 싶다고 계속 말했고 결국 저희는 알겠다고 했죠. 그 아이를 강요하는 것은 말이 안 되죠. 그래서 우리는 그가 그만두는 것을 선택하도록 내버려 두고 [다시] 등록하기 전에 대여섯 번 물었습니다. "확실하니? 넌 항상 연습하러 가야 해. 이번엔 확실히 하는 게 좋을 거야." 우리는 전에도 이 얘기를 했었죠.

이것은 좋은 인용문이다. 감정이 담겨 있다. (연구 참여자의 좌절감이 느껴진다.) 면담자는 여기에서 다음과 같이 질문할 수도 있었을 것이다. "그럼 당신이 결정하려고 했던 그 순간으로 돌아가 보겠습니다. 어떤 생각이 들었나요?", "남편은 뭐라고 말했나요?" 또는 면담자가 참여자의 대답의 일부를 "그 아이를 강요하는 것은 말이 안 되죠"라고 반복한 다음 기다릴 수 있다.

이상적으로 면담자는 그가 흥미를 가지는 사건이나 경험에 대한 설득력 있는 그림을 그리는 데 도움이 되는 다양한 세부사항을 조사한다. 여기서 면담자는 "이 일을 하기로 결정한 특정 순간이 있었나요? 그 당시 어디에 있었는지 기억하시나요?"라고 물을 수 있을 것이다. 이 심층 질문의 목표는 구체적인 내용을 알아내는 것이다: 그들이 차 안에 있었는지, TV 앞에 앉아 있었는지, 저녁 식사를 하고 있었는지, 아니면 다른 곳에 있었는지? 더기가 어머니에게만 말했는지, 아니면 아버지에게도 말했는지? 정확히 어떻게 부모님은 어떻게 반응하였는지? 가능한 한 세부사항을 얻으면 무슨 일이 있었는지 정확하게 이해할 가능성이 높아진다.

면담자: 그리고 매주 토요일마다 경기를 했나요?

실버만 부인: 네.

면접관: 그리고 몇 번이나 원정 경기를 떠났고 몇 번이나 여기에서 했나요?

실버만 부인: 모르겠어요. 몇 경기나 했는지도 모르겠어요. 아마 10경기였을 거예요. 그래서 아마 원정 5경기, 홈 5경기 정도였던 것 같아요. 매주 주말마다 원정 경기였던 것 같거든요.

홈경기와 원정 경기의 수는 유용한 정보이다. 하지만 면담자가 다른 출처(예: 리그 명부)에서 수집할 수 있었던 객관적인 자료이다. 따라서 면담 중에 더 많은 시간을 할애하여 참여자의 경험, 가치관, 신념 등에 대해 질문함으로써 주관적인 자료를 추구할 수 있다.

요약: 표면만 훑은 면담

면담자는 면담을 완료하고 몇 가지 귀중한 정보를 얻었다. 그녀가 수집한 정보는 프로젝트의 목표에도 부합했다. 연구 참여자의 아들은 상대적으로 적은 조직적 활동을 하고, 집 밖에서 놀이를 하는 활기찬 생활을 했으며, 그가 마음을 바꾸고 그만두고 싶어한 이후 아이에게 강제로 스포츠를 시켜야 하는지에 부모는 매우 양가적(ambivalent) 감정을 가졌다.

하지만 면담자는 가능한 만큼 많은 것을 배우지 못했다. 특히, 그녀는 참여자가 아들의 미식축구 참여와 관련된 경험에 부여한 의미, 아들의 활동이 자신의 삶, 가치와 우선순위에 미치는 영향, 또는 가족의 일상생활에 대한 세부사항 등을 발견하지 못했다.[4] 면담자는 너무 자주 심층 질문이 뒤따르는 일반적 질문을 하기보다 좁은 범위의 질문을 했다. 면담자는 깊게 묻거나, 문구를 바꾸거나, 다른 각도에서 질문을 시도하는 등 세부사항을 얻기 위해 충분히 오래 **질문에 머무르지** 않았다. 또한 면담자는 참여자에게 한 번에 여러 사건을 요약해 달라고 요청하기도 하여, 점점 더 일반적인 답변으로 이어졌다. 웃음이나 응답자에 대한 칭찬도 많지 않고, 특히 면담 초반에서 면담자가 낯선 사람들 사이에서 자연스럽게 발생하는 어색함을 완화할 수 있는 따뜻함을 만들지 못했다.

그러나 면담자는 몇 가지 일반적인 함정도 피했다. 면담자는 너무 많은 말을 하지 않았다. 일부 면담자는 참여자의 답변 시간을 늘리기 위해 자신의 발언을 제한하기가 매우 어렵다고 생각한다. 개인적인 경험을 짧게 공유하는 것은 라포르를 형성하는 데 도움이 될 수 있지만, 면담은 큰 소리로 생각을 내보내거나 자신의 경험이나 감정에 대해 이야기하기에 좋은 자리가 아니다. (하지만 때로는 특히 면접 초반에 개인적인 이야기를 나누는 것이 라포르를 형성하는 데 도움이 될 수 있다. 일부 면담자는 항상 초반에 자기소개를 하기도 한다.) 면담자의 목표는 좋은 라포르를 형성한 다음 피면담자로부터 자세한 정보를 이끌어내는 것이다. 면담자는 초심자임에도 불구하고 피면담자나 참여자의 아들에 대한 판단을 피했다. 또한 면담자는 무례하거나 무뚝뚝한 태도를 보이지 않고 일관되게 예의를 갖추었다. 면담자의 경험 부족을 감안할 때, 나는 이 면담을

4) 연구 책임자로서 나는 연구 보조원을 대상으로 한 달 동안 교육을 진행했지만, 이 박사 1학기 학생은 연구 방법에 대한 학부나 대학원 과정을 수강한 적이 없었다. 내가 더 많은 훈련을 제공하거나 그녀를 더 자주 만났어야 했다. 다시 이 프로젝트를 한다면, 질적 방법에 대한 강의를 적어도 한 학기 이상 이수한 학생을 채용하고, (프로젝트에 충분한 자금이 있다면) 모든 면담을 완료한 후 24시간 이내에 전사하도록 할 것이다. 그리고 프로젝트 초기에는 매주 한 시간씩 초보 보조원이 수행하는 각 면담을 면밀히 검토하여 학생의 기초 면담 기술에 만족할 때까지 함께 시간을 할애할 것이다.

프로젝트의 합리적인 초기 면담으로 평가한다. 꽤 좋은 인용문이 몇 개 나왔지만(위에서 언급했듯이 면담에서 좋은 인용문이 하나만 나오는 경우가 드물지 않다), 훨씬 더 풍부하고 심도 있는 면담이 될 수 있었을 것이다. 보다 양질의 자료가 있었다면 분석적 결론을 도출하는 데 더 강력한 기반을 제공했을 것이다.

면담 예시 2: 더욱 상세한 면담

다음은 내가 『불평등한 어린 시절』에서 논의한 가족 중 한 명인 아프리카계 미국인 부모 셀레스트 테일러(Celeste Taylor)와 2시간 동안 진행한 면담의 일부이다. 그녀는 남편과 별거 중이다.[5] 면담 당시 아들 타이렉(Tyrec)은 내가 연구 프로젝트의 일환으로 관찰하고 있던 초등학교 4학년 교실의 학생이었다. 테일러 부인은 고등학교를 졸업하고, 온라인 영리대학에 재학 중이며 전일제 행정 조교로 일하고 있었다.

이상적으로 면담은 사적인 공간에서 일대일 면담을 진행했어야 한다. 하지만 현실은 그렇지 못했는데, 부분적으로는 면담을 준비할 때 내가 테일러 부인에게 충분히 강하게 주장하지 못했기 때문이고, 이 어머니의 전일제 근무 일정으로 인해 그녀와 단둘이 면담할 시간과 장소를 찾기가 어려웠기 때문이다. (이러한 상황 때문에 케스린 에딘(Kathryn Edin)은 한 면담에 두 명의 면담자를 보내는 패턴을 만들어 한 명은 아이들과 놀아주고 한 명은 어머니를 면담한다.) 면담은 테일러 부인의 임대 주택에서 진행되었다. 나는 일주일 동안 유난히 심한 폭풍과 추운 날씨가 이어지던 어느 1월의 일요일 저녁에 방문하였다. 타이렉(당시 아홉 살)은 면담의 대부분을 함께하며 참여하고자 했다. 테일러 부인의 열아홉 살 아들 말콤(Malcolm)과 열세 살 딸 아니샤(Anisha)도 함께했다. 아니샤는

5) 그녀의 남편은 타이렉과 중학생인 누나 아니샤의 아버지이다. 테일러 부인에게는 학교를 다니지 않고 아버지가 다른 큰 아들(말콤)도 있다.

들락날락했다. 다행히도 면담 지침은 매우 사적인 질문에 맞추어 있지 않았고, 주로 타이렉의 일상생활의 리듬을 평가하는 데 초점이 맞추어져 있었다.

면담 발췌문은 테일러 부인이 동의서에 서명하고 나의 음성 녹음기 사용을 허락한 후 시작된다. 면담을 읽으면서 몇 가지 주의해야 할 사항이 있다. 많은 수의 질문이 구체적인 세부사항을 묻고, 때때로 같은 질문을 다양한 방식으로 여러 번 묻고, 연구 참여자의 답변이 면담이 진행됨에 따라 더 자세해지는 것에 주목하라. 면담은 두 사람 사이에서 절충된다. 천천히 시작한 후, 나는 약 20분 정도 그의 참여가 어머니와 나머지 가족에게 어떤 영향을 미치는지를 가능한 한 명확하게 이해하기 위해 조직화된 스포츠(미식축구)에 대한 타이렉의 참여에 대한 정보를 수집한다.

면담 시작하기

면담자: 컵이 정말 귀엽네요!

여기서 나는 응답자와 친밀감을 쌓으려고 노력하고 있다. 나의 열정은 진심이고, 따라서 이런 칭찬을 하였다. 종종 감탄하는 것을 보면 나는 그렇게 말한다. 이렇게 하면 첫 만남의 어색함을 완화하고 상호 작용을 부드럽게 하는 데 도움이 된다.

테일러 부인: 타이렉이 크리스마스 선물로 이걸 줬어요.

면담자: 멋진 선물이네요.

테일러 부인: 저도 그렇게 생각해요.

면담자: 이제 타이렉을 한 번도 만난 적이 없는 사람에게 그 아이를 어떻게 설명할지 상상해 보시겠어요? 그 아이를 어떻게 설명하시겠나요? 그 아이는 어떤 아이인가요?

테일러 부인: 그냥 남자아이예요. 완전 남자아이예요. 어떻게 설명해야

할지 모르겠어요. 그냥 남자아이라고 말해도 될까요? 그는 에너지로 가득 차 있습니다. 그 아이는 밝아요.

면담자: 당신이 그 아이를 만난 적이 없는 사람에게 그 아이를 묘사한다고 상상해 보세요.

> 이것은 광범위하고 개방적인 질문이다. 이 참여자는 아들을 잘 알고 있다. 그녀의 아들에 대한 깊은 사랑이 바로 드러난다. 이것은 내가 그녀의 답변에서 많은 세부사항을 찾고 있다는 것을 그녀가 이해하도록 돕기 위한 후속 심층 질문이다. 면담의 초기 단계에서는 이와 같은 심층 질문이 참여자의 첫 번째 답변을 수용하고 넘어가는 것보다 바람직하다.

테일러 부인: 아들은 그저 사랑스러워요. 완벽한 어린아이예요. 나쁘지도 않고 좋지도 않아요. 그는 모든 의미에서 그냥 아이입니다. 하지만 착한 작은 아이에요. 정말 사랑스러운 작은 친구입니다.

면담자: 그는 착한 아이입니다. 저는 그 아이와 있는 것이 즐거웠어요. 저는 그를 조금씩 알아 가고 있습니다.

테일러 부인: 그는 약간 촐싹대요.

> 내가 "그는 착한 아이입니다"라고 말하자 어머니는 아들을 비난한다. 그녀는 "그는 약간 촐싹대요"라고 말한다. 나는 그녀의 비판을 완화하려고 노력한다("그는 겨우 4학년이에요.") 돌이켜보면 약간 위험하다고 생각한다. 연구 참여자는 내가 그녀의 양육 방식을 비판하고 있다고 느낄 수 있었을 것이다. 차라리 "그를 알게 되어 즐거웠다."라고 말하고 다음 질문으로 넘어가는 것이 더 나았을 것이다.

면담자: 그는 겨우 4학년이에요. 그리고 그 아이는 어떤 것을 하는 것을 좋아하나요?

테일러 부인: 글쎄요, 그가 가장 좋아하는 것은 물론 영상 게임을 하는 것입니다. 그는 미식축구를 해요. 작년은 그가 미식축구를 하는 첫해였어요. 그는 그것을 사랑했습니다. 그래서 그는 이제 미식축구 팬이 되었고 그것에 빠져들었어요.

면담자: 내일 큰 미식축구 경기가 있죠, 그렇죠?

테일러 부인: 네. (그녀는 아이들 중 한 명을 향해 "누군가는 우리 손을 위한 종이 타월을 사기 위해 가게에 가야 할 거야.") 냅킨이 하나도 없다는 것은 매우 당혹스러운 일이에요. 알겠어요. (이제 타이렉에게 직접 말하며) 이 분은 나와 이야기하고 싶어 해.

타이렉은 서성거리며, 면담에 참여하길 매우 바라고 있다. 그의 어머니가 한계를 설정하고 있기 때문에 나는 어머니의 지시를 따른다. 하지만 나는 어머니의 허락을 받아 그녀와의 면담이 끝난 후 타이렉과 이야기를 나누겠다고 제안했다. 학교에서 알게 되었고 실망시키고 싶지 않은 타이렉과 나와 대화할 시간을 따로 마련한 타이렉의 어머니를 모두 기쁘게 해드리고 싶기 때문에 진퇴양난의 상황이었다. 하지만 두 사람에게 동시에 주목할 수는 없다. 나는 타이렉의 존재가 어머니의 발언에 제약을 줄까 걱정되지만, 어떻게 관리할지 결정하는 데 있어 어머니에게 의지하였다.

다시 면담을 하게 된다면 어머니와의 면담을 중단하고 15분 동안 타이렉과 면담할 것이다. 그런 다음 다시 그의 어머니와 면담을 진행할 것이다.

면담자: (타이렉에게 직접 말하며) 그리고 아마도 내가 엄마랑 얘기가 끝나면 너랑 잠깐 얘기할 수 있을 거야. 괜찮겠니?
(면담으로 돌아와서 참여자에게 말하며) 당신은 풋볼과 영상 게임에 대해 언급했는데, 타이렉이 좋아하는 다른 것이 있나요?

테일러 부인: 또 뭐가 있을까요?

면담자: 그가 학교에 가지 않았던 지난주 동안…(음성 끊김)

테일러 부인: 영상 게임을 했어요. 영상 게임을 하는 것이 기본적으로 가정 활동에서 가장 큰 관심사예요. 그는 많은 게임을 가지고 있고 아주 잘해요. 그게 그의 일이고, 그래서 그렇게 하죠. TV에서 시청하기 좋아하는 프로그램이 몇 개 있어요. 하지만 영상 게임에 더 관심이 많아요. 그 아이는 몇 시간 동안 그것을 할 거예요.

"그는 몇 시간 동안 그것을 할 거예요." 이것은 중요하다. 이 말은 타이렉이 영상 게임을 하는 시간을 제한하는 가정 규칙이 없다는 것을 의미하기 때문이다. 나는 상황을 더 명확하게 이해하고 싶다. 테일러 부인에게 타이렉이 "몇 시간 동안" 게임을 하는 것에 대해 어떻게 생각하는지 물어보고 싶지만, 비판적으로 들리고 싶지는 않다. 그래서 당분간은 더 자세한 내용을 파악하는 데 집중한다.

면담자: 어디서 게임을 하나요? 아래층에서 하나요?

테일러 부인: 네...... (여기서는 내가 집안에서 타이렉이 정확히 어디에서 영상 게임을 하고, 그가 소유한 영상 게임의 개수, 그리고 크리스마스에 각각 약 50달러에 달하는 두 대를 받았다고 한 것에 대해 정확히 하기 위해 물었던 8개의 간략한 추가 질문은 생략한다. 해당 질문과 답변은 제외되었다.)

면담자: 알겠습니다. 그래서 일반적인 날, 예를 들어 오늘[일요일] 같은 날에는, 그가 영상 게임을 하는 데 몇 시간을 보낼 것이라고 생각하세요? 가령 오늘 아침에 몇 시에 일어났나요?

여기서 나는 영상 게임을 하는 데 어떤 제한이 있는지 파악하려고 한다. 좀 더 자세히 알아보려 한다.

테일러 부인: 그는 오늘 아침 9시 30분에 일어났어요. 오늘 늦게까지 잤어요. 보통 일찍 일어나는 편인데 오늘은 늦게까지 잤어요.

면담자: 보통 몇 시쯤 일어나나요?

테일러 부인: 주말에도 7시 30분이나 8시쯤에 일어나요. 그래서 하루 종일 6시간 정도 영상 게임을 한 것 같아요.

면담자: 그리고 이렇게 계속 날씨가 안 좋았던 평범하지 않은 주에는 어떤가요?

테일러 부인: 정말 끔찍했어요. 그들이 일어날 때부터 (일시 멈춤)까지 게임을 했어요. 하지만 알다시피, 그들은 모두 잠시 후 지쳐버렸어요. 나는 몇 시간 동안 게임을 하다 쉬고 다른 것을 시작할 것이라고 생각했죠. 하지만 이번 주에는 모두가 집에 있어요. 타이렉은 열아홉 살짜리 형이 있는데 친구들이 다 있고 모두 [타이렉을] 동등하게 대하죠. 그래서 타이렉은 그들과 항상 같이 놀아요. 형과 함께 친구들 집에 가기도 하죠. 그는 무리의 일원이에요. 그래서 이번 주처럼 말콤이 일하러 갈 수 없기 때문에 다들 모이면 영상 게임을 엄청나게 많이 했어요.

이 인용문의 두 줄이 흥미롭다: "그들은 모두 잠시 후 지쳐버렸어요"와 "[타이렉은] 그들[말콤과 말콤의 친구들]과 항상 같이 놀아요."

나는 더 오래 머물 수 있었지만, 최소한 타이렉이 하루에 6시간 게임을 하는 데 규칙이 없다는 것을 느꼈다. (그의 어머니는 타이렉이 하루 종일 놀았다고 말했지만 그러고 "하루 종일 6시간 정도"라고 추정했다는 데 주목하라. 하지만 나는 면담의 다른 부분을 통해 타이렉이 또한 교회에 가서 다른 일도 했다는 것을 알고 있다.)

면담자: 그리고 이번 주에 눈이 올 때 그는 외출을 전혀 안 했나요?

테일러 부인: 네.

면담자: 그 아이에게 플라스틱 썰매 같은 것은 없었나요?

테일러 부인: 아니요, 그런 건 있긴 하지만 그저 너무 추워서 아이를 밖에 내보내고 싶지 않았어요. 그저 그들을 밖에 보내고 싶지 않았어요.

여기서 나는 타이렉을 밖에서 놀지 못하게 했다는 것을 들었을 때 놀라움을 표시하여 작은 실수를 저질렀다. 놀람을 표현하는 것은 비판(또는 응답자가 비정상적이라는 견해)을 의미한다. 이 사례에서 테일러 부인은 "그저 너무 추워서"라고 자신의 입장을 명확하게 옹호한다. 면담 당일 날씨는 화씨 31도였는데, 어린아이들에게는 그렇게 춥지 않은 날씨였지만 그 주에는 비정상적으로 추웠고 학교는 취소되었다. 더 자세히 물어볼 수도 있었지만 그녀가 방어적이 될까 봐 걱정이 됐고, 내가 다뤄야 할 부분이 많았다. 나는 계속 진행했다.

면담자: 좋아요. 미식축구에 대해 말씀해 주세요. 어떻게 아이가 미식축구를 시작하게 되었나요?

테일러 부인: 글쎄요, 그는 뛰고 싶어 했어요. 연습을 하러 갔던 것 같아요. 아이는 작년에 뛰고 싶다고 했지만 저희가 허락하지 않았어요. 우리는 그가 너무 어리다고 생각했고 작년에 뛸 수 없어서 아이는 매우 속상해했어요. 그러다 주변 사람, 친구 중 한 명과 함께 연습에 갔다가 등록하고 싶다고 생각한 것 같아요. 그래서 그는 미식축구를 하고 싶다고 말했고 저는 안 된다고 말했어요. 아이는 축구를 너무 하고 싶어서 꿈을 꾼다고 말했고, 손에 공을 들고 미식축구장을 가로질러 달리는 자신을 보았고 저를 설득했어요. 그는 그날 그런 이야기를 하며 너무 좋아했어요. 그

래서 저는 좋다고 했죠. 아이 아버지는 그가 뛰는 것을 원하지 않았지만 하지만 제가 말했죠 "어차피 너는 뛰게 될 거야. 내가 허락할게." 그리고 저는 그렇게 했죠. 그리고 그는 그것을 좋아했어요. 정말 즐거운 시간을 보냈죠.

> 이것은 특히 미식축구를 하는 꿈과 관련하여 많은 열정과 함께 이야기된 풍부한 인용문이다. 특히 인용문은 부모와 자식 사이의 역학 관계를 드러내주고 그 사회적 과정을 자세히 보여주기 때문에 훌륭하다.
>
> 그러나 이 인용문은 또한 다음 질문에 대한 많은 경쟁 가능성을 준다. 타이렉은 작년에 미식축구를 하고 싶었음; 부모는 그를 허락하지 않음; 그가 어머니에게 가한 압력; 그의 (더 이상 함께 거주하지 않는) 아버지의 반대; 어머니가 그의 아버지를 무시하고 미식축구를 하게 하는 데 동의함. 이 다섯 가지 경로 중 어느 것이든 추구할 가치가 있을 것이다.
>
> 나는 타이렉 부모님이 작년에 뛰는 것을 반대했던 것을 택하기로 결정했다. 나는 타이렉의 어머니에게 그녀의 우려에 대해 물어본다. 하지만 나는 두 가지 다른 질문을 하는 실수를 범한다(아래 참조). 나는 단지 하나만 물었어야 했다.
>
> 돌이켜보면, "작년에 당신이 아이를 뛰지 못하게 했을 때 어떤 걱정이 있었나요?"라고 묻는 것이 더 나았을 것이다.

면담자: 그리고 당신이 마음을 바꾸게 된 일에 대해 이야기해 주시겠어요? 작년에, 당신이 그 아이에 대해 걱정했던 것은 무엇이었나요?

면담의 초기 전환점 도달하기

다행히도 면담은 순조롭게 진행되기 시작했고, 연구 참여자의 답변은 신중하게 말을 고른 세부 질문의 안내 없이도 점점 더 길고 자세해지고 있다.

테일러 부인: 글쎄요, 그는 너무 작았어요. 그는 그저 어린아이일 뿐이에요. 미식축구는 거친 게임이고, 제가 스포츠 팬도 아니고 저도 거친 경기를 좋아하지 않지만 그는 남자아이이기 때문에 그 아이가 그렇게 하고 싶다면 제가 막을 수 없습니다. 아이 스스로의 발전을 제가 그저 막을 수는 없어요. 그리고 제 생각에 그는 작은 경험을 얻었으니, 내년에 뛰고 싶지 않을 수도 있고 아마 하고 싶을 수도 있어요. 하지만 그가 다치지는 않았어요. 그는 다치지 않았고 훌륭했어요. 그는 즐거운 시간을 보냈어요. 그래서… [잠시 멈춤] 하지만 작년에 그는 너무 작았어요. 저는 그저 생각할 수가 없었어요.

나는 이 인용문이 아주 마음에 든다. 이것은 상세하다. "그는 너무 작았어요.", "그는 그저 어린아이일 뿐이에요.", "미식축구는 거친 게임이에요." 그녀는 자신의 자신의 위치를 잘 설명한다.

만약 그것이 내 연구에 중요했다면(중요하지 않았지만), 나는 그녀가 마음을 바꾼 날과 타이렉의 아버지에게 이야기했는지 등에 대해 더 많이 물어볼 수 있었다. 하지만 그 정보는 내 연구에 중요하지 않았고, 나는 방금 들은 답변에 매우 만족하였다. 나는 다음으로 미식축구의 경제적 비용과 타이렉의 참여가 테일러 부인의 시간에 부과한 요구에 대해 물어보았다.

면담자: 타이렉이 풋볼을 하는 데 드는 비용이 얼마인지 기억하시나요?

테일러 부인: 50달러요. 50달러 밖에 들지 않았고, 몇 가지 물건을 사야 했지만 많은 돈이 들지 않았습니다.

세 자녀를 둔 싱글맘인 테일러 부인이 50달러(현재 달러로 환산하면 86달러)가 큰돈이 아니라고 말하는 것이 놀랍다. 이는 그녀가 다른 많은 노동계급의 부모들보다 예산에 더 많은 여유가 있다는 것을 의미한다.

면담자: 무엇을 사야 했는지 기억하시나요? 당신은 보호대를 사야 했나요?

테일러 부인: 아니요, 컵과 컵을 고정하는 작은 끈을 사야 했어요. 컵과 작은 끈, 스파이크, 신발, 그게 다였어요. 다른 모든 것은 모두 포함되어 있었어요.

특정 품목의 가격을 알아내려면 몇 가지 질문이 필요하다. 비용의 변동성이 크지 않다면 피면담자에게 물어보는 데 시간을 낭비하기보다 인터넷으로 조사를 할 수 있다. 여기서 나는 부모의 의무에 대해 더 잘 이해하고 싶어서 추가 질문을 한다. 또한 나는 청소년 스포츠 활동마다 비용이 많이 다르다는 것을 알고 있다.

면담자: 추가 비용이 얼마나 들었는지 기억하시나요?

테일러 부인: 글쎄요, 50달러를 지불하고 스파이크와 컵을 사는 데 다 합쳐서 100달러 이상 쓰지 않았을 거예요. 그리고 스파이크와 컵은 10달러 정도 들었을 거예요. 그래서 그다지 비용이 들지 않았어요. 무엇보다 시간이 더 많이 들었죠.

면담자: 그럼 그것에 대해 말씀해 주세요. 연습은 몇 시에 시작했나요?

이것은 이례적으로 구체적인 질문이다. 다음 질문의 목적은 미식축구가 피면담자의 삶과 나머지 가족들의 삶에 미치는 영향을 이해하도록 돕는 것이다. 하지만 "미식축구가 당신에게 어떤 영향을 미쳤나요?"라는 일반적인 질문보다, 피면담자의 경험과 삶을 더 많이 이해하기 위해 나는 일련의 구체적인 질문을 던진다.

테일러 부인: 어, 처음엔 6시요. 제 생각에는 처음엔… 글쎄요, 5~6시 정도요. 맞아요.

면담자: 어떻게 아이를 그곳에 데려갔나요?

테일러 부인: 제가 데려갔어요.

면담자: 어떻게 데려가셨나요?

테일러 부인: 제가 운전해서 데려갔어요.

면담자: 그렇군요. 그래서 보통 당신은 몇 시에 직장에서 집으로 오나요?

테일러 부인: 5시 30분에요.

이 질문에서는 나는 미식축구에 대한 기본 정보를 얻으려고 하기 때문에 몇 가지 질문을 하지만 짧게 하려고 한다. 테일러 부인은 명시적으로 말하지는 않았지만 그녀의 답변은 시간이 촉박함을 나타낸다. 아래에서 내가 "그럼 말씀해 주시겠어요. 꽤 바빴을 것 같은데요."라고 말한 부분에서는 "어떤 엄마들은 바쁘고 어떤 엄마들은 그렇지 않다고 생각해요. 당신은 어땠나요?"라고 말할 수 있을 것이다.

면담자: 그럼 말씀해 주시겠어요. 꽤 바빴을 것 같은데요.

테일러 부인: 미친 짓이었어요.

이것은 멋진 문구이다. 인상적이다. 하지만 너무 간결하기도 하다. 나는 (최종적으로) 더 길고 풍부한 답변을 얻을 수 있는, 좀 더 세부 정보를 얻기 위한 질문을 한다. 나는 "미친 짓이었어요."라고 말하고 답변을 기다릴 수도 있다. 아니면 "미친 짓이었어요. 더 얘기해 주세요."라고 말하거나 간단히 "더 얘기해 주세요."라고 말할 수도 있을 것이다.

면담자: 가정에서는 어땠는지 말씀해 주세요.

"가정에서는 어땠는지 말해 주세요."는 더 깊게 파고드는 데 사용할 수 있는 간단하지만 효과적인 질문이다("특정 날짜에 대해 말해 주세요.").

테일러 부인: 아직 학교가 개학하지 않았기 때문에 아들은 일주일에 4일 밤마다 축구 연습을 했어요. 그것은 8월에 시작되었을 거예요. 그래서 일주일에 4일 밤이었죠. 그래서 저는 집에 와서 그를 데리고 서둘러서 먹을 것을 찾아서 가곤 했죠. 아니면 여름에는 밥을 먼저 먹지 않았을 수도 있어요. 먹었을 수도 있고 안 먹었을 수도 있지만 아이들은 학교에 없었어요, 그래서 나중에 먹거나 뭐든 할 수 있었죠. 그래서 그게 더 좋았어요. 그래서 저는 할 일이 있으면 그냥 제 일거리를 가지고 가고 [가장자리에 앉을] 의자를 들고 가곤 했죠. 그때는 바깥 날씨가 화창해서 정말 좋았어요. 공원에 앉아 있어도 괜찮았어요. 날씨가 좋았어요. 하지만 날씨가 추워지기 시작하자 또 다른 문제가 생겼어요. 저는 앉아서 추위를 맞고 싶지 않았어요. 그렇게 안 했어요. 연습에 안 나가서 매우 죄책감이 들긴 했지만 가지 않았어요. 그 당시 저는 정말 피곤했어요. 정말 많이 지쳤어요. 그리고 학교가 시작되었을 때, 연습은 4일에서 2일로 줄었어요, 그래서 바로 거기서부터 쉬는 시간이 생겼어요. 하지만 아까 말했듯이 날씨가 추워질 무렵에는 6시 반에 시작해서 우리에게 30분 정도 시간이 있었으니까요. 집에 와서 밥을 먹고 그 후 숙제를 하고, 연습이 끝나면 숙제를 했죠. 그리고 바로 뛰쳐나왔죠. 그는 준비된 적이 없었어요. 저는 4시쯤 직장에서 전화를 걸어서 "짐을 챙겨라."라고 말하곤 했죠. 하지만 그는 즐거

운 시간을 보내며 항상 밖에서 놀고 있었어요. 그래서 처음에는 그것도 문제였어요. 그 아이는 미식축구를 하고 싶었고 연습하러 가고 싶었지만 친구들과 노는 것을 멈추고 싶지 않아 했어요. 그러면 저희는 연습장에 갈 수 있도록 아이가 집에 돌아오게 찾으러 가야 했죠.

면담자: 그 아이가 친구들과 노는 것을 멈추고 싶지 않아 한 것에 대해 이야기해 주세요. 기억에 남는 하루를 떠올리실 수 있나요?

여기에서 저는 보다 세부사항("하루를 떠올리실 수 있나요?")을 물어본다. 나는 매우 상세하고 생생한, 중요한 인용문을 받았다.

테일러 부인: 네, 물론 많은 날이 있지요. 그는 연습이 있었다는 것을 그저 기억했거나 [여동생] 또는 우리 중 한 명이 그를 찾거나 집에 오라고 했기 때문에 뛰어 왔어요. 그리고 친구들이 모두 그와 함께 달려와서 "나 이제 연습하러 가야 해."라고 말하며 그들과 노는 것을 멈추기가 어려웠어요. 하지만 결국 그 아이는 익숙해졌죠. "나 이제 연습하러 가야 해."라고 말하면서 들어가서 준비하죠. 하지만 처음에는 너무 힘들어서 "타이렉, 서둘러, 이러다 늦겠어."라고 말했어요. 그러면 타이렉은 "알았어요, 갈게요."라고 말하곤 했죠. 하지만 그는 여전히 밖에서 수다를 떨고 있었죠. 그런 식이었죠.

훌륭한 답변이었고, 나는 들으며 면담이 전환점에 도달하였음을 느꼈다. 참여자의 답변이 더 길어졌다. 풍부하고 인상적이고 상세하다. 이 답변은 연구의 핵심 질문인 부모가 자녀를 하루 종일 돌보는 데 (조직적인 활동을 포함하여) 얼마나 많은 노력이 필요한지에 매우 직접적으로 연결된다. 나는 이 답변에 매우 기쁘다. 실제로 이전 인용문을 가볍게 편집한 버전은 『불평등한 어린 시절』의 테일러 가족에 관한 장을 열었다:

"그는 [풋볼] 연습이 있었다는 것을 그저 기억했거나 우리 중 한 명이 나가서 그를 찾거나 집에 오라고 했기 때문에 뛰어 왔어요. 그리고 [그의 친구들이] 모두 그와 함께 왔고 달려왔지요. 아이가 그들과 노는 것을 멈추고 나 이제 연습하러 가야 해라고 말하는 것은 어려웠어요. 저는 "타이렉, 서둘러, 이러다 늦겠어"라고 말하고는 했죠. 그러면 타이렉은 "알았어요, 갈게요."라고 말하곤 했지만 여전히 밖에서 수다를 떨고 있었죠."

항상 그렇듯이, 나의 다음 질문(예: 식사 시간에 미치는 영향, 숙제에 미치는 영향, 테일러 부인이 앉아서 연습을 보고 싶지 않아서 [많은 부모들이 연습을 보지 않음에도 불구하고] "매우 죄책감"을 느낀 것, 아들이 준비된 적이 없었던 것, 그 아이가 친구를 떠나고 싶지 않아 한 것)을 통해 세부적으로 조사하는 다양한 문장들이 있다. 부분적으로는 그녀가 마지막으로 한 말이었고, 부분적으로는 반대 방향으로 작용하는 친구들의 압력이 흥미롭기 때문에 나는 그것에 대한 심층 질문을 한다. 나는 피면담자 말의 일부를 활용하여 내가 관심을 가지는 문제를 말한 다음, 구체적인 예를 들어달라고 요청한다.

또한 테일러 부인의 답변은 조직적인 스포츠와 다수의 동네 아이들이 함께 노는 평범한 오후 활동 사이의 긴장을 보여준다. 그래서 나는 보다 세부사항을 위해 질문한다. 이것은 훌륭한 조사는 아니다. 그녀와 아들과 관련된 문제에 대해 전문가인 테일러 부인에게 그녀가 전문성을 가지고 있지 않은 일인 이웃에 사는 다른 남자아이들의 일정을 알려달라고 부탁하고 있다. 하지만 그녀가 내가 이용할 수 있는 최고의 정보원이기 때문에, 어쨌든 나는 질문한다.

면담자: 이웃의 다른 어린 소년들 중 아무도 미식축구를 하지 않았나요?

테일러 부인: 대부분은 아니었어요. 그들 중 두 명은 했지만, 체중이 같지 않아서 같은 팀에 속하지 않았어요. 그래서 그 아

이들은 서로 다른 날에 연습하러 갔기 때문에 서로를 만나고 함께할 수 없었죠.

면담자: 그렇군요. 그리고 일부 부모들은 화를 내고 아이들을 때리기도 하는 경우가 많이 있다고 어떤 가족들은 이야기해요. 아이들이 갈 준비를 하도록 하는 것은 좋은 장면이 될 수 있어요. 당신 집에서도 그런 일이 있었나요?

> 나는 질문을 제대로 하지 못했다. "어떤 부모들은 아이들이 갈 준비를 하는 것이 매우 어렵고 부모에게 힘들 수 있다고 이야기한다. 여기에서는 어떤가요?"라고 말했어야 했다.
>
> 타이렉의 어머니가 사실과 다르다고 일축한, "때리는 것"에 대한 내 유감스러운 언급에도 불구하고, 답변(아래 참조)은 "그 아이는 나를 너무 제대로 혹사시켰어요"라는 기억에 남는 문구를 포함했다.

테일러 부인: 아니요. 전 절대로 타이렉이 미식축구를 하러 가도록 때리지 않을 거예요. 사실 그렇게까지 할 필요는 없었고, 만약 제가 그를 "타이렉, 이제 그만해."라고 협박했다면 그건 늦어서라기보다는 제 말을 듣지 않았기 때문이었을 거예요. 하지만 시작하고 나서 세 번째 정도 지나자 그 아이는 그만두고 싶다고 하더군요. 아까 말씀드린 것처럼 친구들을 두고 연습하러 가느라 그들과 함께 놀지 못하는 문제가 있었기 때문이에요. 그래서 저는 그 아이를 그냥 두지 않았어요. 그가 저를 너무 잘 설득해서 등록하게 했기 때문에 저는 당시 그만두는 것을 거절했어요. 연습을 계속하는 데 따른 좌절감도 있었지만, 그래도 그가 시작한 일이었기 때문에 우리는 나아가 그것을

이겨내고 다시는 그럴 필요가 없기를 기도하려 했어요. 하지만 우리는 다시 그래야 하겠죠(웃음).

"다시는 그럴 필요가 없기를 기도한다."는 문구는 아들의 미식축구 참여가 그녀에게 얼마나 큰 시련인지 보여준다. 이것은 흥미롭다. 또한 그녀가 다음 답변에서 설명하였듯이 "당신은 그것을 고수해야 합니다. 그냥 물러설 수는 없죠." 라고 한 것도 흥미롭다.
면담이 진행되는 방식에 기뻤지만, 나는 동시에 미식축구라는 한 가지 이슈에 내가 얼마나 많은 시간을 할애하고 있는지 살짝 걱정되었다. 의자를 옮기면서 그녀는 약간 서두르고 있다는 신호를 보냈다. 일요일 밤이고 아침에 출근해야 하기 때문이다. 하지만 연구 질문에 있어 이슈의 핵심을 고려할 때, 나는 다시 한 번 자세히 물어본다.

면담자: 그리고 당신이 그 아이에게 세 번만에 그만둘 수는 없다고 말했을 때 어떤 생각이 들었는지 조금 더 말씀해 주실 수 있으십니까? 왜 그게 그에게 좋지 않았을까요?

테일러 부인: 글쎄요, 만약 당신이 결심하고, 무언가를 하고 싶다고 강하게 느끼고, 그것이 당신이 하고 싶은 일이고 그 일을 하겠다고 결심했다면 그 일에 충실해야 한다는 것을 그가 알 필요가 있다고 생각했기 때문이에요. 특히 몇 시간 동안 친구들과 떨어져 있어야 한다는 이유만으로 그냥 물러날 수는 없어요. 만약 그 아이가 스포츠를 하고 있었는데 갑자기 다칠까 봐 겁이 났다거나 이와 같은 다른 일로 걱정했다면 그건 다른 문제겠죠. 하지만 그런 건 아니었어요. 단지 친구들을 떠나고 싶지 않았기 때문이었어요. 그리고 제가 말했듯이 그것은 훨씬 나아졌습니다. 그리고 그는 계속했어요.

이것은 참여자의 주관적인 경험을 보여주는 또 다른 멋지고 상세한 답변이다. 아들이 왜 그만두지 못했는지에 대해 필요한 구체적인 정보를 얻었으니, 나는 그녀의 역할과 죄책감의 실타래로 돌아간다. 그녀에게 이것을 물어보고 싶지만 죄책감을 느끼게 하고 싶지는 않다. 내 질문을 그녀가 남았어야 한다는 신호로 해석할까 봐 걱정된다. 나의 불확실성 때문에 내 말문이 막힌다. 결국 나는 그녀가 느끼는 "죄책감"의 감정을 명시적으로 언급한다. 더 나은 접근 방식은 "연습을 보러 남을지 말지의 문제에 대해 어떻게 생각했는지 이야기해 주시겠어요?"라고 말하는 것일 것이다.
반면에 내가 사용하는 말은 참여자의 말("연습에 안 나가서 매우 죄책감이 들긴 했지만 가지 않았어요.")과 매우 유사하다. 내가 그녀를 정확히 인용한 것은 아니지만, 제가 응답자의 말을 잘못 해석하거나 그녀의 말에 첨언한 것도 아니다. 내 표현은 내가 주의 깊게 듣고 있고 그녀가 조금 전에 말한 것을 이해했음을 보여준다. 그녀는 활기차게 대답한다.

면담자: 그리고 당신이 연습에 나가지 않아서 때때로 죄책감을 느꼈던 때에 대해 말씀해 주시겠어요?

테일러 부인: 오, 네, 저는 끔찍한 느낌이 들었어요. 매일 밤 거기에 있는 부모가 있었고 그렇게 하길 원하지요. 하지만 어떤 의미에서 제가 이기적인 건지도 모르겠어요. 제 몫을 다 했다고 생각했어요. 우리는 기회[복권]를 팔았어요. 우리는 모든 걸 다 했고, 그 아이는 제가 같이 앉지 않아도 괜찮았어요. 저는 추위를 견딜 수 없어요. 그저 추위를 견딜 수 없어요. 저는 경기라서 추위에 앉아있었지만 연습을 위해 앉아있어야 하는지 모르겠어요.

때때로 연구 참여자가 자기비판적이고 문제가 사소한 경우, 나는 문제의 더 심각한 버전을 생각해서 언급하려고 노력한다. 테일러 부인은 연습에 참석하지 않은 자신을 탓하고 있고, 나는 일부 부모는 경기에 참석하지 않는다는 점에 주목한다. 나는 그녀의 참석이 그녀에게 어떤 의미인지 이해하려고 노력하고 있다. 나는 그녀를 비난하고 싶지 않기 때문에, 그녀가 논의하고 있는 행동의 더 극단적인 버전으로 대체한 다음 그에 대해 어떻게 생각하는지 물어본다.

면담자: 어떤 부모님들은 경기에 오지 않으시잖아요.

테일러 부인: 맞아요. 일부는 안 오죠.

면담자: 이에 대해 어떻게 생각하시나요?

테일러 부인: 글쎄요, 안타깝지만 아무 느낌이 없어요. 사실, 이유를 모르니까요. 알잖아요. 그저 이유를 모르죠. 그리고 모든 종류의 일들로 인해 가지 못하게 될 수 있어요. 저도 몇 번을 놓쳤어요. 놓친 것보다 더 많이 갔기 때문에 그것에 대해 기분 나쁘게 느끼지 않았죠. 저는 보통 거기 있었거든요. 하지만 누군가가 왜 무언가를 할 수 없는지 알 수 없으니까요. 저는 사람을 함부로 판단하지 않아요.

면담자: 하지만 경기장에 한 번도 가본 적이 없다면... 당신은 왜 가는 것이 중요하다고 생각했나요?

테일러 부인: 제가 아이의 뒤에서 그를 지지해야 했기 때문에 갔어요. 그리고 아이가 제가 신경 쓰지 않는다고 느끼지 않기를 바랐어요. 그는 처음에 제가 오는 것을 원하지 않았습니다. 안 된다고 했어요. 게임에 오는 것이 싫다고 했어요 그리고 아이가 저를 원하지 않는다는 사실에 상처를 받았어요.

면담자: 왜 아이가 당신이 그곳에 있길 원하지 않았는지 아세요?

> 이것은 기회를 놓친 예이다. 테일러 부인은 "그리고 아이가 저를 원하지 않는다는 사실에 상처를 받았어요."라고 말한다. 나는 타이렉의 선호도가 그녀에게 어떤 의미인지 더 알아보기 위해 심층 질문을 해야 했다. 하지만 나는 타이렉이 내 말을 가까운 거리에서 들을 수 있을 것 같아서 곤란함을 느꼈다. 나는 실수를 하고 테일러 부인에게 아들의 의견을 이야기해 달라고 요청한다. 이런 종류의 요청은 일반적으로 좋은 생각이 아니다. 타이렉의 어머니는 자신의 감정에 대해서는 뛰어난 전문가이다. 하지만 타이렉의 감정에 대해 그녀는 전문가가 아니다. (그럼에도 불구하고 연구자들이 피면담자에게 다른 사람의 감정에 대해 물어보는 것이 드러나는 경우가 있다.)

테일러 부인: 제 생각에는 아이가 우리를 초대하지 않은 이유는 우리에게 깊은 인상을 남기고 싶었기 때문이거나, 그러지 못할 것 또는 무언가를 두려워했기 때문이었던 것 같아요. 저는 그게 정말 이유인 것 같아요. 왜냐하면 그는 너무 긴장했거든요. 우리를 발견하자마자 정말 긴장하곤 했어요. 하지만 점점 나아졌어요.

면담자: 그리고 그가 미식축구에 대해 무엇을 좋아한다고 생각하세요?

테일러 부인: 글쎄요, 제가 말했듯이 타이렉 소년이고 그의 운동 기능, 조정 및 그런 종류의 것이 매우 조화를 이루어서 그런 일을 매우 잘할 수 있다고 생각해요. 그리고 그는 자기가 할 수 있다는 걸 알고 있었고, 할 수 있다는 것을 스스로 증명하고 싶어 했고, 그냥 좋아했던 것 같아요. 그는 여기 주변의 모든 아이들이 매일 미식축구를 하도록 했어요 (웃음).

면담자: 아이들은 어디서 미식축구를 하나요?

테일러 부인: 바로 여기 길거리와 공원에서요. 거기에 작은 공간이 있거든요.

면담자: 그리고 아이가 미식축구를 하도록 허락하기 이전과 같은 경우에는요. 두 사람이 그 얘기를 몇 번이나 하였는지 추측할 수 있나요? 그냥 추측해 본다면요.

> 여기서 나는 면담 중 테일러 부인이 타이렉이 미식축구를 할 수 있도록 허락을 받기 위해 "노력했다"라고 언급한 시점으로 세부적으로 조사하기 위해 돌아가고 있다. 나는 타이렉이 어떻게 이런 일을 했는지 더 자세히 알아보기 위해 일련의 질문을 던진다. 처음 그녀의 대답은 매우 일반적이다.

테일러 부인: 작년 말씀이세요?

면담자: 네. 작년을 먼저 살펴볼게요. 아이는 몇 번이나 미식축구를 할 수 있는지 물어보았나요?

테일러 부인: 오, 작년에 몇 번 그리고 아시다시피 시즌에만 물어보았어요.

이 대답은 모호하다. 나는 다시 물어봤고, 여러 가지 가능한 수치를 제시했다. 이는 참여자의 선택지를 좁힐 수 있기 때문에 이상적이지는 않지만 "몇 번"이라는 대답을 받아들이는 것보다는 낫다. 또한 나는 가능한 한 많은 세부사항을 찾고 있음을 피면담자에게 상기시킨다.

면담자: 그래서 한 번인지 다섯 번인지, 아니면 열 번인지 아니면 오십 번인지 추측한다면요?

테일러 부인: 오, 열 번이라고 말하고 싶네요.

면접관: 올해 당신이 동의하기 전에는 어땠나요? 만약 당신이 추측한다면 몇 번이나 이야기가 나왔을까요?

귀찮을 수 있는 위험이 있지만, 나는 타이렉의 노력의 실제 빈도를 알아내려고 한다. 다음 답변은 좀 더 구체적이다.

테일러 부인: 약 일주일 내내 저를 설득하려고 노력했습니다.

면담자: 그 일주일 동안 하루에 몇 번이나 그랬나요?

(무리한 것 같다는 생각이 들면서도) 나는 다시 자세히 조사했다. 마침내 멋지고 명확하며 구체적인 예를 통해 보상을 받았다.

테일러 부인: 오, 조용한 시간이 있을 때마다 저녁에 그는 그것에 대해 이야기하고, 그가 얼마나 미식축구하는 것을 원하는지에 대해 이야기했어요.

면담자: 그리고 그가 그 꿈을 꿨다고 말한 시간이 아침이었나요? 아니면 밤이었나요?

> 타이렉이 그가 어머니에게 꿈을 꿨다고 말하는 이전의, 풍부한 묘사에 매료되었기 때문에, 나는 그 문제로 돌아가서 더 많은 세부사항을 요청한다.

테일러 부인: 저녁이었고 저희는 침실에 있었어요. 그리고 그는 자신의 꿈과 운동장을 가로질러 달리는 모습을 어떻게 보고 있었는지 이야기하고 있었어요. 그래서 저는 해야만 했죠 (웃음).

> 나는 이 예시가 좋다. 세부적이고 시간과 장소가 명시되어 있으며 구체적이다. 한 가지 문제에 대해 너무 많은 질문을 하는 것은 위험하고(참여자를 귀찮게 할 수도 있고) 시간도 많이 걸린다. 하지만 이 경우에는 많은 것을 배울 수 있다. 그런 다음 나는 다른 풋볼 관련 주제로 넘어간다.

요약: 깊이 파고든 면담

내 연구의 목적은 부모가 자녀들이 스스로 살아가게 하기 위해 얼마나 많은 일을 하는지 이해하고, 궁극적으로는 자녀 양육에 대한 문화적 논리에서 사회 계급의 차이를 이해하는 것이었다.[6] 타이렉의 어머니와 두

---

6) *Unequal Childhoods에서 설명했듯이 중산층 부모는 자녀를 하나의 프로젝트로 보고 자녀의 재능과 기술을 개발하기 위한 '집중 양육(concerted cultivation)'에 참여했다. 테일러 부인을 비롯한 노동 계급 부모는 부족한 자원을 사용하여 자녀를 돌보았지만 자녀가 자발적으로 성장하고 잘 자랄 것이라고 가정했다. 테일러 부인은 풋볼을 타이렉이 하고 싶어 하는 일로 여겼고 그녀의 많은 시간을 할애했지만,*

시간 동안 면담하는 동안 나는 전체 시간의 20% 이상을 오직 미식축구라는 한 가지 주제에만 집중했다. 이것은 엄청난 투자였지만 불합리한 투자는 아니었다. 타이렉은 교회를 제외하고는 단 한 번의 조직적인 활동(미식축구)에 참여했으며 그의 어머니는 그의 참여에 대해 엇갈린 감정을 가졌다. 어린이와 그 가족의 삶에서 조직화된 활동의 역할을 조사하는 것이 이 연구 프로젝트의 핵심 관심사였다. 또한 면담의 첫 15분 동안 테일러 부인은 내가 많은 세부사항을 알고 싶어 한다는 것을 이해하기 시작했다. 우리는 협력했다. 나는 테일러 부인에게 더 많은 세부사항을 제공해 달라고 요청했고, 테일러 부인은 내 의도를 파악한 후 기꺼이 의무를 다했다. 이 모든 과정은 명시적인 논의 없이도 미묘하게 이루어졌다. 테일러 부인은 훌륭한 연구 참여자였고, 면담을 통해 풍부한 세부사항을 얻을 수 있었다.

결론: 즉흥으로 면담하기

하워드 베커가 설명했듯이 재즈 앙상블에서 뮤지션은 곡의 코드 진행 구조를 출발점으로 삼고 때로는 기여를 통해 그리고 때로는 다른 멤버들과 자발적인 대화를 통해 새로운 음악을 만들어낸다.[7] 심층 면담도 비슷하다. 사람들은 서로 이야기를 나눈다. 기본적인 질문이 정해져 있긴 하지만 연구자는 참여자가 실시간으로 제공하는 답변에 따라 종종 즉흥적으로 질문한다. 면담자는 구체적인 세부질문을 만들고 면담의 속도와 흐름을 제어하지만, 연구 참여자와 지속적으로 협업해야 한다. 각 면담은 고유하다. 경험은 종종 강렬하며 연구자가 사적 정보를 공유한 참여자와

아이의 소중한 생애 기술을 개발하는 데 도움이 되는 일은 아니었다. Lareau의 Unequal Childhoods를 참고하라.

7) Howie Becker, 2021, http://www.howardsbecker.com/articles/improv.html.

친밀감을 느낄 수 있을 것이다.

유용한 세부 질문
자세히 설명해 주시겠어요?
참여자의 말을 반복한 다음 기다리기
[침묵]
그것에 대한 최근의 예를 생각해 볼 수 있나요?
당신은 어땠나요?
저와 대화하는 사람들 중 일부는 저에게 [x]라고 말하는 반면 다른 사람들은 [y]라고 말합니다. 어떤가요?
그 상황이 어떻게 전개되었는지 좀 더 자세히 말씀해 주시겠어요?
어렵게 들리네요.

좋은 면담자가 되기 위한 핵심은 주의 깊게 경청하고 면담 내내 더 자세한 내용을 물어보는 훈련을 스스로 하는 것이다. 빨리 심층 질문을 시작하라. 연구 참여자가 짧고 일반적인 답변만 하는 패턴에 안주하게 해서는 안 되며 그럴 경우에 심층 질문을 시작하라. 그보다는 면담하고 있는 사람에게 어떤 종류의 정보가 연구자에게 가장 유용한지 빠르게 전달하는 것이 좋을 것이다. 나는 면담이 진행됨에 따라 참여자가 잘하고 있다고 그의 답변이 도움이 된다는 감사와 칭찬, 그리고 안심시키는 것이 도움이 된다는 것을 알게 되었다. 때때로 연구자는 격려의 말에 참여자가 눈에 보이게 긴장을 푸는 것을 볼 수 있다.

면담은 어렵고 완벽하게 할 수 없다. 요령을 터득하기 위해 연습이 필요하며, 자기 비평은 연구자가 종종 더 나아지는 데 도움이 된다. 하지만 또한 큰 보람을 느낄 수도 있다. 연구자로서, 당신이 발현적 과정에 참여하고 있음을 명심하라. 이상적으로는 연구를 구상하고, 샘플을 모집하고, 자료 수집을 시작하는 단계(심층 면담 포함)를 거칠수록 초점이 분명해진다. 주제가 보이기 시작한다. 이러한 주제와 내 연구가 기존 연구에 기여하는 바는 자료 분석 과정에서 발전하고 구체화된다. 이 단계는 제8장에서 다루어진다. 하지만 먼저 심층 면담은 특정 맥락(해당 환경의 사람들을 알기 위해 연구자가 체계적으로 "어울리는" 장소)에 내재되어 있을 때 특히 유익하기 때문에 다음 장에서는 참여 관찰을 수행하는 과정으로 이동한다.

제6장

참여 관찰법 배우기
실천 지침

Listening to People

한두 번 만나는 면담과 달리 문화기술지 연구는 사회적 상황 속으로의 몰입을 수반한다.[1] 대개 문화기술지 연구는 사람들과의 정기적으로 이루어지는 체계적 "어울림"으로 묘사된다. 연구자는 사람들에 대해서 알아가고, 사람들은 연구자에 대해서 알아간다. 연구자는 무엇이 일어났는지 기억하기 위해 집에 돌아가면 현장 노트를 작성하는데, 현장 노트가 바로 데이터 세트다. 이 책의 앞부분에서 설명하였듯, 문화기술적 연구는 일상적 실천, 형식적 규칙과 실제 행동 사이의 상당한 차이, 일상생활에서 사람들이 겪는 어려움 등 다른 연구 접근에서 충분히 드러나지 않는 과정을 밝히는 데 유용하다. 프로젝트를 시작할 때, 연구자는 현장을 선택하고 출입을 허락받을 수 있는지 검토한 다음, 떠오르는 우선순위에 따라 자료 수집을 시작한다. 현장 연구가 모두 끝나면 기억과 매우 상세한 현장 노트(기억보다 훨씬 더 정확한)가 남는다. 현장 노트는 프로젝트의 원

1) 한 집단에 대한 문화기술지는 다음을 참고하라. Gans의 *Urban Villagers*와 Liebow의 *Tally's Corner*, Contreras의 *Stickup Kids*, Ho의 *Liquidated*, Black의 *When a Heart Turns Rock Solid*, 그리고 Stack의 *All Our Kin*. 또한, 트럭 운전사의 문화기술지는 Viscelli의 *The Big Rig*, 베트남의 나이트클럽과 금융 거래에 관한 연구로는 Hoang의 Dealing in Desire, 학교 문화기술지는 Cucchiara의 *Marketing Cities, Marketing Schools*와 Chiang의 *The Study Gods*를 참고하라. 관찰과 면담에 기반한 책은 다음을 참고하라. Clair의 *Privilege and Punishment*, 흑인 공동체 및 지역사회 생활의 이질적 특성에 관해서는 Pattillo의 저작, *Black Picket Fences*와 *Black on the Block*, 흑인 남성성 형성에서의 공립학교 역할에 관해서는 Ferguson, *Bad Boys*. 예를 들어, 제니퍼 헌트(Jennifer Hunt)의 "Police Accounts of Normal Force"는 신규 경찰관을 대상으로 하는 공식적인 폭력 예방 교육 프로그램에도 불구하고, 경찰관 사이의 직장 내 역학관계가 과도한 무력 사용에 대한 보상을 계속 제공함을 설명한다. 또한, Sierra-Arévalo의 "American Policing and the Danger Imperative"을 참고하라.

천이며, 향후 작성하게 되는 모든 글은 현장 노트에서 시작하므로, 다음 장에서는 양질의 현장 노트를 작성하는 법에 대하여 설명할 것이다. 하지만 이 장에서는 현장 출입을 관리하고 현장에서의 역할과 관련된 일상적이고 실천적인 과제(예: 노트 필기, 대화 주제, 음식 및 의복 관리)를 해결하는 방법을 이해하는 등 여러 다른 문제를 논의할 것이다. 여기서는 나의 첫 번째 프로젝트에서 노트 작성을 미루다가 저지른 심각하고 골치 아픈 실수와 곧바로 노트를 작성할 수 있을 때만 현장 방문 일정을 잡는 것의 중요성을 공유할 것이다. 물론 연구 현장 선택, 사전 동의 획득, 안전 관리 등 다른 중요한 주제가 있지만, 이 주제는 제2장과 제3장에서 다룬다. 연구자의 초기 연구 질문은 매우 중요하며 "진행하면서 생각하기"와 완성된 데이터 세트 코딩의 필요성(즉, 체계적 방식으로 자료 검토하기)에 관해서는 제2장과 제8장을 참고하라.[2)] 이 장에서는 관찰 연구의 많은 주요 측면에 관하여 전부 다루지는 못하였지만, 참고 문헌 목록에 주요 저작이 포함되어 있다.

미리 물어보는 것이 좋다

연구를 시작했을 때 나는 "정상 교실 활동"을 관찰하고 있었기 때문에 학부모에게 소극적 동의를 얻을 수 있었다. 바쁜 학부모들에게 서면 동의를 받는 것은 쉽지 않기 때문에 소극적 동의는 확실히 수월했다. 연구 첫해에는 이것이 전혀 문제 되지 않았다. 하지만 두 번째 해에 공식적인 면담을 위해 학부모를 섭외하고자 할 때, 학부모 2명이 학교에 연락했고, 연구와 관련해 당황했다. 이 학부모들과는 안타깝게도 대화하지 못했지만, 결국 해당 학부모의 자녀는 연구 참여를 취소했다. 다음에 나는 학부모 대상 비공식 "설명회"를 열어 직접 만나 연구에 관해 설명하고 문의 사항에 답할 것이다. 교훈 한 가지는 미리 물어보는 것이 좋다는 것이다!

캘빈 짐머만(Calvin Zimmerman), 『문제를 찾아서(Looking for Trouble)』

---

2) 방법론서 대부분은 코딩에 대해 설명하며, 특히 "개방(open)" 및 "초점(focused)" 코딩에 대한 유용한 논의는 Emerson et al., *Writing Ethnographic Fieldnotes*를 참고하라.

현장 진입 관리하기: 모호하지만 정확하게

일단 접근권을 얻게 되면, 아주 간략한 "엘리베이터 스피치"(제3장 참고)를 통해 모든 이에게 거의 같은 내용으로 자기소개하는 것이 좋다. 예를 들어, 이렇게 말할 수 있다. "안녕하세요, 저는 [이름]이고, 부모님들이 자녀와 하루를 보내는 데 얼마나 수고가 필요한지에 관심이 있습니다." 말하는 내용은 간략하고 이해하기 쉬워야 한다.

첫날 현장의 모든 사람에게 소개받는 경우는 흔치 않다. 대신 현장에 오래 있을수록 더 많은 사람을 만나게 된다. 한 조직에 들어가서 아직 소개받지 않은 사람과 같은 방에 있다면, 나는 그 사람에게 다가가 웃으며 손을 내밀어 악수를 청하고 자기소개를 할 것이다. ("안녕하세요, 저는 아네트 라로입니다. 버클리 대학교 학생이고, 현재 월터스 선생님 수업을 참관하고 있습니다.") 현장에서 주변을 서성이는 것보다 자기소개하는 편이 덜 어색하다. 상대방이 의심스러워하면 연구자의 적합성을 언급해야 한다. "운이 좋게도 교육감님이 프로젝트를 승인해주시며 교장 선생님을 소개해주셨습니다. 하지만 모든 사항은 보안 유지되며, 학교의 실제 이름은 절대 사용하지 않을 것입니다." 가능하다면 많은 조직 구성원이 참석하는 회의에 참여할 수 있을지 도움을 주는 사람에게 물어봐야 한다.

단체 회의는 사람들이 연구자를 알아보는 데 도움이 된다. 회의에서 프로젝트에 대해 5분 정도 간단히 소개해달라고 미리 요청할 수 있다(혹은 도와주는 사람이나 다른 사람이 연구자를 공식적으로 소개할 수 있는지 물어볼 수 있다). 도움을 주는 사람이 연구자를 소개할 때도 있고, 연구자가 간단히 소개할 때도 있는데, 도와주는 사람에게 어떤 편이 더 좋을지 물어볼 수 있다. 괜찮다면 회의에 쿠키나 다른 간식을 가져가겠다고 제안할 수도 있다.

항상 초대에 응하라
다른 계획을 취소하더라도 (위협을 느끼지 않는다면) 참여자의 초대를 절대 거절하지 말아라. 진지한 문화기술지 연구는 그들의 시간을 따름을 의미한다.

콜린 제롤맥(Colin Jerolmack), 『천국에서 지옥까지 (Up to Heaven and Down to Hell)』

하지만 많은 현장은 조직이 아니라 비공식적 단체이다(예: 또래 집단, 갱단, 친구 모임 등). 여기에서 진행 방법에 대한 지침이 필요하며 도와주는 사람이 말하는 대로 해야 한다. 연구자는 위협이 되지 않아 보이도록 노력해야 한다. 따라서 처음에는 자리해서 "어울리고", 성가신 질문을 많이 안 하는 것이 도움이 될 수 있다. 점차 더 많은 질문을 할 수 있다.

하지만, 다른 사람이 당신을 소개해주다 보면, 당신이 누구인지 그리고 무엇을 하는지 잘못 전달할 수 있다. 그럴 경우, 그 사람이 안 좋게 보이지 않도록 해야 한다는 생각에 갇히게 된다. 『불평등한 어린 시절』에서 나는 가톨릭 백인 노동자 계급 "드라이버스(Drivers)" 가족과 어울리고 있었다. 딸 웬디는 매주 가톨릭 교육 프로그램에 참석한다. 한 주 전, 연구를 설명하는 문서를 가져가기로 했었지만, 교육 프로그램을 담당하는 가톨릭 학교 교장은 연구에 대한 설명을 듣지 못했다. 교장과 아버지, 웬디는 이를 간략히 논의했고, 나는 이를 지켜봤다.

교사가 도착했을 때, 내가 "책을 쓰기 위해" 연구비 지원 프로젝트를 하는 교수라고 여러 번 들었던 아버지는 내가 학점을 위해 강의 프로젝트를 하는 학생이라고 완전히 잘못 설명했다. 나는 교사가 오해하게 되는 상황이 매우 불편했지만, 아무리 정중하게 정정하고자 하더라도, 그 아버지가 한 말을 정정하는 것이므로, 그를 안 좋아 보이게 만들 수 있었다. 나는 그와 지속적인 관계를 맺고 있었고, 그 곤경 속에서 나는 연구를 정확히 설명해야 하는 의무보다, 그에게 해를 가하지 않아야 한다는 의무를 더 우선시했다.

> 교사가 들어오고 교장도 들어온다. 아버지는 교장을 바라보며 "오늘 밤 그녀가 여기 와도 되는지 알고 싶었어요. 템플 대학교에서 학점 받으려고 하는 거예요." 교사와 교장은 약간 혼동을 느끼는 것 같았다. [나는 이 우스꽝스러운 이야기에 갇힌 것처럼 느껴졌지만, 일반적인 방식으로 유지해야 할 의무가 있었다.] 잠시 침묵이 있었다. 교사는 나를 호기심에 차서 쳐다보았다. 나는 "저는 템플 대학교에서 왔고, [현장 학교]의 아이들을 방문하고 있습니다. 지금은 웬디 가족을 방문하여 아이들의 삶이 어떤지 이해하고자 합니다." 교사는 말했다. "저는 괜찮습니다." 교장은 (다시) 말했다. "그녀는 노트를 받지 못했습니다." 나는 "정말 감사합니다."라고 말했다.

정보에 입각한 동의의 핵심은 연구 프로젝트가 있고, 자료 수집 동안 무엇이 일어날 것이며, 동의를 구해야 한다는 걸 참여자가 듣는 것이다. 나는 드라이버 씨가 말한 걸 정정하지 않고 연구의 목적을 설명하는 방식으로 사전 동의의 필수 요소를 충족했다고 생각한다.

현장에서의 당신의 역할

당신은 누구이며, 그곳에서 무엇을 하고 있는가?

당신은 연구를 하려는 현장에 들어갔으니, 거기에 있을 합당한 이유가 있어야 한다. (이 문제와 관련한 자세한 내용은 제2장과 제3장을 참고하라.) 당신은 그 이유 혹은 다르게 표현하면 "당신이 누구이고 왜 그곳에 있는지"를 기억하는 것이 좋다. 일반적으로 연구 참여자들이 하는 것을 하고 싶을 것이다. 그곳에 섞이고 싶을 것이다.[3)]

3) 이 문제에 관한 방대한 문헌이 있다. 그중에서도 다음을 참고하라. Katz, "On Becoming an Ethnographer"; Hoang, "Dealing in Desire"; Lofland et al., "Analyzing Social Settings"; and Denzin and Lincoln, Handbook.

현장에서 당신은 많은 결정을 해야 한다. 어떤 활동을 추적할 것인지, 누구를 알게 될 것인지, 노트에서 무엇에 집중할 것인지 말이다. 가능한 한 본래의 연구 호기심에 따르되, 현장에 있으면서 연구 질문이 바뀔 수 있다는 점을 이해해야 한다. 그렇다 하더라도 시간을 어떻게 보낼지 선택해야 할 때가 있을 것이다. 여기서 큰 그림을 생각하는 것이 도움이 된다. 경쟁하는 다른 우선순위를 고려하였을 때 최고 우선순위가 무엇인지는 오직 당신만이 알 수 있다. 집중해야 할 중요한 사항은 무엇인가? 항상 다양한 경로가 있다. 예를 들어, 부모가 자녀의 음식 알레르기를 다루는 방식을 연구하거나, 의사–환자 관계(의료 사회학), 자녀의 자율성(아동 사회학), 어머니의 자녀 생활 관리(가정/모성 사회학), 위험 평가(위험 학문), 또는 비임상 맥락에서의 의료 권고 사항 준수(건강 및 질병 사회학)에 관심이 있을 수 있다.[4] 읽고 싶은 책과 따분한 문제를 고려할 수도 있다. 의사결정을 하는 데 지침이 되는 원칙을 찾고자 한다면, 흥미와 관심은 중요한 원칙이다.

현장에서의 역할: 물리적으로 현장에 머무르기

현장 연구를 수행할 때, 항상 현장이 물리적으로 너무 작거나 커 보인다. 그 결과 사회적 상호작용을 관찰할 때 서 있거나 앉아있을 곳이 마땅치 않을 때가 종종 있다. 어떤 상황에서는 선택지가 별로 없고 제약이 많을 수 있다. 다른 상황에서는 더 많을 수 있다. 보통 참여자의 제안을 따를 수 있지만, 당신을 귀한 손님으로 대우하기를 바라지 않는다면, 대개 당신의 뜻을 따라도 괜찮다. 여기서 나의 원칙은 이상적으로 무엇이 일어나고 있는지 볼 수 있는 가장 낮은 위치의 자리에 앉는 것이다. 예를 들어, 노동자 계층 가정에서 거실은 꽤 비좁아서 2인용 소파, 텔레비전, 커피 테이블을 두면 충분한 정도이다. 내가 방문했을 때 소파에 앉을

4) Muñoz, "Everybody Has to Think."

것을 권유받았지만, 아이들은 보통 바닥에 앉으므로 나는 바닥에 털썩 앉곤 했다. 비슷하게, 가족들과 함께 차를 탈 때 부모가 나에게 앞좌석에 앉으라고 권유하는 것이 일반적이었다. 하지만, 아이들은 앞좌석에 앉기 좋아한다. 특히 한 쪽 부모와 함께 아이가 혼자 있는 경우는 더욱 그러하다. 그래서 나는 뒷좌석으로 곧장 가곤 했다. 부모가 나에게 "앞좌석에 앉으세요."라고 하면, 나는 "괜찮습니다."라고 말하곤 했다. 대개 부모는 (당황한 듯) 잠시 멈칫하고, 때로 어깨를 으쓱하기도 했다. 두 번째로 차를 탈 때 이러한 대화가 반복되었지만, 세 번째에는 아무도 따로 말하지 않았다. 모두가 자기 자리에 앉아있었다. 때로 무엇을 해야 할지 직감할 때가 있는데, 난 그 직감을 따르곤 했다. 다른 때는 누군가 무엇을 할지를 말해줄 때까지 기다리는 것이 좋다. 예를 들어, 『불평등한 어린 시절』 연구에 참여한 아동인 케이티 브린들(Katie Brindle)을 방문했을 때, 케이티의 두 삼촌은 케이티의 할머니 집에 있었고, 한 삼촌은 (조용히) 방에 있는 두 개 소파 끝에 앉아 텔레비전을 보고 있었다. 나는 어디에 앉을지 몰라서 어색하게 잠시 서서 지켜보았다.

> 우리는 거실로 걸어갔다. 할머니는 커피 테이블 앞에 있는 (삼촌이 있는) 소파 근처에 서 있었다. 아이들은 TV 앞에 있어서 다른 소파로 걸어갈 공간이 없었다. [나는 소파에 세 사람이 앉아야 하는지, 아니면 다른 소파로 돌아서 가야 할지 확신할 수 없었다.] 할머니는 "앉아요"라고 손짓하였다. 할머니가 중간에 앉아서 나는 끝에 앉았다.

때로 아이들은 당신과 놀기를 원하지만 그럴 경우 당신이 관심있는 장면을 관찰할 수 없다. 가능하다면 아이들이 게임이나 장남감을 치우도록 설득해서 원하는 곳에 가까이 갈 수 있을 것이다.[5] 더 큰 집에서는 서

5) Lareau and Rao, "Intensive Family Observations."를 참고하라.

있을 곳이 많이 있고 사람들이 서로 다른 방향으로 드나들 수 있다. 혼란스럽지만 연구 우선순위를 따르도록 노력해야 한다.

그리고 가끔 참여 기술이 부족할 때도 있었다. 예를 들어, 아프리카계 미국인 저소득 가정에 처음 몇 번 방문하는 동안 나는 아이들이 농구하기 좋아하지만, 농구공이 항상 있는 것은 아님을 발견했다. 그래서 다음 방문 전에 나는 농구공을 가져갔다(어머니의 조언에 따라 내 운동화도 가져갔다). 공을 가져갔을 때, 아이들은 눈에 띄게 기뻐했다.[6] 하지만 나는 (비록 대학 경기에 참여했고 게임을 이해하긴 했지만) 중학교 이후로 농구를 한 적이 없어서 새로운 문제가 생겼다. 난 슛을 전혀 하지 못했다. 그래서 나는 골대를 향해 슛하지 않았고(아이들은 이를 이상하게 여겼다), 대신 공격적 수비를 하기로 했다.

> 나는 (그들의 얼굴 앞에서) 팔을 극적으로 내밀고 앞뒤로 움직이면서 수비했고, 아이들은 웃으며 내 주변을 맴돌며 슛했다. 재즈(Jazz)는 "이야 정말 목숨처럼 수비하네요."라고 말했다. 난 다시 수비했다. 나는 공을 잡을 때마다 아이들의 가슴 쪽으로 빠르고 강하게 공을 패스했다. 아이들은 거의 항상 방심하지만, 공을 잡고 드리블한 다음 슛을 쏜다. 나는 게임에서 몇 번을 제외하고 아이들이 공을 패스하는 걸 본 적이 없지만, 그마저도 많지 않다.[7]

현장에서의 위치는 환경에 따라 달라지며, 현장에서의 역할과도 밀접한 관련이 있다. 하지만, 그곳에서 도움이 되는 방법을 찾는 것이 좋다. 예

6) 농구공을 가져가는 것이 분위기 변화를 불러올 것 같아서 하지 않으려 했지만, 나는 아이들이 농구공을 항상 가지고 있는 게 아니라 가끔만 가지고 있다고 합리화했다. 나는 또한 아이들이 흔히 즐기는 물총을 사서 가져갔다. 평소에 아이들이 놀지 않는 게임이었다면 아무것도 가져가지 않았을 것이다.

7) Harvey and Lareau, "Studying Children Using Ethnography."에서 인용.

를 들어, 나는 아기를 안아주거나(내가 좋아하는 일이었고, 까다로운 아이들이 있었다), 빨래를 개거나, 설거짓거리의 물기를 닦기도 했다. 척 보스크(Chuck Bosk)는 『용서하고 기억하라(Forgive and Remember)』에서 병원에서 붕대를 감고 도움이 되는 다른 방법을 찾곤 했다고 논의한다. 여성 교도소에서의 문화기술지에서 레이첼 엘리스(Rachel Ellis)는 교도소 목사를 통해서 접근권을 얻었는데, 교도소 목사가 너무 바빠서 엘리스에게 우편물 읽기, 전화 받기, 복사하기 등 다른 일을 부탁했다.[8] 이는 일주일에 7시간, 때로는 그 이상이 걸리기도 했지만, 교도소 목사 일을 끝내는 건 현장에 머물기 위해 중요했다. 따라서, "돕겠다"고 제안할 수 있지만, 연구를 수행할 수 없을 만큼 돕지는 않는 것이 좋다.

현장에서의 역할: 스몰토크(small talk)에 유용한 주제

비록 혹실드(Hochschild)는 관찰 연구인 『두 번째 교대 근무(The Second Shift)』에서 자신의 역할이 "집 강아지"와 비슷하다고 묘사했지만, 나는 참여 관찰자의 위치가 더 상호적이라는 점을 발견했다. 현장에 도착하면 사람들과 인사를 나눠야 한다. 종종 날씨나 현장까지의 당신의 여정, 지난 방문 이후로 있었던 일 등에 관해 담소를 나누게 된다. 가족에 관한 연구에서 나는 몇 분이 지나서야 상황이 안정됨을 발견했다(나와 같이 일한 연구 보조원도 비슷한 내용을 보고했다). 자리에 앉아서 어울리거나, TV를 같이 보거나, 농구하거나, 둘러앉아 이야기를 나눌 수도 있다. 어울림의 특성은 무엇은 연구하는가에 따라 달라진다. 현장에서 사람들이 말하는 정도는 다르다. 어떤 사람들은 다른 사람들보다 훨씬 더 조용하다. 나는 조용한 편을 선호하지만(즉, 참여자보다는 관찰자에 가깝다), 그렇다 하더라도 완전히 조용히 하기엔 매우 어색한 경우가 많다. 가끔은 말소리를 내는 게 더 좋다. 또한, 사람들이 질문해 올 것이다. 질문

---

8) Ellis, *In This Place Called Prison.*

에 짧게 대답하고 다른 사람들에게 대화를 돌려서 질문을 회피할 수 있다(즉, 긴 답변을 요구하는 질문을 함으로써). 그래도 가끔은 대화를 나눠야 한다.[9)]

무엇이 좋은 주제인가? 이는 상황에 따라 다르다. 만약 음악가에 관한 연구를 수행한다면, 다른 음악가에 관한 대화를 나눌 수 있다. 만약 연극인을 연구한다면 연극에 대해 알아두는 것이 좋다. 아이들에게 영상 게임이 인기가 있으니 최신 게임을 알아두면 도움이 된다. 유명한 TV쇼나 영화도 좋다. 우스꽝스럽거나, 웃기거나, 매력적인 영상도 공유하면 좋다. 일반적으로 스포츠는 훌륭한 기본 대화 주제가 될 수 있으니 스포츠 세계에서 무슨 일이 일어나고 있는지 따라잡는 것이 좋다. 만약 스포츠를 좋아한 적이 없더라도, 대화에 참여할 만큼은 쉽게 배울 수 있다. 게다가 연구 환경에 따라 달라질 수 있는 이야기 레퍼토리를 가지고 있는 것도 좋다. 가족을 연구할 때 나는 나보다 11개월 어린 여동생과 내가 어렸을 때 자주 싸웠던 이야기를 자주 하곤 했다. 나는 고등학교 때까지 침실을 여동생과 같이 썼다고 설명했다. 그래서 다툼이 잦았다. 우리는 방 가운데에 선을 그려서 내 쪽과 여동생 쪽을 나누었고, 거기에 앉아서 보이지 않는 선 너머를 찌르며, "아냐, 아냐. 난 너 쪽에 있어!"라고 서로를 놀렸다. 나는 "우리가 엄마를 성가시게 했죠."라고 말했다. 이 이야기에는 가족생활에 관한 연구에 유용한 요소가 있다. 보편적이고, 자기 험담이면서, 가족이 이상과 동떨어져 있다는 점을 이해하고 있음을 보여준다.

여기서 목표는 농담을 주고받거나 스몰토크를 하는 것이다. 예를 들어 사람들의 직업이 무엇인지 추궁하고 싶진 않을 것이다. 또한, 현장에 한

9) 참여 관찰자가 연구 대상과 맺는 관계 유형에 관한 방대한 문헌이 있으며, 다수가 깊고 장기적 관계를 맺는다. 그러나 많은 경우, 연구 참여자가 연구 결과를 읽었을 때 관계가 단절될 수 있다. 나의 경우, 일부 가정은 연구 결과를 괜찮게 여겨 명절에 계속 연락하며 지냈지만, 일부는 상처받고 화가 나서 관계를 끊어버렸다. 이 문제에 관한 상세한 논의는 『불평등한 어린 시절』 제2판의 부록에 있다.

동안 있으면서 연구 대상자들의 관점을 공유할지 파악할 때까지는 정치적인 주제는 피하는 것이 좋다. 저소득층 대상 연구를 수행한다면, 고급 레스토랑, 외국 음식, 휴가 여행 등 사회 계층구조에서 높은 위치를 강조할 수 있는 주제를 일반적으로 피한다. 하지만 이러한 주제는 부유한 사람들과 면담할 때는 매우 적합할 수 있다. 나는 공통점을 찾으려 노력한다. 그래서 지역팀을 응원할 수 있다면 스포츠가 특히 유용할 수 있다. 음식, 교통, 정원 가꾸기, 계절, 날씨, 제설이나 제설 부족, 플레이오프 등은 좋은 주제다. 약간의 농담도 도움이 된다. 말실수하기도 쉽다. 만약 그렇다면 단순히 사과하면 된다("죄송해요! 저희 엄마는 제가 계속 실수하니까 매번 실수하는 게 습관이냐고 하시지 뭐예요.") 그리고서 넘어갈 수 있다. 실수는 있을 수 있다.

현장에서의 역할: 참여자 도움 요청에 대응하는 방법

특히 저소득층은 연구하는 경우 사람들이 곤경에 있을 수 있다. 그래서 연구 참여자가 당신에게 차 태워주기, 소액 대출, 선물 등의 도움을 요청하는 것은 흔한 일이다. 비록 현장에서 연구자가 직면하는 흔한 문제이긴 하나, 대응 방법에 관한 합의는 없다. 어떤 사람들은 도와준다(친구를 도와주는 것처럼 말이다). 매트 데스몬드(Matt Desmond)는 『쫓겨난 사람들(Evicted)』에서 이러한 태도를 보였다. 다른 사람들은 거절한다. 나의 경우, 가족들이 하루를 어떻게 보내는지에 관한 연구를 하고 있었고, 다수가 차가 없었다. 나는 운전하여 가정을 방문해서 주차한 후 그들과 같이 버스를 타는 어색한 입장이었다. 사회적 지위가 자녀와 부모의 일상을 어떻게 형성하는지에 관한 연구를 하고 있었으므로, 자녀의 병원 방문이나 다른 활동에서 대중교통을 이용할 때 가족이 겪는 어려움을 이해하는 것이 중요했다. 연구 참여자들이 차를 태워달라고 (어쩔 수 없이) 요청했을 때, 나는 대학 보험 규정상 허용되지 않는다고 말했다.[10] 다른 접근법은 가만히 듣고, "거울을 비추듯" 그들의 걱정을 되풀이해서 말한 다음, 거절하는 전략을 채택하는 것이다. 이는 젊은 백인 여성 사회학 박사과정 학생인 블레어 새켓(Blair Sackett)이 케냐의 난민 캠프에서 문화기술지 연구를 진행하면서 나를 비롯한 많은 이들과 오랜 대화를 나눈 끝에 처리 방법에 대해 내린 결론이다. 연구에 참여하는 사람들에게 그녀는 (적당한) 보상을 제공하였다. 면담 참여자들을 위한 소정의 식품 선물부터 집중 관찰 연구 참여자들을 위한 40달러에 이르기까지 말이다. 하지만 이외의 모든 요청은 거절했다.

> 나는 빈번하게 도움 요청을 받았다. 음식이나 신발을 사기 위한 돈부터 미국 정착을 위한 정착금까지…나는 개입하지 않는 전략을 택했다…매번 요청이 있을 때마다 내가 따르는 일관적인 프로토콜이 있었다. 먼저 요청이 이루어질 때 나는 눈을 맞추고 적극적으로 들었다. 요청이 끝나면 나는 요청을 다시 되풀이하고, "제가 들은 건"이라고 물으며, 그들의 요청을 요약했다. 그러고서 "맞나요?"라고 물었다. 요청을 이해한 후에는 그 사람의 눈을 바라보며 "도와드릴 수 없어서 죄송해요. 저는 연구를 하기 위해 여기 캠프에 살고 있는 학생이에요. 저는 구호 직원이 아닙니다. 그런 문제가 있다니 정말 유감이에요. 도움받을 방법을 찾으시길 바랄게요."…하지만 연구를 시작하기 전에 나는 심각한 질병과 같이 목숨을 위협하는 문제라면 최선을 다해 개입하기로 마음먹었다. 다행히 그런 일은 일어나지 않았다.[11)]

사람들의 말을 (급히 흘려듣기보다는) 경청하는 것이 중요하고, 그들이 말한 내용을 듣고 반복함으로써, 그들의 말을 "들었고", 진지하게 받아들

---

10) 누군가 말한 걸 들은 적은 있지만 알아본 적은 없다. 대학 규정을 알아볼 방법이 있었겠지만, 연구 목적을 고려할 때 논란의 여지가 있는 문제였다.

11) Sackett, "The Instability of Stable Poverty."

이고 있다는 걸 보여줘야 한다. 무엇을 하든 연구에 참여하는 사람들에게 일관되게 대응해야 한다. 말은 빨리 퍼지기 때문이다. 때로 연구자들은 규칙을 가지고 있기도 하다. 만약 목숨을 위협하는 문제이거나 가족이 영구적인 피해를 보는 문제라면 돕는다. 또는 보답할 수 있는 정도의 작은 도움을 주거나, 다른 사람들은 제외하고 가까운 사람만 돕는다. 다른 연구자들은 현금을 가지고 다니지 않는 습관을 만든다. 참여자들의 요청에 대응하는 최고의 방법은 지극히 개인적인 결정 문제이다. 또한, 어떤 연구자들은 자료 수집 동안에는 도와주지 않지만, 자료 수집이 끝난 후에 도와주기도 한다. 나의 경우, 자료 수집 동안에 (참여에 대한 대가 제공 외에) 가족들에게 추가적인 도움을 제공하지는 않았다. 하지만 매년 선물을 보냈고, 중학교 퇴학 위기에 처한 소년 어머니의 요청으로 편지를 쓴 적도 있다. (당시에는 퇴학당하지 않았지만, 몇 년 후 퇴학당했다.) 결국 자신만의 전략을 세우기 위해 고민할 때 내가 줄 수 있는 최선의 조언은 감당할 수 있는 것과 없는 것을 구분하라는 것이다. 그다음 당신의 결정과 이유를 독자와 공유하라.

현장에서의 역할: 성공적인 현장 연구를 위한 몇 가지 지침

현장에 가기 전에 항상 식사하기

참여 관찰 수행의 한 가지 문제점은 상황이 어떻게 될지 확신할 수 없다는 것이다. 통제할 수가 없다. 연구자가 다른 집단이나 환경에 진입하는 것이므로 그들의 규칙과 일정을 따르게 된다. 따라서 2시간으로 예정된 방문이 4시간으로 늘어날 수도 있다. 나타날 수 있는 문제는 바로 식사이다. 연구자가 끼어든 상황이므로 배고픔을 느끼거나 음식을 요청하고 싶진 않을 것이다. 반면 참여자들이 음식이나 음료를 제공한다면 반드시 거절할 이유가 없는 한 **항상** 수락해야 한다. 그리고서 하나만 거절하고 다른 음식이나 음료는 흔쾌히 수락하는 것이 좋다. (거절하면 기분이 상할 수 있다.) 음식이 제공될지 알기 어렵고, 참여자들이 먹을 계획이 없는데 음식 준비로 수고하는 걸 원치 않을 것이다. 그래서 나는 현장 방문 전에 항상 먹는 규칙이 있다. 배고프면 집중하기 힘들고 현장 일이 스트레스가 되므로 공복 상태가 되지 않는 것이 좋다.[12] 당연히 이는 가끔 단기간에 두 번 먹어야 함을 의미한다. 또한 배가 고파서 음식이 필요할 때 남모르게 (필요한 경우 화장실에서도 먹을 수 있는) 단백질 바를 가지고 있는 것도 도움이 된다. 하지만 어떤 상황에서도 참여자들이 먹고 있지 않을 때 참여자 앞에서 먹어서는 안 된다.

또한, 무엇을 먹을지 갈등이 종종 발생하기도 한다. 예를 들어, 특정 식단 선택(예: 채식주의)은 이상하게 보이거나 어떤 맥락에서는 무례해 보일 수 있다. 하지만 만약 식단이 당신에게 중요하다면 즉시 사람들에게 알리는 것이 좋다. 이상적으로는 약간의 농담과 자기 험담과 함께 말이다. 음식 선호는 중요한 기능을 한다. 예를 들어, 나는 탄산음료를 선호하지 않지만, 어떤 집단에서는 탄산음료를 마시는 일이 매우 흔하다. 노동계층 가족 연구에서 내가 탄산음료를 마셨다면 편했을 텐데 정말 그렇게 하고 싶지는 않았다. (물론 탄산음료를 좋아하지 않는다고 말하지는 않았다). 난 그냥 거절하고 바로 물을 요청했다. 당시에 모든 노동 계층과 가난한 가정은 내가 물을 마신다는 걸 (그리고 설탕 없이 차를 마시는 걸) 이상하게 생각했다. 이것이 나와 연구 참여자 간 라포르를 해쳤는지 평가하긴 어렵지만, 내가 유연하게 반응하지 않아서 모두 이에 적응했다.

핵심은 음식 제안을 수락하고 감사한 마음으로 맛있게 먹고 마시는 게 중요하다는 것이다. 만약 누군가 제안하는 걸 거절하고자 할 때는 즉시, 일관성 있게, 사과하는 태도로 거절하고, 폐를 끼치지 않는 선에서 대안을 요청하는 것이 적절하다. 당신의 선호를 알게 되면 참여자들도

12) 이 문제에 관한 상세한 논의는 Lareau and Rao, “Intensive Family Observations.”를 참고하라.

적응할 것이다.

현장에서의 역할: 일찍 그리고 자주 방문하기

현장 환경에 들어가면 연구자와 참여자가 서로 익숙해지면서 일반적이고 예측할 수 있게 되는 스트레스 요인이 있다. 많이 방문할수록 더 쉬워지니 초기에는 가능한 한 많이 방문하는 것이 좋다. 현장 노트를 쓸 시간이 있다면 말이다. 방문 빈도는 현장마다 다르다. 하지만 적절한 경우, 처음에는 매일 오다가 일주일에 몇 번씩 오는 루틴으로 자리 잡을 거라고 말할 수 있다. 처음에 자주 방문하면 모든 사람을 만나며 주변에 있는 법을 익힐 수 있다(예: 화장실 찾기, 커피 마실 곳 찾기, 사람들 만나기, 하루 생활 리듬 익히기). 나는 노트를 작성할 수 있도록 "단지" 몇 시간만 방문하는 게 도움이 된다는 걸 깨달았다. (처음에는 환경과 인물들을 묘사하느라 노트 작성이 더 오래 걸린다.) 방문에 대한 현장 노트를 쓸 시간이 있을 때만 방문해야 한다. 현장 노트 없는 방문은 소용없을 뿐만 아니라 기억은 나지만 현장 노트에 없는 것들로 생각을 흐릿하게 만든다.

노트를 작성할 시간이 있는 한 자주 방문하라.

현장에서의 역할: 당신이 누구인지가 당신이 보는 것을 결정한다

면담과 참여 관찰에서 자료를 수집하는 사람은 진행 과정에서 제외할 수 없는 부분이다. 이 역할(일부는 "편향"이라고 프레임 짓는다)은 피할 수 없다. 오히려 이는 "벗을 수 없는 옷"과 같은 "주관성" 문제와 연결된다.[13] 여기에 다양한 요인이 포함된다. 예를 들어, 연구자 자신의 배경은 흥미롭고 중요하다고 "보는" 것의 틀을 구성한다. 연구자의 훈련은 행동 방식에 영향을 미친다. 또한, 나이, 인종, 젠더, 기타 사회적 지위 징표 등의 사회 세계에서의 지위는 다른 사람들이 당신을 바라보고 대우하는

13) Peshkin, "In Search of Subjectivity."

방식을 형성한다. 그들이 당신을 대우하는 방식은 당신이 행동하는 방식을 형성하는 등 다양하다.

주관성은 피할 수 없으므로 이를 인지하고, 메모를 포함하여 정기적으로 이 문제를 성찰하는 것이 도움이 된다. 예를 들어, 연구 보조원과 가까이 함께 일하며 현장 노트 차이의 가장 중요한 원인이 현장 연구원의 어린 시절 경험이라는 사실에 놀랐다. 연구 보조원은 중산층 출신이었고, 아이가 어른의 이름을 부르는 데 익숙했는데, 주택 프로젝트에 참여한 아이들이 "안녕하세요, 라론다 양(Miss Laronda)!", "잘 지내시나요, 샐리 양(Miss Sally)?"과 같이 존댓말을 사용하는 것에 대해 언급했다. 반대로 노동 계층 출신의 현장 연구원은 중산층 자녀들이 부모와 다른 어른에게 보이는 "난 엄마(아빠)가 싫어요."나 큰 소리로 징징거리는 등 무례함과 결례에 놀랐다. 중산층 출신의 일부 현장 연구원은 부모가 아이에게 말하고 위협하는 직접적 방식에 화를 냈다. 반면, 노동자 계층 출신의 아프리카계 미국인인 존 피어슨(John Pearson, 가명)의 현장 노트에서 그는 아이를 "때린다"는 위협에 화를 낸 적이 없었다. 오히려 오랫동안 징징거리는 것과 느긋한 양육이라고 생각하는 것에 대하여 인내심의 한계를 드러냈다. 백인 중산층 탈링거(Tallinger) 가족과 20분 동안 차량에 같이 타며 쓴 현장 노트는 그의 반감을 보여준다.

> 나는 머리가 아팠다[15분 동안 징징거림을 듣다가 말이다]. 나는 아이[가족의 막내인 4살 남아]가 계속 징징거리게 둔 아이 엄마의 엉덩이를 걷어차고 싶었다. 그리고 아기처럼 행동하는 그 아이의 엉덩이를 걷어차고 싶었다…나는 그 엄마가 거의 아무 말도 하지 않아서 놀랐다. 그리고 그 엄마가 "좋아, 샘(Sam). 우리는 이 길로 가야 해"라고 말했을 때, 마치 그 아이에게 애원하는 것처럼 들렸다. 누가 부모란 말인가?

현장 연구자가 연구 참여자에게 가끔 짜증을 느끼는 것은 일반적인 일이다. 어떤 경우에 연구자는 (말리노프스키(Malinowski)의 일기에서 유명하게 표현된 것처럼) 경멸을 느낄 수도 있다.[14] 물론, 당연히 현장 연구원들도 연구 참여자들을 짜증 나게 할 것이다.

이 문제에 대한 쉬운 답은 없지만 자기 이해와 자기 성찰은 매우 도움이 된다. 자신의 사회적 지위에 있는 사람들이 특정 방식으로 행동을 해석할 가능성이 높다는 점을 이해하면, "다른 사람의 처지에서" 상황을 다르게 보려고 노력할 것이다. 또한, 보고 싶은 것을 정한다면, 기록하는 행동이 그 행동 의미에 대한 자신의 해석보다 자신의 배경에 영향을 받을 가능성이 더 적을 것이다. 예를 들어, 현장의 체벌 현황에 대한 격렬한 논쟁이 있다고 하자. 두 명의 현장 연구원은 체벌 사례를 기록할 가능성이 높지만, 양육 유형 의미에 대한 해석은 매우 다를 수 있다.[15] 요약하자면, 자신과 자신의 가정, 자신의 선호를 이해하는 것은 "문제에 맞서기"를 할 수 있도록 도움이 될 수 있다.

마지막으로, 연구자의 기질과 일반적인 사회성 또한 현장에서의 역할을 형성한다는 점에 주목해야 한다. 연구자가 사회적 기술이 능숙하거나 외향적인 걸 편하게 느낀다면 (하지만 여전히 주의 깊게 듣고 사회적 상호작용을 지배하지 않아야 한다.) 참여 관찰이 더 쉬울 때가 많다. 내향

14) Malinowski, *A Diary in the Strict Sense of the Term*. 랜즈다운(Lansdown)의 말리노프스키 일기에 관한 에세이는 "일기에서 가장 문제는 그의 호기심이었다. 그의 불쾌함이 사실상 승리한 것처럼 보였고, 다른 어떤 것보다도 그의 감정에 도취하여 있었으며, 동정심은 거의 완전히 사라진 상태였다."라고 언급한다. 랜즈다운의 "Crucible or Centrifuge?"을 참고하라. 호기심은 문화기술지의 핵심적 측면이라서 독자는 말리노프스키의 호기심 부족에 놀랐다.

15) 연구에 따르면 교육자들은 일관적으로 (아이를 때리는 것보다) 아이에게 논리적으로 타이르는 것의 가치를 말하고자 노력하지만, 일부 부모, 특히 저소득층 부모는 이에 반대할 가능성이 크다. Cucchiara, "Sometimes You Have to Pop Them"와 Lareau, *Unequal Childhoods*를 참고하라.

적이고 수줍음이 많은 사람은 참여 관찰을 특히 어렵게 느낀다. 끼어들고 싶지 않아 하는 사람들은 참여 관찰이 어렵고, 때로 사람들을 불편하게 하는 것을 두려워해서 행동을 느리게 할 수도 있다. 이러한 어려움에 쉬운 해결책은 없지만, 자신의 강점과 한계를 이해하고, 이 문제에 대해 친구들에게 얘기하고 조언을 들으며 전략을 개발하는 게 중요하다. 양질의 작업을 수행할 수 있지만, 자신의 안전지대를 조금 벗어나거나 그걸 할 수 있도록 시간을 더 써야 할 수도 있다.

현장에서의 역할: 열린 마음 유지하기

자료를 수집할 때는 열린 마음이 필요하다. 셜리 브라이스 히스(Shirley Brice Heath)는 학생들에게 "교실에서 인정하지 않는 선험적 비판을 정당화하기 위해 자료 수집과 분석을 이용해서는 안 된다."고 종종 말한다. 마찬가지로, 미치 듀니어(Mitch Duneier)는 문화기술지 학자들이 "놀라는 것에 대한 겸손한 노력"을 해야 한다고 주장한다.[16] 정신적 유연성은 참여 관찰(및 면담)의 핵심이다. 이는 구체적으로 무엇을 의미할까? 연구자는 연구하는 환경에 대해 깊은 호기심을 지니고 그 환경에 있는 사람들의 경험을 알고자 한다. 연구자는 일이 돌아가는 방식에 대해 안다고 가정해서는 안 된다. 실제로 당신은 연구자가 아닌 신참일 뿐이다. (이는 겸손함이다.) 알기 위해 그곳에 있지만 무엇을 연구하는지 정확히 알지 못한다. 불확실성을 안고 살아야 한다. 너무 일찍 집중할 수는 없지만, 무엇이 일어나고 있는지 감을 잡을 때까지 한동안은 "불확실성과 함께 살아야" 한다. 회의적이고 어려운 질문을 던지는 친구와 동료를 만나는 것은 도움이 될 수 있다. 또한, 연구 참여자들을 많이 존중하고 사람들이 어떻게 행동하는 것이 가장 좋은지 안다는 생각을 버리는 것이 중요하다(예: 육아, 구직). 나는 또한 직감이 틀렸다는 걸 증명할 기회를

16) Heath, "The Madness(es) of Reading and Writing Ethnography"; Duneier, "Three Rules," p. 100.

찾는 데도 주의를 기울인다. 예를 들어, 여성이 남성과 다른 경험을 한다는 결론을 내린다면(예를 들면, 부와 관련한 그들의 재정 전문성에서), 내가 완전히 틀렸을 수도 있고, 이러한 양상이 성별과 전혀 관계가 없다고 생각하려고 노력한다. 그리고 이러한 양상을 설명할 수 있는 다른 요인(예: 사전 업무 경험, 교육 배경, 유년기 경험)을 부지런히 찾는다. 나의 이러한 회의주의는 "그것을 무너뜨릴" 증거가 있는지 확인하여 결론이 너무 성급했음을 드러내도록 이끈다.[17] 증거의 중요성과 더불어 증거의 질도 중요하다. 특히 참여자들에게 매우 의미 있는 양상의 증거가 중요하다. 때로는 드문 사건이 더 넓은 양상을 밝히는 데 도움이 된다. 나는 자료를 수집하면서 생각한다.

일상적 의식으로 현장 연구 안팎으로 전환하기

참여 관찰은 감정적으로 강렬할 수 있다.[18]

현장에 점차 적응할수록 더 편안하게 느끼기 시작할 것이고, 이는 좋은 일이다. 하지만 일상생활로 돌아가는 것이 낯설게 느껴질 수 있다. 자신의 삶을 새로운 눈으로 보기 시작할 수 있다. 집이 안식을 제공해야 하지만 현장 연구로 지쳐서 이러한 안식도 피곤하게 느껴질 수 있다. 그래서 나는 현장 연구에서 주로 입는 특별한 옷과 음식 의식 절차(예: 귀가 후 차 마시기)로 출입을 의식화하였다. 어떤 사람들은 바로 현장 노트 작성에 돌입하기도 하지만, 나는 그렇게 하지는 못했다. 나는 텔레비전을 보거나, 소설을 읽거나, 낮잠을 자면서 긴장을 풀어야 한다. 운동도 좀 하고 말이다. 그러고 나서 컴퓨터 앞에 앉아 노트 작성을 시작할 수 있다. 중요한 건 억지로 하려고 해도 즉시 현장 노트 작성으로 전환할 수 없다는 점이다. 사람들이 글쓰기 의식 절차를 갖듯이, 많은 사람이 현장

---

17) Katz, "Analytic Induction."

18) Muñoz, personal communication, and "Everyone Has to Think."

연구와 관련한 의식 절차를 지닌다. 이를 거부하기보다 그것을 파악하고 수행하는 편이 더 낫다. 습관으로 그 과정을 체계화할 수 있다.

> 현장 연구는 피곤한 일이다. 그러니 현장 연구로부터 회복할 시간을 확보해야 한다.
>
> 바네사 로페스 무뇨스(Vanessa Lopes Muñoz),
> "모든 사람은 생각해야 한다(Everybody Has to Think)"

힘이 드는 현장 연구의 특성으로 인해 현장 연구를 마친 후에는 휴식 시간이 필요하다. 가능한 한 현장을 많이 방문하여 지식을 얻고 받아들여지기 위해 노력하고, 방문 후에는 노트를 작성해야 하므로, 이는 어려운 일일 수 있다. 게다가 강의와 같은 다른 일을 하면서 생계를 유지하고 있을 수도 있다. 또한 유지해야 할 가족이나 다른 관계가 있을 수도 있다. 하지만, 가능하면 짧으면서 예상할 수 있는 휴식 시간을 계획하라.

현장 가기를 꺼리는 것: 정상이다

현장 연구자들은 때로 현장 가기를 두려워한다. 어색하고 맞지 않다고 느끼기 때문이다. 현장 연구자는 무엇을 말할지 모르고, 눈에 잘 띈다. 때로 사람들은 연구 질문에 대한 걱정을 멈추고 그냥 어울릴 때 재미있다고 느낀다. 현장 노트를 작성해야 할 때는 지쳐 버린다.

현장에 나가는 것을 미루고 싶을 수도 있다. 현장에 가기 위해 문밖을 나서려면 항상 많은 에너지가 필요하다. 비록 그곳에 가고 싶으면서도 출발하는 것을 때때로 미룬다. 심지어는 집에 돌아오면 나에게 줄 특별한 보상으로 자신을 꾀어내기도 한다. (내게는 컵케이크와 같이 달콤한 것이 보상이지만 다른 사람들은 감자칩처럼 짭짤한 것을 보상으로 생각한다.) 어느 날에는 자신을 현장 연구까지 끌고 가야 할 수도 있다.

이렇게 느끼는 것이 정상이라고 말하는 것을 제외하고는 이에 대해 말할 게 별로 없다. 만약 가고 싶지 않다면 이는 보통 일이 어렵고 힘들며, 이어서 현장 노트 작성의 형태로 어려운 일이 이어진다는 것 이외에는 아무 의미가 없다. 어떤 사람들은 자기 경력에서 가장 어려운 일이라고 말하기도 한다.

어떤 경우에는 이러한 두려운 감정이 현장에서 겪어야 할 문제, 가령 자신에게 냉담한 사람이나 중요한 문제에 대한 접근 제한 등과 연결되어 있을 수 있다. 또한, 현장에 있어야 하는 이유를 찾지 못하거나 프로젝트에 가치 있는 일을 하고 있는지 의아할 때도 가능하다. 무엇이 자신을 괴롭히는지 생각해 보고, 여러 선택지를 살펴보는 것이 도움이 될 수 있다. 친구에게 말하거나 일기 쓰기도 도움이 된다.

하지만 돌아가신 나의 어머니는 내게 의자에 앉아 머물러야만 학교 공부가 많이 이루어질 수 있다고 말하곤 하셨다. 현장 연구도 현장에 가야만 이루어질 수 있다. 엄청 어려운 일이므로, 이 일을 해내는 자신을 항상 칭찬해야 한다.

현장에서의 의사결정은 불가피한 것: 즉각적인 의사결정

여기서 논의하는 연구 절차들은 출현적인 것이어서 즉각적으로 결정해야 하고, 어떤 것들은 연구자를 불편하게 할 수도 있다. 한편으로는 적응하고자 노력하지만, 다른 한편으로는 자신만의 편안함의 수준을 유지하고자 하기도 한다. 백인 저소득층 브린들(Brindle) 가정 방문의 예시처럼 때로는 이러한 요인들이 충돌하기도 한다. 케이티(Katie)의 엄마는 케이티가 좋아하는 사촌 에이미(Amy)와 함께 외할머니 집에서 놀아도 된다고 허락했다. 나도 거기에 있었다.

> 금요일 저녁 케이티 브린들과 나는 케이티 외할머니 집에서 어울리고 있었다. 백인 노동자 계층 40대 이혼 남성인 삼촌 라이언(Ryan)에게는 딸 에이미가 있었고, 역시 외할머니 집에 방문하고 있었다. 동갑인

에이미와 케이티는 함께 놀고 있었다. 갑자기 라이언은 크리스마스 트리를 사러 가겠다고 했고, 아이들은 신이 나서 같이 가고 싶어 했다. 우리는 함께 차에 탔고 나는 앞좌석에 앉았다. 차에 타자 라이언은 차에 문제가 있다고 말했다. "스티어링이나 브레이크에 문제가 있어요. 쇼핑몰이나 멀리 떨어진 곳으로 가고 싶지 않네요." 보통 나는 운전하거나 차를 탈 때마다 안전벨트를 매지만 아무도 안전벨트를 매려고 하지 않았다. 나는 나중에 노트에 다음과 같이 적었다. "안전벨트 미착용. 정말 매고 싶었지만 아무도 매지 않는다. 난 안전하지 않다고 느낀다."

라이언을 그날 저녁에 막 만났기 때문에, 그가 술을 마셨는지, 어떤 운전자인지, 차 상태는 어떤지 알 수 없었다. 특히 브레이크에 문제가 있을지도 모른다고 공개적으로 불평했기 때문이다. 하지만 나는 위선적이고 판단하는 사람으로 보일까 해서 트리를 사 오는 짧은 시간(약 10분) 동안 안전벨트를 매지 않았다. 겉으로는 차분해 보였겠지만, 나를 포함한 차에 있는 모두의 안전을 생각하면 무서웠다.

요즘이라면 나는 안전벨트에 관한 농담을 하며 안전벨트를 맸을 것이다. ("제가 안전벨트를 매도 신경 쓰지 마세요. 저희 어머니는 겁쟁이가 되라고 가르치셨으니까요.") 이는 연구자가 해야 할 무수한 결정 중 작은 예에 불과하다. 다양한 결정에 관해 논의된 바가 많다.[19] 경험상 안전해야 하고, 비윤리적인 행동을 피하는 것 이외에 분명한 법칙은 없다. (윌리엄 F. 화이트(William F. Whyte)가 어떻게 하루에 네 번 투표하게 되었는지 기술한 후에 그의 부록에 작성한 것처럼, 불법적 행위는 여러 도덕

19) 현장에서의 연구자 역할에 관한 논의는 다음을 참고하라. Lofland et al., Analyzing Social Settings; Denzin and Lincoln, The Sage Handbook; Hanson and Richards, Harassed; 그리고 Lareau and Shultz, Journeys through Ethnography를 포함한 많은 방법론 부록을 참고하라. 또한, Ethnography, Qualitative Sociology, Journal of Contemporary Ethnography와 같은 학술지도 참고하라.

적 영향 이외에도 당신과 당신의 연구에 위협이 될 수 있다.[20] 한 가지 실용적 시사점은 현장 연구가 어떻게 진행되고 있는지 정기적으로 얘기할 믿을 만한 친구가 있어야 하고, 지도교수나 신뢰하는 멘토와 적어도 두 달에 한 번은 얘기를 나눠야 한다는 것이다. 이러한 것들을 정리하기 위해서는 도움이 필요하며, 그렇지 않으면 관점을 잃어버리기가 쉽다.

자료 수집 및 기록

접촉의 순간부터 노트 작성하기

어떤 일을 처음 할 때는 신선한 시각과 통찰력을 지니지만, 계속할수록 이는 빠르게 사라진다. 이러한 이유로 공식적으로 현장에 대한 승인을 얻지 못했더라도 연락에 관한 현장 노트를 작성하는 것이 좋다. 통화 내용, 이메일 방문 기록은 모두 보존되어야 한다. 무엇이 보이는가? 이후에 노트가 더 발전되지 않더라도 가능한 한 일찍 노트를 작성하면, 생각보다 더 빨리 새로운 환경에 적응하게 될 것이다. 만약 이미 그 환경의 일부가 되었다면, 새로운 시각을 적용하고, 새로운 질문을 던지고, 더 의식하면서 "익숙한 것을 낯설게 하라".[21]

메모하기 또는 메모하지 않기

어떤 사람들은 작은 종이 노트를 꺼내서 관찰을 수행하는 동안 작성하며 현장에서 노트를 작성하는 것을 좋아한다. 모두에게 그들이 연구 대상임을 상기하기 때문이다. 그러나 어떤 사람들은 이러한 정확한 노트 작성 유형을 거부한다. 사람들에게 당신은 연구 중이고, 그들은 연구 대상임을 자주 상기하기 때문이다. 여기에 정답은 없다. 하지만 현장 연

20) Whyte, Street Corner Society.

21) Erickson의 "Taught Cognitive Learning."을 참고하라.

구에서 우선순위는 사람들의 이야기를 듣는 것이다. 특히 초기에 방대한 노트를 작성하는 사람들은 이를 수행하면서 사람들이 하는 이야기를 제대로 듣는 데 어려움을 겪을 것이다. 어떤 사람들은 자기 휴대전화에 노트를 작성하거나 문자를 보내기도 한다. 이는 종종 허용될 수 있다. 또한 화장실에 가서 대략적인 노트를 작성하거나 통화를 하거나 (목소리가 들리지 않는 거리에서) 받아쓰기할 수도 있다. 어떤 상황에서는 노트북을 열어서 실시간으로 메모하는 것이 허용되는 일도 있다.

하지만 가족 저녁 식사와 같이 다른 환경에서는 노트를 작성하는 것이 어색하고 불편할 수도 있다. 알리야 라오(Aliya Rao)가 실직한 전문가들을 관찰한 공동 집필 논문에서 이야기했든 말이다.

> 3~4인의 소규모 가족에서 한 사람의 추가(라오)는 눈에 띄는 일이었다. 예를 들어 모든 참가자가 눈에 보이는 저녁 식사 대화에서 아무리 조심스럽게 쓴다고 해도 노트 작성은 불가능했을 것이다.[22)]

그래도 라오는 참여자들에게 노트를 작성하고 있음을 밝혔다.

> 그녀가 관찰한 각 가정의 최소한 한 명의 어른은 그녀에게 노트 작성을 하지 않는 것에 대해 질문했다. 그들은 그녀가 노트를 작성할 것이라고 예상했기 때문이다. 그녀는 집에 돌아가는 길에 관찰에 근거하여 노트를 작성하고, 24시간 이내에 제대로 된 현장 노트로 발전시키고 있다고 설명했다.[23)]

보통 노트는 시간이 지남에 따라 나아진다. 집중해서 듣는 것을 연습

22) Lareau and Rao, “Intensive Family Observations.”

23) Lareau and Rao, “Intensive Family Observations.”

할수록 더 잘 기억할 수 있다. 때로는 단어를 하나씩 떠올릴 때 문구를 그대로 기억할 수도 있다. (시험해 보려면 다른 공간에서 대화 내용을 기록하고, 노트를 작성하고, 비교해 보아라.) 감정이나 개념을 기억하는 것이 기억에 도움이 될 것이다. 앞에서 언급하였듯이, 휴식을 취하는 것도 기억을 향상시킨다.

어떤 경우에 연구자들은 현장에 갈 때 일상적으로 녹음기를 가지고 다니기도 한다. 음성 녹음(또는 영상 녹화)은 점차 보편화되고 있다. 연구 참여자들에게 기록하는 것이 괜찮은지 물어야 하며, 몰래 진행해서는 안 된다. 『불평등한 어린 시절』에서 나는 현장 노트의 질이 걱정되어서 우리가 관찰한 바를 모두 음성 녹음했다. 일부 연구 참여자들은 녹음기를 무시하였고, 일부는 녹음기를 항상 의식했다. 그러나 경험 많은 문화기술지 학자가 나에게 말했듯, 일반적으로 "만약 그들이 당신을 괜찮다고 생각한다면, 영상을 포함하여 어떤 형태의 기록도 괜찮다고 한다." 나는 이것이 사실임을 확인했다. 게다가, 연구 참여자들이 만약 기록을 원치 않는다면 그들 앞에 기록물을 가져와서 삭제할 수 있다고 안심시킬 수 있다. 그들은 통제 안에 있다. 영상 기록은 참여자에게 좋은 선물이 될 수 있다. 특히 잘 다듬고 편집된 기록을 만든다면 말이다. 어떤 사람들은 사람들에게 영상 기록을 보여주고 해당 대화에서 어떤 일이 있었는지 논의하도록 요청하기도 하는데, 이러한 전략으로 추가적인 유익한 자료를 얻을 수 있다.

현장 노트를 작성하기 위해서 시간이 많이 필요하다. 쉽게 현장에 있었던 시간의 두 배, 어떨 때는 12시간까지 걸린다. 나는 보통 현장에 2~3시간 가 있으려고 하고, 현장 노트 작성에 5~6시간 정도를 할애한다. 하지만 『불평등한 어린 시절』 프로젝트에 연구 보조원들이 있었을 때, 2~3시간 동안의 방문에 대하여 연구 보조원들이 노트를 작성하는 데 5~12시간이 걸렸다. 다음 장에서는 노트 작성의 "섬광(flashlight)" 전략 및 "투광(floodlight)" 전략을 비교하고, 노트 질을 결정하는 요인들에 대해 살펴볼 것이다. 하지만 여기에서 중요한 점은 현장에서 일어난 일에 대한 기억이 생생할 때 즉시 노트를 작성해야 한다는 것이다.

경험상 노트는 현장 방문의 24시간 이내에 작성해야 한다. 현장 노트는 프로젝트의 생명줄이며 많은 경우 중요한 세부사항이 흐릿해진 한참 후에 보게 된다. 아래에 설명하듯이 이전 방문에 대한 노트 작성이 끝날 때까지 현장에 다시 가서는 안 된다. 따라서 제2장과 제3장에서 상세히 논의했듯이, 격일로 현장 방문 일정을 잡고 업무와 현장 노트 작성, 개인 생활이 균형을 이루도록 일정을 맞추는 것이 좋다.

나는 6시간 동안 현장 노트를 작성하는 게 내 한계인 것을 깨달았다. 만약 평소와 다르게 오랫동안 방문한다면(다음 장에서 기술하는 것과 같이 밤을 보내는 경우), 2일 이상 신중하게 계획을 세워야 한다. 첫 번째 노트가 완성될 때까지 다른 방문을 하지 않도록 말이다. 노트 작성이 고통스러울 수 있지만 시간을 투자할 가치가 있다. 비록 그것이 다른 중요한 일상 활동을 포기하는 것일지라도 말이다. 몇 달 혹은 몇 년 후에 이 노트를 가지고 작업할 수도 있다. 기억을 믿기는 어려우므로, 노트에 의존할 수밖에 없다. 따라서 가능한 한 상세하면서도 간결하게 작성해야 한다. 매일의 노트가 완벽할 수는 없고, 현장 연구자도 사람이니 실수하기 마련이다. 하지만 가능한 한 현장 방문을 통해 선정 주제에 관한 강력하고 풍부한 노트를 만들어야 한다. 만약 어느 날 노트가 불충분하다고 해서 애쓰지 말고 다음 단계로 나아가 다음 방문에 대한 더 좋은 노트를 작성하라.

노트를 작성하며 알게 된 바와 생각한 바에 귀 기울이는 것이 좋다. 따라서 매 방문 뒤에 "분석 메모(analytic memo)"를 작성하여 알게 된 내용의 핵심 주제를 강조하고, 그것을 문헌과 연결지어야 한다. (이와 관련하여 제8장에서 더 다룰 것이다.) 세 번째 방문마다 친구나 지도교수를 만날 수 있다. 다양한 점에 관하여 얘기 나눌 수 있다. 무엇을 알게 되었는가? 무엇이 흥미로운가? 무엇이 놀라운가? 패턴이 무엇인가? 왜 이것이 중요한가? 이건 어떤 사례인가? 기존 문헌을 어떻게 심화하거나 차이를 더할 수 있나? 스스로 귀를 기울이고, 피드백을 들으면서 점차 우선순위를 정할 수 있다.

초기 결과에 대한 두 번째 "엘리베이터 스피치" 개발하기

당신이 주위를 돌아다니기 시작하면 연구 현장에 있는 사람들은 당신이 무엇을 알아내고 있는지 물을 것이다. (때로는 그들이 정말 관심이 있을 수 있고, 때로는 단지 예의를 차리는 것일 수도 있다.) 현장에 있기 시작한 지 어느 정도 후, 어느 시점에는 자신이 알게 된 내용에 대한 수정된 "엘리베이터 스피치"가 필요하게 된다. 이는 까다로운 문제다. 당신은 그들이 가능한 한 자연스럽게 행동하길 원하므로 연구의 주요 목적에 그들이 주목하지 않길 바라지만, 그렇다고 솔직하지 않게 말하고 싶지도 않을 것이다. 이전 스피치와 마찬가지로 이번의 스피치도 모호하지만 정확해야 한다. 나는 놀라운 부분과 어느 정도 해가 되지 않는 점에 집중할 것이다. ("많은 학부모님이 학교 일에 참여하고 있어서 놀랐습니다. 학부모님들이 모금하는 금액은 놀라울 정도로 많습니다." 또는 "아이들이 훌륭합니다. 여기 있는 것이 즐겁습니다. 아이들이 잘 이동해서 놀랐습니다." 혹은 "당신이 얼마나 많은 양식을 작성하는지에 놀랐습니다.") 예리하고 주의를 기울이고 있는 것처럼 보이면서도 논쟁의 소지가 없는 내용이 필요하며, 더 알아내고 싶은 주제를 언급해야 한다.

시작하기 전에

- 만나는 사람들에게 자신을 소개하고 프로젝트를 어떻게 설명할지 정했는가?
- IRB를 신청했는가?

- 연구에서 알게 된 내용에 대해 함께 이야기할 수 있는 사람이 있는가?
- 현장 노트를 작성할 시간이 있는가?
- 가족과의 약속, 상충하는 업무 의무, 여행 등을 줄였는가?
- 현장에서 자신의 역할이 무엇인지 생각해 보았는가? 하고 싶은 일과 하지 하고 싶지 않은 일은 무엇인가? 거절해야 할 일이 있을 때를 대비하여 계획이 있는가?
- 조언에 귀 기울이고 있는가?
- 어떻게 감사를 전할 것인가? 진심으로 느껴지며 상황에 적합한 소정의 사례 혹은 도움이 되는 제스처가 있는가?

개인 생활 관리를 위한 성공적인 전략 수립

참여 관찰 수행은 자신을 다른 사회 세계에 끼워 넣는 것을 의미한다. 그곳에서 시간을 보낸다는 건 당신의 일상적인 곳에서 시간을 보내는 게 아니다. 모든 일이 일-가정 갈등을 만들지만 이러한 일로 만들어지는 갈등은 고유의 특성을 보인다. 문화기술지 학자가 타인의 삶에 침투하는 것과 같이, 참여 관찰 역시 당신의 일상생활에 침투한다. 이러한 상충적 의무를 소화하기란 어려울 수 있다. 이러한 문제는 방법론 서적에서 거의 논의되지 않으나, 연구자 경험의 중요한 일부이므로, 나의 개인적 생각을 여기에 공유하고자 한다.

시작하기 전에 연구 중 예상치 못한 개인적 어려움이 발생할 수 있는지, 그리고 그러한 상황에서 연구를 계속 수행할 수 있을지 생각해 보는 것이 현명하다. 예를 들어, 형제자매나 나이 든 부모의 생명을 위협하는 질병, 가족의 만성적인 정신 질환, 주택 개보수 문제, 배우자의 이직, 혹은 기타 생활 문제가 연구에 영향을 미칠 수 있다. 이러한 경험은 대부분 예측하기 어려우며 통제할 수 없지만, 또한 중요한 문제이기도 하다. 비록 전적으로 사회적 지원에 의존하기는 하나, 임종을 앞둔 부모님을 돌보거나, 이혼을 겪거나, 다른 주요 삶의 문제 중에 문화기술지 연구를 수행하기란 어렵다. 심지어 이사, 교통사고, 무릎 수술 후 회복과 같은 일도 연구에 지장을 줄 수 있다. 물론 문화기술지 연구를 계속할 수는 있지만, 늦춰질 수밖에 없다. 게다가 주요 삶의 문제는 에너지와 집중력을 떨어뜨릴 수 있다. 삶의 문제를 겪고 있는 동안 참여 관찰을 수행 중인 연구자는 보통 상충하는 의무를 소화하는 방법을 찾기 위한 도움이 필요하다. 구분할 수 있는 능력 또한 도움이 된다.

네팔로 6개월간의 배낭여행을 떠나기 전에 가족에게 행운의 기도를 받는 것이 도움이 되는 것처럼, 참여 관찰 연구의 시작 전에 사랑하는 사람들에게 동의와 지지를 받는 것은 매우 도움이 된다. 물론 가족 대부분은 참여 관찰을 활용하는 연구 프로젝트를 수행한다는 것이 어떤 의미인지 이해하기는커녕 우리가 대학에서 무엇을 하는지 잘 알지 못하기는 한다. (왜 가족들이 그래야 하는가? 다른 세상일 뿐이다.) 가족들에게 당신이 무엇을 하고자 하는지, 그리고 연구 방법은 무엇인지 설명하는 것이 도움이 될 수 있다. 설명하면서 프로젝트에 대한 열정을 전할 수 있다(또한 당신의 미래 경력에 이 연구가 도움이 된다는 점을 강조할 수 있다). 이에 대해 당신이 얼마나 기대하고 있는지(또한 긴장하고 있는지)를 강조할 수도 있으며, 이것이 당신에게 정말 중요하다는 점을 공유할 수도 있다.

가족의 일부는 매우 기뻐할 수도 있지만, 다른 가족들은 당신이 무엇을 하는지 전혀 이해하지 못하거나 무관심할 수 있으며, 가족과 함께하는 일이 줄어드는 것에 반대할 수도 있다. 가족과의 관계에 따라서 가족들의 반대를 무시하거나 필요하다면 반대를 해결하기 위해 노력할 수 있다. 하지만 당신이 잠시 가정을 떠나 있는 것에 대해 배우자의 기분이 상했다면, 당신이 도울 수 있는 배우자의 정말 하고 싶어하는 일(혹은 항상 꿈꿔왔던 일)이 있는지 생각해볼 수 있다. 만약 그 일에 비용이 많이 들더라도 그만한 가치가 있을 수 있다. 아니면 현장 조사 전후에 함께할 수 있는 특별한 일을 구체적으로 계획할 수 있다. 배우자가 있다면 배우자에게 감사를 표하는 것이 중요하다. 그러나 여기서 핵심은 연구를 진행하는 데 필요한 동의를 구하는 것이다.

요약: 여정 시작하기

참여 관찰을 이용한 연구의 시작에는 여러 단계가 있다. 제2장과 제3장에서 논의한 바와 같이, 연구자는 연구하는 이유와 무엇을 알아내길 바라는지에 대해 생각해야 한다. 또한, 어디에서 연구할지 정하고, 연구지에 정기적으로 갈 수 있는지 확인해야 한다. "시작하기 전" 상자 안에 있는 과제 일부는 연구를 진행하면서 비로소 드러나지만, 이러한 문제는 미리 생각해 두는 것이 좋다.

참여 관찰 연구의 수행은 일련의 모순을 수반하므로 특별하다. 연구자가 섞여 들지만, 언제나 외부인이며, 참여하고 있지만 관찰하고 있으며, 알아내고 있지만 때로 실마리가 없고, 자신이 무엇을 하고 있는지 모르는 경우가 빈번하다. 하지만 어느 정도 시간이 지나면 상황은 나아진다. 그리고 다른 세상에 대해 더 깊이 배울 수 있는 시야가 넓어진다. 연구자는 또한 알아낸 바를 다른 이들과 공유할 수 있다. 유니테리언-유니버설리스트(Unitarian-Universalist) 교회는 "모든 사람의 내재적 가치와 존엄성" 원칙을 주장한다. 이는 문화기술지 연구의 핵심 원칙이기도 하며, IRB의 원칙을 따른다는 전제하에, 참여 관찰 수행 과제는 명예로운 일이 된다. 연구자는 우리가 모를지도 모르는 세상으로 우리를 안내할 수 있고, 모두가 그 세상에 대해 더욱 깊이 이해하도록 도울 수 있다. 하지만 이를 위해서 연구자는 자신이 본 것을 매우 정확하게 기록해야 한다. 다음 장에서는 양질의 현장 노트를 작성하는 방법에 대하여 설명한다.

제 7 장

양질의 현장 노트 작성하기
세부사항의 중요성

L i s t e n i n g t o P e o p l e

참여 관찰을 수행하면서 연구자는 사회과학 연구 프로젝트에서 사용할 자료, 즉 다른 방식으로는 얻기 힘든 자료를 수집한다. 관찰에 대해서 작성할 때, 현장 노트는 연구자의 관찰을 고정하고 보존한다. 궁극적으로는 (독자에게 연구자를 믿어달라고 요청하는 대신) 연구자 주장의 근거를 보여줌으로써 독자를 설득하는 데 현장 노트가 도움이 된다. 하지만 현장 노트에는 항상 범위와 깊이 간 상호절충이 있기 마련이다. 어떤 경우에 연구자는 "투광"을 켜서 사회적 환경 전반을 제공한다. 다른 경우에는 "섬광" 초점으로 순간순간의 상호작용을 정확히 짚어내기도 한다. 따라서 연구자는 어떤 세부사항을 작성할 것인지 결정해야 한다. 양질의 현장 노트는 사회적 과정을 생생하고 정확하게 묘사하는 것이 특징이다. 에머슨(Emerson)과 공저자들은 그들의 훌륭한 저서 『문화기술지 현장 노트 작성하기(Writing Ethnographic Fieldnotes)』에서 이를 "풍부하게" 작성하는 것이라고 설명한다.

이 장에서는 일상생활의 상당한 제약 안에서 양질의 상세한 현장 노트를 작성하기 위한 탐색을 다룬다. 또한, 첫 페이지에 포함할 정보와 (약어 WRITE으로 축약하는) 노트에서 다뤄야 할 주요 문제, 그리고 일반적인 어려움들을 포함하여 실용적인 조언을 제공한다. 나는 현장 노트의 두 가지 예시를 활용하여 양질의 현장 노트를 작성하는 방법에 대한 상세한 지침을 제공한다. 전반적으로 현장 노트 작성에서 중요한 점은 시간에 따라 묘사하는 것이다. 결과적으로 연구자의 현장 노트들은 다양할 것이다. 특히 다른 날에 비해 어떤 날에는 시간과 공을 더 들여서 현장 노트의 질이 좋을 것이다. (또한, 어떤 날에는 다른 날보다 더 흥미로운 사건이 많이 발생할 수 있다.) 이는 정상적이다. 게다가 노트의 초점도 다를 것이다. 어떤 방문에서는 "투광"에 초점을 두고 전반적인 사항을 제공할 것이다. 다른 때에는 방문 중 15분 동안에 섬광 초점을 맞출 수도 있다. 여기서 나는 질 높은 노트의 이상적인 목표를 제시할 것이다. 하지만 내가 보여주는 것처럼 때로는 나도 형편없는 노트가 있고, 당신도 목표와 먼 노트를 작성하는 날이 있을 것이다. 이것이 이상적일까? 아니다. 현실적일까? 그렇다. 그리고 보통 다음 방문 이후에는 노트가 훨씬 더 좋아진다.

현장 노트의 첫 페이지

연구가 끝날 무렵에 연구자는 많은 현장 노트를 갖게 될 것이다. 각 방문에 대한 현장 노트의 첫 페이지에는 방문의 주요 사항을 요약하는 것이 도움이 된다. 대개 한번 방문할 때마다 (한 줄 간격으로) 10페이지 분량의 노트를 작성하게 되고, 금방 늘어날 수 있기 때문이다. 주요 사건(무엇이 일어났는지)과 이러한 사건에서 떠오른 주제에 대한 짧은 요약이 필요하다. 사람들은 다른 방식으로 이 문제를 다룬다. 나는 세 개 영역으로 구분된 하나의 긴 열을 선호하는 편이다. 다음은 『불평등한 어린 시절』 연구의 예시이다.

- 타일러 가족
- 방과 후(사건)
- Taylor.AL.15.4월2일.방과 후(파일명: 가족, 내 이니셜, 방문 횟수, 날짜, 제목)
- 라로(팀 연구라면 현장연구원의 이름)
- 월, 일, 연도
- 2시간 13분: 3:47~6:00(방문 시간)

- 5시간(노트 작성을 위한 추가 시간)
- 화창하고 맑은 봄날, 10도(날씨)

분석 주제

- 어린이 주도 놀이
- 동네 놀이
- 일상생활 리듬
- 규칙 깨기

이 정보는 현장 노트가 시작되기 전, 페이지 상단에 기본 정보에 대한 요약(누가, 무엇을 언제, 어디에서, 어떻게)을 제시한다. 현장 노트는 시간순으로 번호 매긴다는 점에 주목하라. 나는 프로젝트 초기부터 모든 파일에 ("코드명"이라고 부르는) 가족들의 가명을 사용하기로 선택했다. 이는 가족들의 코드명을 사용하는 데 익숙해지기 위함이었다(그리고 책이 출판되었을 때 여전히 "내 가족들"로 보이기 위함이었다). 또한, 연구 보안을 높이기 위해 현장 연구자에게 "야넬리 가족" 혹은 "윌리엄스 가족"과 같이 항상 코드명을 사용하도록 했다. 현장 노트 본문에는 연구 참여자의 이름을 사용했다.

【표 7.1】 일어난 일 요약

3:57 도착, 물 마심
4:05~5:00 친구와 거실 바닥에 앉아서 담소 나눔
5:00 타이렉이 밖에 나가자고 제안, 재킷 받음
5:00~5:30 밖에서 공 가지고 놂
[타이렉이 엄마의 귀가를 걱정함]
5:30 타이렉 엄마가 집에 도착함
5:40~6:00 셔벗을 사러 가게에 감
6:00 p.m. 작별 인사, 내일 일정 조율, 떠남

보통 분석 주제가 바로 분명해지는 것은 아니다. 나는 노트 작성과 현장 노트에 대한 성찰(아래 설명)을 마친 후, 첫 번째 페이지에 있는 주제 칸으로 돌아가서 이를 채운다.

첫 번째 페이지를 다른 방식으로 요약하는 사람들도 있다. 다음의 예시는 영국 출신의 백인 박사 과정 학생인 피터 하비(Peter Harvey)가 엘리트 사립학교에서 4학년과 5학년 혼합 교실을 연구하며 작성한 노트에서 발췌했다. 그는 특히 아이들이 수업 기반 문화 기술을 어떻게 학습하는지에 관심이 있었다.[1] 노트 첫 페이지에는 시간표와 함께 사건이 함께 제시되어 있다.

피터 하비

10월 18일 수요일; 10:55am-1.16pm

사건 개요

- 10.55-11.05 간식 시간
  - 여학생들이 내 가방을 뒤지고 물건을 훔침
- 11.05-11.15 수업
  - 교사 1이 숀을 야단치자 숀이 저항함; 교사가 숀에게 힘을 부여하는 것에 대해 말함
  - 교사 2가 학급의 나머지 학생들을 가르치려 함
- 11.15-12.22 민주주의/그리스 수업
  - 교사 2보다 아이들이 남성 시민을 더 강조함
  - 레이첼(Rachel)이 교사 2를 부르는 동안 자신에게 오기를 기대함
  - 아이들 몇 명이 교사 2의 말을 방해함; 애런(Aron)은 교사 2의 어깨를 두드리고, 게이브(Gabe)는 다른 사람들을 인정하지 않으려 함
- 12.22-1.16 여학생 과학 클럽
  - 과학 교사가 다른 사람에게 통화하도록 권장함
  - 여학생들이 과학 교사의 구호에 완벽히 응답하고, 말을 끊은 것에

1) Harvey, "Make Sure You Look Someone in the Eye."

사과함

- 몰래 움직임
- 집단 내 다양한 권력 구조, 지배자는 없음
- 서로 "얘들아"라고 부름

요약 페이지에는 참여 관찰 시간을 기록한다. 문화기술지 학자가 현장에서 보낸 시간을 보고하는 것이 유행되었기 때문이다. 이를 위해 훌륭한 기록이 필요하다. (참여 관찰 시간을 이동이나 현장 노트 작성 시간과 구분해야 한다.) 파일명 및 위치와 함께 날짜, 사건, 현장에서의 시간이 포함된 현장 방문 로그를 작성해 주면 편리하다. 노트의 백업 사본을 하드 드라이브에 보관하면 가장 좋다.

> **세부사항**
> "풍부하게" 작성하기의 일부로 독자가 연구자가 본 내용을 볼 수 있도록 도와야 한다. 그러면 독자는 연구자 주장의 근거를 더 잘 이해할 수 있다.

양질의 현장 노트 작성을 위한 지침

비록 현장 노트는 문화기술지 연구의 생명선이지만, 하루에 사용할 수 있는 시간은 한정적이다. 제2장과 제3장에서 논의하였듯이, 프로젝트에 시간을 얼마나 할애할 것인지 파악해야 한다. 나는 현장 노트 작성 시간을 현장 방문 시간의 2~3배만큼으로 계획한다. 만약 2시간 동안 현장에 간다면, 5시간 동안 노트 작성을 한다. 현장에서 보내는 시간은 작성 시간에 따라 달라질 수 있다. 이전 장에서 언급하였듯이, 방문 24시간 이내에 노트를 작성해야 하므로, 내 생각에는 이전 방문 노트 작성을 끝내기 전까지 자료를 더 수집해서는 안 된다.

하지만 참여 관찰을 수행하거나 현장 노트를 작성하기 위한 정도는 없다. 같은 사람들과 같은 현장에 방문하더라도 방문은 다양해질 수 있다. 어떨 때는 많은 일이 일어나고, 어떨 때는 거의 아무 일도 일어나지 않을 수도 있다. 어떨 때는 현장에 잘 어울린다고 느끼지만, 어떨 때는 현장에 방해가 된다고 느끼기도 한다. 현장 노트를 작성하면서 연구자는 매번 주요 이슈를 발견해야 한다. 나는 이를 "쓰기(WRITE)"의 필요성이라고 지칭한다(박스를 참고하라).

WRITE
- W: "누가(who), 무엇을(what), 언제(when), 어디에서(where), 어떻게(how)"
- R: 반응(reaction) — 논의 행동에 대한 반응, 반응에 대한 반응
- I: 무반응(inaction) — 침묵 또는 행동에 대한 비언어적 반응
- T: 타이밍(timing) — 얼마나 천천히 혹은 빨리 말하거나 농담하는가
- E: 감정(emotions) — 얼굴, 팔, 기타 신체 부위의 비언어적 감정 징후 (또는 감정 억제)

W: 누가(Who), 무엇을(What), 언제(When), 어디에서(Where), 어떻게(How)

저널리즘에서 신참 기자들은 "5W"에 대해 배운다. 즉, "누가(who), 무엇을(what), 언제(when), 어디에서(where), 어떻게(how)"가 첫 번째 단락에 제시되어야 한다는 것이다. 현장 노트에서 연구자는 현장에서 발생한 행동을 다양한 상세 수준으로 기술해야 한다.

이러한 정보는 사건 요약과 노트 내용에 포함될 것이다. 하지만, 우선순위를 정해야 한다. 이러한 작업 중 일부는 섬광 접근을 사용하여 묘사할 수 있는데, 속도를 늦춰서 세부사항을 많이 제공할 수 있다. 여기서 15분간의 행동을 설명하는 데 3페이지 분량을 쓸 수 있다. 방문의 나머

지 부분은 더 피상적인 방식(투광 접근)으로 생략할 수 있다. 설명하면서 냄새와 밝거나 어두운 정도, 소음 수준, 감촉, 색깔, 환경 내 기타 요소에 특히 집중하라. 연구자는 문학적 장치로서가 아니라(비록 이는 글을 더 재미있게 읽도록 하겠지만), 독자가 연구자의 관찰을 시각화하고 연구자의 주장에 대한 증거적 근거를 이해할 수 있도록 그래픽 이미지를 만들어 낸다. 하지만, 관찰한 내용이나 다른 사람들이 명시적으로 말한 내용을 작성할 때 주의해야 한다. 즉, 연구 참여자 감정에 대한 유추를 피해야 한다.

작성해야 할 내용이 매우 많으니, 주요 지적 목표(특히 이론적 우선순위)를 고려하고, 때에 따라서 중요해 보이는 것에 섬광을 비추어 보아라. 물론 이러한 목표는 시간에 따라서 발전하므로, (아직 초점을 찾고 있을) 현장 방문 전반부에는 가능한 한 포괄적으로 작성하는 것이 좋다. 점차 분명해지겠지만, 확증 근거를 찾고 있으니 넓은 시야와 열린 마음을 갖는 것이 좋다.

R: 반응(Reaction)

누가 무엇을 하고 있는지, 즉 행동을 추적하기 위해 할 일이 너무 많아서 사람들이 행동에 어떻게 반응하는지 추적하는 것을 놓치기 쉽다. 하지만 탁구 경기처럼 연구자는 행동, 반응, 행동에 대한 반응을 왔다 갔다가 하면서 문화기술지 노트를 작성하는 것이 좋다. 또한, 주요 행위자와 목격자를 따라가는 것이 좋다. 엘리야 앤더슨(Elijah Anderson)이 그의 고전 『구석진 곳(A Place on the Corner)』에서 하듯이 말이다.

> 금요일 저녁 여섯 시쯤 대략 25명의 남성이 월급날을 기념하여 젤리(Jelly's) 술집에 모였다…사람들은 가정생활, 직업, 아내, 자녀에 대한 농

> 담을 주고받으며, 좋고 나쁜 시절을 이야기했다…T.J.와 허먼(Herman)은 서로 웃으며 놀고 있었는데, 둘 다 다소 취한 상태였다…갑자기 뺨 때리는 큰 소리가 소음을 뚫고 들렸다. 평소와 같이 농담을 주고받던 중 T.J.는 장난삼아 허먼의 뺨을 때렸는데 실수로 허먼의 얼굴을 세게 치게 되었다.

그다음 앤더슨은 (뺨을 맞은) 허먼과 (조용히 허먼의 화를 듣고 있는) T.J., 그리고 무엇보다 그것을 목격한 다른 남성들의 반응을 능숙하게 묘사했다("사람들이 그들의 가정생활에 대해 농담했다."와 "자리가 조용해졌다."는 대조적이다). 행동을 계속해서 추적하면서 앤더슨은 허먼의 분노뿐만 아니라 T.J.의 (비언어적) 반응과 자리에 있는 사람들이 어떻게 반응했는지도 보여주었다.

> 비록 T.J.가 허먼의 뺨을 때릴 생각은 아니었지만, 지켜본 사람들 모두 선뜻 이를 이해하지는 않았다. 허먼이 무엇을 할지 기다리는 동안 그곳은 조용했다…허먼은 얼굴을 들고 심각한 표정으로 T.J.를 바라보았다. 그는 "T.J., 만약 다시 이런 짓을 한다면 맹세코 죽여버릴 거야. 또 다시 이런 짓을 하면." 허먼이 계속하여 위협하고 혀를 차는 동안 T.J.는 그저 서서 바닥을 바라보았다…곧 남자들은 하던 일로 돌아갔고 소음도 커졌지만 T.J.의 뺨 때리기 이전의 수준으로 돌아가지는 않았다. 잠시 후, 허먼은 집으로 돌아갔다.[2]

앤더슨의 묘사는 초점 주변의 여러 행위자를 기록하는 것의 중요성을 강조한다. 반응은 중요하다.

---

2) Anderson, *A Place on the Corner*, p. 196.

I: 무반응(Inaction)

현장 노트에서 연구자는 누군가 무엇을 말할 때 항상 침묵이나 반응의 부족을 포함하고자 한다. 물론 침묵은 다양하다. 어떤 침묵은 편안하지만, 다른 때는 긴장감이 느껴지기도 한다. 『불평등한 어린 시절』의 빈곤선 이하 백인 가정의 현장 노트에서 열 살짜리 케이티(Katie)는 오후 시간을 엄마 씨씨(CiCi)와 18개월 남동생 멜멜(Melmel), (엄마의 전 시누이) 이모 메리(Mary), 그리고 (미미(Mimi)라는 젊은 백인 여성) 현장 연구자와 함께 보내고 있다. 그들은 거실에 있으며, 대부분 드라마나 오프라(Oprah)[3]를 본다.

> 엄마, 이모와 얼마 떨어지지 않은 곳에서 케이티는 스스로 때리기 시작한다. 그들이 케이티가 때리는 소리를 듣고 본 것이 틀림없지만 반응이 없다.
>
> 케이티는 주먹으로 이마를 때리기 시작한다. 침대에 앉아있다가 이마를 때리면서 뒤로 넘어진다. 오른손으로 때리고 있다. 약 3분 동안 지속했는데 내게는 긴 시간처럼 느껴졌다.
>
> 게다가 멜멜이 케이티를 따라하기 시작한다. 멜멜은 케이티와 나 사이의 침대로 올라가서 케이티를 흉내낸다. 1분 정도 그렇게 한다. 씨씨와 메리는 아무 말 없이 쳐다본다. 케이티는 나에게 말한다. "그래서 내가 병원에 있었어요." 내가 묻는다. "왜?" 아이가 말한다. "내가 때려서요." 나는 묻는다. "엄마랑 이모는 뭘 했어?" 케이티가 말한다. "엄마랑 이모는 자존심에 대해서 가르쳐주고 스스로 다치게 하지 말라고 가르쳐줬어요." 고개를 들어 보니 씨씨와 메리는 오프라를 보고 있었다.[4]

---

3) 오프라-윈프리가 진행하는 '오프라-윈프리' 쇼를 의미한다.

4) 연구조교와 나는 방문 동안에 공개적으로 녹음기를 들고 다녔고, 녹음기 사용에 대한 동의를 얻었다. 이 발췌문은 Lareau, *Unequal Childhoods*, 2nd ed., p. 96에

이 가정에서 케이티는 극적인 성향을 지닌 것으로 이해되었고, 이것이 아마 엄마와 이모의 반응에 영향을 미쳤을 것이다. 여하튼 현장 노트에서 중요한 건 엄마와 이모가 들었지만, 반응하지 않았다는 점이다.

다른 경우, 무반응에 대한 검토가 분석으로 이어지기도 한다. 티모시 블랙(Timothy Black)은 그의 훌륭한 저서 『심장이 굳어질 때(When a Heart Turns Rock Solid)』에서 훌리오(Julio)가 자신이 대부였던 갱 소속 조직원 두 명의 총기 사망에 대해 "보복"한 후에 갱단을 떠나게 된 사건을 분석한다. 훌리오는 "세 사람의 엉덩이, 배, 팔"을 쏘아서 보복했다. 아무도 죽지 않았고, 훌리오는 몇 달간 푸에르토리코로 떠났다. 그는 돌아와서 갱을 떠났다. 티모시 블랙은 여기서 선택되지 않은 경우를 조명한다.

> 훌리오가 라 파밀리아(La Familia)를 떠난 지 1년이 안 되었을 때 조직원 10명이 마약과 총기 혐의로 기소되었다…18개월 동안 훌리오는 두 사건에서 운이 좋았다. 메인 스트리트에서 세 명에게 총을 쏘았지만 죽지 않았고, 연방 수사 전에 갱을 떠났다…만약 워로드(Warlords)의 대부로 남아있었다면…훌리오 역시 여생을 감옥에서 보냈을지도 모른다.[5]

따라서 현장 노트와 분석에서 연구자의 초점과 관련 있는 침묵과 발생하지 않은 사건을 작성하는 것이 도움이 된다.

T: 타이밍(Timing)

어떤 사람들은 빠르게 말하는 한편 어떤 사람들은 느릿느릿하게 말한다. 때로는 한 현장에서 여러 사람이 분주히 움직이고 마주치며 긴박함

서 발췌한 것이다. 연구조교가 이 순간을 관찰하기란 고통스러운 일이었다. 비개입과 관련해서는 *Unequal Childhoods*, p. 358-359를 참고하라.

5) Black, *When a Heart Turns Rock Solid*, p. 110 and 112.

이 느껴지지만, 다른 때는 더운 여름날과 같이 여러 사람이 거의 움직이지 않을 때도 있다. 따라서, 시간의 흐름을 잘 전달해야 한다. 얼마나 빨리 혹은 천천히 말에서 행동으로 전개되는지 말이다. 이 발췌문에서 설명하는 시간의 흐름을 표현하는 방법은 애슐리 미어스(Ashley Mears)의 모델계에 관한 저서 『당신의 아름다움은 얼마입니까(Pricing Beauty)』에서 발췌한 것이다. 이 책은 "룩 되기(becoming a look)" 훈련을 보여준다. 여기서 그녀는 에이전시와 계약을 맺고 패션위크 전에 "워킹 레슨"을 받도록 권유받았다.

> 수요일 저녁 6시 30분, 하루 동안 8개의 캐스팅 [오디션]을 마치고 나서 스물두 살 모델 베스(Beth)와 런웨이 코치 펠릭스(Felix)를 만나기 위해 지하철역에 도착했다.
> 펠릭스는 40대의 체구가 작은 흑인 남성이다…그는 누가 봐도 게이라고 말하는 게이이다. 그는 긴 복도가 있는 에이전시 뒤편으로 우리를 안내했다…우리는 하이힐로 갈아신고 레슨을 시작했다.
> 먼저 우리는 "엉덩이 운동"을 위해 워터 쿨러 쪽으로 줄을 섰다…이제 워킹을 시작할 때다…이후 한 시간 동안 펠릭스는 베스와 내가 번갈아가며 펠릭스를 향해 걸어갔다 다시 돌아오게 한다. 한번은 내 워킹 후에 펠릭스가 "돌진하지 말고, 다가와서, 추파를 던져"라고 말한다.

미어스는 실제로 시간을 따라 자신의 경험을 기록한다.

> 펠릭스가 의자를 들고 미니 런웨이 끝에 앉아서 지켜본다. 피자가 배달 되었다…펠릭스는 치즈 슬라이스를 베어 물며 더 잘 하라고 지시한다. 저녁 8시, 난 배고프고 지쳤다. 발걸음마다 새 구두가 아킬레스건을 파고든다…우리는 원을 그리며 걸어 들어가고 서로 보조를 맞추며 걷는다. 마치 이상한 모델 군사 장면 같고 발은 정말 아프다…펠

릭스가 고개를 끄덕이며 말한다. "그렇지, 좋았어, 그거야!"[6)]

여기서 미어스는 시작 시각(오후 6시 30분), 엉덩이 운동 시간("몇 분"), 피자 배달, 그리고 어떻게 오후 8시까지 배가 고프고 발이 아프게 되었는지 말한다. 그녀는 독자의 이해를 높이기 위해 그녀의 경험을 시각화할 수 있도록 생생하고 정확한 단어를 사용하며("새 구두가 아킬레스건을 파고든다.") 속도를 조절한다.

타이밍은 속도뿐만 아니라 분위기, 즉 빛, 공간, 거리, 소음, 냄새, 색깔, 질감을 포함하는 환경 묘사의 일반적인 양상 일부이다.

E: 감정(Emotion)

참여 관찰에서 연구자의 설명은 일상생활의 일부인 복잡한 신체 상호작용을 드러나도록 해야 한다. 찡그림, 찌푸림, 치켜뜬 눈썹, 심각한 표정으로 우리가 얼굴에 드러내는 감정과 긴장한 어깨, 뻣뻣한 자세, 혹은 빠른 발걸음 등 말이다. 미소에는 불안한 미소, 작은 미소, 환한 미소, 활짝 웃는 미소 등 다양한 종류가 있으므로 단순히 "그가 웃었다."라고만 할 수 없다. 가능한 한 감정과 신체 움직임을 설명에 엮어야 한다.

질적 연구자들은 흔히 "말하지 말고 보여주어라."라는 말을 듣곤 한다. 다음 사례에서 로빈 레이드너(Robin Leidner)는 맥도날드 아침 근무 첫날 직원 트레이너 다이애나(Diana)가 "절차를 자세히 설명해주지 않아서" 불만이었다고 말한다. 레이드너는 "나는 계속 다이애나와 다른 직원에게 안내를 부탁해야 했다."라고 설명한다. 업무가 시작되었을 때 다이애나의 "도움"은 오히려 혼란스러웠다.

---

6) Mears, *Pricing Beauty*, p. 108.

> 나는 계속 주문을 받는다. 실제로 내가 제품을 가지러 가려 할 때마다 다이애나는 말한다. "내가 가져올 테니 돈을 받아요." 더 심각한 건 사람이 붐빌 때 내가 이전 주문 돈을 받기 전에 다이애나가 새로운 주문을 받는 것이다. 가끔 내가 거스름돈을 계산하는 등 다른 일로 바쁠 때 그녀는 "도와드릴까요?"라고 외치고 새로운 주문을 받으려고 한다. 그리고선 내가 첫 번째 주문을 마친 후에 두 번째 주문을 듣고 기억해 두었다가 입력하길 기대한다. (적어도 다이애나가 그렇게 기대하는 것 같다.) 가끔 난 다이애나에게 어떤 주문을 받았는지 물어보거나 손님에게 다이애나한테 뭐라고 했는지 다시 말해달라고 부탁해야 한다. 무엇보다도 다이애나는 가끔 내 계산대에 손을 뻗어서 주문을 입력하기도 한다. 내가 거기 서 있을 때는 참을 수 있지만, 어떨 때는 내가 음식을 가지러 갔다가 돌아왔을 때 내 계산대에 새로운 주문이 들어와 있고, 다이애나가 "돈 받아요"라고 말하는 경우가 있다. 카운터에 여러 사람이 있으면 심지어 난 누가 무엇을 주문했는지, 누구의 돈을 받아야 하는지 알지 못한다.[7]

리드너가 "나는 오전 근무 내내 화를 참는 상태였다."라고 결론지을 때, 당신은 그 이유를 이해할 수 있다. 그녀는 그 경험을 통해 "맥도날드 훈련 절차를 따르지 않을 때 발생하는 일", 그리고 왜 훈련을 시행하기 위해 "끊임없는 노력"이 필요한지를 이해할 수 있었다고 말한다.

요컨대, 현장 노트에는 다양한 요소가 있지만 WRITE는 가장 중요한 요소를 포착한다.

---

7) Robin Leidner, *Fast Food*, p. 71.

현장 노트 작성 시 해야 할 일과 하지 말아야 할 일

사회적 상호작용의 각 단계를 기록하라

상호작용은 여러 일을 하는 사람들을 포함하는 많은 단계로 구성되어 복잡하다. 여기에서 이상적으로는 현장 노트의 모든 주요 인물이 무엇을 하고 있는지 파악하는 것이 좋다. 여기 제시된 발췌문은 대학생과 대학 교직원 간의 상호작용에서의 계층 및 인종에 따른 차이에 관한 학위논문 연구의 일부로 셰릴 퍼거슨이 작성한 훌륭한 현장 노트에서 가져온 것이다. 등록금이 높은 비선발적 대학에서의 관찰에서 그녀는 노동 계층 가정의 흑인 여성 마야(Maya)가 해부학 교수에게 질문할 때 어떻게 불안해하는지 보여준다. 뼈에 관한 강의 중 퍼거슨은 마야가 (라틴계 중산층 학생인) 친구 알리시아(Alicia)에게 아몬드 우유가 뼈 강도에 도움이 되는지 "큰 소리로 궁금해했다."고 보고했다. 20대 후반의 흑인 사회학 박사 과정 학생인 퍼거슨은 함께 강의에 참석했고, 마야가 교수에게 질문하기를 꺼리며 친구가 질문하도록 하고, 알리시아가 질문한 후의 상황의 모든 단계를 주의 깊게 작성했다.

> 우리는 강의 후 강의실에 남은 마지막 학생들이다. 알리시아는 교수에게 기말시험에 관해 이야기하고 우유의 비타민 D 함량에 대해 질문하기 위해 강단으로 걸어간다. 마야와 나는 가방과 노트를 챙기고 있다. 알리시아가 돌아왔을 때 마야는 조용한 목소리로 기대하며 "아몬드 우유에 대해서도 물어봤어?"라고 물어보고, 알리시아는 수줍게 "아니"라고 대답한다. 마야는 높고 다급한 목소리로 "물어볼거야?"라고 묻고, 알리시아는 장난스럽게 "네가 물어봐"라고 제안한다. 알리시아는 우리를 문 쪽 복도로 이끌지만, 천천히 움직이는 것 같다. 마야는 발걸음을 늦추고 있다. 마야는 계속해서 "물어봐줘"라고 한다. 알

리시아가 치맛단을 들어 올리는 동안 우리는 머뭇거리며 몇 걸음 옮긴다. 그들은 교수에게 목소리가 전달될 만큼 큰 소리로 이야기하고 있다. 교수가 우리 쪽으로 올려다보는 게 보인다. 마야는 다시 "제발~~~"이라고 징징거렸고, 알리시아는 심호흡 후 뒤돌아 강의실 건너편 교수에게 "아몬드 우유는 어떤가요?"라고 묻는다. 마야는 뒤를 돌아 교수와 대화하지 않는다. 교수는 빠르게 사실을 대답한다. "아몬드 우유는 비타민 D와 칼슘이 강화되어서…어떤 경우에는 일반 우유보다 더 좋습니다." 마야는 조용히 "그렇지!"라고 말하며, 아몬드 우유를 먹는 자신의 식단을 축하하는 듯한 작은 동작을 취한다. 강의실을 나오며 나는 "왜 교수님에게 질문하고 싶지 않았어요?"라고 묻는다. 거부하는 듯 내 눈을 쳐다보지도 않으며 그녀는 "모르겠어요. 그냥 안 해요."라고 중얼거린다. 나는 다시 시도한다. "교수님이 무섭나요?" 높고 날카로운 목소리로 "아니요."라고 한다. 주제를 바꾸기 위해 마야는 간신히 숨을 고르고 알리시아와 저녁 일정 대화를 시작한다.[8)]

퍼거슨은 "마야는 분명히 교수에게 접근하는 걸 불편해하고, 친구가 대변인 역할을 하는 것을 선호했다."고 작성한다. 퍼거슨의 노트는 여러 단계를 방법론적 방식으로 보여주는 전형적 예시다. 가방 챙기기, 질문하는 알리시아, 알리시아를 압박하는 마야, 교수에게 질문하는 알리시아, 알리시아가 질문하는 동안 돌아보지 않는 마야, 교수의 "사실대로" 하는 대답, 마야의 기뻐하는 반응. 알리시아, 교수, 마야가 각 단계에서 어떻게 반응하는지를 포함하면서 퍼거슨은 독자들이 가질만한 질문을 예상하고 이에 대해 답한다.

8) Ferguson, "Getting on the Inside Track."

대화를 사용하라, 단 조금으로도 큰 도움이 된다

대화는 묘사를 더 생동감 있게 만든다. 하지만 어떤 경우, 기억에 의존한 몇 개의 문구로 (그리고 방문 직후에 작성하는 것으로) 순간을 생생하게 구성할 수 있음을 확인하였다. 피터 하비의 학교 관찰로 돌아가면, 그는 보통 4~5학년 교실에 들어갔지만, 어느 날 아침, 학교 간식 시간에 도착하여 운동장으로 갔다. 아동 대상 연구의 방법론적 어려움에 관한 학술 논문에서, 그는 어린 사람들과 "어울리고" 권위주의적 역할을 피하고자 하지만, 대신 큰형 대접을 받으며 놀림을 받고, 어른과 같은 규칙이 적용되지 않는 한계적 상황을 설명한다.[9] 이 순간 그의 인내심이 시험대에 올랐다.

> 트루먼(Truman)에 도착해 보니, [내가 관찰하는 학급]이 운동장에 나가서 간식 시간을 보내고 있었다. 커다란 회색 교문으로 다가가니, 보통 그렇듯 그 근처에서 여자아이들 대부분이 놀고 있었다. 패리스(Paris)는 문을 통해 나를 보고 위아래로 뛰면서 "피터(Peter)! 피터!" 하고 외치니 다른 여자아이들도 이를 보고 마찬가지로 흥분했다…나는 교문을 뚫고 지나갔다. 반쯤 통과하자 내게 손을 얹고 나머지까지 나를 끌어당긴다…아이 중 한 명이 내 어깨에서 가방을 빼냈고, 아이들은 "가방에 뭐가 들었어요, 피터?"라고 재잘거린다…가방에 귀중품은 없어서 가방을 가져가도 저항하지 않는다. 하지만, 곧바로 지퍼가 열리고 여자아이 무리는 안에서 물건을 꺼내기 시작하며, 서로 볼 수 있도록 물건을 들어 올리고, 물건을 멍하니 바라보고, 새로 발견한 보물 상자에서 나온 귀중한 전리품처럼 자기 것이라고 주장한다.

9) Harvey and Lareau, "Studying Children Using Ethnography."

하비의 불안이 커지면서 그의 물건을 뒤지며 재미있어하는 아이들을 지켜본다.

패리스가 자전거 헬멧을 찾아 꺼내서 머리에 쓴다. 클레어(Clare)는 아파트 카드키를 꺼내며 "신용 카드를 찾았지요!"라고 잘못 외친다. 조금 더 소심하지만 분위기를 탄 에이바(Ava)는 3개 펜 중 가지고 싶은 걸 고른다. 프란체스카(Francesca)는 다른 걸 가져간다. 패리스와 애나벨(Annabelle)은 내가 사용하지 않는 자전거 안장용 플라스틱 커버를 발견한다. 웃으면서 패리스는 "왜 머리망이 있어요?"라고 묻는다. 내가 안장 커버라고 설명하자 아이는 어깨를 으쓱하며 가방에서 다른 보물을 찾는다. 클레어가 내 지갑을 꺼내더니 눈을 크게 뜨고 활짝 웃으며 "제가 지갑을 가지고 있어요!"라고 외친다. 이때 나는 더욱 진지한 목소리로 "아, 돌려주렴."이라고 말한다. 클레어는 망설이다가 정말 지갑을 돌려주었다. 만약 패리스가 지갑을 찾았다면 더 어려웠을지 모른다…패리스는 괜찮은 품질의 인이어 헤드폰을 찾아서 가방에서 꺼내려고 하지만, 뭔가에 걸려서 선이 늘어져 있는 게 보인다. 이어버드가 떨어질까 봐 걱정되어서 가방을 잡고, 헤드폰이 망가지는 걸 보고싶지 않아서 패리스가 헤드폰을 꺼낼 수 있도록 도와준다. 패리스가 헤드폰 선을 잡는다.

아이들은 하비의 물건을 가지고 달아난다.

그동안 라이언(Ryan) 씨는 여자아이들의 놀이 장소 근처에 없었으니 개입하지 않는다…그는 아마 다른 아이들이 킥볼을 하는 걸 보고 있었을 것이다. 그는 모두에게 "줄 서자! 줄 서자!"라고 외친다. 이는 서둘러 움직이게 한다. 패리스가…빠르게 움직이자, 내 자전거 헬멧이 패리스의 머리에서 떨어지며 바닥에 닿자 (확실히 조잡했던) 바이저가 떨어져 나갔다. 패리스는 줍겠다거나, 실제로 줍지도 않고 쳐다보지도

> 않는다. 대신 내 헤드폰을 들고 줄을 서기 위해 가버린다. 에이바는 신중하게 "저는 이걸[펜] 하루 종일 가지고 있을 거예요."라고 말한다. 더 엄격하고 규칙을 지키는 클레어는 내 지갑과 카드를 돌려주었고, 이미 편안함을 느끼는 짓궂음의 경계를 충분히 넘은 것처럼 보인다.

행동의 떠들썩함을 상상할 수 있을 만큼 길고 상세히 썼지만, 직접 인용문은 거의 포함되지 않았다. 실제로 이 긴 발췌문 전체에서 피터 하비는 여자아이들이 말한 6개의 짧은 문구를 떠올려야 했다("피터, 피터", "가방에 뭐가 들었어요, 피터?", "신용 카드를 찾았지요!", "왜 머리망이 있어요?", "제가 지갑을 가지고 있어요!", "저는 이걸[펜] 하루 종일 가지고 있을 거예요."). 또한, 교사("줄 서자! 줄 서자!")와 자신의 말, "아, 돌려주렴."도 기록했다. 나머지 긴 발췌문은 대화 없이 사건 설명에 기반한다. 하지만, 그는 효과적으로 장면을 연상시킨다. 따라서, 약간의 선택된 문구가 문화기술지적 순간을 생생하게 만들 수 있다.

물론 이는 하루 중 사건 한 개에 불과하다. 그날 그는 2시간 21분 동안(10:55 a.m.~1:16. p.m.) 현장에 있었고, 5,000단어의 노트를 작성했다. (몇 장의 사진을 포함하여) 한 줄 간격 10페이지 분량이었다. 대개 세 시간 방문에 대해 한 줄 간격으로 13~15페이지 분량 노트를 작성했고, 보통 그러하듯 어떤 노트가 다른 노트보다 더 잘 정리되었다. 하비는 학교에서 공개적으로 작은 노트에 메모를 작성했다고 보고한다. (왜냐하면 그 자리에서 작성하는 것이 불편하지 않았고, 그가 연구자라는 사실을 일깨우며, 더 정확하게 노트를 작성할 수 있었기 때문이다.) 하지만, 단 몇 개의 문구로 독자에게 많은 순간을 전달할 수 있다.

환경 떠올리기 현장의 냄새, 빛, 소음, 색깔, 감촉을 기록하는 걸 기억하라.

환경의 냄새, 빛, 소음, 색깔을 묘사하라

현장에서 오감 모두 중요하지만 귀, 코, 눈은 소리, 냄새, 빛을 떠올리는 데 중요하다. 또한, 색깔에도 주목해야 한다. 채도가 높은 보석 톤인지 회색과 흰색인지, 반짝거리는 깨끗한 흑백 체크 바닥이었는지, 아니면 깨져서 낡은 타일이었는지. 사람들의 행동만 묘사하는 것이 아니라 환경에 있는 느낌을 전달해야 한다. 사회과학연구자의 역할은 소설가의 역할과 매우 다르다. 사회과학연구자는 증거를 가지고 주장을 뒷받침하기 위해 자료를 사용하기 때문이다. 그럼에도 불구하고, 공통의 영역은 환경을 묘사하기 위해 사용하는 말이다. 따라서, 소설 읽기를 통해 연구자의 글쓰기 능력을 향상할 수 있다. 독서하면서 저자가 상세하고 감각적인 형식으로 어떻게 정확히 환경을 불러일으키는지 익숙해질 수 있다.

환경을 묘사하기란 복잡하지만, 몇 개의 생생한 문구가 독자들이 공간을 상상하도록 도울 수 있다. 레이첼 엘리스(Rachel Ellis)는 『감옥이라 불리는 곳에서(In this Place Called Prison)』에서 여성 교도소 내 감방에서 떨어진 커뮤니티 공간("메인 홀")을 묘사한다. 여기에서 여성들은 성경 공부, 고졸 학력 인증(GED) 수업 및 기타 활동을 한다.

> 수감자와 직원들이 이중문을 통해 교도소 마당에서 메인 홀로 들어간다. 사람들이 드나들면서 이 문은 계속해서 여닫힌다. 메인 홀의 복도는 보통 소란스럽다. 여성들이 이야기하거나, 다투거나, 노래를 부르는 동안, 교도관들은 울리는 전화와 삐삐거리는 무전기에 응답하며, 가끔 큰 소리로 명령을 외친다. 건물은 삭막하게 느껴진다. 벽은 밝은 흰색 페인트로 칠한 시멘트 벽돌로 만들었고, 수감자들이 매일 걸레질하는 황갈색의 얼룩 타일 바닥에, 머리 위로 형광등이 비춘다. 공간은 밝고 아주 깨끗하며, 가끔 리졸(Lysol) 냄새가 난다. 식사 시간 무렵에는 카페테리아에서 새어 나오는 고기 요리 냄새가 마치 핫도그 데이의

> 사워크라우트처럼 불만이 나올 정도로 코를 찌른다. 어떤 오후에는 복도를 걷다 보면 전자레인지 팝콘 냄새가 퍼지는데, 메인 홀에서 근무 중인 교도관이나 수감자가 팝콘을 만든 지 얼마 안 된 것이다.

여기서 엘리스는 "리졸", "사워크라우트", "전자레인지 팝콘 냄새" 등 다양한 냄새를 언급한다. 또한, 밝은 흰색 페인트로 칠한 시멘트 벽돌, 형광등, 타일 바닥 등 그 공간을 "삭막하게" 느끼도록 하는 시각적 요인을 언급한다. "삐삐거리는 무전기", "큰 소리 명령", "이야기하거나 다투거나 노래 부르는 여성들" 등 소음에 대해서도 묘사한다. 단 한 문단을 통해 감각을 이용하여 독자가 교도소를 상상할 수 있도록 한다. 또한, "코를 찌르는", "새어 나오는", "퍼지는" 등의 연상 표현도 사용한다.

모든 세부사항을 기록하지 말아라: 핵심 질문을 다루는 관찰을 우선하기

어떤 때는 현장 노트 작성이 순조롭다. 집에 도착하여 휴식을 취하고 현장 노트를 작성하면 끝이다. 더 어려운 때도 있다. 때로는 만족스러운 결과물 없이 계속해서 노트를 작성하는 지옥에 빠진 것 같다. 예를 들어, 나는 백인 중산층 탈린저(Tallinger) 가족(4학년 장남 개릿(Garrett)을 포함 3형제를 두었다.) 대상 책임 현장 연구자였다. 나는 보통 일주일에 3~4번 방문했다. 다른 날은 두 명의 연구조교가 방문했다. 3주간 매일 방문하는 것 이외에 1박 2일 정도 있었다. (숙박 일정은 드물어서 잘은 안 되었다. 현장 연구는 자주 가서 사람들이 연구자에 익숙해지는 게 더 효과적임을 확인했다.) 나는 5월 늦은 저녁에 밤을 보냈다. 오후 4시 30분에 도착했고, 저녁을 먹었으며, 개릿은 뮤지컬 봄 공연 준비를 하고 있어서, 우리는 차를 타고 그곳으로 갔다. 우리는 오후 7시 45분부터 9시 35분까지 있었고, 집으로 돌아왔다. 아이들은 잠자리에 들 준비를 했고, 어머니는 첫째, 둘째 아이와 오후 10시 36분부터 10시 46분까지 어두운 데 앉아있었다. (나도 거기 앉아있었다.) 나는 (11시 이후) 잠자리에 들 때까지 부모와 시간을 보냈다. 오전 7시 20분에 일어났다. (어머니는 비행을 위해 오전 4시 30분에 떠났다.) 아빠는 아이들이 학교 갈 준비를 도우며 아침을 차렸다. 아이들은 동물들 먹이를 먹였다. 지친 아빠 손에 이끌려 우리는 모두 오전 8시 20분에 출발했다. 방문 과정에서 흥미로운 순간들이 있었다. 하지만 나는 피곤했고, 탈린저 가족 집에서 잘 자지 못했다. 밤샘 방문을 대비하여 현장 노트를 작성할 시간을 비워두었지만 충분하지 않았다. 노트를 작성하며 나는 방문 초기에 일어난 일을 단순 기술하는 데 급급했다. 다음 날 아침에 관찰한 내용을 작성한 노트는 한심했다.

- 아빠가 스펜서(Spencer, 8세)에게 도서관 책에 관해 물어봄
- 스펜서가 도서관 책을 찾으러 감
- 아빠가 스펜서의 바인더를 살펴보고 종이를 버림
- 아빠가 샘(Sam, 5세)의 도시락을 꺼냄
- 샘은 점심 메뉴를 궁금해함; 샘은 푸딩을 원치 않음
- 아빠는 나중에 먹고 싶을 수도 있으니 가져가라고 말함
- 깊은 한숨과 함께 돌봄 광고에 회신한 사람에게 전화함
- 전화 메시지를 남김
- 강아지 사료/물을 확인함
- 샘이 점심 도시락에서 푸딩을 빼내서 아빠에게 건넴
- 아빠는 깊은 한숨을 쉬며 푸딩을 냉장고에 넣음
- 아이들에게 갈 준비가 되었다고 말함

노트가 포착하지 못한 많은 순간이 있다. 아빠가 바쁘게 아들의 가방을 확인하고, 종이를 구겨서 버리고(아빠가 하는 경우는 드물다.), 샘이 점심 도시락에서 초콜릿 푸딩을 꺼내는 반항 등을 포함해서 말이다. 하

지만 전날 오후부터 다양한 환경에서 멈추지 않고 가족 5명을 관찰하다 보니 아침 시간쯤에는 지쳐있었다. 밤에 대한 노트는 훨씬 나았다. 사실 그날 저녁의 간략하고 비언어적인 순간이 중요했다. 아빠가 오후 10시에 집에 도착하고, 엄마는 아이들을 재우고 있었고, 개럿이 야식을 먹었으며, 나는 주방 식탁에 앉아있었다.

> 아빠는 전화기를 들고 달력 앞에 서서 뭐가 쓰여 있는지 본다. 그날 저녁에는 현장 연구자 이름을 제외하고는 비어 있는 것을 보면서 아빠는 주먹을 쥐고 양팔을 가슴 위로 올리며 역도 선수들이 승리를 축하하는 동작을 흉내낸다. (옅은 미소를 지으며, 들리지는 않지만 거의 "좋았어!"라고 말하는 듯하다.)

하지만 긴 방문 후에는 꼼짝 못 하여 사건들에 대해 별로 주목하지 못하는 것이 현실이다. 이는 바람직하지 않다. 현장 연구에 시간을 덜 쓰거나 현장에 돌아가기 전까지 노트를 작성하는 시간을 더 길게 했어야 했다.

글쓰기 우선순위를 정할 때 연구의 개념적 우선순위를 고려하는 것이 도움이 됨을 확인한다. 나는 방문에 관해 기술하고자 하는 모든 순간과 구절의 목록을 만든다. 그리고 분석적으로 가장 중요할 수 있는 걸 우선순위로 정한다. 그런 다음 한 가지를 끝낼 때마다 그 항목을 지우면서 표시한다. 이러한 항목 지우기는 만족스러운 일이다. 실제로 직업 만족도에 관한 연구는 근무자가 하루 동안 진행 과정을 확인할 수 있을 때 직업을 더 즐길 수 있다고 한다. 이 경우에 나는 단순하게 방문의 시작부터 끝까지 시간 순서대로 작성했다. 내가 해야 했을 일은 앉아서 작성해야 할 내용을 평가한 다음, 분석 우선순위에 대해 생각하는 것이었다. (당시에 이를 인지하기 어려웠다.) 또한, 나의 첫 번째 (그리고 유일한) 숙박 일정이었기 때문에 새로운 것들이 많았다. (방문 후 처음 며칠이 그러하듯 말이다.) 하지만, 가능한 한 주요 분석 문제에 관해 가장 상세한 현장 노트를 작성하는 것을 우선으로 하는 것이 좋다.

유의어 사전을 사용하라

양질의 현장 노트 작성하기는 다양한 형용사와 부사의 사용을 수반한다. 유의어를 자주 사용하는 것은 소중한 자원이다. 예를 들어, 나는 현장 노트 세트 하나를 작성하는 데 15~20회 정도 유의어 사전을 빠르게 확인한다. 연습하면 유의어 사전에서 더 생생한 단어를 몇 초 만에 찾을 수 있다. “말한다”라고 쓰는 대신, “중얼거린다, 소리친다, 속삭인다, 투덜거린다, 불평한다, 신음한다, 항의한다, 징징거린다”(부정적인 어조인 경우), 혹은 “쾌활하게, 재잘거리며, 열정적으로, 열렬하게, 조급하게, 생기있게, 따뜻하게, 신나게, 진지하게”를 쓸 수 있다. 용어가 관찰 내용을 정확하게 포착한다고 가정하면 생생한 단어는 정확성을 높여서 의미를 전달하는 데 도움이 된다.

기쁜 감정을 연상하는 단어(예: 즐거운, 황홀한, 환희하는), 관심을 표현하는 단어(예: 이끌린, 몰입한, 몰두한, 신경 쓰는), 두려움에 대한 단어(예: 두려운, 의심하는, 불안한, 놀란, 무서워하는, 걱정하는, 소심한, 떨리는, 위협을 느끼는), 무관심(예: 무심한, 중립적인, 내성적인, 무관심한), 좋은 감정에 대한 단어(예: 차분한, 평화로운, 걱정 없는, 편안한, 기쁜, 고무된, 놀란, 만족한, 조용한, 확신하는, 느긋한, 고요한, 홀가분한, 밝은, 행복한, 안심한).[10] 이러한 유의어는 노트의 정확성을 높인다. 워드(Word)와 같은 문서편집 프로그램에서는 유의어 기능이 내장되어 있으며, 실제 유의어 사전은 훨씬 더 좋다. 이를 사용해야 한다.

---

10) http://www.psychpage.com/learning/library/assess/feelings.html.

방문 후마다 현장 성찰 메모를 작성하라

현장 노트를 작성하는 동시에 나는 성찰 메모를 작성한다. 메모의 목적은 방문을 처리하고 한 걸음 물러서기 위함이다. 현장 방문은 힘든 일이며 보고 들은 것에 사로잡힐 수 있다. 다음에서 제시하는 것처럼, 때로는 방문에서 본 것에 대한 감정적 반응을 표출하는 공간이 될 수 있다. 또한, 큰 그림을 고려하는 기회이기도 하다. 현장 연구는 너무 몰입하게 만들기 때문에 그 순간에는 연구를 이끈 전체 연구 질문을 상기하기 어려워질 수 있다. 성찰 메모에서 나는 "오늘은 무엇을 배웠나?", "이것이 나의 사고를 어떻게 발전시키는가?", "내가 읽은 연구와 이 정보가 어떻게 일치하는가?" 등을 묻는다. 물론 가끔은 처음에 아무것도 떠오르지 않는다. 하지만 15분 정도는 계속해서 이 과제를 수행하고자 한다. 점차 분석 주제를 생각할 수 있게 된다. 향후 살펴볼 사항의 목록을 만들기 때문에 성찰 메모는 향후의 자료 수집에 집중하는 데 도움이 될 수 있다. 메모를 작성하면서 이전에 읽었던 논문을 떠올릴 수 있고, 이는 연구의 개념적 기여를 발전시키는 데 도움이 될 수 있다. 성찰 작성 과정은 또한 현장에서의 연구자 역할에 대한 추가적 통찰을 제공할 수 있다. 성찰 메모는 현장에서 누구와 함께했는지 돌아볼 기회이며, 다른 사람들과 시간을 보내는 것이 새로운 통찰을 제공할 것인지에 관해 고려할 수 있다. 자료 분석에 관한 다음 장에서 설명하듯이, 한 달에 두세 번 성찰 메모와 관련이 있지만, 이와는 다른 상세 분석 메모를 작성한다. 분석 메모는 일련의 현장 노트에 관한 문제를 다루고, 문헌을 진지하게 다루며, 가능한 주장을 발전시킨다. 또한, 다른 사람들에게 분석 메모를 보여주어 피드백을 얻는다. 성찰 메모는 보통 연구자 혼자서 보거나, 때에 따라 연구팀만 본다.

두 세트의 현장 노트 견본

여기서 공유하는 현장 노트는 나와 연구조교가 『불평등한 어린 시절』로 출간된 연구를 위해 수행한 가족 관찰에서 가져온 것이다. 이전 장에서 언급하였듯이, 이 책은 10세 전후의 자녀가 있는 백인 가정과 흑인 가정의 자녀 양육을 조사했다. 우리는 중산층 가정이 노동자 계층 및 빈곤 계층 가정과는 다른 양육 방식을 가지고 있음을 발견했다.[11] 내 연구에서 사용된 "집중 가족 관찰(intensive family observation)" 방법은 누군가 현장에서 어울리는 고전적 문화기술지 방법과는 다르다. 면담 후에 각 팀의 연구자는 매일 유사 이방인(quasi-stranger)으로서 그 가정에 들어가 정해진 기간 매일 방문했다(이 경우 3주간).[12] 3명이 팀으로 일했고, 방문은 보통 2시간 정도 걸렸으나 때로는 더 오래 진행되었다. 결정적으로 나는 매 방문 후 현장 연구자와 전화 통화를 통해 현장 노트 작성을 안내했다.[13]

---

11) 이 경우, 나는 두 개 공립학교의 다른 교실에서 몇 달간 관찰을 수행했다. 그리고서 88개 가정의 부모와 절반 정도 면담을 진행했다. 내가 수행하고 싶었던 연구를 혼자 수행하기란 불가능하다는 현실에 마주하여, 나는 다양한 인종의 연구조교들과 함께 연구를 수행했다. 먼저, 연구조교는 면담을 마칠 수 있도록 도왔다. 그리고 개념적 범주에 따라서 면담에서 떠오른 주요 주제를 대표하는 가정을 선택했다. 그런 다음 (우편이나 직접) 가정에 연락하여 집중 가족 관찰에 참여하는 문제를 전달했다. 동의하는 경우, 가정을 방문하여 몇 주간 매일 방문했다. 참여에 대하여 (연구 종료 후) 500달러에 해당하는 현금을 받았다. 나는 19개 가정에 요청하였고, 12개 가정이 최종적으로 동의하였다. 이때 계층(중산층, 노동계층, 빈곤층)과 인종적으로(백인 및 아프리카계 미국인) 고르게 구성되었다. 요청의 까다로움을 고려할 때, 이는 합리적인 반응 비율이라고 생각했다. 나는 모든 가정에 관한 현장 연구를 수행했고, 두 개 가정에 대한 책임 현장 연구자였다. Elliott 외 "Making Time in Ethnography"를 참고하라.

12) Lareau and Rao, "Intensive Family Observations."

13) 연구 막바지 두 개 가정에 관한 자료 수집을 완료했을 무렵, 퍼트리샤 버하우

이 장에 제시된 발췌문은 서로 알아가는 가족 식사를 포함하여 연구 초기 가정 방문에서 가져온 것이다. 발췌문에서는 현장 노트의 구체적인 강점과 약점에 주목하는 설명 상자와 함께 적절한 경우 더 풍부한 묘사를 제공했을 대체 표현을 제안한다.

균일하지 않은 현장 노트 세트

여기서 검토하는 현장 노트 세트는 초심자에 의해 수행된 것이다. 열심히 일하고, 지적이며, 배려심이 깊은 박사 과정 2학년 학생(메건 윌리엄스(Megan Williams), 이 장에 소개된 현장 노트의 모든 이름은 가명임)이 작성했다. 이 발췌문은 메건이 저소득층의 종교심이 깊은 아프리카계 미국인 가정에 대한 초기 방문에서 가져온 것이다. 그 가족은 타라(Tara, 10세), 오빠 드웨인(Dwayne, 12세), 할머니 캐럴 씨(Ms. Carroll), 그리고 삼촌을 포함했다. 타라의 엄마 타비타(Tabitha)는 전일제로 일하며 자주 방문했지만, 캐럴 씨가 자녀 양육권을 가지고 있었다. (타라의 엄마는 마약 중독을 포함한 인생의 어려운 시기로부터 회복 중이었다.) 어느 일요일, 메건은 교회 가기 전 할머니 캐럴 씨를 만났다 (다른 사람들은 이미 교회에 차를 타고 갔다). 메건은 캐럴 씨와 함께 정류장에서 기다렸다가, 차를 탔고, 예배에 참석하였으며, 그 후 가족과 함께 저녁을 먹었다. 메건은 가족과 함께 7시간 이상 있었고, 가족 구성원의 일부는 처음 만났다. 흑인과 백인 혼혈 여성인 메건의 가족은 종교가 없었지만, 메건이 사교적이고 사회성이 좋아서 사람들을 편안하게 했다. 메건의 가족 구성원과의 라포르 형성 능력은 연구에 큰 도움이 되었지만, 현장 노트는 균일하지 않았다. 일부는 훌륭했지만, 일부는 세부 내용이 더 필요했다.

캐럴 씨와 함께 아프리카계 미국인 교회를 방문할 때, 차 잡아타기에

(Patricia Berhau, 프로젝트 매니저로 일하던 백인 박사 수료생)가 내가 해외에 있는 동안 3주간 연구조교들과 밤마다 전화 통화하는 일을 맡았다. 하지만 가정 현장 방문을 수행하지는 않았다.

관한 묘사는 생생하고 상세하여 훌륭하다.

> 11시쯤 우리는 길 건너 경적 소리를 듣는다. 쳐다보니 크고 낡은 파란색 차가 주택 개발 구역에서 나와서 신호등에서 멈추는 것이 보인다. 캐럴 씨는 "어서 와요, 메그! 우리를 태워준대요!" 나는 누군지 물었고, 그녀는 "내 이웃 완다(Wanda) 수녀님이에요."라고 답했다. 우리는 웅덩이를 피하면서 차를 향해 길을 건너기 시작한다. 나는 캐럴 씨를 앞서고 있다. 캐럴 씨는 먼저 가서 타라고 한다. 나는 멈춰서 머뭇거리며 친구분이 나를 모르는 데 괜찮을지 묻는다. 캐럴 씨는 깔깔 웃으며 어서 가라고 말한다. 나는 문을 열고 수줍게 인사하며 타라는 말을 기다린다. 잠시 멈칫했지만 웃고 있었고, 캐럴 씨가 따라오자, 차에 타라고 말한다.

노트의 이 부분에는 세부사항들이 있다(즉, 피해야 할 웅덩이와 차 타기의 신남). 메건은 각 단계(예: 경적 듣기, 길 건너 달려가기, 차에 도착하기, 차에 타기)를 보여준다. 이 노트에는 중요한 강점이 있다.

그러나 1시간 45분간의 오순절 교회 예배에 대한 노트는 훨씬 더 일반적이어서 상호작용을 시각화하기 어렵다.

> 11시 15분쯤 교회에 입장했을 때부터 1시가 조금 지날 때까지, 교회 예배는 찬양, 성가, 기도, 공지 사항으로 이루어진다…가장 중심은 찬양이다. 어느 순간 성가대 여성 한 명이 단상 중간으로 나와 마이크를 사용하며 솔로를 부르고, (약 5분쯤 후에) 찬양은 일반 성가대와 신자 전체가 함께 부르는 것으로 바뀌며, 그녀가 노래의 "영(spirit)"에 감정적으로 압도되어 몇 분 동안 단상을 돌면서 끝난다.

이상적으로 우리는 그 여성과 그 여성의 감정, 노래의 내용, 음악의 출처, 신자들의 반응, 그녀의 찬송에서 보이는 "영"이 드러나는 방식에 대해서 더 알고 싶을 것이다. 노트는 지나치게 일반적이다.

2주 후, 가족 전체와 교회에 있었다(타라의 이모와 사촌 몇 명을 포함하여). 현장 연구자 메건은 아이들의 고통에 대해 사려 깊게 설명한다.

> 예배 동안(찬송과 설교 모두), 아이들은 대개는 엄청 지루해 보였다. 여자아이들은 번갈아 가며 쳐다보고, 피곤해 보이며, 서로 이야기하고, 크리스마스카드를 채운다. 시간이 흐르며 타라와 [그녀의 사촌] 티아(Tia)는 교회 예배 순서지에 그림을 그리기 시작하는데 마치 일종의 게임을 하는 것처럼 보인다…예배 중 이모 조디(Jody)는 특히 타라에게 조용히 하라고 몇 번 말한다. 타비타[타라의 엄마]는 절대로 이렇게 하지 않는다…설교 동안 타라는 [근처에 있는] 아기에게 얼굴을 일그러뜨리며 손을 흔든다.

이것도 좋지만, 얼굴에 드러난 감정이나 신체 움직임에 대해 더 알 수 있다면 도움이 되었을 것이다. 아이들이 서로를 쳐다볼 때 어떤 모습이었나? 멍한 표정인가, 아니면 짜증이 나 보였나? 몸은 흔들고 하품을 참고 있나? 9살 아이들에게 1시간 45분의 교회 예배는 아주 힘든 일이다.

현장 연구자는 예배가 끝날 무렵 어른들 감정 사이의 흥미로운 대조를 그린다.

> 마무리 찬송이 몇 분간 계속되며 점점 고조되고, 성가대는 움직이며 춤을 추고, 드럼 치는 아이들은 신이 났다. (타비타는 코트를 입은 상태지만 지금 자리에서 온전히 춤을 추고 있다.)…많은 이들이 교회를 나오는 길에 춤을 춘다.

이는 타라의 엄마가 코트를 입고 자리에서 춤을 추며 사람들이 교회 밖으로 나가며 춤을 춘다는 걸 알 수 있는 훌륭한 세부사항이다. 하지만, 주요 세부사항은 빠져있다. 타라 엄마의 표정은 어떤가? 환하게 웃고 있나, 아니면 침울한가?

성찰 메모에서 현장 연구자는 그 대조에 대해 유용한 분석을 제시한다.

나는 아이들이 교회에서 얼마나 움직이지 않고 있는지에 정말 놀란다. 찬송 중에도 아이들은 반응하지 않는다. 하지만 돌아보면 신자 중 아이들 대부분은 똑같은 무표정이다. 그저 예배가 끝나기를 기다리듯 말이다. 그래서 때로 무아지경으로 움직이는 어른들과 아이들 사이의 차이는 놀라울 정도로 크다.

현장 노트는 아이들이 어른들과 다른 사회 세계에 있다는 흥미로운 주장을 뒷받침한다. 하지만 이상적일 만큼 충분한 근거는 없다. 노트는 표면을 대강 살펴본다.

사실상 이방인으로 한 가정에 들어간다는 것은 극히 어려운 일인데, 현장 연구자는 사람들이 편안하게 느끼게 하고 현장에 스며드는 데 탁월했다. 교회 예배 후 일요일 저녁 식사 자리에서 앉으라는 말을 들었을 때(하지만 다른 어른들은 서 있을 때)처럼, 때로는 무엇을 해야 할지 확신이 서지 않는다.

나는 뒤쪽 벽에 있는 테이블에 놓인 의자에 앉는다. 캐롤린(Crolyn, 타라의 이모)은 아이들에게 음식을 주기 전에 나에게 먼저 음식을 뜨라고 말한다. (캐롤린 혼자서 아이들에게 무엇을 원하는지 묻는다.)
나는 손님이 먼저 식사를 시작하는 것이 관습인 것 같아 불편해하며 식사 시작하기를 머뭇거린다. 캐롤린은 이를 보고 "원하면 전부 조금씩 드셔보세요." 그래서 나는 모든 음식을 조금씩 뜨고 작은 치킨 조각을 담기 시작한다. (밥과 그레이비, 스터핑, 브로콜리, 설탕에 절인

참마, 구운 마카로니와 치즈, 옥수수, 로스트비프, 치킨, 콘월 암탉 조각, 롤)

이러한 세부 설명은 가족 문화를 이해하는 데 도움이 된다. 아이들은 계속해서 다른 사회 세계에 있는 것 같다. 하지만 현장 연구자는 어른들과 같이 앉기로 권유받아서 곤란한 상황이다. 연구자가 어른들과 이야기해야 하는 상황이라 아이들 사이에 무엇이 일어나는지 잘 볼 수가 없다. 하지만 이에 대해 할 수 있는 건 없다.

아이들이 자기들끼리, 그리고 캐롤린에게 이야기하는 소리가 조금 들리기는 하지만, 캐럴 씨가 내 오른쪽에, 조디(이모)가 왼쪽에 앉아서 나와 대화를 나누려 하므로 아이들 이야기를 자세히 들을 수 없다. 조디는 먼저 나에게 종교가 무엇인지 묻고, 여러 종류의 교회와 표현의 수준, 그리고 "주님 찬양"에 대하여 꽤 많은 이야기를 나눈다.

현장 연구자는 여기서 잡혀버렸다. 어른이기 때문에 어른과 함께 앉도록 권유받았다. 하지만 그녀가 말하듯 "아이들이 자기들끼리 이야기하는 소리가 조금 들리긴 하지만", 질문을 받고 있어서 "자세히 들을 수 없었다." 그런데도 그녀는 저녁 식사 속도("얼마나 빨리 진행되는지")와 아이들이 "사라지는" 모습에 놀란다.

몇 분 후에 음식을 뜨는 것이 더 편안해진다. 다른 사람들은 테이블에 앉아서 음식을 건네달라거나 음식에 손을 뻗고 있다. 캐럴 씨와 던(Dawn, 셋째 이모)은 초 단위로 쉽게 움직이고, 나도 (많은) 마카로니를 가지고 그렇게 한다. 하지만 저녁 식사가 얼마나 빨리 진행되는지 놀란다. 아이들은 아무도 음식을 더 뜨지 않고 10분 정도 후에 식사를 마친다. 그리고 주방을 빠르게 들어온 것처럼 빠르게 떠난다.

노트는 매우 흥미로운 결과 일부를 제시하고 있다. 매우 제한적이었지만 그래도 방 건너에서 무슨 일이 일어나는지 추가적인 세부사항을 제시했다면 이상적일 것이다. 아이들이 기도할 때 고개를 숙였나? 아이들이 어른들에게 질문을 했나? 어른들이 아이들을 쳐다보거나 예절을 지키라고 말했나?

무슨 기도를 했나? 아이들은 키득거리며 웃었나? TV가 켜져 있었나? 큰 소리로 말씨름했나? 접시에 포크가 부딪치는 소리가 들렸나? 아이들은 사라져서 어디로 갔나? 아이들이 다른 테이블에 있었고, 어른들이 아이들에게 말을 걸지 않았으며, 부모들이 관심을 보이지 않았다는 건 모두 연구 프로젝트에 흥미로운 사실이지만, 이를 포착하기란 어렵다.

요약: 답이 없는 질문을 제기한 현장 노트 세트

방문 초기에 현장 연구자는 여러 다른 환경을 거쳐 가족과 함께 이동하며 일요일 저녁 식사에서 처음 보는 사람들과 어울릴 수 있었고, 가족들의 호감을 얻으며 훌륭한 성과를 보였다. 이는 상당한 성취이다. 또한, 해당 가족에 대하여 특히 이 연구의 핵심 문제인 가족 안에서 아이들과 어른들의 분리된 세계에 관한 중요한 통찰을 보여주었다. 현장 연구자는 긴 예배 시간 동안 어른들이 적극적으로 참여하는 반면 아이들은 완전히 참여하지 않음을 관찰했고, 저녁 식사 시간에 아이들과 대화를 거의 하지 않으며, 아이들은 서둘러 왔다가 먹고 사라진다는 걸 확인했다. (여기에서 논의되지 않은) 중산층 가족들은 아이들에게 질문을 던지고 끊임없이 상호작용한다는 사실을 고려할 때, 이러한 결과는 놀랍다.

하지만 이 현장 노트가 이상적인 수준으로 사회적 역학 관계를 포착하지는 못하였다. 특히, 교회에서의 타라에 대한 인상적인 시각이미지와 가족 저녁 식사에서 아이들이 실제로 무엇을 하는지 알기가 어렵다. 또한, 사람들이 의자에서 몸을 일으킬 때 보인 찡그린 표정, 미소, 또는 깊은 한숨, 딸들에게 말할 때 엄마 목소리에 담긴 분노, 사회적 행동에서 나타나는 일반적인 감정과 신체(특히 얼굴)의 표현에 대해서도 확인하지 못했다. 특히 비록 할머니와 어머니 사이에 긴장이 있음은 분명했지만(현장 연구자가 주간회의에서 이에 대해 언급함), 이러한 긴장은 노트에 드러나 있지 않다. 현장 노트가 발생한 일을 시간 순서에 따라 제시하며 행동에만 너무 집중하여 반응을 살피지 않았다. 누군가 말했을 때 다른 사람들이 어떻게 반응했는지, 혹은 누군가 말한 후 침묵이 있었을 때 어떻게 반응을 보이지 않았는지 말이다. 사건의 타이밍, 환경, 식탁에서의 실제 장면을 상상하기 어렵다. 가족의 역동에 일관적으로 초점을 맞추지 못하고 있다.

풍부한 현장 노트 세트

연구 보조원이 작성한 다음의 현장 노트는 더욱 풍부하고 상세하다. 애슐리 타일러(Ashleigh Tyler)는 농담을 즐겨하긴 하나 약간 내성적인 백인 박사과정 3학년 학생이었다. 그녀는 생생하고 간결한 우수한 현장 노트를 작성하는 기술이 있었다. 여기에서 애슐리는 백인 중산층 핸들런(Handlon) 가족을 방문하고 있다. 초점 자녀인 멜라니(Melanie)는 4학년이고, 오빠 토미(Tommy)는 6학년, 해리(Harry)는 8학년이며, 아버지는 회계사다. (커뮤니티 칼리지 학위를 소지한) 어머니는 교회 비서로 근무 중이다. 이 가족은 교외의 위치한 침실 4개짜리 주택에 거주하고 있는데, 식탁 위에 개지 않은 깨끗한 빨래가 놓여 있는 등 잡동사니가 쌓여 있는 가정적이고 편안한 느낌의 집이다. 우리는 12월에 이 가족을 방문하였고, 크리스마스트리 장식하는 일이 며칠 동안 멈춘 상황이었다. 애슐리의 노트는 다음과 같이 제시한다.

> 크리스마스 트리는 방구석에 있고 조명과 장식물로 꾸며져 있다. 방은 지저분하다. 바닥과 의자에는 장식물 상자가 쌓여있다. 트리 주변 바닥에는 솔잎이 있다. 상자 대부분은 열려 있고, 절반은 비어 있다.

애슐리는 차를 몰고 그 집에 갔고, 3시 15분에 애슐리와 핸들런 부인은 학교에 멜라니를 데리러 간다. 이동 중 핸들런 부인은 오늘 멜라니와 쿠키를 더 굽고 싶은데 숙제에 따라 달라질 수 있다고 불평한다.

> "오늘 멜라니가 숙제를 일찍 끝내길 바라요. 쿠키를 더 구울 수 있게요." "멜라니는 어제 아빠와 4시간 동안 숙제를 했어요. 3시부터 7시까지요. 주말에 선생님들이 그렇게 많은 숙제를 내줬다니 믿을 수가 없어요. 선생님들도 생활이 있지 않나요?"라고 덧붙인다.

멜라니는 숙제로 고민이 많아서 매일 전쟁이다. 여기서 우리는 핸들런 부인이 딸이 곱셈하는 걸 도와주려는 모습을 볼 수 있다. 멜라니가 수학 숙제를 해치우는 동안 멜라니와 애슐리는 식탁에 앉아있다.

> 멜라니는 연필을 손에 쥐고 책과 답을 작성해야 할 연습장을 번갈아 쳐다본다. 멜라니는 식탁에서 벌떡 일어나 연습장을 가지고 주방으로 걸어간다. 나는 핸들런 부인이 "멜라니 봐봐. 8 곱하기 4가 뭐지?" 멜라니는 오답을 말하고 핸들런 부인은 "그게 아니야. 뭔지 생각한 다음 더 큰 걸 가져올 수 있을지 생각해 보렴" 나는 멜라니가 "아~~~ 어떻게 해야 할지 모르겠어요. 너무 어려워요." 핸들런 부인은 다시 물어본다. 멜라니는 식탁으로 돌아온다.

이는 양질의 노트이다. 대화가 있다. "아~~~"를 길게 늘어뜨려 감정을 전달한다. 멜라니가 "벌떡 일어나"라고 말하는 건 행동을 보여준다. 핸들런 부인이 "그게 아니야."라고 말했을 때의 톤을 알았다면 더 이상적이었을 것이다. 또한, 멜라니가 "어떻게 해야 할지 모르겠어요."라고 말할 때는 징징거리는 톤이었을 것으로 추측한다. 한 단계가 빠졌다. 멜라니가 부엌에 들어간 후 엄마에게 책을 보여주었을 텐데 멜라니가 뭐라고 했는지는 불분명하다.

5분쯤 후에 핸들런 부인은 [우유와 꿀이 담긴] 머그잔을 가지고 돌아와서 멜라니에게 건넨다. 멜라니는 도와줄 수 있냐고 묻자 핸들런 씨는 혼자 해보라고 제안한다. 멜라니는 "혼자서 해봤는데 못 하겠어요." 해리(멜라니의 오빠)가 와서 식당으로 뛰어 들어온다. 그는 멜라니 머리 뒤에 있는 쿠키 통으로 걸어가서 쿠키를 선택한다. 그리고 넌더리 난 표정으로 "뭘 듣고 있는 거야?"라고 묻고서 거실로 가서 FM 라디오로 설정을 바꾼다.

여러 사람을 추적하는 방식은 좋다. 음악에 대한 해리의 넌더리는 흥미롭다. 또한, 멜라니는 도움을 요청하는데(비록 목소리 톤은 모르지만), 핸들런 부인이 얼마나 참을성이 없었는지는 분명하지 않다. 하지만 현장 노트는 행동과 반응을 포착하고 있다.

노트는 다음과 같이 계속된다.

해리는 멜라니 옆에 서서 샹들리에에 매달려 있는 순록을 치고 있다. 멜라니는 그를 지켜보고 있다. 그녀는 스페인어 노래를 부르기 시작하고, 해리는 멜라니에게 스페인어로 이름을 묻기 시작한다. 그는 5분 정도 멜라니와 스페인어를 가지고 농담을 나누고, 멜라니는 10까지 셀 수 있다고 자랑한다. 멜라니는 정확하게 숫자를 센다. 핸들런 부인은 멜라니 옆에 앉고, 해리는 거실로 들어간다. 핸들런 부인은 멜라니에게 어떻게 되어가는지 묻고 나서 재빨리 "오. 멜라니, 이거 봐. 여전히 같은 걸 하고 있잖아. 이제 이렇게 하면 안 된다는 걸 알지 않니. 다시 해보렴. x 곱하기 x는 뭐지?" 핸들런 부인은 멜라니가 답을 적기 시작하자 연필을 손에 쥐고 못 견디며 연습장에 점을 세게 내려찍기 시작한다. 멜라니가 잘못 적으면 핸들런 부인은 세게 두드리며 "다시 해봐. 이제 확인해 보렴."이라고 말한다. 멜라니는 문제를 다 풀고 나서 "맞혔어요."라고 의기양양하게 말한다. 핸들런 부인은 "좋아. 이제 나 없이 두 개를 더 풀어보렴." 멜라니는 "혼자서 못 하겠어요."라고 중얼거린다.

이 현장 노트는 핸들런 부인이 멜라니와 겪는 좌절감을 포착한다. 현장 연구자는 "이렇게 하면 안 된다는 걸 알지 않니" 혹은 연필로 "못 견디며 세게 두드린다." 등 언어적 신호와 비언어적 신호를 포착한다. 이는 면담에서 포착할 수 없는 훌륭한 세부사항이다. 다시 생각해 보면 연습장을 보고 정확히 수학 문제와 오답이 무엇이었는지를 공유했다면 이상적이었을 것이다. 멜라니가 정답을 맞혔을 때, 현장 연구자는 "의기양양하게"라는 용어를 사용하는데, 이는 감정도 전달한다. 멜라니의 모습에 대해서도 좀 더 설명할 수도 있었다.

[수학 사건과 함께, 현장 연구자는 토미가 텔레비전을 보러 나가고(이는 이 가정의 오후에 허용되지 않는 일이다), 엄마가 성급하게 끄는 장면을 설명한다. 그녀는 숙제가 무엇인지 확인하라고 토미를 보냈고, 토미는 친구에게 전화해서 오늘 숙제가 없음을 확인한다.]

핸들런 부인은 주방으로 돌아오고 나는 믹서기 소리를 듣는다. 5시 30분이다.

현장 연구자는 후에 개인적으로 집중하기 어려웠다고 푸념했고, 멜라니가 어떻게 그런 소란 속에서 숙제할 수 있었을지 의아해했다. 여기에서 소음에 대한 세부 내용을 제시한다.

토미는 거실로 들어와 피아노를 치기 시작한다. 연주는 크고 극적이다. 주방의 믹서 역시 윙윙거린다. 컨트리 음악은 여전히 재생되고 있다. 이것이 5분간 지속된다. 그러자 해리가 걸어 들어갔다가 오니 컨트리 음악 소리는 더 커졌다. 믹서기, 피아노, 음악의 상충하는 소리가 8분 동안 줄어들지 않고 계속된다. 멜라니는 여전히 책 위로 연필을 들고 있다.

이 노트는 소음을 강조하고 있어 좋다. 토미가 연주하려고 했던 것과 컨트리 음악이 무엇이었는지 알 수 있었다면 이상적이었을 것이다. 또한, 왜 멈췄는지 명확하지 않다.

그다음 핸들런 씨는 "여기 식사가 충분해서 자리하시면 좋겠어요."라면서 저녁 식사 계획이 있는지 물었다. 나는 수락했고 6시 5분에 식탁에 앉았다. 멜라니는 해리가 자리를 잡았는데도 자기 옆에 앉으라고 했다. 멜라니가 약하게 항의하자 해리는 "왜 내가 거기 앉으면 안 돼? 내가 항상 앉는 자리인데."라고 말했다. 핸들런 씨는 "멜라니가 애슐리가 옆에 있길 바라잖니. 멜라니 마음대로 하게 해주자." 식탁은 음식과 사람들로 비좁았다. 긴 유리 베이킹 접시에는 껍질을 벗긴 닭가슴살과 맑은 소스가 있었다. 다른 투명한 캐서롤 접시에는 파스타 쉘이 담겨있었고 작은 파란색 캐서롤 접시에는 완두콩이 있었다.

사회 계층과 취향에 대한 작업을 하고 있었으므로 저녁 식사 내용은 분석적으로 중요하다. 저녁 식사에 대한 현장 노트는 사람들이 먹는 것을 시각화한다. 하지만 이 문제에 대해서 연구자는 현장 노트를 인용하기보다는 본문에서 단순히 요약할 것이다. 저녁 식사가 시작되자 핸들런 씨는 손님이 먼저 음식을 뜨도록 하지 않은 아들을 꾸짖는데, 이는 이 가족의 사회화를 보여준다.

토미가 치킨을 뜨고 있었는데 핸들런 씨는 "마음껏 먹으렴, 톰."이라고 말했다. 그러자 토미는 서빙 스푼을 내 접시로 옮겼고, "보세요, 애슐리 먼저 드리려고 했어요."라고 애교 있게 말했다. 그런 다음 각 접시에 치킨을 담았다. 파스타 볼이 전달됐고, 완두콩도 전달됐다. 멜라니의 접시는 음식으로 가득 찼고, 초인종이 울렸을 때 엄마는 치킨을 자르기를 막 끝냈다. 핸들런 부인은 "이건 네 것이란다. 남겨둘게. 전자레인지에 넣어두는 게 어떻겠니?" 멜라니는 지시를 따랐고, 그다음 피아노 교습 준비 소리가 들렸다.

피아노 교사가 도착했다. 멜라니의 피아노 교습을 관찰했다면 이상적이었겠지만 현장 연구자는 예의를 지킨다. 그녀는 저녁 식사에 자리했다. 아버지는 다시 한번 아들을 넌지시 건드리지만, 이번에는 식전 감사기도를 위해서다. 안타깝게도 토미의 기도 내용 전체를 알지는 못한다. 하지만 예고 없이 아이가 부모에게 품이 많이 드는 학교 과제를 불쑥 가져오는 순간도 포착한다.

모두의 접시가 가득해지자, 토미는 치킨을 한 입 베어 문다. 핸들런 씨는 "토미가 우리를 위해 기도해 보자."라고 말한다. 그러자 토미는 "우리 앞에 놓인 영양가 있는 식사"를 위해 기도했다. 모두 식사했다. 저녁 식사 농담은 주로 토미가 어머니의 초콜릿 무스 레시피를 학교 수업 시간에 가져갈 수 있도록 타이핑해야 한다는 이야기였다. 그리고 "네, 32명이 먹을 [초콜릿] 무스를 만들어야 해요, 엄마."라고 말했다. 핸들런 부부는 놀라 보였고, 활동 계획과 토미가 얼마나 이에 대해 알고 있었는지 물었다. 핸들런 부인은 비용과 살모넬라균 위험 때문에 만들지 않을 거라고 했다. 부부는 토미의 요청에 당황한 듯 보였고, 일주일이나 시간이 있었는데 충분한 시간을 두고 알리지 않은 것에 대해 토미를 꾸짖었다. 결국 쿨휩/푸딩으로 타협했다.

40분쯤 후에 멜라니는 부엌으로 들어와 명랑하게 "이제 오빠 차례야."라고 말했다.

현장 노트는 학교 활동이 부모에게 얼마나 일이 되는지를 보여준다. 하지만 노트에서는 토미가 언제 32인분의 초콜릿 무스를 가져가야 하는지가 불분명하다. 또한 해리가 저녁 식사 동안 무엇을 했는지도 분명하지 않다. 디저트 비용에 대한 핸들런 부인의 불평 몇 마디만 있었어도 더 좋았을 것이다. 이는 현장 노트의 "투광"의 예시인 한편, 숙제 장면은 "섬광" 접근 방식이다.

노트는 계속해서 멜라니가 음식을 데우고, 부모가 멜라니의 연주를 칭찬하며, 저녁을 먹다가 멜라니가 갑자기 다음날 합창단 복장이 필요하다고 말하고, 식사를 마치기 전 엄마가 사인해야 하는 학교 서류를 꺼내려고 "가방을 뒤지는" 모습을 기술한다. 몇 분 후 현장 연구자는 저녁 식사에 감사를 표하며 다음 방문 일정을 조율하고 떠난다. 현장 연구자는 평소 3시간 방문과는 다르게 4시간 이상 길게 있었다. 성찰 메모에서 그녀는 혼란스러운 가정 환경뿐만 아니라 "괴롭힘(bullying)"이라고 지칭한 것에 대한 큰 좌절감을 표현하였다.

> 이번 방문은 내 감각이 과도 자극되어서 지나치게 길고 괴로웠다. 사건 순서를 이야기할 때 나는 시끄러운 음악 소리를 이정표로 삼았다. 멜라니의 숙제 시간을 지켜보면서 멜라니가 "숙제"하는 50분 동안 두 문제밖에 못 푼 것 같아 속이 탔다. 멜라니의 느린 숙제 속도는 집안의 여러 방해 요소에 분명히 영향을 받은 것이다…그리고 방문하는 동안 단 한 번도 정확한 구구단을 듣지 못했다.
> 나는 멜라니의 공부 공간이 너무 비좁아서 놀랐다…또한 핸들런 부인이 자주 겁을 주고 좌절시키는 개입을 하는 것에 놀랐다. 구구단표를 두드리는 데 열중한 것처럼 보였다…뭔가 어찌할 도리가 없을 정도로 잘못된 것 같았다. 차 안에서의 핸들런 부인의 말부터 구구단을 속사포로 말하는 것까지, 멜라니를 도와주려는 노력은 목표에서 벗어나 문제를 왜곡하듯 보였다. 멜라니는 간단한 문제도 "못 하겠어요."라는 말에 의존하고 있는 것이 분명하다. 아무도 개입하여 "넌 할 수 있어."라고 말하지 않는다. 핸들런 가정의 활동에는 열의 없는 특성이 만연해 보인다.

현장 연구자는 실망감을 느끼고 있고, 성찰 메모는 그 좌절감을 배출할 수 있는 곳을 제공한다. 하지만 논리적인 점도 있다. 연구자는 멜라니의 공부 공간이 필요에 맞추어 있지 않은 점과 딸에 대한 엄마의 실망과 비효과적인 잔소리, "흐름에 맡기는" 가정 특성을 강조한다. 이러한 주제는 밝히는 데 중요하고 도움이 된다. 연구자가 연구 참여자에 대해 가끔 실망하더라도 이러한 감정을 인정하고 분산시키도록 노력해야 한다. 또한 그들의 관점에서 상황을 이해하도록 노력해야 한다. 가능한 한 우리가 연구하는 사람들의 행동을 깊이 존중해야 한다. 무례하게 그들을 바라봐서는 안 된다.

주간 회의 중 나는 또 다른 관점에서 노동 집약적인 중산층의 양육 방식이 아이들을 불행하게 할 수 있다는 현장 노트를 사용하여 작성한 분석 메모를 공유하였다. 이러한 생각은 최종적으로 부모가 기관과 협력하는 방식에 대한 분석으로 이어졌다. 책에서 나는 중산층 부모가 대개 유

리하지만 핸들런 가정의 경우 가족과 학교 관계에 많은 긴장과 어려움이 있음을 보여준다. 분석 메모는 대화 속 자료를 선행연구와 연계하여, "그래서 무엇을 의미하는가(so what)?"라는 질문에 연구가 답하기 위한 새로운 기여를 강조하는 데 초점을 둔다. 반면, 현장 연구 성찰은 울분을 발산하고, 본 것(특히 자신의 위치성을 반영하여, 관찰 내용에 대한 자기 반응과 잠재적인 판단)을 성찰하고, 자료 수집의 중요한 다음 단계를 곰곰이 생각해 볼 수 있는 기회다.

결론: 엄격함, 결단력, 그리고 양질의 노트 작성

상세하고 생생한 현장 노트를 작성하는 것은 기술이며, 또한 배울 수 있는 기술이다. 일반적이거나 모호한 현장 노트에 종종 훌륭한 부분이 있을 수 있다. 따라서 현장 노트를 만드는 세부사항을 끊임없이 작성하는 것이 목표이다. 다시 말해, 훌륭한 현장 노트를 작성하는 능력에는 희귀하거나 타고난 재능이 필요한 것이 아니다. 나는 많은 사람이 그 방법을 배우는 걸 보았다. 보통 초보 현장 연구자가 지속적이고 상세한 피드백을 얻는다면, 몇 번 진행하는 동안 현장 노트가 향상될 것이다. 따라서, 첫 번째 가르침은 참여 관찰을 시작할 때 바로 비판적인 피드백을 구해야 한다는 것이다. 첫 번째 방문은 나중에는 당연하게 여길 수 있는 상황을 새로운 시각으로 볼 수 있는 때이다. 도움을 구하라. 더 경험이 많은 문화기술지 학자에게 현장 노트를 보여주어라. 그런 다음, 노트를 더 작성하여 새로운 노트를 다른 사람들에게 보여주어 피드백을 받아라. 면담의 첫 15분이 중요한 때인 것처럼, 연구 현장 방문 초기는 중요한 통찰을 제공하는 특별한 시기다.

현장 노트 작성은 참여 관찰의 자극 및 스트레스와는 다르다. 피곤하거나, 기분이 좋지 않거나, 또는 단순히 쓰고 싶지 않을 때도 현장 노트를 작성해야 한다. 다른 사람과 만나고, 쉬거나, 친구들과 놀러 가는 대신 현장 노트를 작성해야만 한다. 경험한 것을 상술하는 데 몇 시간이 걸리므로 노트 작성은 지루한 일이다. 또한, 삶의 복잡한 사회적 사건을 페이지로 옮기기는 상당히 어려운 일이다. 실제로 매일매일 현장 노트를 작성하며 단계를 건너뛰지 않으려면 엄청난 "영혼의 힘"이 필요하다. 하지만, 이는 엄격하게 전념해야 하는 일이다. 현장에 오래 있을수록 더욱 익숙해져서, 예를 들면 "멜라니와 엄마는 또다시 숙제 전쟁을 치렀다."라고 말하고 싶은 강한 유혹을 느낄 수 있다. 하지만 이는 실수하는 것이다. 생생한 세부사항이 연구의 깊이를 가져오기 때문이다. 더 알게 될수록, 사람들과 더 많이 대화할수록, 더 많이 읽고, 집중할수록 연구자의 관점은 변한다. 현장 노트 작성의 목표는 말로써 연구자의 경험을 전달하는 것이다. 비록 연구자가 자료에서 보는 것과는 다른 방식이지만, 다른 사람들도 그 경험을 할 수 있도록 말이다. 자료를 가지고 생각하는 것은 지속적인 작업이지만, 일단 모든 자료를 얻으면 새롭고 독창적인 방식으로 자료를 성찰할 수 있게 된다. 이 주제는 다음 장에서 다룰 것이다.

제 8 장

자료 분석
진행하면서 생각하기

Listening to People

숫자를 활용한 연구에서 연구자는 자료 입력, 자료 정리, 기타 관련 작업이 완료된 후에 자료 분석을 해야 한다. 마찬가지로 면담과 참여 관찰 자료에 대해서도 자료를 수집한 뒤에 추가적인 기간이 요구된다. 이 기간 동안 연구자는 수집한 자료를 면밀히 살펴보고, 추가로 수집할 자료는 없는지 따져보며, 연구자의 주장을 세분화하고, 주장이 타당한지 등을 점검해야 한다. 자료의 코딩은 (내가 아래에서 기술하려는 바와 같이) 소프트웨어를 사용하든 그렇지 않든 간에 그 과정에서 중요하다.

그러나 질적 연구의 자료 분석은 또한 전체 과정에서 발생한다. 결과적으로 앞서 제1장에서 기술한대로 새롭고 진화적인 초점이 있다. 자료 수집 과정을 통해 연구자는 연구 질문을 개선하고, 도출된 결과를 점검하고, 경쟁적인 설명을 고려하며, 연구의 초점을 강화해야 한다. 전사본과 현장 노트를 읽는 것은 물론, 글을 쓰는 동안에도 연구자는 계속해서 생각한다. 이 과정은 "반복적"이다.[1] 자료를 보고, 반영하고, 다시 보는 작업을 반복하는 것이다. 이 과정을 통해 연구자는 통찰력을 얻게 된다. 또한, 이 과정을 통해 연구자는 새롭게 떠오른 연구 질문을 해결할 수 있고, 신선하고 독창적인 것을 발견할 수 있다. 만약 연구자가 몇몇 면담과 몇 주간의 참여 관찰 후에 연구 목표를 되돌아본다면, 연구자는 자료 수집의 "제로섬" 특성 속에서 우선순위를 결정하는 데 도움이 된다. 연구자는 흥미로워하는 모든 자료를 수집할 수는 없다. 연구자는 또한 자료에 의해 뒷받침되는 타당한 분석에 따라 도출된 것인지 새롭게 해석할 수 있는 다른 방법은 없는지에 대해서도 질문할 수 있다. 이것은 결국 더

1) Srivastava and Hopwood, "A Practical Iterative Framework."

많은 집중과 더 많은 성찰로 더 많은 자료 수집을 촉발할 것이다. 제2장에서 언급한대로, 연구가 시작되기 전 연구 질문의 특수성과 연구 목표는 사회적 과정에 대한 묘사를 다루는 것부터 특정 이론적 질문을 던지는 것까지 다양하다.

그 여정은 연구 주제에서 연구 질문으로 폭넓게 구상된다. 연구 주제는 하나의 주제이다. 그것은 탐구의 영역이다(예: 감옥에 있는 여성, 노숙자, 식량 부족, 아동 활동 또는 경찰에 의한 인종 차별에 관한 연구). 연구자의 연구 주제는 흥미로울 수 있다. 그러나 연구자는 질문이 없거나 가능한 답을 제안하지 않다. 대조적으로, 연구 질문을 할 때, 당신의 질문은 아직 답을 모른다(예: 부모의 사회 계층은 자녀 양육을 어떻게 형성하는가, 자녀와 분리된 채 감옥에 있는 여성의 체험은 무엇인가, 폭력의 위협은 노숙의 경험을 어떻게 형성하는가, 또는 조직 문화는 경찰의 과도한 무력 행사에 어떻게 영향을 미치는가?). 일반적으로, 연구 질문은 여러 개의 가능한 답을 가지고 있다. 다르게 말하면, 경쟁적인 설명을 가지고 있다. 시간이 지남에 따라, 연구 질문과 개념은 더욱 명확해지고 정교해진다. 여기서 연구자가 자신의 학문 분야에서 선망하는 이론적 개념이 안내의 등불이 될 수 있다. 이 이론적 논쟁과 논쟁의 조건을 개선하기 위한 연구자의 노력은 자료 수집과 자료 분석 그리고 글쓰기 과정에서 연구자를 안내하고 좁히는 데 도움이 될 것이다. 연구자가 가지고 있는 문헌의 한계, 연구자가 가지고 있는 자료, 그리고 연구자가 흥미롭다고 생각하는 개념을 항상 염두에 두는 것이 도움이 된다. "그래서 무엇을 의미하는가?"라는 질문에 답하려는 목표가 과정을 안내한다.

주제와 질문들

- 연구 주제는 하나의 주제이다.

- 이와는 반대로, 연구 질문은 질문을 하는 것이다.
- 연구 질문에 서로 다른 답이 있다.

지금까지 살펴본 것처럼, 자료 수집은 어렵고 힘들다. 또한, 자료 관리, 전사, 현장 노트를 계속 유지하는 것도 어렵다. 자료 수집은 많은 과정이 요구되기 때문에 연구자는 때때로 자료 수집에만 집중하는 경향이 있다. 그러나 자료 수집에 대한 이러한 집착은 비용을 발생시킨다. 생각하는 것을 망각할 수 있기 때문이다. 이번 장에서는 연구 초점을 이해하는 주요 단계와 기술에 대해서 논할 것이다.[2] 이 기술들은 자료 수집 과정에서 유용하다. 또한 자료 수집이 완료되면 "깊어짐"과 "물러남"을 통해 공식적인 코딩 단계를 수행해야 한다. 자료 분석 과정이 진행되면서 자료 분석과 글쓰기의 경계가 모호해지고, 인용문의 편집이 각 글쓰기 단계에서 연구자의 분석 목표와 불가피하게 얽혀있기 때문이다. 전체적으로 연구자는 자신의 생각을 담아내기보다는 자료의 소리에 "귀 기울이기"를 희망한다. 이 장의 마지막 부분은 면담지가 인용문이 되는 과정에 주목한다. 비록 논쟁적으로 이 부분이 글쓰기에 관한 다음 장의 일부가 될 수 있었지만, 인용문 편집을 위해서는 많은 자료 분석과 사고가 필요하기 때문에 이번 장에 포함한다.

이번 장은 다른 사람들에 의해 광범위하게 논의되고 있는 분야별 이론과 자료의 관계를 다루지 않는다.[3] 마이클 부라워이처럼 이론에 초점을

2) 물론, 데이터 분석을 진행하는 방법에 대해서는 다른 사람들의 제안도 있다. 예를 들어, Tavory와 Timmermans의 'Abductive Analysis', Timmermans와 Tavory의 'Surprise!', Miles 외의 'Qualitative Data Analysis', 그리고 Luker의 'Salsa Dancing'을 비롯한 핸드북, 교과서, 그리고 근거 이론이나 제도적 민속학과 같은 특정 장르에 관한 작업들이 있다.

3) Snow와 동료들의 "Elaborating Analytic Ethnography"를 참고하면, 발견, 확장, 재구성 등 다양한 이론적 목표에 대해 논의할 수 있다. Lofland의 "Analytic Ethnography", Abramson과 Gong의 "Beyond the Case", 그리고 Luker의 "Salsa

맞춘 문화기술지학자들은 “우리는 그것을 이해하기 위해 몇 가지 전제, 질문, 개념, 코딩 체계—**이론**의 일반적인 의미가 필요하다. 이론은 우리에게 무엇을 찾아야 하는지 알려준다. 좋은 이론은 예측을 하고 놀라움을 조장한다. 사회과학자로서 우리의 궁극적인 목표는 사회과학적 지식을 확충하기 위해 사례로부터 배우는 것이다.”라고 주장한다.[4] 물론, 다른 사회 과학 분야는 다른 접근을 할 것이다. 이론의 역할에도 불구하고, 질적 연구자는 수집된 자료를 어떻게 다룰 것인가 등을 포함하여 수많은 실천적 어려움에 직면한다.

이 모든 자료로 무엇을 할 것인가

일반적으로 연구자는 연구가 끝날 때쯤 자료에 파묻혀 있을 것이다. (그러나 모순적이게도 무엇인가를 놓쳤거나 더 나은 자료가 필요한 순간 당황하게 된다). 각 현장마다 적어도 10페이지 이상의 노트가 작성된다. 게다가 대부분의 연구자는 자료 분석을 위해 방대한 자료를 수집한다. 많은 박사 과정생이 적어도 코딩을 하기 위해 1천 페이지에서 4천 페이지의 현장 노트와 면담 전사본과 마주한다. 그러므로 나는 다시 한번 말한다. 연구자는 진행하면서 생각해야 한다. 연구의 2분의 1 지점에서 3분의 2 지점에 도달했을 때, 연구자는 연구에 초점을 맞추기를 원한다. 자료 수집의 마지막 3분의 1 지점에서 연구자는 연구 목적, 연구 질문, 연구에 사용하는 핵심 개념 및 주장을 뒷받침하는 데 매우 강력하다고 간주되는 증거의 종류에 대해 비교적 명확한 감각을 갖는 것이 이상적이다.

지금까지 봐 온 것처럼 연구 프로젝트의 규모는 다양하다. 내가 지도한 학부생들의 경우 종종 한 학기 동안 그들이 수집한 방대한 자료—10

Dancing”도 함께 참고하라.

4) Burawoy, “Empiricism and Its Fallacies,” italics in the original, pp. 51–52.

세트의 현장 노트와 4번의 면담－에 압도되는 경향이 있다. 한 수업에서, 학부 논문을 위해 5차례의 면담 혹은 일주일에 한 번씩의 방문을 하거나, 석사 과제를 위해 25~30회의 면담 혹은 한 학기의 관찰을 할 수 있다. 더 큰 연구를 위해서는 더 많은 작업이 필요할 수 있다. 일주일에 두 번씩 8개월 혹은 그 이상 방문하고, 때로는 일주일에 세 번씩 총 65~75번 방문하는 것을 목표로 한다고 가정해보자. 첫 방문 후 연구 질문을 살펴보기에는 너무 이르지만, 10번의 방문(3주 이상)과 5번의 면담(무엇이 먼저냐에 따라) 후에 연구자는 초점을 찾기 시작한다. 연구의 중심을 잡는 데 시간이 좀 걸리겠지만, 당신은 연구를 진행하기 원한다. 초점의 일부는 어떤 문헌에 관심이 있는지에 따라 달라진다. (아래에서 자세히 설명할 것이다.) 연구자의 초점은 문화기술지 연구에서 연구자를 놀라게 하는 것, 연구자를 흥분시키는 것, 그리고 연구자가 중요하다고 생각하는 것에 근거해야 한다. 발전 중인 생각을 기록해 나가야 한다.

앞선 장에서 기술한대로, 연구자는 자료를 수집하는 동안 정기적으로 "분석 메모"를 작성하게 될 것이다. 연구자는 이 메모를 통해 배운 것, 그것이 잠재적으로 중요한 이유, 그것이 다른 연구와의 "대화"에서 어떻게 작용하는지, 다음에 무엇을 해야 하는지에 대해 성찰하게 될 것이다. 이 메모들은 세부적인 경험에 초점을 맞추지 못하고 큰 그림을 보도록 만들기 때문에 쓰기가 어렵고, 심지어 고통스러울 수 있다. 혹은 정반대로, 메모들은 연구자의 관심을 나뭇잎에서 숲으로 옮겨가도록 만든다. 자료 수집 과정에서 모든 분석 메모를 다시 읽어라. 각 검토 후에는 연구에서 수행하고 있는 작업에 대한 새로운 생각을 메모하라.

연구 질문과 떠오르는 생각을 정제하기

어떻게 결정하는가? 한 가지의 연습은 백지에 떠오르는 모든 연구 질문을 적는 것이다. 판단하지 말고, 오직 떠오르는 질문을 기록하라. 잠시 제쳐두었다가 다시 연구 질문으로 돌아오라. 더 광범위한 질문과 주제에 따라 연구 질문을 구성하라. 이 과정을 통해 10~20개의 서로 다른 연구 질문을 3~5개의 보다 광범위한 연구 질문으로 좁힐 수 있다.[5] 연구자는 이 과정을 계속 진행할 것이고 궁극적으로 몇 가지 하위 질문과 함께 가장 중요한 질문 하나를 결정하게 된다. 여러 요소가 가장 중요한 질문을 결정하는 데 영향을 준다. 연구자에게 흥미로운 것, 새로운 것, 연구자가 알고 있는 것, 연구자가 고려하는 것, 다른 사람들이 흥미롭다고 생각하는 것, 그리고 연구자가 가장 많은 자료를 가지고 있는 것 등. 대부분의 연구는 다양한 방향으로 진행될 수 있다. (마치 당신이 다른 장소에서 휴가를 즐기고, 많은 다른 취미를 가지고 있거나, 심지어 매우 다른 직업에 만족할 수 있는 것처럼) 완벽한 선택은 없다.

연구 과정 중 어디에 있는지를 이해하는 것은 어렵다. 왜 이 작업을 하고 있는가? 무엇을 알기를 희망하는가? 다른 학자들은 무엇을 발견했는가? 때때로 연구자는 아무것도 보이지 않는다고 느낄 수 있다. 연구자는 어떤 것도 흥미롭지 않다고 느낄 수도 있다. 박스에서 알 수 있듯이, 연구자가 자료에 너무 깊이 들어가면 눈이 멀기 때문에 다른 사람들의 피드백을 듣고 대화하는 것이 도움이 된다. 글쓰기 모임을 만들어 정기적이고 건설적인 피드백을 받거나, 근처 부서에 발표를 제안하거나, 수업 주제에 대한 초청 강의를 하거나, 정기적인 피드백을 위한 "반쪽짜리 아이디어" 워크숍을 시작하는 것이 도움이 될 수 있다. 자기비판은 연구의 다른 시점에서는 도움이 될 수 있지만, 지금은 자기비판을 할 때가 아니다. 아이디어를 개발한 다음 동료, 친구 또는 연구자의 초점을 찾는 데 시간을 할애할 의사가 있는 다른 사람들로부터 피드백을 받아야 한다. 당신은 아이디어가 발전할 기회를 갖기 전에 그것을 짓밟고 싶지 않다.

5) 연구의 프레이밍 과정에 대한 특히 깊이 있는 작업을 원한다면, Luker의 Salsa Dancing을 참고하라.

궁극적으로 연구자는 자료를 통해 잘 설명되고 해당 분야에서 새로운 것을 소개하는 지적 위치(또는 "이론")를 가진 연구 초점에 도달하고자 한다. 그 과정에서 여러 가지 연구 질문들 사이에서 마구 뛰어다니기 쉽다. 이 최종 목표를 향한 여정은 필연적으로 막다른 골목과 좌절로 가득 차 있다. 예를 들어, 연구자는 처음에 가능한 대답 중 일부가 너무 광범위하다는 것을 발견할 수 있다. 어떤 것은 너무 좁다. 어떤 질문들은 흥미롭고 독창적이며 중요하지만, 안타깝게도 수집한 자료로 그 질문에 답할 수 없다. 잘못된 출발이 일반적이다. 일부 사람들, 특히 학교에서 좋은 성적을 받아왔고, 삶의 주요 측면을 통제하는 것에 익숙한 사람들에게, 현장 작업의 혼란과 불확실성은 불안감을 자극할 수 있다. 이 경우 연구자는 과정을 시간제한으로 인식하고 초점을 찾을 수 있다고 확신하고자 할 것이다. 어느 순간, 연구자가 계속해서 자료를 수집하고, 성찰하고, 다른 사람들과 이야기를 나누다 보면, 연구자에게 맞는 연구 질문을 찾을 수 있다. 관점을 얻기 위해, 한 발 물러서서 연구의 경로에 대한 큰 그림을 생각해야 한다.

첫째, 연구자는 현장 방문을 통해 배운 것을 성찰할 수 있는 방법을 찾으려고 노력해야 한다. 혼란스럽게 보일 수 있는 핵심 주제를 찾아보자. **지금까지 무엇을 배웠는지 알아내려고 노력하고 있는 것이다**.

생각하는 방법

- 당신이 보고 있는 것을 친구와 대화해 보라.
- 당신의 일기에 주요 주제에 대해서 써라.
- 관련 논문을 읽고, 당신의 결론과 어떻게 같은지 또는 다른지 메모를 하라.
- 과거에 당신이 문제를 잘 생각하도록 도와준 방법이라면 무엇이든 하라.

둘째, 선행연구가 말하는 것을 이해하고 연구의 우선순위에 집중하라. **다시 말하면, 당신의 대화 상대를 찾으려고 노력하라**. 예를 들어, 소셜 네트워크, 노동자와 그들의 노동 과정, 커뮤니티 활동, 시간 사용, 정체성, 일-가정 균형 또는 기타 주제를 연구하는 사람들에게 하나의 자료-예를 들어, 공동 작업 공간의 참가자 관찰-가 흥미로울 수 있다.[6]

셋째, 자료를 사용하여 선행연구의 현재 개념이 부적절하고 불완전하다는 것을 입증하려고 시도하라. "무엇을 의미하는가"에 기여할 수 있는 방법을 찾으라. **당신은 고치고자 하는 문헌의 어떤 문제를 확인하는 것을 목표로 해야 한다**.

많은 가능성으로부터 하나의 연구 질문을 선택하는 예

하나의 자료는 많은 다양한 하위 분야에 기여할 수 있고 여러 질문에 답할 수 있다. 하워드 베커는 "하나의 올바른 방법은 없다."고 말했다.[7]

연구자는 여기서 무엇을 하고 싶은지 결정할 수 있다. 게다가, 한 가지를 찾는 것 외에 다른 것을 찾기를 기대하며 연구 프로젝트에 들어가는 것이 일반적이다. 연구 현장에 들어가기 전의 아이디어는 종종 불완전하거나 완전히 옳지 않다. 예를 들어, 나의 학부 문화기술지 방법 수업에서 나는 사회학에 대해 더 배우기 위해 우리 수업을 청강하는 20대 백인 롭 라이언스(Rob Lyons)(가명)를 알게 되었다. 그는 대학 졸업 후 노숙자 쉼터에서 풀타임으로 일하고 있었기 때문에 현장실습을 할 시간이 제한적이었다. 나는 롭과 그가 풀타임으로 일하면서 수행할 수 있는 잠재적인 연구에 대해 논의하는 과정에서, 사회 계층이 주인의 애완견에 대한 대우를 결정하는지 여부에 관심이 있다고 우연히 언급했다. 나의 사회적 계층과 양육에 관한 책이 출판된 이후로, 사람들은 계속해서 중산층 견주들이 그들의 개에게 논리적으로 이야기하고 설득하는 것을 본다고 말해왔다. "자, 피도, 인내심을 가지자. 내가 이 일을 끝낸 후에 우리는 나

6) Grazian, "Thank God It's Monday."를 참고하라.

7) Becker, Writing for Social Scientists.

갈 거야, 알았지?" 이는 그들이 아이들을 키우는 방법과 유사했다. 반면 노동자 계층의 견주들은 애완견에게 "그만둬."라는 지시를 내릴 것이다. 또한, 가족 사회학자들이 반려견을 가족의 정의에 포함시키지는 않더라도, 많은 아이들과 부모들에게 반려견은 가족 단위의 필수적인 요소이다. 롭은 이 아이디어에 관심을 가졌고 공원에서 개들을 관찰하기로 결심했다. 그는 또한 IRB 신청서를 제출했고 견주를 따라다니며 면담하는 것을 승인받았다.

그와 네 번의 인터뷰를 진행하고, 그의 약혼녀와 함께 핏불을 임시 보호하기로 합의하고, 임시 보호견과의 상호작용을 살펴보고, 공원에서의 참여 관찰을 진행한 뒤에, 나와 롭은 그가 알게 된 것을 검토했다. 그는 몇몇 가정에서 사회적 계층이 다른 배경에서 자란 개의 "부모"가 반려견을 기르는 방법에서 갈등을 겪는다는 것을 발견했다. 일부는 관대했으나, 다른 일부는 그렇지 않았다. 이러한 차이는 반려견의 유형이나 가족과 관련된 다른 요소(예: 주인이 재택근무를 하는지 또는 집이 종일 비어있는지 여부)와는 관련이 없는 것으로 보였다. 그는 또한 엘리야 앤더슨이 설명한 것처럼 반려견을 둘러싼 인종 간의 갈등이 있다는 것을 발견했다.[8] 그와 그의 약혼녀는 그들의 "임시 보호견"과 함께 걷고 놀면서 시간을 보냈다. 롭이 핏불과 함께 걷거나 운전할 때, 백인 남성인 그는 더 많은 인종적 긴장(예: 응시, 거리에서의 회피, 운전자의 "진정해, 백인 소년")을 경험했다. 여기서 그는 앤더슨이 보여준 것과 다른 것을 생각할 수 없었지만, 문헌을 언급하고 있었다. 그는 더 많은 자료를 수집하면서 인격과 "시민권"에 대해 더 관심을 갖게 되었다. 매일 노숙자 보호소를 방문하는 동안, 그는 아이들이 보호소의 복도를 돌아다니기 위한 허락 없이 작은 방으로 끌려가는 것을 알아챘다. 또한 아이들이 운동을 하거나 신선한

8) Anderson, *Code of the Street*.

공기를 마시도록 강요하는 것도 없었다. 대조적으로, 견주 주인들 사이에서는 신선한 공기와 운동에 대한 반려동물들의 요구에 큰 관심이 있었다. 최근의 몇몇 법정 소송에서는 개들의 법적 권리를 보장하려는 움직임이 증가하고 있으며, 반려견은 주인이 죽은 후에 변호사를 선임할 수 있었다.[9)] 그는 또한 자신의 인생에서 반려견이 가장 중요하다고 언급한 "사람"과도 면담했다.

요컨대 롭의 프로젝트는 다른 방향으로 시작되었다. 반려동물이 서로 다른 계층 출신의 결혼 상대자와의 계층 갈등을 악화시키는지(결혼의 계층 갈등에 관한 연구에서는 논의되지 않은 점), 반려동물의 관리가 이질적인 이웃과의 사이에서 어떻게 인종적 긴장의 시발점이 될 수 있는지, 반려동물의 소유가 인격과 시민권에 대한 생각을 조사하는 데 어떻게 활용될 수 있는지(예: 반려견을 사람으로 볼 것인지에 관한 사회적 구조, 개에게 부여된 권리와 특권, 개와 아동에게 주어진 특권 비교)에 관한 것들이다. 또한, "가족을 정의하는 방법"에 대한 질문과 반려동물이 가족의 범주에 포함되어야 한다는 제안도 포함되었다. 이러한 각각의 분석적 질문은 서로 다른 선행연구(예: 계층과 일상생활, 인종과 도시 생활, 사회 속 동물, 아동, 시민권에 대한 정치적 개념)를 포함했다. 이들은 모두 흥미로웠지만, 각각 다른 연구였다. 게다가 하나의 연구 주제만을 선택할 논리적인 이유가 없었다. 여전히 그는 시민권의 개념에 흥미를 느꼈고, 시민권에 대한 연구가 아동의 권리와 수요, 그리고 개의 권리에 대한 강력한(그리고 증가하는) 의식의 한계를 온전히 포착하지 못한다는 사실에 낙담했다. 그러나 이 접근은 그를 법적 지위의 변화에 대한 역사적 분석과 개와 아동에 관한 문화기술지 연구로 이끌었다.

---

9) 2007년 Leona Helmsley가 사망했을 때, 그녀의 개가 1,200만 달러가 포함된 신탁기금을 받았고, 이 개가 유언을 둘러싼 법적 분쟁의 일부가 되었다는 사례를 참고하라. Jeffrey Toobin의 "Rich Bitch"에서 이 이야기를 다루고 있다.

결국 롭은 시민권 문제에 초점을 맞추었다. 그의 연구는 가족사회학에서 벗어나 정치사회학 연구가 되었다. 그의 질문은 "이동, 사회적 상호작용, 야외 활동의 자유에 관한 아동과 개의 권리의 측면에서 개와 아동에게 어떤 권리가 부여되는가?"로 맞춰지게 되었다. 그 후에 그는 이 질문에 답할 수 있는 자료를 수집했다.

질문을 설명하고 선택 사항을 정하는 과정은 쉽지 않았다. 롭은 다양한 생각과 질문 속에서 종종 혼란을 겪었다. 성찰적이고 분석적인 메모를 기록하고, 수업 시간의 발표를 통해, 나와의 토론을 통해 그는 점차 명확해질 수 있었다. 경우에 따라 연구자는 자신이 예상한 것을 보지 못할 때 당황하고 혼란스러워할 수 있다. 새로운 주제에 적응할 때, 한 분야에서 10편이나 20편의 논문을 읽었다는 이유로 익숙하지 않은 다른 분야를 피하는 것은 "푼돈을 아끼려다 큰돈을 잃는" 실수를 범하는 것이다.

만일 당신이 자료에 실망하거나 처음에 흥미롭지 않다고 느낀다면 어떻게 할 것인가? 긍정적이고 지식이 풍부하며 건설적으로 비판적인 사람들과 대화하는 것이 도움이 된다. 내 학생 중 한 명에게 나는 새롭게 도출한 결과에 대한 나의 이해를 명확히 설명하고, 연구가 질문의 한 가지 요소를 다루지 않는 것 같다는 입장을 전달했다. 달리 말하면, 학생이 집중하는 데 도움이 되는 흥미롭다고 생각되는 여러 요소를 선택했다.

그 밖에 또 무엇이 있을까? 연구자는 주제에 대해 관심이 많고, 호기심이 있어야 하며, 설렘을 느껴야 하고, 열린 마음을 가져야 한다. 연구를 시작할 때 연구 질문에 대한 **답을 알고 있어서는 안 된다**. 어렴풋하게 아는 것은 괜찮지만, 무언가가 사실이라는 점을 "알고" 그것을 증명하고 싶어 프로젝트를 시작하는 것은 잘못이다. 이상적으로는 답이 불분명해야 하며, 연구자는 자신의 가장 깊은 믿음에 도전할 수 있는 무언가를 배우게 된다. (당신과 완전히 다른 분야의 누군가가 수행한 연구를 기반으로 하더라도) 참고하고 싶은 연구 접근 방식과 함께 롤 모델이 될 수 있는 이 분야의 작업에 감탄해야 한다. 그러나 이것이 당신의 인생에서 해야 하는 유일한 연구 프로젝트가 아님을 기억해야 한다. 합리적으로 흥미로워야 하지만 완벽할 필요는 없다.

다른 분야의 유사점

초점, 주장, 그리고 분석에 대해 선택을 하는 것은 학술 연구에만 국한되지 않는다. 이러한 종류의 의사결정은 예술을 포함한 다른 상황에서도 발생한다. 건축, 무용, 오페라, 랩, 영화 등 다양한 형태의 예술이 이야기를 들려준다. 이야기는 초점이 있을 때 더 만족스럽다. 그러나 그 초점은 달성하기 어려울 수 있다. 영화 감독 프랜시스 포드 코폴라(Francis Ford Coppola)는 라디오 인터뷰에서 마이클이 새로운 대부로 추대되는 모임에 들어갈 때 그의 아내 앞에서 문이 닫히는 장면(영화 **대부**(The Godfather)의 마지막 장면)으로 하기로 한 결정에 대해 이야기했다.[10] 코폴라의 설명은 문화기술지 연구의 주요 결정 중 일부가 예술 창작과 유사하다는 점을 보여준다.

> 제가 영화를 만들 때, 저는 항상 주제를 생각합니다. 가능한 한 한마디로 표현할 수 있다면 더 좋습니다. **컨버세이션**(The Conversation)을 만들 때의 주제는 사생활이었습니다. **대부**(The Godfather)를 만들 때의 주제는 승계였습니다.

여기에서 코폴라는 자신의 영화 제작에 한 단어로 된 주제가 있음을 밝히고 있다. 주제를 아는 것은 그가 수많은 결정을 내리는 데 도움이 되었다.

---

10) Fresh Air Interview, "To Make The Godfather His Way."

> [영화 감독으로서 당신은] 매일 같은 질문에 답해야 합니다. 그녀는 드레스를 입어야 할까, 치마를 입어야 할까? 그는 자동차를 타야 할까, 자전거를 타야 할까? 그리고 당신은 답을 알고 있기 때문에 단순히 그들을 간과할 수 있습니다. 그러나 때로는 답을 모릅니다. 그럴 때 당신은 "글쎄, 주제가 뭐지?"라고 말합니다.

주제는 당신이 무엇을 하고 있는지 아는 데 도움을 준다.

> 그래서 **대부**가 승계되는 과정에서 저는 제가 왕위 계승에 대한 이야기를 하는 한, 왕이 있었고 그에게는 세 아들이 있었다는 것을 항상 알고 있을 것입니다… 저는 알고 있습니다… 제가 무엇을 하고 있는지.

면담 및 참여 관찰에서 자신이 무엇을 하고 있는지 알고 있다면, 한 단어로 된 연구 주제를 가지고 있는 것은 (무엇을 관찰하고, 읽고, 조사하고, 궁극적으로 이야기를 어떻게 전달할지 등의) 크고 작은 결정을 하는 데 도움이 된다. 자료 수집 과정을 통해 천천히 그리고 점진적으로 연구의 본질을 파악한다. 핵심 초점에 도달하면 다른 가능성에 관심을 돌리게 된다. (이러한 연구를 잠재적으로 미래에 수행할 수 있다.) 그러나 먼저 선행연구의 문제점을 파악하고, 가장 높은 우선순위에 초점을 맞추며, 작업의 중요성을 명확하게 해야 한다. ([표 2.2]의 지적 여정의 단계를 참조하라.) 요약하자면, 자신이 누구이며, 이 연구에서 무엇을 하려고 하는지와 같은 자기 인식을 찾고 있다. 이것을 파악한다면 다른 결정을 내리는 것이 더 쉬워질 것이다.

나는 영화를 만들 때 항상 주제가 있다. 영화 대부의 주제는 승계였다. 프랜시스 포드 코폴라, 영화 감독

연구 질문과 자료 수집을 정렬하기

초점을 파악하면서 수집 중인 자료를 사용하여 주요 연구 질문과 하위 질문에 답할 수 있는지 확인해야 한다. 불일치가 발생한 경우, **연구 대상지를 변경하는 것보다 연구 질문을 변경하는 것이 더 쉽다.** (어떤 사람들은 당신이 진행하면서 변경했다는 것을 알면 당황하기도 하지만, 이런 사람들은 질적 연구의 현실을 잘 이해하지 못하는 사람이다.) 자료 수집을 조정하는 것도 힘이 된다. 게다가 연구의 목표는 샘플의 행동 빈도를 요약하는 것이 아니다. 연구의 목표는 새로운 지식을 구축하는 것이다. 당신은 주장의 근거를 삼고 싶어 한다. 경우에 따라 여러 사람과 다양한 형태의 증거(예: 관찰, 면담, 문헌 또는 정책)와 같은 여러 가지 접근 방식을 사용하여 경향을 입증할 수 있다. 또한, 내가 아래에서 논의하는 것처럼 잘못 이해했을 가능성에 대해 진지하게 생각해야 한다. 대안적 설명을 생각하고, 떠오르는 생각을 완벽하게 뒤엎을 수 있는 증거를 찾아야 한다.

예를 들어, 미허가 이민자에 대한 합법적 이민자의 태도를 연구하는 데 관심이 있는 학부생이 있었다. 이 질문에 답하기 위해 그는 이민자에게 서비스를 제공하는 비영리 단체에서 자원봉사를 시작했다. 또한, 반이민 법안에 항의하기 위해 집회를 계획하는 서류 미비 이민자 집단의 회의에 참석했다. 이 집단에는 합법적 이민자가 몇 명 있었지만, 대부분은 미허가 이민자였다. 따라서 합법적 이민자와 미허가 이민자를 비교하려는 그의 열망은 그가 연구하고 있는 집단의 구성에 의해 방해를 받았다. 그는 이 집단에서 많은 흥미로운 사실을 알게 되었다. 미허가 이민자는 부모가 예기치 않게 추방될 경우를 대비하여 미국에서 태어난 자녀(수정헌법 제14조에 의해 보호되는 미국 시민권자)를 돌봐줄 수 있는 사람을 알아보고 있었다. 그러나 이 연구에는 윤리적인 이슈를 포함한 여러 문제가 있었다.[11] 한 가지 문제는 그가 자료 수집을 통해 미허가 이민자에 대한 합법적 이민자의 태도를 배우지 않았다는 것이다. 그는 연구 질문을 변경하거나 자료 수집 방법을 변경해야 했다. 예를 들어, 그는 정치적 행동주의를 촉진하거나 방해하는 요인을 파악하려고 했다. 그는 저임금, 불충분한 법적 지원, 조직 역학으로 인한 격동 속에서 비영리 노동자들의 경험을 살폈다. 그는 이러한 새로운 집단에 대한 접근 권한을 얻는 것을 우려했다. 연구를 완료하는 데 남은 시간이 제한되어 있었기 때문에 연구 질문이나 자료 수집 방법을 변경하기를 원치 않았다. 그 결과, 그의 논문은 그의 주장을 뒷받침하는 자료가 불충분했다.

연구 질문과 문헌을 정렬하기: "당신의 사람들"은 누구인가?

연구 질문의 틀을 정확하게 확정하는 데 도움이 되는 문헌은 거의 대부분 유사한 방법을 사용하는 문헌이다. 양적 연구는 변수와 결과 사이의 관계를 보여줄 수는 있지만, 관련된 메커니즘에 대한 명확한 설명이 없으면 주어진 관계를 설명하는 데에 "블랙 박스(black box)"를 남기게 된다. 대조적으로, 질적 연구는 과정 또는 메커니즘에 대해 더 많이 알아야 할 필요성을 강조하는 결과를 제공한다. 이 빈틈은 중요하지만 연구의 시작 단계에 불과하다. 문헌의 약점에 대한 보다 발전된 설명은 해당 분야의 연구자가 기존 메커니즘을 개념화한 방법을 살펴봄으로써 만들어

11) 중대한 윤리적 우려가 있었다. 이민자들은 취약한 집단이었다. 그는 학부 수업 프로젝트로 진행한 것이며, 이를 출판할 의도는 없었기 때문에 인간 대상 보호를 위한 IRB의 승인이 필요하지 않았다. 그러나 그들의 취약성 때문에, 경험이 부족한 학생이 수업 프로젝트를 하면서 관찰한 이민자들에게 해를 끼칠 수 있는 소환 대상이 될 수 있는 메모를 작성하는 것은 매우 문제가 있었다. 그의 구체적인 목표를 알게 되었을 때, 나는 회의를 소집하여 내 우려를 표현했다. 그는 법적 이민자의 경험에 초점을 맞추기로 동의했다.

진다. 이는 면담과 참여 관찰을 통해서 완료된 다른 작업을 살펴보는 것을 의미한다.

예를 들어, 학급과 자녀 양육에 관한 문헌을 살펴보자. 최근 몇 년 동안 양육의 사회적 계층 격차(어머니의 학력, 사회적 경제적 지위 또는 소득 등에 따라 다양하게 정의됨)가 확대되었는지, 동일하게 유지되었는지, 축소되었는지에 대한 논쟁이 있다. 많은 연구에서 부모의 교육과 자녀의 학업 성취도 사이에 상관관계가 있음을 보여주고 있다. 다른 연구에서는 아동과 시간 보내기, 아동에게 책 읽어주기, 과외 활동에 아동 등록시키기, TV 시청 제한하기, 기타 발달 활동 참여하기 등 수업 기반 자녀 양육 방법의 다양한 측면을 보여준다. 이러한 활동은 사회적 바람직성에 따라 달라질 수 있지만, 부모가 다양한 활동을 수행하는 빈도는 연구자에게 중요한 연구 질문이 된다.[12)]

질적 연구는 종종 문헌의 개념적 약점을 보완하는 데 도움이 될 수 있다. 예를 들어, 자녀 양육 분야에서 우리는 규범적 이상(예: 부모가 가정에서 권위를 갖는다.)과 현실(예: 자녀가 각기 다른 상황에서 저항하고, 방해하고, 부모에게 욕을 한다.) 사이의 간극에 대해 배울 수 있다. 많은 가족이 아동을 동등하게 대하는 이상을 지지하지만, 일부 가족에서는 특정 아동에 대한 선호가 높게 나타나기도 한다. 질적 연구는 권위 관계, 소외, 무력감, 정체성 및 기타 일상생활의 주요 과정에 대해 알려줄 수 있다. 예를 들어, 다운 다우(Down Dow)는 인종 차별로부터 자녀를 보호하기 위해 채택한 전략에 있어서 흑인 중산층 어머니가 자녀를 양육하는 과정에 차이가 있음을 보았다.[13)] 그녀는 이전에 이해된 것보다 더 많은 차이가 있음을 보여줌으로써 계층 및 자녀 양육 모델에 도전했다. 그러

12) Hofferth, "Response Bias."를 참고하라.

13) Dow, Mothering while Black.

므로 연구자는 연구를 시작하기 전에 다른 질적 연구(또는 실험 및 양적 연구)를 살펴보고, 두 요인(예: 변수)이 어떻게 관련될 수 있는지 이해해야 한다. 부모는 자녀에게 필요한 것이 무엇인지 어떻게 이해하는가? 예를 들어, 포부라는 개념이 타당한가? 일상을 담아내고 있는가? 일부 연구가 주장하는 것처럼 부모는 중산층 자녀에게 권리 의식을 조장하는가? 여기에서 모성, 자녀 양육 또는 자녀의 일상생활에 관한 다른 질적 연구를 읽고 동일한 과정의 다른 연구에 대한 비판에 집중해야 한다. 연구자의 비판은 주제에 대한 우리의 이해에 빈틈이 있음을 보여주기 위한 "설정"이며, 연구자는 이 빈틈을 메우고자 한다. 때로는 동일한 과정을 연구하면서 다른 실질적인 분야로 이동할 수 있다. 예를 들어, 교도관과 죄수 사이의 관계를 이해하기 위해 군대와 장교와 군인 사이의 관계와 같은 다른 "전체 제도"를 살펴볼 수 있다. 군대와 교도소는 다른 환경이지만, 군사 연구는 권력 역할을 드러낼 수도 있다. 요약하면, 연구자가 연구에 포함된 행동의 명시적 및 암시적 개념화를 살펴보고자 한다. 때로는 주요 문제가 피상적인 방식으로 논의되거나 무시된다. 문헌의 주요 메커니즘에 대한 이러한 과소 개념화는 새로운 연구에 대해 생각하기에 좋은 출발점이다. 좋은 질문은 문헌에 대한 이해에서부터 온다.

문제는 문헌을 검토할 때에 압도당하기 쉽다는 것이다. 수십 개의 연구가 있다.

언뜻 보기에 그것들을 읽는 데 몇 달이 걸릴 것처럼 보일 수 있다. 이 모든 시간을 논문을 읽는 데 사용한다면 어떻게 연구를 수행하고 마칠 수 있을까? 하워드 베커는 이것을 "문헌에 겁먹는 것"이라고 한다. 그러나 어떤 주제가 가장 흥미로운지 분별하기 위해 계속 읽고, 메모하고, 자신의 목소리에 귀를 기울여야 한다. (교수, 부모, 동료를 포함하여 다른 사람이 아닌 **자신**에게 집중해야 한다는 것에 유의해야 한다.) 가장 많이 알고 있지만, 더 많이 배우고 싶은 분야에 대해 생각해 봐야 한다. 다른 것보다 하나의 질문을 선택하는 것이 전문적인 이점(예: 향후에 더 큰 기회)이 있는지 판단할 수 있다. 그리고 이러한 모든 요인에 대해 생각해 본 후에도 장단점은 있을 수 있다. 거듭 언급하건대 올바른 방법이란 없다.

막힌 느낌? 메모를 작성하라.

연구 결과를 작성하다 보면 매일 같은 문제가 있는 단락에 머무는 자신을 발견하게 될 것이다. 글쓰기를 성찰하는 데 약간의 시간을 들인다면 추진력을 회복하는 데 도움이 될 수 있다. 막힌 이유와 해결 방법을 정확하게 설명하는 메모를 작성해 보자. 다음과 같은 질문에 답할 수 있다: 이 연구 초안을 작성하려고 했을 때 달성하려고 했던 것은 무엇인가? 효과가 있었던 것과 그렇지 않은 것은 무엇이며, 그 이유는 무엇인가? 어떤 대안적 접근 방식을 취할 수 있는가? 가능하면 메모를 동료, 친구 또는 멘토와 공유하고 토론하라.

벤자민 셰스타코프스키(Benjamin Shestakofsky),
『벤처 자본주의(Venture Capitalism)』

피드백 구하기

너무 이른 듯 보이지만, 자료 분석을 하고 새로운 주장을 펼치고자 할 때 피드백을 받거나 다른 사람의 관점을 얻는 것이 좋다. 왜 그런가? 연구자는 중요한 연구 질문을 형성했는지, 다른 사람들이 관심을 갖는 진짜 질문인지, 문헌의 진정한 빈틈에 토대를 두고 있는지에 대해 확신하고 싶기 때문이다. 연구자는 또한 자신의 잠정적인 주장, 즉 도출될 주장이 타당하다는 피드백을 원한다. 부정적인 피드백과 긍정적인 피드백에 대비해야 한다. 내 학생 중 한 명은 논문에 대해 다음과 같은 의견서를 받았다.

> 저자는 여기서 일종의 유령 표적(phantom target)을 겨냥한다. (…) 몇 가지 독단적인 유형 외에는 아무도 그것을 정말로 믿지 않을 것이다.

마찬가지로 다른 학생은 다음과 같은 의견을 받았다. "연구자가 추구하는 이론적 기여는 논문에 제시된 것보다 이론적으로 덜 새롭다." 또는 공동 연구에서 나는 다음과 같은 의견을 받았다. "논쟁은 다소 빈약하다. 본질적으로 이 논문은 중산층 부모가 자녀를 위해 공동의 노력을 기울일 수 있고 실제로 하고 있다고 주장한다. 이것은 그들이 제안하는 것만큼 놀랍거나 혁신적이지 않다. 검토된 문헌과 개념적 범위의 측면에서 모두 협소하다."[14] 따라서 골디락스와 곰 세 마리(Goldilocks and the Three Bears) 이야기와 달리, 너무 협소한 개념적 주장은 피해야 한다. 너무 광범위하지 않고 "적당한" 개념적 틀과 기여를 원해야 한다. 당신의 동료와 심사위원은 당신이 이 지점에 도달하는 데 도움을 줄 수 있다. 그러나 일반적으로 첫 번째, 두 번째, 세 번째 시도에서 성공하지 못할 것이다. "더 좋고, 더 강하고, 더 흥미롭고, 더 중요한" 질문과 틀을 찾는 것은 시간이 지남에 따라 발전하는 과정이다.[15] 연구자의 "기여가 더 발전되어야 한다."는 (교수, 동료, 심사위원의) 비판이 멈추게 된다면, 당신은 잘하고 있는 것이다. 그러나 자료를 수집하는 동안 질문의 틀을 잡는 것이 좋다. 그렇게 하면 더 많은 자료를 추가하고 검색할 수 있다. 증거를 확인하지 않고, 아이디어를 실시간으로 "테스트"할 수 있다. 루커가 지적한 것처럼, "정말로 논점을 확실히 하기 위해 필요한 단일 정보(또는 데이터 집합)가 현장에 남아 있고, 그들이 그것이 필요하다는 것을 몰랐거나, 그것이 사라졌거나, 다시 돌아갈 여유가 없는 경우"가 발생할 수 있다.[16] 그녀는 또한 일부 연구자가 과정을 통한 사고의 중요성을 강조하면서, 과정에서

14) 이 논문의 대폭 수정된 버전이 후에 출판되었다. Lareau 외, "Parental Challenges"이다.

15) 이 발언은 대학 출판사의 원고 수락 및 거부를 담당하는 편집자가 한 것이었다. 편집자는 저자들이 책 원고에 여전히 작업이 더 필요하다는 사실을 알게 되었을 때 실망할 수 있다는 것을 발견했다.

16) Luker, Salsa Dancing, 19페이지를 참고하라.

더 깊이 생각했다면 예상한 것보다 더 많은 자료를 수집할 수 있었다고 언급한다.

따라서 연구자의 지적 여정(제2장에서 강조된 대로)에는 생각하고, 검토하고, 여러 가능한 경로를 파악하며, 연구자에게 적합한 길을 결정하는 과정이 모두 포함된다. 대부분의 훌륭한 연구 뒤에는 견고한 비평이 있다. 이 비판과 초점을 통해 자료 수집을 조정하면 된다.

공식적인 코딩 단계: 깊이 들어가고 뒤로 물러서기

자료를 수집한 후에는 자료를 "처음부터 다시 시작하기(taking it from the top)"하여 체계적으로 분석하는 것이 도움이 된다. 자료 분석에는 여러 가지, 때로는 모순되는 목표가 있다. 한편으로는 자료를 **깊이 파고들어야** 한다. 연구자는 자신의 연구 노트, 면담에서 모든 사람이 말한 것, 연구자가 배운 뉘앙스와 미묘한 의미까지도 매우 친숙해져야 한다. 이것을 배우는 가장 좋은 방법은 메모와 전사본을 읽고 녹취 파일을 여러 번 듣는 것이다(예를 들어, 자전거를 타거나 설거지를 할 때). 다른 한편으로는 연구자가 성찰을 위해 한 발 **뒤로** 물러서서 관점을 얻어야 한다. 공통 주제, 반론의 증거, 경향을 파악할 수 있는 큰 그림을 찾아야 한다. 연구가 (수정하고 도전하려는) 문헌의 아이디어 또는 아이디어의 묶음과 어떻게 연결되고 도전하는지 성찰해야 한다. 데이터 세트를 코딩하면 증거를 수집하고 증거가 풍부한 곳과 빈약한 곳을 확인하는 데 도움이 된다. 또한, 반론의 증거를 찾는 데에도 도움이 된다.[17]

코딩체계의 예

종종 얼마나 많은 코딩 범주를 설정해야 하는지 명확하지 않은 경우가

17) Timmermans and Tavory, *Surprise!*, for an in-depth analysis of coding을 참고하라.

많으며, 그 범주가 많거나 적다고 느끼기 쉽다. 각각의 연구는 독특하다. 그러나 코딩 체계의 규모와 범주에 대한 이해를 돕기 위해 벤자민 셰스타코프스키의 문화기술지 저서인 『벤처 자본주의: 스타트업, 기술, 그리고 일의 미래(Venture Capitalism: Startups, Technology, and the Future of Work)』라는 책을 소개하고자 한다. 이 책은 고객과 함께 사진가, 배관공과 같이 지역사회에 서비스를 제공하는 디지털 시장인 "All Done"이라는 소프트웨어 회사의 조직적 변화에 초점을 맞춘다. 19개월 동안 셰스타코프스키는 세 곳에서 참여 관찰을 수행했다. 그는 주로 샌프란시스코 본사(소프트웨어가 개발된 곳)에 있었지만, 조직적 역할로 필리핀(정보 처리 작업이 이루어지는 곳)과 라스베가스(근로자가 고객 서비스를 제공한 곳)를 방문했다. 그는 자신의 코드에서 5개의 주요 범주를 사용했다. 서로 다른 대상지의 작업자 간의 상호 작용은 ACROSS, 자신의 생각과 성찰은 ME, 각 대상지에 대해서는 SF, P, LV를 사용했다. 그 다음, 각 주요 범주 내에서 그는 ACROSS와 같은 하위 범주를 설정했다.

> ACROSS: 문화 충돌, ACROSS: 감정, ACROSS: 감정: 흥분, ACROSS 감정: 관계 작업, ACROSS: 선물, ACROSS 회의, ACROSS 육체적, ACROSS 특권, ACROSS: 투기

또한, 그는 세 대상지에 대한 추가 코드를 가지고 있었다([표 8.1] 참조). 그의 저서에서 핵심 포인트는 투자에 대한 빠른 수익을 얻고자 하는 벤처 자본가의 열망이 혁신에 대한 인센티브를 창출했다는 것이다. 이러한 지속적 혁신은 샌프란시스코, 필리핀, 라스베가스의 근로자에게 각각 다른 결과를 가져왔다. 이러한 지속적인 혁신의 영향이 모든 대상지에서 동일하지 않았기 때문에, 그는 그의 코딩 체계를 각 대상지의 독특한 증거를 반영하기 위해 (그가 깊이 파고들 수 있도록) 재조정하는 동시에

각 집단의 구성원이 상호 작용할 때 발생하는 패턴을 반영하기 위해 "ACROSS" 코드를 사용했다. 마지막으로 그는 현장에서 자신의 역할(예: "소속감")과 사건에 대한 반응(예: "감정", "불편함: 특권", 그리고 "일: 혼란")을 반영할 수 있는 코드를 가지고 있었다. 이 모든 경우에 그는 "ME"라는 용어를 주요 범주(예: "ME: 소속감")로 두었다. 이 코딩 체계는 그가 수천 페이지에 달하는 현장 노트와 비공식 면담에서 얻은 노트를 이해하는 데 도움이 되었다. 그의 방법론적 부록에서 설명했듯이, 이러한 아이디어는 다른 사람과의 성찰 및 대화뿐만 아니라 장기적인 분석 메모 작성을 통해 점진적으로 구체화되었다. 세 대상지의 코드 표는 아래와 같다.

【표 8.1】 셰스타코프스키가 연구한 회사의 세 대상지(샌프란시스코, 필리핀, 라스베가스) 코드

SF: 전기	P: 전기	LV: 불안
SF: 계약자와 현지 아웃소싱	SF: 다른 직업과의 비교	LV: 전기
SF: 비용	P: 갈등	LV: 카리스마적 리더십
SF: 실험 문화	P: 조직 역학의 결과	LV: 갈등
SF: 사람에 대한 묘사	P: 비용	LV: 음식
SF: 흥분	P: 문화	LV: 성별
SF: 선물	P: 감정: 관계적 작업	LV: 사기
SF: 목표 및 미래와 VC(벤처 캐피털)	P: 가족: 긴장	LV: 조직 구조
SF: 성장	P: 성별	LV: 변화에 대한 저항
SF: 채용	P: 감사	LV: SF: 가시성
SF: P와 LV를 무시	P: SF에게 무시당함	LV: 추측
SF: 혁신	P: 보이지 않음	LV: 팀 멤버: 묘사
SF: 혁신: 자동화	P: 조직 지식 부족	LV: 기술 공포증
SF: 혁신: 규칙화	P: 사랑	LV: SF에 대한 견해
SF: LV: 보이지 않음	P: LV: 선물	LV: 근무 시간

SF: 동기부여	P: 회의	LV: 근무 공간
SF: 네트워킹	P: 변형 서사	LV: 노동 통계
SF: 사무실 환경	P: 조직 구조	
SF: 낙관주의	P: 성과	
SF: P: 비용	P: 우선순위	
SF: P: 성별	P: 채용	
SF: P: 관계적 작업	P: 역전 치환	
SF: 파티	P: SF: 선물	
SF: 정치	P: SF: 관계적 작업	
SF: 특권	P: 작문 팀	
SF: 채용	P: 조사 팀	
SF: 관계적 작업	P: 매칭 팀	
SF: 장면	P: 훈련	
SF: 추측	P: 불안정한 자아	
SF: 자본주의에 대한 견해	P: SF의 가시성	
SF: LV에 대한 견해	P: 재택근무	
SF: 나에 대한 견해	P: 근무 시간	
SF: P에 대한 견해		
SF: 근무 시간		

코드의 수는 완벽하게 동일하지 않으며, 시간이 지남에 따라 셰스타코프스키가 발견한 코드 중 일부는 통합되었을 수 있다.

셰스타코프스키는 소프트웨어 프로그램(Atlas.ti)을 사용하여 자료를 코딩했지만, 현장 노트를 인쇄하여 잘라 파일 폴더에 넣거나, 컴퓨터에서 다양한 색상으로 노트를 강조 표시하여 코딩을 수행했을 수도 있다. 또는 엑셀과 같은 스프레드시트에 입력했을 수도 있다. 질적 코딩 프로그램은 널리 보급되고 있으며, 대규모 데이터 세트를 분석할 때 유용할 수 있으나, 녹취록을 자세히 검토하고 주제를 찾고 증거를 확인하는 데에도 상당한 가치가 있다. 대규모 연구에서는 일부 학자들이 질적 소프트웨어 프로그램을 사용하지 않는 경우도 있다.[18)]

내가 찾은 도움이 되는 코딩 유형 중 하나의 자료 매트릭스를 생성하는 것이다.[19)] 큰 종이를 가져다가 표를 만든다. (Excel 파일을 사용해도 되지만, 벽에 테이프로 붙이면 관점을 찾는 데 유용하다.) 응답자를 세로열에 배치하고, 핵심 아이디어를 가로열에 배치한 다음, 각각의 셀 안에 몇 단어, 인용문, 또는 증거 요약을 입력한다. 생생한 진술이나 현장 조사에서 극적인 순간에 마음에 오래 남는 것에 영향을 받기 쉬우므로 말뿐만 아니라 침묵도 들어야 한다. 그래서 염려가 없는 사람들에게는 "귀 기울이는 것"이 중요하다.

이 표의 빈칸은 샘플의 변이가 있음을 보여주기 때문에 의미가 있다. 빈칸에 있는 사람, 즉 질문에 대해 할 말이 없었던 사람들의 목소리를 내야 한다. 그들의 침묵도 응답자와 같은 무게를 가져야 한다. 자료 매트릭스는 자료를 통해 생각할 때 "귀 기울이기"에 도움이 될 수 있다. 다시 한 번, 자료 분석 과정은 완전히 호기심이 많아야 하고, 완전히 정직해야 한다. 연구자는 연구 질문에 대한 답을 찾고 있는 것이다(답을 알고 있다고 가정하지 않는다). 자료 몰입과 코딩의 과정은 "익숙한 것을 낯설게 만들기"이다.[20)] 가장 핵심적인 것은 코딩에는 여러 가지 방법이 있으며, 이 방법에는 깊이 들어가는 것(자료를 실제로 "보기" 위해)과 뒤로 물러나는 것(관점을 얻기 위해)이 포함된다는 사실이다.

---

18) Hirsch and Khan, *Sexual Citizens*, p.287.

19) Miles et al., *Qualitative Data Analysis*.

20) 다른 참고 자료로는 Erickson의 "Taught Cognitive Learning"과 Emerson 외의 *Writing Ethnographic Fieldnotes*를 참고하라. 다른 사람들은 다양한 접근 방식을 제시한다. Jessica Calarco는 Deterding와 Waters의 "Flexible Coding of In-Depth Interviews"에 대한 논의를 통해 개발한 자신의 "유연한 코딩" 방식을 제안한다.

사전 글쓰기 활동: 확인되지 않는 것을 포함하여 인용문을 검토하기

떠오르는 주장에 대한 생각을 정리하면서 생각을 뒷받침하기 위해 현장 노트와 면담을 다시 살펴봐야 한다. 이 활동은 자료 분석이자 글쓰기의 초기 단계이며 최소한의 사전 작성 작업이다.

여기서 먼저 연구자의 주장을 뒷받침할 만한 충분한 자료가 있는지 확인해야 한다. 예를 들어, 현장 조사에서 수집한 여러 증거가 있어야 하고, 여러 명으로부터 수집한 증거 자료가 있어야 한다. 일반적으로 질적 연구는 일상 생활의 일상적인 상호 작용을 강조한다. 이것이 바로 새로운 것 배우기를 멈출 때까지 계속해서 하는 이유이다. 패턴은 전체적인 데이터 세트에 적용할 필요가 없다. 결국, 연구는 사람들이 상황에 반응하는 방식의 다양성을 보여주기 위해 설계되며, 실제 세계는 종종 복잡하기 때문에 연구에 참여하는 사람들은 종종 다른 반응을 보인다. 또한, 모든 사람이 동일한 경험을 밝힐 것이라고 기대하는 것은 비현실적이다. 가족 내에서 형제자매는 종종 가정 생활에 대해서도 서로 다른 경험을 하게 되며, 학업 과정에 있는 학생들도 마찬가지이다. 따라서 과정 평가와 달리 연구는 사람들이 경험하는 패턴의 명확한 부분을 찾는다. 숫자를 매기는 것은 어렵다. 많은 사람이 이 점을 표현했다는 점에서 주장은 "견고한" 것이어야 한다. 면담 연구에서 이는 더욱 어렵고, 때때로 중요한 개념적 요점을 제시하는 소수의 면담자만 만나게 될 수도 있다. 이 경우, 내가 존경하는 문화기술지학자는 적어도 하위 개념에 대해 같은 주장을 하는 사람이 적어도 세 명 이상(이상적으로는 조직의 다른 지점에서 온 세 사람)은 있는 것이 좋다고 말한다. 주요 지점에서는 명확하게 우세한 자료를 사용하고자 한다. 특히 유창한 면담자의 언변에 설득당하지 않도록 주의해야 한다. 그러나 연구자는 또한 일치하지 않는 사례와 증거를 확인하기를 원한다. 적합하지 않은 사례나 증거를 무시할 수 없다. 자료에서 그것의 존재를 인정해야 하지만, 상황에 따라 그들의 중요성을 평가할 수 있고 또 평가해야 한다.

요점을 파악하기 위해 더듬거리면서 인용문을 새 문서에 붙여넣기 시작한다. 나는 종종 내가 선택한 인용문과 함께 일부 식별 자료를 같이 표기한다(예: 코드명이 차터(Charter)인 아프리카계 미국인 중산층 엄마).

때때로 나는 한 사람당 23개의 인용문이나 현장 노트 발췌문을 선택한다. 나는 이 시점에서 인용문을 편집하지 않고 대신 "인용문: 생각(떠오르는 아이디어 이름 지정)"의 파일에 넣어둔다. 그런 다음 증거가 불충분하거나 도전적인 생각과 관련된 문서를 찾아 문서 하단에 "도전" 또는 단순하게 "부적합"이라고 기록한다. 현장 노트와 인터뷰 기록을 읽으면서 인용문을 계속 찾는다. (때때로 포스트잇이나 단어 검색을 통해 강조 표시를 하기도 하지만, 단어 검색은 매우 조잡한 방법이다. 그렇지 않다면 소프트웨어 프로그램을 사용한 경우에 코드를 사용한다.) 인용문을 계속 문서로 옮긴다. 문서는 자료 묶음에 따라 매우 길 수도 있다(하나의 아이디어에 대해 10~20페이지). 그런 다음 잠시 멈추고 돌아가서 더 많은 문헌을 읽거나 기존 문헌을 다시 읽고 내 주장에 대해 생각하고 주요 아이디어와 세 가지 정도의 아이디어가 전체 논문에 어떻게 부합하는지 파악하려고 노력한다. 나는 나의 새로운 발견에 대해 회의적인 태도를 가지려고 노력한다. 또한, 나의 새로운 논문에 대한 도전을 고려함으로써 나의 최종 설명이 의심스러운 독자에게 더 신뢰를 준다.

언젠가는 내가 논의할 수 있는 것보다 더 많은 인용문을 축적하게 된다. 30페이지의 더블 스페이스 원고(예: 회의 논문, 북 챕터, 졸업 논문, 또는 논문)는 대략 25개에서 그에 준하는 인용을 가지고 있다. 이는 출판된 작업에서 포인트 당 제한된 수의 인용만 표시되고, 종종 한 개의 주장당 2~4개의 인용이 담긴다는 것을 의미한다. (때로는 하나만 있다.) 생동감 있고, 정확하며, 이미지가 가득 차 있고, 감정이 풍부하고, 주의를 끄는 생생한 인용문이 이상적이지만, 인용문이 데이터 세트(또는 일반적인 주제에 대해 확인할 수 없는 증거로 강조되는 것)의 다른 결과와 일관성을 유지하는 것이 중요하다. 인용문은 데이터 세트에서 중요한 주제를 포착한다. 사람을 포착하는 것이 아니라 주요 사회적 과정을 포착하는 것이다. 나는 항상 현장에서 좋아하는 인용문이나 계몽적이라고 생각하는 순간이 있다. 그것들은 극적이거나 재미있거나 핵심 문제에 초점을 맞춘 것들이다.

그래도 점점 명확해짐에 따라, "처음부터 다시 시작하기(taking it from the top)"로 돌아가서 현장 메모와 전사본을 검토한다. 나는 자료에 대한 미묘한 관점을 가지고 있지는 않은지 확인하기 위해 다시 한 번 나 자신을 압박한다. 주장하고 싶은 열망 때문에 확인되지 않은 증거를 강압적으로 만들어내고 있지는 않은가 묻는다. 상상해보자. "만일 연구자가 그것을 잘못 이해했다면?" 그래서 『불평등한 어린 시절』에서 "만일 사회적 계층이 자녀 양육에 중요하지 않다면? 그 증거는 무엇일까?" 나는 또한 생각했었다. "아마도 그것은 인종에 관한 것이지 근본적으로 계층에 관한 것이 아닐 수도 있다." 그 후에 나는 증거를 찾았다.

물론 사회적 행위자로서 우리 각자는 인종, 사회 계층, 성별, 연령뿐만 아니라 일련의 정치적 신념, 이론적 성향, 선호도, 취향 등 사회적 세계에서 특정한 위치를 가지고 있다. 우리는 이 모든 것을 연구 과정에 적용한다. 한 가지 예를 들면, 기후 변화의 존재나 낙태에 대해 강력한 입장을 가지고 있다면, 이로 인해 격렬하게 거부하는 연구 참여자를 이해하고 공감하는 것이 어려울 수 있다. 전반적으로 연구자는 자신의 편견과 세상을 보는 방식을 극도로 의식하고 싶어 한다. (메모와 자기 성찰 에세이를 작성하는 것이 도움이 될 수 있으며, 자신과 견해가 다른 사람들을 포함하여 다른 사람들에게 자신의 작업을 보여줄 수 있다.) 자료에 대한 세계관을 강요하는 것이 아니라 수집한 자료를 통해 배우는 것에 도전하고 싶어 한다. 이러한 자료 수집의 원칙 뒤에는 실질적이고 윤리적인 이유가 있다. 예를 들어, 자료를 수집하는 수고를 하다가 시작하기 전에 믿었던 것을 보고하는 것은 비효율적이고 시간 낭비이다. 연구자의 주장이 수집한 증거에 근거하고 있다고 독자에게 확신을 주면서 확인되지 않는 증거를 무시하는 것은 윤리적이지 않다. (제9장에서 설명했듯이 연구에 대한 도전을 고려할 때 독자들에게 당신의 설명이 더욱 신뢰가 가도록 할 수 있다.) 자료는 비공개이기 때문에 대부분의 사람들은 대안적 설명을 찾기 위해 자료를 얼마나 샅샅이 찾는지 알지 못한다. 대안적 설명에 대해 느리고 철저하며 신중한 분석을 수행하는 것이 중요하다.

분석 포인트를 명확하게 하기 위한 인용 편집 지침

미가공된 면담 녹취록과 현장 노트를 완성된 인용문으로 만드는 것은 필연적으로 매우 해석적이고 분석적인 행위이다. 편집 과정은 독자가 연구자의 주요한 지적 기여, 즉 연구자의 주장에 초점을 맞출 수 있도록 돕는다. 따라서 인용문을 편집하다 보면 명확한 지침 없이 수많은 판단의 순간과 마주하게 된다. 그러나 집필 과정은 이러한 작성 과정을 모두 반영하지 못한다.[21] 물론 연구자들은 종종 "이름이 변경되었다."와 같은 기본적인 지침을 제공한다. 혹은 종종 내가 쓰는 방식은 다음과 같다.

> "어, 음, 알다시피, 그리고, 좋아, 그래서"와 같은 표현이나 "나-나"와 같은 반복되는 표현을 포함하여 구어의 일부 내용은 가독성을 위해

21) 그러나 Emerson 외의 *Writing Ethnographic Field Notes*(pp. 186-194)를 참고하라. 그들은 편집이 간단하지 않다고 언급한다: "편집 과정은 간단하고 직선적인 작업이 아니다. 한편으로는 명확성을 위해 내용을 축소하고 편집하는 것이 전체 문화기술지적인 이야기가 원활하게 진행되도록 한다. 너무 긴 인용은 독자를 불필요한 세부사항에 빠지게 한다. 반면에, 편집 과정에서 원본 현장노트의 생동감과 복잡성이 항상 일부 손실된다"(p. 192).

제외했다. 더 긴 표현을 제거한 경우에는 말의 중단을 표현하기 위해 세 개의 점(…)으로 표현했다. 엄격한 발화의 시간 순서는 변경될 수 있다. 예를 들어, 응답자가 면담의 두 가지 다른 지점에서 동일한 문제에 대해 말한 경우 이 예는 (항상 … 표시를 통해 구분되어) 결합될 수 있지만, 나중에 나온 예가 인용문에서 먼저 나타날 수 있다.

그럼에도 불구하고 이 단계 요약은 필수적이지만, 연구자들이 지적 주장을 뒷받침하는 인용문을 편집할 때 내리는 여러 결정의 숨겨진 메커니즘을 드러내지는 않는다. 정량적 자료와 마찬가지로 데이터 세트를 정렬하고 실행하는 등 연구자의 작업을 확인할 수도 없다. 그런데 어떤 작품은 왠지 모를 불안감을 준다. 예를 들어, 나는 일부 저서에서 연구 참여자가 놀랍도록 유동적이고 지적으로 정교한 화자로 비추어지는 것을 보았다. 그 결과 저자가 지나치게 개입했다고 느끼며 인용문을 완전히 신뢰하지 못했다. 반대로 연구 참여자의 말의 요점이 더 명확하게 드러날 수 있도록 저자의 개입이 더 필요하다는 책을 보았다. 대신, "음", "어", "알다시피"의 바다에 요점이 묻혀버린 느낌이 들었다. 적절한 균형을 찾는 것은 어렵다.

여기에서는 자료 분석 과정의 일환으로 인용문 편집 과정에 대한 구체적인 지침을 제공한다. 그러나 인용문을 편집하는 것은 매우 개인적인 결정이며, 내 접근 방식이 반드시 옳다고 할 수는 없다. (물론, 인용문을 편집하면서 나도 사용하고 있으며, 이 내용은 다음 장인 제9장에 포함될 수도 있었다.) 내가 사용하는 예시는 『불평등한 어린 시절』의 면담 자료와 현장 노트에서 발췌되었다. 흑인 중산층 마셜(Marshalls)(가명) 부부는 주요 도시의 교외 지역에 살고 있었다. 부부는 모두 대학을 졸업했고, 아버지는 공무원으로, 어머니는 컴퓨터 분야에서 일하고 있었다. 두 소녀 스테이시(Stacey)와 펀(Fern)은 많은 활동에 참여했다.

생생한 문구 찾기

이 연구의 목표는 자녀의 양육과정, 특히 다른 계층과 인종 및 민족 집단의 부모가 어떻게 행동하는지 이해하는 것이었다. 나는 그들이 자녀를 위해 무엇을 원하는지, 그리고 그들의 자녀들에 대한 희망과 꿈을 되살리기 위해 노력하는 다양한 방식에 관심이 있었다. 딸의 조직 활동 경험을 설명하는 어머니와 면담을 진행하지만, 참여 관찰을 통해 현장 노트를 활용한다면 그 과정은 유사할 것이다. 자료를 읽을 때 연구 참여자가 말하는 내용뿐만 아니라 그것이 어떻게 목소리 톤과 비언어적 신호로 표현되고 있는지도 듣고 있다. 서면으로 나는 내가 알게된 것을 독자에게 전달한다. 녹취록 및 현장 노트는 인용문의 주요 후보이다. 그러나 화려한 문구는 대개 묻혀있다. 최초 전사지(아래)는 너무 길고, 방향성이 없으며, 직접 인용하기에 어려움이 있다. 그러나 원래 전사지에는 "자유로운 밤", "공허함", "말도 안 되게 저렴", "그녀는 정말 신나게 즐기고 있었어요.", 가장 중요한 것은 사회 계층과 네트워크에 대한 논의를 위해 "몇몇 부모님의 말을 들으며 정보망에 귀를 기울이기 시작했어요."와 같이 눈에 띄는 몇 가지의 발전성 있는 문구가 내 이목을 집중시켰다. 이러한 문구 중 특히 "자유로운 밤", "정보망"과 같은 표현은 내가 인용하고 싶은 문구가 되었다. 몇 마디의 생동감 있는 말로, 그것들은 내 주장의 주요 측면(예: 유난히도 바쁜 중산층 아이들, 정보를 찾기 위해 계층 기반의 소셜 네트워크를 사용하는 어머니)을 설명해낸다. 그러나 이러한 인용문은 "설정(set up)" 되어야 한다. 독자는 무슨 일이 일어나고 있는지 이해하기 위해 충분하 세부 정보가 필요하다. 독자가 무슨 일이 일어나고 있는지 이해하기 위해서는 충분한 세부 설명이 필요하다. 독자를 위해 장면을 설정할 때 일부 맥락이 글쓰기 과정에서 스케치될 수 있다. 그러나 편집과정에서 연구자는 인용문을 가다듬어서 가독성, 정확성, 간결함의 균형을 맞추어야 한다. 또한, 분석적인 지점의 강조를 위해 인용문의 요점을 원한다.

> I: 그녀는 어떻게 [체조를] 시작하게 되었나요?
> R: 그녀는 음... 3학년 때인 것 같아요. 음... 그녀가 3학년을 시작했을 때, 저는 그녀가 들어갈 만한 걸스카우트를 찾을 수 없었어요. 제 생각에 그녀는 단지 4년 동안 브라우니 단원이었어요. … 그리고 음... 펀은 걸스카우트에 속해 있었어요. 스테이시는 걸스카우트가 될 나이가 아니었기 때문에, 우리는 자유로운 밤을 보냈어요[웃음]. 그래서 스테이시, 저는 그녀가 필요했어요... 저는 그녀가 뭔가를 하기를 원했고... 그녀는 공허했어요. 당신도 알다시피... 음... 저는 그녀가 TV 앞에 앉아 있는 것을 원하지 않았고, 그런 종류의 것이예요. 우리가 사는 실반 마을은 저녁에 이런 프로그램을 운영해요. 음... 레크리에이션 프로그램... 그중에는 체조가 있어요. 그리고 그것은 실제로 펀이 내년에 갈 스프링필드 학교에서 배워요. 어, 내가 전화했는데, 말도 안 되게 저렴했어요. 12주 동안 25달러, 30달러였던 것 같아요. 당신도 알다시피... 음... 저는 "스테이시, 너는 관심이 있니?"라고 물었어요. 그녀는 그렇다고 답했어요. 음... 저는 그녀를 가을에 등록시켰고, 텀블링이었고, 음... 저는 그들이 평균대를 가지고 있다고 생각하지 않아요. 평행봉은 없었어요. 음... 저는 다른 기구가 무엇인지 잊어버렸어요. 몇 개의 링이 있었어요. 그녀는 정말 신나게 즐기고 있었어요. 그녀는 정말로, 그녀가, 당신도 아는 것처럼, 빠르게 배우고 있다는 게 분명했어요. 그래서 저는 등록했어요. 그게 가을이었어요. 저는 봄에 그녀를 다시 등록시켰어요. 다시 말하지만, 그녀는 매우 분명했어요. 그녀는 강사가 보여주는 것을 익혔어요. 그리고 그 마을의 강사들은 첫 번째는... 음... 제 생각에 그녀는 교구 학교 중 한 곳에서 체육을 가르쳤어요. 그리고 두 번째 여자는 사실 고등학생이었는데, 그녀는 체조 팀에 있었어요. 제 생각에 [가톨릭 고등학교]에서 그리 멀지 않은 것 같아요. 그녀

> 는 매우 잘했어요. 그녀는 수업을 가르칠 기회를 얻었어요. 음... 심지어 그녀는 "아시죠, 스테이시가 잘해요."라고 말했어요. 그리고 저는 대답도 하지 않았어요. 저는 "음, 제가 스테이시를 프로그램에 등록시켜야 한다고 생각하세요?"라고 물었어요. "오, 그래요." 그녀는 제게 Y에 대해 정말로 말했어요. 그녀는 "당신도 아는 것처럼, Y는 좋은 프로그램을 가지고 있어요"라고 말했어요. 그리고 그녀는 "물론이죠."라고 말하고는 그녀는 "개인 클럽이 있어요. 하지만 그 클럽들은 더 비싸요."라고 말했어요. 그리고 그녀가 옳았어요. 음... 그리고 "몇몇 부모님의 말을 들으며 정보망에 귀를 기울이기 시작했어요. 음... 그리고 저는 더 많은 부모님들이 "글쎄요, 아이가 체조를 정말 좋아한다면 라이트에 보내세요."라고 말하는 것을 들었어요. 저는 스테이시가 3학년에 올라가는 봄에 라이트에게 전화를 걸었고, 그들은 제게 대답했어요. 일반적으로 여름은 아이들이 그들의 프로그램 중 하나에 등록하기에 좋은 시기라고요. 여름 과정은... 사람들이 휴가에 가기 때문에 대체로 자리가 비어 있었어요... 어쩌구 저쩌구... 전체 9야드... 그래서, 음... 스테이시에게 말했고, 그녀는 흥분했어요. 그렇게 다니게 되었어요.

내가 한 첫 번째 작업은 이 긴 내용을 좀 더 읽기 쉬운 형식으로 나누는 것이었다. 대본을 여러 번 읽으면서 나를 놀라게 한 많은 분석 포인트가 있었다. 첫째, 그녀는 스테이시가 "자유로운 밤"을 보내는 것을 원치 않아서 그녀를 바쁘게 만들고 싶어 했다. 둘째, 본질적으로 스테이시가 체조를 시작한 것은 우연이었다. 셋째, 마샬(스테이시의 어머니) 부인은 체조 강사의 조언을 포함하여 많은 결정을 내릴 때 소셜 네트워크를 참고했다. 넷째, 소셜 네트워크의 역할이 너무 강력해서 마샬 부인은 "정보망에 귀를 기울이기 시작했어요."라고 표현했다. 이러한 핵심 아이디어는 내가 공동 양육에 관한 책에서 개발하고 있는 더 넓은 개념적 주장과 연결되었다. 이는 중산층 부모가 자녀의 발달을 위해 체계적인 전략을 사용한다는 것이다. 공동 양육의 한 가지 주요 측면은 어머니들이 성인이 조직하고 통제하는 다양한 여가 활동에 자녀를 참여시키려는 노력이다. (대조적으로, 노동 계층과 가난한 아이들은 여가 시간을 더 자유롭게 보낼 수 있었다. 그들의 부모는 자녀를 잘 돌보는 것이 중요하다고 느꼈지만, 조직적인 활동에 참여시키는 것은 좋은 부모의 기준에 포함되지 않았다.) 중산층 어머니들은 아이들을 활동에 노출시키기 위해 체계적인 조치를 취했고, 나는 마샬 가족의 사례에서 이를 확인할 수 있는 인용문을 찾기 시작했다. 예를 들어, 이 가족의 경우 여가 생활이 너무 바빠서 주중에 하루 “자유로운 밤”이 있더라도 어머니는 그 시간을 “공허함”으로 느낀다. 그녀는 아이가 선호할 수 있는 활동(예: TV 시청)에 참여하는 것을 피하면서 유용하지 않다고 생각하는 시간을 채우려 한다. 그러나 내가 인용문을 편집하기 시작할 때, 나는 종종 내가 이끌어내려고 하는 아이디어에 대한 모호한 개념만 가지고 있었다. 대신, 나는 연구 참여자가 말하는 것을 명확하게 하기 위해 노력한다. 그 다음에는 내 생각에 비추어 인용문이 나타내는 더 넓은 아이디어를 살펴본다. 따라서 분석(즉, 사고) 부분과 기술(즉, 편집) 부분이 서로 섞여있다.

분석 지점을 만들기 위한 인용문 편집 지침: 의사결정 과정 분석

전사본을 어디에서 나눌지 어떻게 결정하는가? 일반적으로 전사본에는 “흐르는” 것처럼 보이는 중간 지점이 있다. 나는 긴 인용문을 프로세스의 단계, 아이디어, 단계를 반영하는 “덩어리”로 구분한다. 대략적으로 말하면, a) 체조 문제가 어떻게 나왔는지, b) 그녀가 조사한 곳은 어디인지, c) 그곳에 도착한 후 일어난 일은 무엇인지를 기준으로 한다. 이러한 덩어리는 분명한 분석 포인트를 반영하지 않는다.

이 시점에서 나는 어떤 단어도 제거하지 않는다. 가끔 자료를 “덩어리”로 분리하는 데 문제가 있는 경우, 맞지 않는 문장이 있기 때문에 임시로 차단하고 일시적으로 각주로 이동하여 "방해하지 않도록" 하지만 접근할 수 있도록 한다.

관리가능한 덩어리로 인용문이 정리되면, 나는 "정리"를 시작한다. 내가 하는 첫 번째 일은 의미를 왜곡하지 않고 인용문에서 강력한 시작과 끝을 얻고자 노력하는 것이다. 구두로 말할 때, 개인이 원고가 읽힐 것을 기대하고 간결하게 말하는 것은 드문 일이다. 사람들은 종종 어떤 주제에 대해 준비를 하며 핵심 문구를 여러 번 반복한다. (시작이 흐릿한) 이 편집되지 않은 인용문에서 마샬 부인은 (스테이시가 3학년이었다는) 생각을 두 번이나 말한다.

> I: 그녀는 어떻게 [체조를] 시작하게 되었나요?
>
> R: 그녀는 음… 3학년 때인 것 같아요. 음… 그녀가 3학년을 시작했을 때 나는 그녀가 들어갈만한 걸스카우트를 찾을 수 없었어요. 내 생각에 그녀는 단지 4년 동안 브라우니 단원이었어요. … 그리고 음… 펀은 걸스카우트에 속해 있었어요. 스테이시는 걸스카우트가 될 나이가 아니었기 때문에, 우리는 자유로운 밤을 보냈어요[웃음]. 그래서 스테이시, 나는 그녀가 필요했어요. 나는 그녀가 뭔가를 하기를 원했고… 그녀는 공허했어요. 당신도 아는 것처럼. 음… 나는 그녀가 TV 앞에 앉아 있는 것을 원하지 않았고, 그런 종류의 것이에요. 우리가 사는 실반 마을은 저녁에 이런 프로그램을 운영해요. 음… 레크레이션 프로그램… 그중에는 체조가 있어요. 그리고 그것은 실제로 펀이 내년에 갈 스프링필드 학교에서 배워요.

나는 정리하기 위해 "그녀는 음… 3학년 때인 것 같아요. 음…" 대신 "그녀가 3학년을 시작했을 때 나는 그녀가 들어갈 만한 걸스카우트를 찾을 수 없었어요."로 인용문을 시작했다. 내가 꺼낸 문장은 반복되었기 때문이다. 나는 "3학년 때인 것 같아요."를 삭제했다. 그러나 이러한 망설임은 연구 문제에 크게 영향을 미치지 않는다. 즉, 특정 연구에서 그녀가 2학년인지, 3학년인지, 또는 4학년인지는 그다지 중요하지 않다. (만약 연구가 어린이의 나이, 발달, 활동에 관한 것이라면 "3학년 때인 것 같아요."를 유지했을 것이다.) 독자는 인용문이 더 긴 기록에서 제거되었음을 이해할 것이다. 어떤 사람들은 항상 말줄임표로 인용문을 시작한다. (세 개의 마침표로 된 이 표시는 워드에서 기호로 찾을 수 있다. 기호를 사용하면 맞춤법 검사에서 자동 수정이 되지 않는다.) 줄임표는 응답자의 생각에 끼어드는 느낌이 들거나, 음, 어, 등의 표현을 제거할 때 쓴다. 나는 이것이 시작해야 할 합리적인 한계점이라고 생각한다.

끝지점으로 돌아가서 문장의 마지막 단어는 매우 중요하다. 이 단어의 힘은 독자의 마음에 남기 때문이다. 문장의 끝이 귓가에 울린다. 그래서 가능하면 단락 끝에 가장 중요한 단어를 두기를 희망한다. 나는 "그리고 나는 그녀가 TV 앞에 앉아 있는 것을 원하지 않았고, 그런 종류의 것이에요."로 인용문을 마친다. 나중 버전에서는 "그런 종류의 것"을 제외시켰다. 의미를 왜곡하지 않기 때문이다. 오히려 그것은 요점을 더 명확하고 궁극적으로 강력하게 만든다.

> 그녀가 3학년을 시작했을 때 나는 그녀가 들어갈 만한 걸스카우트를 찾을 수 없었어요. 내 생각에 그녀는 단지 4년 동안 브라우니 단원이었어요. 그리고 음… 펀은 걸스카우트에 속해 있었어요. 스테이시는 걸스카우트가 될 나이가 아니었기 때문에, 우리는 자유로운 밤을 보냈어요[웃음]. 그래서 스테이시, 나는 그녀가 필요했어요. 나는 그녀가 뭔가를 하기를 원했고… 그녀는 공허했어요. 당신도 아는 것처럼. 음… 그리고 나는 그녀가 TV 앞에 앉아 있는 것을 원하지 않았어요.

인용문에 대한 "북엔드(bookends)"를 설정한 후, 나는 여러 가지 편집 결정을 내린다. 예를 들어, 문장에서 "내 생각에 그녀는 단지 4년 동안 브라우니 단원이었어요."에서 "단지"를 말줄임표로 처리하지 않고 삭제했다. 또한 "그리고 음"을 제거했다. "스테이시는 걸스카우트가 될 나이가 아니었기 때문에, 우리는 자유로운 밤을 보냈어요."라는 문장을 두 문장으로 구분했다. 이는 독자에게 신호를 주지 않더라도, 문장을 나누는 것이 실제로 두 가지 다른 아이디어를 전달하기 때문이다. 한 문장보다 두 문장이면 더 이해하기 쉽다. 그럼에도 불구하고 "나는 그녀가 필요했어요."의 생략된 부분은 단어 제거이므로 줄임표로 표시했다. 내가 꺼낸 문구는 단순히 잘못된 시작이 아니었다. 그것은 뒤에 오는 구절(즉: "나는 그녀가 필요했어요.")와 다른 구절(즉: "나는 그녀가 뭔가를 하기를 원했다.")를 가지고 있었다. 인용문의 의도를 강조하기 위해 이러한 결정을 내리면서 나는 두 가지 일을 하고 있다. 가독성을 향상시키고, 인용문이 조명하는 아이디어를 파악하는 것이다. 인용문이 편집되고 자료 파일에 정리되면서 인용문은 내가 해야 할 주장에 대한 로드맵을 제공한다. 따라서 주장과 인용문의 편집은 불가분의 관계이다.

이 편집 과정에서 다른 결정이 있다. 대부분 빠르게 이루어진다. 예를 들어, 마샬 부인이 "그녀는 공허했어요."라고 말할 때, 나는 "그녀"를 삭제했다. 줄임표를 넣어야 했다고 주장할 수 있지만, 이는 내용을 복잡하게 만들어 말을 따라가기 어렵게 만든다. 이 경우, 나는 그녀의 문장이 합리적으로 간단한 잘못된 시작이라고 판단했다. "그녀"에서 "이것"으로 전환함으로써 문법적으로 올바른 대명사를 대체할 수 있었다. 의미에 변화는 없었다.

다음 문장에서는 "아시죠… 음…"을 삭제하고 줄임표로 표시한다. 단어는 기술적으로 말하면 독자에게 말하지 않고 뺄 수 있는 단어 목록에 있기 때문에 표시하지 않고도 제거할 수 있었다. 그러나 이 경우 마샬 씨는 약간 망설이는 것 같다. 그녀는 표현하기 어려운 것을 말하기 위해 뜸을 들이는 것 같다. (그녀의 망설임은 “당신도 아는 것처럼”, “음”, “그리고”로 나타난다). 줄임표는 읽는 속도를 “느리게” 한다. 줄임표가 없으면 그녀가 면담에서 보이는 것보다 더 단호하게 보인다. 줄임표 없이 읽는 방법은 다음과 같다.

> 그래서 스테이시, 나는 그녀가 뭔가를 하기를 원했고 그것은 공허했어요. 그리고 나는 그녀가 TV 앞에 앉아 있는 것을 원하지 않았어요.

나는 위의 선택을 너무 많은 의미의 이동으로 거부한다. 이제 어떻게 해야 할지 결정해야 한다. 물론 나는 그것을 그대로 읽을 수도 있었다.

> 그래서 스테이시에게 뭔가를 하기를 원했어요. 그녀는 공허해 보였어요. 당신도 아는 것처럼… 음… 그리고 나는 그녀가 TV 앞에 앉아 있는 것을 원하지 않았어요.

나는 사실 거의 “음”을 빼고 “당신도 아는 것처럼”을 그대로 두어 다음과 같이 한다.

> 그래서 스테이시… 나는 그녀가 뭔가를 하기를 원했고 그것은 공허했어요. 당신도 아는 것처럼… 그리고 나는 그녀가 TV 앞에 앉아 있는 것을 원하지 않았어요.

이 접근 방식의 문제는 독자가 많은 보상 없이 추가 단어(“당신도 아는 것처럼”)를 읽게 한다는 것이다. 말 줄임표는 읽는 사람의 추가 노력 없이 말에 중단이 있음을 나타낸다. 결국 나는 다음과 같이 결정한다.

> 그래서 스테이시… 나는 그녀가 뭔가를 하기를 원했고 그것은 공허했어요… 그리고 나는 그녀가 TV 앞에 앉아 있는 것을 원하지 않았어요.

최종 버전은 다음과 같다.

> 그녀가 3학년을 시작했을 때 나는 그녀가 들어갈 만한 걸스카우트를 찾을 수 없었어요. 내 생각에 그녀는 4년 동안 브라우니 단원이었어요. 펀은 걸스카우트에 속해 있었어요. 스테이시는 걸스카우트가 될 나이가 아니었기 때문에, 우리는 자유로운 밤을 보냈어요[웃음]. 그래서 스테이시, 나는 그녀가 뭔가를 하기를 원했고 그것은 공허했어요. 그리고 나는 그녀가 TV 앞에 앉아 있는 것을 원하지 않았어요.[22]

내가 할 수 있었지만 하지 않기로 한 것은 다른 문체에 관한 결정이다. 나는 "나는 그녀가 뭔가를 하기를 원했고 그것은 공허했어요." 앞에 "그래서 스테이시"를 제거할 수 있었다. 그러나 마샬 부인은 이 단어를 포함시켰다. 또한, 내가 생각하기에 그녀의 딸의 이름은 "생생한" 단어이다. 이는 독자가 인용문을 기억하는 데에 도움을 준다. 이는 밋밋한 "당신도 아는 것처럼"과 같은 표현과는 다르다. 나는 "그녀는 4년 동안 브라우니 단원이었어요."를 지울 수 있었다. 하지만 브라우니가 된 기간이 길었다는 사실을 암시하기 때문에 좋았다. 그녀가 오랫동안 그날 밤에 무언가를 했다는 사실을 이해한다면, "자유로운 밤"은 의미가 있다. "펀은 걸스카우트에 속해 있었어요."는 엄밀히 말해 인용문의 요점과 관련이 없으므로 생략할 수 있었다. 그러나 어머니는 그것을 꺼내야 할 설득력 있는 이유가 없다고 말했고, 특히 독자가 펀이 누구인지 잘 알고 있기 때

22) Lareau, *Unequal Childhoods*, 171페이지.

문에 인용문에서 자연스러움을 더해준다. 그러나 인용문이 너무 길었다면, "펀은 걸스카우트에 속해 있었어요."를 지우고 생략 부호로 표시했을 것이다.[23] 또한, "sittin" 대신 "앉아 있는(sitting)"이라는 단어를 사용할 수도 있었다(더 구어체이다). 산문을 얼마나 형식화하느냐는 까다로운 문제이다. 나는 독자의 이해를 방해하지 않는 한 가능한 한 말하는 사람의 어조를 유지하는 것을 선호한다. 대부분 일관되게 수행하는 한 무엇을 하든 중요하지 않다. 예컨대 인용문을 편집할 때 나는 보통 모든 단어가 필요한지 확인하고 또 확인한다. 작가로서 가능한 많은 세부사항을 유지하고 싶다. 그러나 독자로서 나는 내가 읽을 필요가 없는 모든 단어를 생략하는 것에 대해 감사한다.

번거롭게 들리겠지만 나는 약 10분에서 15분 사이에 모든 편집 변경을 마무리했다. 그래도 인용문이 많아 시간이 많이 소요된다. 때로는 인용문을 찾아서 편집하고, 의미가 너무 많이 바뀌었다고 판단해 다시 원본 자료로 돌아가고, 다시 시도하고, 인용문을 삭제하고, 부제나 원고에 짧은 문구를 넣기도 한다. 연구 참여자의 의미를 변형하는 것보다는 투박한 인용문을 사용하는 것이 낫다. 때때로 인용문을 편집하는 데 시간을 허비하고 그 인용문을 사용하지 않는 경우도 있다. 때로는 인용문을 잠시 '미뤄'두었다가 시간이 지난 후 다시 읽으며 그 흐름과 뉘앙스를 점검한다. 인용문을 사용할 수 없는 경우에는 핵심 문구를 강조 표시하는 다른 선택지도 있다. 예를 들어, 소제목에 넣거나 장의 시작부분에서 반복하거나 인용문에서 이탤릭체로 표시할 수도 있다. 이러한 접근 방식은 인용문을 많이 편집하는 것보다 간단하다. 더 중요한 것은 독자가 연구

23) 모든 편집된 인용이 최종 원고에 포함되는 것은 아니다. 때로는 핵심 구절을 인용 부호로 구분하여 원고에 삽입한 후, 인용 자체는 제거하기도 한다. 이것이 더 효율적일 수 있다. 인용을 더 생동감 있는 구절에만 제한하면 원고의 "색감"과 흐름을 돕는 데 유리할 수 있다.

자가 소제목을 쓰고, 이탤릭체를 도입했다는 사실을 알고 있다는 것이다. 독자는 편집 중에 행해지는 수많은 보이지 않는 단계에 대해 잘 알지 못한다.

요약: 자료 분석을 통해 생각하는 방식의 중요성

때때로 문화기술지 연구에서는 모든 것이 동시에 일어나는 것처럼 보인다. 한 주 동안에도 연구자는 열 번 이상 현장에 가서 새로운 사람과 면담하고, 설득하고, 전사하고, 논문을 쓰기 위한 노력을 한다. 이것은 세탁을 하고, 가족과 연락을 하고, 돈을 벌고, 삶을 살아가는 것 이외에 추가되는 일이다. 너무 많은 일이 동시에 진행되기 때문에 연구자는 압도당할 수 있다. 그리고 반영할 시간을 갖기 어려울 수 있다. 그럼에도 불구하고 자료를 수집하는 동안 생각하는 것이 중요하다. 지금 연구자 자신이 어디에 있는지, 무엇을 배웠는지, 다른 사람의 학문적 업적과 어떻게 일치하는지, 그리고 다음에 무엇을 해야 하는지 파악하는 데에 도움이 된다.

다음 장에서 논의하겠지만, 어떤 사람들은 중요한 결정을 내리는 것을 미룬다. 그 이유는 그것이 (결코 알 수 없다는) 불안을 일으키거나, (무엇을 하고 있는지 전혀 알지 못한다는) 혼돈을 드러내거나, (연구자의 연구가 다른 연구와 같다는) 겁을 주기 때문이다. 이것은 모두 정상적이고 일반적이며 예측 가능한 경험이다. 이는 점차 나아질 것이다. 마지막으로 어떤 사람들은 연구자가 연구를 진행하면서 특정 방식으로 연구를 바꾸고 있다는 사실에 충격을 받을 것이다. 하지만 그 사람들은 질적 연구의 본질을 잘 이해하지 못한다. 연구자는 변경해야 한다. 질문을 더하고, 추가 자료를 수집하고, 동시에 전체 연구를 통해 일부 핵심적인 특징이 일관되게 유지되도록 노력해야 한다.

그러나 자료 수집의 한 가지 기능에 시간을 투자했더라도, 새롭게 분석된 자료가 다른 길이 더 낫다고 제안한다면, 이를 심각하게 고려해 봐야 한다. 내가 마이클 부라워이의 수업에서 박사과정 학생이었을 때, 그는 "발견의 여정은 발표의 여정과 다르다."고 강조했다. 결과를 작성할 때, 연구에서 새로운 통찰력을 배우는 대부분의 여정은 독자와는 관련이 없다. 대신 연구자가 하려는 이야기가 초점이 된다. 배운 내용을 명확하게 전달하는 방식으로 이야기를 작성하는 방법에 관한 내용을 다음 장에서 다루게 될 것이다.

제9장

글쓰기
자신의 연구 기여를 더욱 명확히 하기

L i s t e n i n g   t o   P e o p l e

트레이시 키더(Tracy Kidder)와 리차드 토드(Richard Todd)는 『좋은 글쓰기(Good Prose)』에서 "글쓰기는 생각과 감정을 명확히 하는 데에 있어 우리가 알고 있는 가장 좋은 길로 남아 있다."라고 말한다.[1] 비록 대부분의 모든 질적 연구자들이 글이야말로 연구 결과를 전달하는 강력한 방식이라는 것에 동의하지만, 우리 대부분에게 글쓰기는 어렵다.

글쓰기는 우리의 생각을 드러내기 때문에 어렵다. 우리 자신을 명료한 사고를 하는 사람이라고 생각하더라도, 초기 단계에서 우리의 생각은 종종 뒤엉켜있다. 따라서 글쓰기의 초기 단계에서 생각이 혼란스러운 것은 **자연스러운** 일이다. 글쓰기 과정은 논지를 명확히 하는 훌륭한 방법이라는 사실을 기억해야 한다.

이번 장에서는 연구물의 순서대로 서론, 선행연구 검토, 연구 방법, 결과, 논의를 제시하기로 했다. 숫자가 아닌 텍스트 기반의 연구를 작성하는 데에는 특별한 어려움이 있다. 예를 들어, 연구의 결과물(예: 수업 과제, 논문, 저널 기사, 저서)의 형태는 다양하지만, 거의 대부분 연구 방법을 포함한다. 여기서 독자는 연구자가 연구 대상지를 "선택"한 방법을 알고 싶어할 것이다. 그러나 실제로는 당신이 어떤 대상지에 들어갈 수 있게 해달라고 부탁했을 수도 있다는 사실이다. 이 지저분한 과정 때문에 연구 방법 장을 작성하는 것이 어려울 수 있지만, 이 장에서 보여주는 것처럼 이는 일반적인 문제이기 때문에 이를 다루기 위한 표준적인 접근 방식이 있다. 이와 관련하여 "선행연구 검토"라는 용어는 핵심 연구를 요약해야 한다고 생각할 수 있지만, 실제로는 문헌의 한계를 드러내고, 연구 필요

1) Kidder and Todd, *Good Prose*, p. xviii.

성을 독자에게 **안내**하는 것이다. 또한, 자료로 주장을 전개하는 글쓰기 역시 어려움이 있을 수 있다. 예를 들어, 연구자가 처음에 주장을 밝히지 않고 연구의 끝에서 다시 다루는 것은 바람직하지 않다(흔한 초보자의 실수). 연구자는 분석을 통해 논의를 엮고 싶어한다. 연구자는 연구자의 주장이 자료에 의해 뒷받침되고, 새로운 연구를 하고 있으며, 그것이 중요하다는 것을 독자에게 확신시키기 위해 노력한다. 또한, 연구자의 주장에 대한 반론 증거를 제공하는 인용문을 제시하는 것은 항상 현명하다. 그런 다음 이 반론 증거가 치명적인 결함이 아닌 이유를 독자에게 보여준다. 글을 쓰는 내내 연구자는 생생하고, 상세하며, 명확하게 쓰려고 노력한다. 연구자는 독자들이 그 장면을 상상하기를 원한다. 나는 이 장에서 모든 글쓰기 과제를 다룰 것이다.[2)]

글쓰기는 불안을 유발하기 때문에 어렵다. 예를 들어, 젊은 연구자로서 나는 수집한 자료를 출판 가능한 논문으로 변환하는 데 어려움을 겪었다. 가장 큰 걸림돌은 초기 초안이 절망적으로 부적절하다는 사실을 알게 되는 것이었고, 때로는 실패했다는 느낌이 압도적이었다. 나중에 나는

---

2) 물론, 기자들은 종종 뛰어난 글 솜씨를 자랑한다. 또한, 매우 자세한 저널리즘 보도(예: 장문 기사나 라디오 이야기)와 심층 면담 및 참여 관찰 연구 사이에는 겹치는 부분이 있을 수 있다. 그러나 일반적으로 사회 과학 연구는 저널리즘과는 다른 방법론적 단계를 따른다. 여기에는 IRB의 검토, 더 긴 기간과 더 넓은 범위의 데이터 수집, 관련 사회 과정을 체계적으로 비교하고 분석하는 작업, 그리고 학문적 아이디어에 대한 이론적 기여가 포함된다.
이에 반해 저널리즘 연구는 신속하게 진행되는 경향이 있으며, 분석적으로 더 피상적이고 단일 사례에 집중하며, 단기적으로 뉴스 가치가 있는 내용을 다룬다. 이는 사회 메커니즘에 대한 장기적인 추상적 이해에 기여하는 것을 목표로 하지 않는다. 사회 과학 연구자들의 주제와 유사한 훌륭한 저널리즘 보도로는 제이슨 디팔레(Jason DeParle)의 책 『American Dream』과 『A Good Provider』 등을 들 수 있다. 그러나 이 작품들은 IRB의 검토를 받지 않았고, 분명한 방법론을 갖추고 있지 않으며, 사회과학자들이 수행하는 연구의 전형적인 체계적 비교를 제공하지 않는다. 또한, 그의 목표는 추상적 모델을 개선하는 것이 아니다.

첫 번째 초안이 불완전할 수밖에 없다고 예상하는 것이 더 도움이 되는 접근법이라는 것을 알게 되었다.[3] 땅을 뚫고 나오는 토마토 식물의 작고 약한 초록의 새싹처럼, 초기 아이디어는 햇빛, 공기, 빛, 물과 같은 지적 자극으로 돌봐야 한다. 그것들이 부족하다고 짓밟혀서는 안 되며, 강하고 빛나는 식물처럼 즉시 모양을 갖추지 않는다고 해서 그것을 부족하다고 여겨서도 안 된다. 따라서 글쓰기는 자료와 문헌 사이의 연결을 통해 생각하고, 자료의 모음을 대표하는 생생한 인용문을 선택하며, 논의와 자료를 연결함으로써 질적 자료를 효과적으로 제시하는 방법을 배우는 과정과 글쓰기가 필연적으로 결부되는 불확실성(즉, 연구자가 말하는 것에 대한 불확실성과 그것을 어떻게 수용할 것인지에 대한 불확실성)에 대처하는 방법을 배우는 과정을 모두 포함한다. 이 장에서는 주로 자료를 제시하는 흐름에 초점을 두겠지만, 글쓰기 과정의 불확실성을 관리하는 방법에 대해서도 언급할 예정이다.

그러나 계속 진행하기 전에 나는 작품의 여러 부분을 작성하는 데 올바른 순서가 없다는 점을 강조하고 싶다. 어떤 사람들은 결론부터 쓰기 시작하고, 다른 사람들은 항상 문헌 검토부터 시작한다. 나는 항상 인용문을 편집하고, "주변"을 쓰는 것으로 시작하지만(아래에 설명하듯이), 선행연구를 읽고 검토하며, 서론과 결론의 작성을 포함하여 작업 사이를 오가기도 한다. 마지막 장에서 언급한 것처럼, 이에 대한 전문적인 표현은 "반복적"(즉, "순환적인 작업의 반복")이다.[4] 이러한 반복적 순환 과정에서 나는 자료를 보면서 내가 무슨 말을 하는지 알아내고, 선행연구 검토에서 어떤 연구를 강조할지 생각하며, 더 읽어보고, 자료가 뒷받침하는 개념을 다듬고, 독자에게 그 자료가 기존 선행연구에 어떤 우호적인 수

---

3) Lamont, Bird by Bird; or Elbow's *Writing without Teachers*를 참고하라.

4) Webster 사전의 "iterative"에 관한 정의를 참고하라. https://www.merriamwebster.com/dictionary/iterative.

정을 제안하는지 보여줄 언어를 발전시킨다. 여러 부분을 서로 다른 방식으로 왔다갔다 하는 것은 약간 혼란스럽지만, 나에게는 효과적이다. 그러나 공동 작업자인 엘리엇 와이닝거는 정반대다. 그는 상세한 개요를 작성한 다음 그것을 정확히 따른다. 샤머스 칸은 연구자의 작업과 관련된 주제에 대해 참고할 만한 논문을 선택하고, 논문이 어떻게 구성되는지 자세히 살펴보는 것에서부터 시작할 것을 제안한다. 그것은 역할 모델이 될 수 있다. 그러나 이 모든 전략은 글을 실제보다 더 정돈된 것처럼 보이게 만들 수 있다. 논지 형성은 자료 수집에서 시작되고, 자료 분석에서 계속되며, 글쓰기 과정에서 발전하기 때문에 글쓰기는 반복적이다. 어떤 사람은 자신이 글을 쓰기 위해 앉았을 때쯤이면 생각의 80%를 완료했다고 말한다. (다른 사람들은 글을 쓰기 시작할 때 그 과정을 반밖에 거치지 않았다고 말한다.) 한편으로 이 점은 모든 단계에서 연구자가 했던 엄청난 양의 생각을 강조한다. 반면 글을 쓰는 과정에서 많은 생각이 일어난다.

글쓰기 준비하기

글쓰기를 시작하려면 먼저 자료를 수집하고 제8장에서 설명한 대로 자료를 통해 알게 된 내용(즉, 분석)에 대해 신중하게 생각해야 한다. 하지만 자료 수집, 자료 분석, 편집, 글쓰기 사이의 경계는 모호하다. 자료 분석 및 인용문 편집에 대한 논의(제8장)는 글쓰기를 준비하는 활동이기 때문에 이 장에 포함되었다.

전반적으로 글쓰기 과정의 핵심은 연구자가 말하고 싶은 것을 파악하고, 그 다음에 연구자의 주장을 뒷받침하기 위해 자료를 정리하는 것이다. 이는 독자의 입장에서 생각하며 독자가 알아야 할 필요가 있는 것에 대해 고민하는 것을 포함한다. 덜 가정하고 더 많이 설명하는 것이 중요하다. "말하지 말고 보여주어라."는 질적 연구자를 위한 중요한 지침이다. 따라서 연구자가 결론을 도출한 실제 인용문이나 현장 노트를 공유할 수 있다면 독자는 연구자의 관점을 효과적으로 이해할 수 있다. 보여주는 것은 단순히 경향이 존재한다고 주장하는 것보다 훨씬 낫다. 그러나 지면은 항상 제한적이다. 예를 들어, 수업 보고서나 연구 논문에서 연구자는 보통 서너 개의 요점만을 증거로 보여줄 수 있다. 연구자는 종종 항목당 하나 이상의 인용문을 표시하고 싶어하며, 복잡성을 추가하지만 결론을 훼손하지 않는 반론 증거를 제시하고 싶어한다. 책은 더 긴 형식이지만, 여기서도 연구자는 더 많은 지면을 다룰 수 있어야 한다. 연구자는 **집중해야** 한다. 너무 많은 것을 하려고 하는 문제와 함께, 집중력 부족은 질적 연구자가 글쓰기 초기 과정에서 겪는 가장 흔한 문제이다.

글쓰기가 지나치게 야심 차게 흘러가는 것은 어쩌면 당연한 일이다. 연구자는 환경에 몰입했고, 많은 것을 배웠다. 연구자는 그것을 공유하고 싶어한다. 다르게 말하면, 하나의 핵심적인 요소에 집중하기 위해 논지를 정리하는 것은 고통스러울 수 있다. 어떤 사람은 그 과정이 슬픔을 동반한다고 표현하기도 한다. 할 말이 너무 많고, 그것을 모두 포함할 수 없다는 것은 좌절스럽다. 마치 예술가들이 자신이 쓴 노래가 최종 작품에서 제외될 때 느끼는 슬픔처럼, 연구자도 슬픔을 느낄 수 있다. 그럼에도 불구하고, 한 글에 여러 생각이 있을 때 독자는 혼란스럽고, 연구 목적이 불분명하면 독자도 힘들어진다. 이상적으로, 이 책의 앞부분에서 언급한 바와 같이 선행연구의 문제를 극복함으로써 문제에 대한 우리의 이해를 높이고자 한다. 연구자의 글을 읽은 후 독자는 "그래서 무엇을 의미하는가?"라는 질문에 답할 수 있어야 한다.

글쓰기의 문제

- 너무 많은 다양한 주장을 제시

- 인용문을 통해 결과를 보여주기보다는 결과 제시
- 충분한 자료를 보여주지 않음
- 불명확한 방식으로 많은 다른 점들을 인용
- 주장과 증거 불일치
- 다양한 수준의 분석에 대해 토론
- 예상치 못하게, 일의 중간에, 새로운 아이디어를 받아들이거나 또는 전에 소개되지 않은 문헌
- 서론과 결론의 생각 상이
- 한 문장에 너무 많은 단어와 아이디어를 포함
- 체계적이지 않음
- 전문용어를 포함

글쓰기는 학문 분야와 하위 전공에 따라 매우 다를 수 있으므로 롤모델을 가지는 것이 좋은 아이디어이다. 특히 젊은 학자들에게는 글쓰기 과정이 매우 혼란스러워보일 수 있다. 내가 대학원을 다니며 학위 논문 프로젝트를 막 시작했을 때, 나는 감탄할만한 논문을 발견한 적이 있었다.[5] 나는 몰입해서 읽었고, 읽는 내내 흥미로웠다. 그것은 또한 중요하고 독창적인 개념적 논거를 제시했다. 논문 위원이었던 찰스 벤슨(Charles Benson)에게 그것을 보여주고, 어떻게 생각하는지 물었다. 그는 상냥하게 이렇게 말했다. "좋은 것 같아. 그러나 나는 네가 더 잘할 수 있다고 생각해." 이렇게 자신감을 북돋은 나는 그 연구를 내 연구의 길잡이로 삼았고, 나의 목표는 다른 환경에서 비슷한 연구를 하는 것이었다. 물론 각 연구는 고유하지만, 연구자가 하고 싶은 것의 주요 요소를 포착하여 "유사 연구"를 선택하는 것은 도움이 될 수 있다. 글을 쓰기 전에 연구자는 그 연구의 독자를 생각할 수 있다. 나는 종종 지적인 대학 2학년 학생이나 "일반 독자"를 위해 글을 쓴다. 출판을 원하는 학계의 사람은 벨처(Belcher)의 제안처럼 시작하기 전에 학술지를 선택하고 독자에게 글

5) Anyon의 "Social Class and School Konwledge"는 다섯 개 초등학교에서 교육과정 활용에 있어 사회 계층 차이를 관찰한 데이터를 통해 보여주었다.

을 쓸 수 있다.[6)]

일반적으로 하나의 연구는 연구자가 자료에서 나타난 것이라고 확신하는 발견을 나타내며, 연구자는 가장 강력한 발견 중 하나로 시작하기를 원한다. 비록 연구자가 의심할 여지없이 자격이 있지만, 독자에게 논문의 예외를 알리기 전에 주요 이야기를 먼저 전달하기를 희망한다. 유명한 "3의 법칙"에서처럼, 연구자는 가장 중요한 요점을 먼저 진술하고 싶어 한다. "당신이 할 말을 말하고, 그 말을 하고, 당신이 한 말을 다시 말하라."

글을 쓸 때, 연구자는 가능한 한 명확하게 쓰고자 한다. 이는 단순하다는 의미와는 다르다. 결국 정교한 생각이 명확하게 전달될 수 있기 때문이다. 글쓰기는 종종 불필요한 단어를 지우고, 한 문장을 한 가지 생각으로 제한하는 것을 포함한다. 불명확한 문장은 여러 절, 가설적인 문구, 수많은 생각에 짓눌린다. 주요 용어를 처음 소개할 때 간단히 정의하고, 가능한 한 전문 용어를 피하는 것이 도움이 된다. 약어는 독자에게 불쾌감을 줄 수도 있다. 반면에 제목과 부제목은 일반적으로 서사의 흐름 속에서 길을 안내하는 고속도로의 표지판과 같다. 마찬가지로 독자들은 일반적으로 연구자가 이미 다룬 요점과 연구자가 어디로 향하고 있는지에 대한 간략한 요약을 높이 평가한다. 연구자는 학부생의 눈을 통해 자신의 글을 보고 요점을 파악할 수 있는지 확인할 수 있다. 내가 이번 장의 마지막 부분에서 설명했듯이, 피드백(및 사회적 지지)을 요청하여 다른 사람의 말을 듣는 것은 글쓰기 과정의 필수 요소이다.

서론 작성

완성된 작품에서 서론은 보통 약 5%에 불과하므로 간결해야 한다. 연구자는 프로젝트의 중요성과 왜 사람들이 이 연구에 관심을 가져야 하는

6) Belcher, *Writing Your Journal Article.*

지 말하고 싶어한다. 생생한 사례로 시작하는 것이 도움이 된다. (너무 많아서 선택하기 어려울 수 있다.) 하지만 예시를 몇 문장 읽은 후, 연구자는 이 예시가 어떻게 더 광범위하고 중요한 사회적 과정을 조명하는지 독자에게 보여주고자 한다. 독자에게 현재의 문헌이 어떤 한계를 가지고 있는지 아래에서 설명할 것이라고 말하라. 또한 몇 문장으로 독자에게 연구자가 어떻게 연구를 했는지 전달하라. (다시 말하지만, 이 내용은 방법론 부분에서 자세히 설명할 것이다.) 그리고 연구자는 연구에서 강조하고 싶은 요점을 간략히 소개하라. 요약하자면, 연구자는 토론 부분에서 연구 결과의 시사점을 독자에게 설명해야 한다.

하워드 베커는 유일한 그의 저서 『사회과학자를 위한 글쓰기(Writing for Social Scientists)』에서 서론이 논의할 주제를 나열하는 "I.O.U"처럼 돼서는 안 된다고 말한다. (예: 나는 선행연구를 요약하고, 방법을 설명하고, 결과를 요약하겠습니다.) 대신, 서론은 글에 포함할 실제 아이디어나 결과를 명시하는 "로드맵"이어야 한다.

> 저자가 여행할 여행의 지도를 제시하는 서론은 독자들이 주장과 ... [내용]을 연결하도록 한다. 그러한 지도를 가진 독자는 좀처럼 혼란스러워하거나 길을 잃지 않는다.[7)]

많은 사람들이 서론을 마지막에 쓴다. 고(故) 에버렛 휴즈(Everett Hughes)는 "어떻게 아직 쓰지도 않은 것을 소개할 수 있습니까?"라고 말한 것으로 알려져 있다.[8)] 나는 비교적 초기 단계인 결론뿐만 아니라 연구 결과의 초안을 작성한 후에 서론을 작성한다. 그런 다음 결론을 서론

7) Becker, *Writing for Social Scientists*, p. 53. Becker quotes a "model introduction" at length.

8) Hughes is quoted in Becker's book *Writing for Social Scientists*, p. 50.

으로 만들고(더 명확하기 때문), 새로운 결론을 쓴다. 두 번째 결론은 새로운 서론이 된다. 이것이 순환이다. 베커가 제안하듯이, 그 과정에서 나의 문장은 덜 "회피적"이고, 덜 "공허해"진다.

예를 들어, 여기 내가 알리야 라오와 공동으로 쓴 가족 관찰의 방법론적 요소에 관한 논문의 서론이 있다. 첫 번째 서론은 장황하고, 모호하며, 지나치게 야심적이었다.

> 비록 우리는 가족 사회학의 많은 훌륭한 연구물을 접해왔지만, 일상생활에서 연구 결과의 특성과 가족 내 역학 사이에는 중요한 간극이 남아 있다. 첫째, 가족은 다양한 시각을 가진 다수의 사람들로 구성되어 있다는 사실을 부정할 수 없다. 그러나 대부분의 가족 연구는 한 사람(예: 어머니)의 관점만 포착한다. 이는 불행한 일이다.
>
> 둘째, 가족구성원이 많은 다른 사회에 포함되어 있음에도 불구하고, 가족은 사생활 보호, 재충전 및 일상생활의 도전과 즐거움에서 벗어나 휴식을 취하는 강력하고 분명하며 독특한 공간으로 남아 있다. 가족은 다른 곳에서는 찾아볼 수 없는 사생활에 대한 기대가 있다. 또한 가족은 특별한 가족 의식이나 가족 문화를 발전시킬 수 있다.
>
> 셋째, 가족은 더 넓은 맥락에서 기능한다. 정부는 가족이 자녀 양육에 대한 (역사적으로 특정된) 규범을 준수하지 않는다면 개입할 권한이 있다. 가족 구성원은 직장, 어린이집, 학교, 교회, 교도소 그리고 지역사회 활동에 참여한다. 이러한 각각의 기관은 가족이 그들과 협상할 때 기술과 지식을 요구한다. 그러나 많은 연구는 부분적으로 가족과 그들의 제도적 경험을 연구하는 데 엄청난 방법론적 도전이 있기 때문에 가정 내에 집중되어 있다.
>
> 본 논문은 참여 관찰을 적용한 두 가족 생활 연구 자료를 바탕으로 참여 관찰이 가족생활을 연구하는 데 유용한 방법론이라고 주장한다. 참여 관찰은 연구 결과와 가족생활 사이의 이러한 지속적인 격차를 해결하는 데 특히 도움이 된다. 그럼에도 불구하고 가족 내 참여 관찰

> 은 주요 과제를 가지고 있다. 예를 들어, 사생활에 대한 기대는 다른 영역의 참여 관찰보다 더욱 침해될 수 있다.

수정된 최종 버전은 더 간결하고 선명하며 명확하다. 또한, 요점에 더 빨리 도달한다.

> 특히 가정 내에서 가족과 함께 참여 관찰 방법을 적용하는 것은 문화기술지학자에게 중요한 과제를 제시한다. 이는 참여 관찰이 보다 일반적으로 수행되는 다른 공간에서는 발견되지 않는 도전이다. 가족 구성원은 종종 자신의 집 안에서 휴식을 보장받기 원하기 때문에 가족은 독특한 집단으로 구분된다. 직원들은 직장에서 관찰되기를 기대하지만, 가족과 가정은 더 사적인 것으로 이상화된다. 사회학자는 종종 가족으로부터 관찰 자료를 수집하는 것을 꺼려했다.
> 가족생활에 대한 일부 연구는 관찰 자료를 사용한다. 그러나 이 방법론적 도전을 관리하기 위한 체계적인 전략은 문헌에서 충분히 논의되지 않았다. 가족생활 연구에 대한 일부 관찰 연구의 방법론적 부록은 가족 관찰에서 발생하는 특정 문제를 나열한다. 그러나 이러한 방법론적 부록을 넘어서서 이러한 과제를 최소화하기 위한 지침은 아직 개발되지 않았다.
> 이 연구에서는 "집중적인 가족 관찰" 방법의 요소를 설명한다.

두 번째 서론은 욕심이 줄어들고 연구 범위가 보다 명확하고 간결하게 제시된다. 요약하자면, 서론은 독자가 연구자의 글을 읽을 때 경험하게 될 지적 여정에 대한 로드맵이다. 이 로드맵에서 연구자는 작품의 마지막에 가서야 가장 중요한 발견을 공유하는 미스터리 작가의 접근을 피해야 한다. 결국, 독자는 화자의 요점을 전달하기 위해 화자의 얼굴 표정, 목소리 톤, 신체 언어의 이점을 이용할 수 없다. 글쓰기는 훨씬 더 제한적이기 때문에 독자는 얻을 수 있는 모든 도움이 필요하다. 연구자는 결론을 미루지 않고 바로 요점을 공유해야 한다.

선행연구 검토 작성

선행연구 검토는 일반적으로 이 여정의 첫 번째 목적지이며, 독자를 위한 여행 가이드이다. 연구자의 목적이 연구가 이전에 이루어지지 않았으며 선행연구의 중요한 공백을 메우고 있다는 것을 보여주는 것이다. 연구자의 연구는 필요하다. 다른 연구자는 다른 지점과 다른 연구 의제를 가지고 동일한 연구를 검토할 수 있다. 간단히 비유하자면, 시카고와 많은 도시에서 가이드 투어는 방문객이 도시를 여행하는 데 도움을 준다. 이러한 투어는 건축물 투어에서부터 "조폭, 마피아, 범죄"의 역사에 이르기까지 다양하다.[9] 어떤 경우에는, 이렇게 다른 투어를 하고 있는 사람들이 시카고의 같은 구역을 여행하지만, 다른 가이드에 따라 서로 다른 것을 보게 된다. 선행연구 검토도 마찬가지이다. 선행연구 검토의 핵심적인 목적은 독자가 선행연구의 한계를 이해하고 연구의 필요성을 인식하도록 하는 것이다. 다시 한번 말하자면, 연구자의 연구는 선행연구를 보완하는 우호적 제안이다. 그러나 크리스틴 루커가 적절하게 지적한 것처럼, "연구자의 질문과 전혀 관련이 없는 모든 책이나 논문을 다 쓸 필요가 없다." 그보다는 "독자에게 기존 선행연구의 지적 로드맵을 똑똑하고 비판적인 방식으로 제공하고, 그 선행연구가 당신이 추구하는 질문에 실제로 답하지 않는다."는 것을 보여주는 것이 중요하다.[10]

이 목적을 위해 문헌 연구의 각 단락에서 아이디어(또는 문장 주제)를

9) Mantz, "The Best Crime Tours of Chicago"; and Chicago Architecture Center, "Get Your Guide."

10) Luker, *Salsa Dancing.*

명확하게 제시할 필요가 있다. 관련 연구를 설명하기 위해 바로 뛰어들기보다는, 이전 연구를 분석하여 독자에게 학습해야 할 내용을 알려줘야 한다. 예를 들어, 연구가 과정에 대한 하나의 개념을 제공했지만, 이 개념화가 과정의 한 측면을 너무 강조하고 다른 측면을 충분히 다루지 않는다는 점을 지적할 수 있다. 이 아이디어를 제시한 후에 독자에게 그 의미를 보여주기 위해 이전 연구를 간략하게 요약한다. 그리고 나서 자신의 요점을 진술한다. 즉, 선행연구의 개념화에는 특별한 결점이 있으며, 과정의 특정한 요소에 맞춰질 필요가 있다는 것을 독자에게 보여준다. 다르게 말하면, 문헌 검토에는 논지가 포함되어야 한다.11)

선행연구 검토의 한 가지 위험은 요약에만 빠지는 것이다. 이를 피해야 한다. 연구 논문에서는 연구 결과가 제시되는 부분까지 자신의 주장을 미루는 것이 좋고, 책에서는 선행연구 검토와 책 전체 구성에 대한 요약을 명확하게 구분해야 한다. 그러나 선행연구를 검토하는 일은 까다로운 일이다. 연구의 필요성을 보여주려고 할 때, 연구자의 연구 주제에 대한 선행연구가 없다면, 연구의 필요성을 어떻게 보여줄 수 있는가?

먼저 자신의 비판을 파악해야 한다. 기존 연구에 어떤 문제가 있었는가? 신발 속에 작은 조약돌이 있는 것처럼 당신을 짜증나게 하는 것이 있는가? 당신은 그 결점을 명확히 말할 수 있는가? 앞서 논의한 것과 같이 문제의 크기는 다양할 수 있으며, 연구자의 글의 범위도 수업 과제, 연구 논문, 책에 따라 다르다. 그럼에도 불구하고 일반적으로 연구가 특정 사회 집단(예: 특정 인종 또는 민족집단, 성별, 성적 취향 또는 연령 집단)을 다루지 않았다는 이유만으로 연구의 필요성을 주장하기에는 부족하다. 대신 사회적 과정을 중심에 두어야 한다. 현재의 연구가 불완

---

11) 벤자민 셰스타코프스키가 지적했듯이, 문헌 검토의 논증은 연구 결과의 구조를 반영한다. 그러나 인용문을 증거로 제시하는 대신, 자신의 주장을 뒷받침하기 위해 다른 논문들을 제시한다. 그런 다음, 논문을 간략히 설명한 후 해석을 제공한다.

전하거나, 다소 다른 과정을 암시하거나, 초점이 불균형하거나, 중요한 사회 변화 시기에 해당하거나, 다른 결함이 있다고 지적하는 것이다. 물론 지금까지 연구되지 않은 집단을 포함함으로써 그 과정을 새로운 시각에서 조망할 수 있게 된다.

일단 비판적 검토를 마친 뒤에는 그것을 독자에게 제시해야 한다. 다양한 전략이 있다. 때로는 당신이 수행한 것과 같은 연구의 필요성을 주장한 다른 사람의 말을 인용할 수 있다. 때로는 중요한 패턴을 강조하는 저널리스트의 심층 기사(예: 뉴욕타임즈)가 있지만, 이러한 패턴이 사회과학자에 의해 다루어지지 않은 경우도 있다. 때로는 다른 연구에서 부수적인 문제로 암시되거나 논의되는 패턴도 있다. 때로 연구자들은 결함이 있는 특정 접근법에 몰두한 나머지, 소수의 맥락에서만 나타났지만, 가능성이 있는 다른 접근법에 충분한 주의를 기울이지 않는다. 당신은 이러한 패턴을 지적할 수 있다. 비판을 위해 생각을 모을 때는 다른 연구에 대한 정확한 시각을 제공하는 것이 필수적이다. 때로는 어떤 주장을 펼치기 위해 기존 연구를 불완전하게 요약하거나 일종의 희화화된 형태로 제시하는 경우도 있다. 실제로 『정의론(Theory of Justice)』의 저자인 존 롤스(John Rawls)는 "나는 항상 내가 연구하고 있는 연구자들이 나보다 훨씬 똑똑하다고 생각했다."라고 썼다. 그는 "각 연구자의 생각을 자신이 보기에 가장 강력한 형태로 재구성하는 방식을 취했다."이다.[12] 이는 좋은 조언이다.

유혹적일 수는 있지만, 연구자는 관련 선행연구를 모두 다룰 필요는 없으며, 연구 질문과 직접적으로 관련된 선행연구만 다루는 것이 바람직하다. 분명히 이와 관련된 다른 선행연구가 있으며, 연구자가 그것을 알

12) Rawls, *Lectures on the History of Political Philosophy*. 롤스는 알프레드 세지윅(Alfred Sedgwick)을 검토하며 존 스튜어트 밀(John Stuart Mill)을 인용한다: "어떤 교리는 가장 완성된 형태에서 평가될 때까지 전혀 평가된 것이 아니다." xiii.

고 있다는 것을 독자에게 알리는 것이 중요하다. 그러나 이 연구들은 연구자의 주요 논지가 아닌 주변적인 것이기 때문에, 연구자는 각주에서 그것을 언급할 수 있다. (예: "XXX에 대한 전체 논의는 이 연구의 범위를 벗어나지만, a, b, c를 참조하면 된다." 여기서 "a"는 에세이, "b"는 이 분야의 고전작품, "c"는 최근의 실증적인 작품이다.)

요약하자면, 어떤 독자는 주제를 처음 접할 수 있지만, 다른 독자는 선행연구 검토에서 연구자가 다룬 내용에 대해 매우 잘 알고 있을 수 있다는 사실을 기억해야 한다. 잘 아는 독자에게 이미 알고 있는 작품의 요약을 읽게 하는 것은 시간 낭비이다. (논의 주제에 대해 익숙하지 않은 독자는 따로 찾아볼 수 있다.) 대신, 연구자는 이러한 선행연구에 한계가 있다는 주장을 명확하게 해야 한다. 연구자의 과제는 비판을 명확하게 하는 것이지만, 그것을 지나치게 강조하지 않는 것이다. 연구 논문을 투고하는 경우, 심사위원 중에는 연구자가 비판하고 있는 사람이 포함될 가능성이 있다. 친밀한 관계에서와 마찬가지로 비판을 어떻게 표현하느냐가 중요하다. 연구자는 정중하지만 설득력 있는 방식으로 비판을 작성해야 한다. 이러한 접근 방식은 연구자가 논의하고 있는 종류의 연구를 하는 사람들에게 연구자의 비판을 더 쉽게 받아들이게 한다.

연구 방법의 작성

독자들은 자료 수집의 세부사항과 결정 근거에 대해 궁금해한다. 연구방법 절의 목적은 이러한 질문에 답하는 것이다. 논문이나 책과 같은 긴 글에서는 연구자가 직면했던 방법론적 어려움을 자세히 설명하는 방법론적 부록을 제공하는 것이 일반적이다. 그러나 대부분의 질적 연구에서는 몇 가지 중요한 세부사항을 본문에 직접 제시하는 것이 바람직하다.

여기서 비결은 상황의 현실을 인정하면서 솔직해지는 것이다. 연구 방법 절은 원래 양적 연구자를 위해 고안된 것이며, 라포르 형성이나 현장 방문 같은 질적 연구의 '끈적하고 발효되는' 과정을 그 전형적인 형식 안에 끼워넣는 것은 부자연스러울 뿐만 아니라 부적절하다. 예를 들어, 현실적으로 연구자는 비공식적인 사회적 관계를 통해 현장에 접근할 수 있으며, 접근 권한을 얻는 것이 엄청나게 어렵기 때문에 접근이 가능한 사람을 대상으로만 연구할 수 있다. 이러한 맥락에서 "당신은 연구 현장을 어떻게 선택했나요?"라는 질문은 말이 되지 않는다. 연구자는 현장에 들어가기 위해 사실상 구걸하기 때문에, 연구자는 "선택"을 하지 못한다.

그럼에도 불구하고 여기에는 여전히 방법이 있다. 연구 현장에 접근하기 위해 주변에 문의를 할 때, 연구자는 아마도 누구를 또는 무엇을 연구하고 싶은지 알고 있었을 것이다. 그리고 연구자의 이 결정에는 이유가 있었을 것이다. 연구자는 이러한 선택의 기준을 독자에게 설명해야 한다. 이것은 중요한 결정이었다. 예를 들어, 『불평등한 어린 시절』에서 나는 미취학 아동과 중학생 또는 고등학생을 제외했다. 대신, 집 밖에서 활동하기에 충분한 나이였지만, 또래 집단에 의해 가족과 멀어지지 않을 정도로 어린 학령기라고 판단된 3학년을 대상으로 했다. (돌이켜보면, 2학년이나 4학년도 괜찮았다고 판단되지만, 당시에 이 결정은 중요하게 느껴졌다.) 나는 중서부와 북동부의 대도시에서 조사를 했다. 나는 두 번 모두 내가 아는 사람에게 학교에서 연구를 허가해줄 수 있는 누군가를 알고 있는지 묻기 시작했다. IRB 승인, 교장이 학부모에게 보낸 협조 요청 등 그 밖에도 수많은 행정 절차가 있었지만, 결정적인 것은 비공식적인 유대 관계를 통해 학교 관계자를 소개받은 것이었다. 나는 학교에 접근하고자 하는 절박한 마음에 사로잡혀 있었지만, 실제로는 내가 접근을 시도한 장소를 결정지을 몇 가지 핵심적인 연구설계상의 선택들을 이미 내리고 있었던 것이다. 나는 통학 가능 범위에 있는 공립학교를 원했고, 중산층과 노동자 계층의 아동을 원했다. 비슷하게, 연구자는 특정 연령 범위(예: 미취학 아동, 초등학교, 중학교, 고등학교, 대학교)를 선택하거나 특정 기준을 가진 기업을 선택할 수 있다. 이렇게 한다면 연구자는 결정을 내릴 때 고려한 요소를 독자와 공유하고 싶을 것이다. 당신은 그 정보를 (특히 방법론 부록에서) 공유할 수 있다. 연구하기 위해 연구 현장을 진입하는 것은 항상 민감하기 때문에, 후원이 종종 중요하다. 연구자들은 현장에 들어가기 위해 얼마나 필사적이었는지에 대해 연구 방법 절에서 기술하기보다는 주로 부록에서 기술한다. 그러나 가장 접근이 어려운 순간이 있더라도 특정 현장은 연구를 위해 적절하지 않았기 때문에 제외했을 가능성이 있다. 이런 내용이 독자에게 전달할 수 있는 정보이다.

때로는 특정 연구 현장을 선택한 이유에 설득력이 없을 수 있고, 연구 설계 과정에서 완벽하지 않은 판단이나 중요한 한계를 안고 있을 수도 있다. 이 중 하나라도 사실이라면 독자에게 말해야 한다. 마찬가지로, 연구 방법 절에서는 이러한 고민을 숨기지 말고, 독자에게 많은 질적 연구자가 현장을 찾고 연구 참여자를 모집하는 데 어려움을 겪었음을 상기시키고 왜 이런 일이 일어났는지 간단히 설명해야 한다. 예를 들어, 부유한 가정의 사람들을 면담했는데, 그 비율이 높아 응답률은 20% 정도에 불과했다. 나는 이것이 걱정스러웠다. 하지만 비슷한 어려움을 겪는 연구자가 많다.[13] 그래서 내가 할 수 있는 일은 응답률이 내가 원하는 만큼 높지 않았음을 밝히고, 광범위한 표본을 모집하기 위해 취했던 조치들을 공유하며, 다른 연구와 비슷한 응답률이 있었다는 점에 주목하는 것이었다. 만일 연구자가 판단하기에 응답의 결과가 어떤 면에서 특이해보인다면, 해당 정보를 공유해야 한다. 다르게 말하면, 그것을 숨기려 하지 말고, "분명하게 말해야" 한다. 비슷하게 당신의 연구도 의심할 여지 없이 결점이 있을 것이다. 그러므로 연구자는 근거를 설명하고, 잠재적인 문제

13) Ferrell의 *Billionaire Wilderness*는 응답률이 18%였지만, 그는 응답자들에게 자산 규모에 대해 묻는 것을 일상적으로 하지 않았다.

가 연구를 왜곡하지 않았다는 점을 설명해야 한다. 오히려 연구자는 표본이 연구자에게 어떤 예상치 못한 통찰력을 제공했는지 독자에게 말할 수 있다. 이것이 일반적으로 연구자가 할 수 있는 최선이다.

다음은 연구 방법 절에 일반적으로 포함되는 몇 가지 정보이다. 이 정보들은 저널리즘의 "5W"(누가, 무엇을, 언제, 어디서, 왜)를 따르며, 연구자가 누구와, 무엇을, 언제, 어디서, 왜 했는지를 보여준다. 다시 한번, 말하지만 여기서 연구자의 목표는 도전적인 상황에서 내리는 결정에 대한 자신의 생각을 독자와 공유하는 것이다.

- 이 연구 현장을 선택한 이유는 무엇인가요? (다른 연구 현장을 고려했습니까?)
- 연구 현장에 어떻게 접근했나요? IRB 승인은 받았나요?
- 섭외에서 당신의 역할을 무엇이었나요? 당신은 다른 사람에게 연구에 대해 어떻게 설명했나요? 작은 도움을 제공했나요?
- 얼마 동안 있었나요?
- 현장 노트를 작성했나요? 녹취를 했나요?
- 얼마나 많은 면담을 진행했으며, 누구와 진행했으며, 면담자의 특징(인종과 민족, 연령, 사회계층 등)은 어떠했나요?
- 면담을 거부한 사람에게 참여를 요청했나요?
- 면담은 몇 시간 동안 어디에서 진행했나요?
- 참여자는 돈이나 선물(음식, 꽃 등)을 받았나요?
- 자료는 어떻게 분석했나요? 면담 내용은 전사했나요? 코딩 계획은 세웠나요? 코딩 소프트웨어를 사용했나요? 사용했다면 어떤 소프트웨어를 사용했나요?

연구자는 이 정도의 내용을 간결하고 방어적으로 보이지 않게 전달하는 것이 중요하다. 다른 연구에서 이러한 문제를 어떻게 처리했는지 확인하기 위해서는 참고할 만한 다른 선행연구의 방법론 절이나 유사한 연구의 연구 결과를 살펴봐야 한다. 좋은 역할 모델을 찾는 것이 도움이 되지만, 각 연구의 상황이 고유하다는 점을 고려해야 한다.

당신의 현장은 얼마나 일반적인가

만일 연구자가 다른 곳에서 연구를 했다면 연구 결과가 어떻게 달라졌을지에 대해 독자에게 말하는 것은 불가능하지는 않지만 어려운 일이다. 현실은 연구자가 알 수 없다. 그러나 독자들은 이 문제에 대해 필연적으로 궁금해하므로 어떤 방식으로든 다루어야 한다. 연구 현장이 다른 현장과 어떤 점에서 유사하고 다른지에 대해 알고 있는 경우라면 독자와 공유할 수 있다. 예를 들어, 연구자가 매일 3주 동안 동행하는 것을 동의한 12명의 가족에 대해 이야기할 때, 독자는 (이해할 만하게도) 동의하는 사람이 이상하다며 걱정할 수 있다. 나도 이 문제에 대해 걱정했었고, 이 문제에 대한 생각을 기술했다. 나는 학교에서 가족과 아동을 알게 되었고, 몇 달에 걸쳐 그들과 면담을 진행하고, 면담 전날 밤 면담 여부를 확인하고, 감사 편지를 보내면서 그들과 친밀감을 쌓았다고 기술했다. 17명 중에 12명이 동의했는데, 스스로 "완벽한 가정이 아니다."라고 생각하거나 빈곤선 이하의 가정도 거절했다고도 기술했다. (물론 나는 550달러를 지불하는 것이 강압적으로 비춰질 수도 있다고 생각했다.) 하지만 나는 가족들에게 참여를 요청한 것이 이들 가정이 동의할 것이라는 기대에 근거한 것이 아니라고 기술했다. 나는 처음에 면담이 잘 풀리지 않았던 한 가족에게 참여를 요청했고, 그들은 동의했다. 다시 말해, 나는 그 우려를 인정했고, 그럼에도 불구하고 내가 이 샘플을 타당하다고 판단하게 된 상황에 대해 내가 알고 있는 바를 솔직히 공유했다. 일단 이러한 조치를 취했다면, 그것에 대해 걱정하지 말아야 한다. 연구자는 그것을 바꿀 수 없고, 모든 질적 연구자는 이러한 걱정에 직면하게 되기 때문이다. 연구 방법 절에서 다른 사람들이 이러한 문제를 어떻게 다루는지 보고 그들의 선례를 따르면 된다. (저명한 책에서 어떻게 다루었는지 확인하기 위해 서평을 읽는 것도 도움이 된다.) 일부 비판은 피할 수 없는데, 이는 질적 작업에 대한 일반적인 비판이다. 게다가 양적 연구에서도 응답률이 급감하면서 많은 연구들이 응답을 얻는 데 매우 어려움을 겪고 있다.[14] 이는 모든 사람에게 어려운 일이다. 후속 연구를 통해 당신의 연구가 다른 연구와 어떻게 다른지 밝혀낼 수 있다.

연구 결과 작성

결과는 글쓰기의 핵심이며, 보통 쓰고 읽을 때 가장 흥미로운 부분이다. 여기서 연구자는 자신이 알게 된 내용을 공유할 수 있고, 독자의 마음에 생명력을 불어넣으며, 연구 참여자의 목소리를 전달할 수 있다. 연구 결과는 논문의 핵심이기 때문에 논문의 기여도를 강조하는 것이 특히 중요하다.

글의 “영혼”: “그래서 무엇을 의미하는가?”

이론적 기여를 분명히 하려면 연구자가 무엇을 하고 있는지뿐만 아니라 무엇을 하지 않는지에 대해서도 어려운 선택을 해야 한다. (어떤 사람들은 이 과정에서 결국 슬픔을 느끼기도 한다.) 따라서 논문을 써야 하는 이유에 집중하기보다는 논문이 실제로 말하려는 내용에 집중하는 것이 좋다. 존 “롭” 워렌(John “Rob” Warren)은 교육사회학 학술지 편집에서 물러나며 에세이를 썼는데, 몇 개의 연구만이 심사를 통과한 것에 대해

14) Czajka and Beyler, “Declining Response Rates.”

놀라움을 표현했다.

> 대부분의 논문에는 존재해야 할 설득력 있고 명확한 이유인 영혼이 결여되어 있다. 세계(교육 포함) 문제, 도전 과제, 딜레마, 그리고 심지어 수수께끼에 직면해 있다. 그러나 대부분의 논문은 왜 그것들이 필요한지에 대한 좋은 근거를 제시하지 못한다. 많은 분석이 기존의 이론, 증거 또는 논쟁에 의해 동기 부여되거나 정보를 얻지 못했다. 많은 연구자들은 독자들이 그들이 선택한 주제의 중요성을 당연하게 알 것이라 생각하고, 그들의 연구를 관련된 문제, 아이디어, 또는 토론과 연결하지 못했다. 반복적으로 나는 내 자신에게 계속 물었다. (때로는 심사위원도 물었다.) 그래서 무엇을 의미하는가?

이것은 도전 과제이다. 현실적으로 독자들은 연구자만큼 연구 주제를 흥미롭게 여기지 않을 수 있다. 연구자는 자신의 아이디어를 "더 크게" 생각하고, 연구가 더 광범위한 질문에 어떻게 기여하는지를 보여주고 싶어 한다. 또한, 연구자는 이러한 광범위한 질문에 답해야 하는 이유를 설명할 필요가 있다. (이런 질문을 하지 않으면 우리는 무엇을 놓치게 되는가?) 여기서 연구자는 자신이 속한 특정한 학문 하위 분야를 넘어, 전혀 다른 하위 분야의 과정을 조명할 수 있는 개념적 주장을 제시할 수 있다는 것을 기억해야 한다. 예를 들어, 권력과 강압을 연구하는 경우, 교도관이 죄수를 대하는 방식은 군 장교가 군인을 대하는 방식과 관련이 있을 수 있다. 연구자는 자신의 아이디어를 또 다른 개념적 맥락에 적용해보는 것이 항상 가능하다. 그렇게 해야 한다. 연구자의 개념적 기여는 "그래서 무엇을 의미하는가?"라는 질문에 대한 답변이다. 연구 결과를 요약할 때 이 개념적 기여를 포함해야 한다. 다시 말하면, 연구자는 "이 연구 문제를 탐구하지 않으면 무엇을 오해하게 되는가?"라고 자문해봐야 한다. 앞서 언급했듯이 유명한 "3의 법칙"에서 연구자는 무엇을 말할 것인지 먼저 알려주고, 실제로 그 말을 하고, 마지막으로 무엇을 말했는지 다시 말해야 한다. 연구자의 개념적 기여는 이 세 가지 단계에서 각각 강조되어야 한다.

> **글쓰기 요령**
> 많이 읽으라. 의도하지 않게 많은 지식을 얻게 될 것이다. 친숙함과 즐거움은 편안함을 낳는다. 당신이 다른 [책]을 읽을 때, 당신은 무엇을 하고, 무엇을 하지 말아야 할지에 대한 본보기를 얻게 된다.
> 제인 스마일리(Jane Smiley), 소설가

연구 결과 절을 작성하는 방법: 하나의 접근법

앞서 언급한 것처럼, 나는 주제를 찾기 위해 수집한 자료를 반복적으로 읽고, 프로그램을 사용하여 하위코드로 인용문을 인쇄하고 검토하며, 잠재적인 인용문을 점진적으로 파일로 옮겼다. 이후 인용문을 편집하여 잘못된 시작 부분을 제거하고 아이디어의 시작점에 초점을 맞추었다. 제8장에서 상세히 설명한 바와 같이, 『불평등한 어린 시절』을 다루는 연구에서, 흑인 중산층 어머니인 마셜 부인과의 면담에서 나온 스카우트와 체조에 관한 인용문을 포함했다. 프로젝트가 진행됨에 따라, 나는 책에서 세 가지 주요 주제를 정리하기로 결정했다. 사회 계층을 반영하는 언어 사용, 조직적인 활동의 활용, 그리고 제도적 개입이다. 다양한 가족들이 각기 다른 점에서 사용될 수 있었지만, 마셜 부인은 제도적 개입의 대표적인 사례를 보여주었다. 나는 인용문을 보면서, 어머니들이 아이들을 키우는 데에 얼마나 많은 노력을 들이는지 보여주고 싶었다.

나는 『불평등한 어린 시절』 인용문을 활용했다. 아이들이 조직적인 활동에 참여하게 되는 것은 어머니의 노력 덕분이라는 점을 서술했다. (노동자 계층이나 가난한 가정에서는 아이들이 활동을 주도하는 경우가 많다.) 그리고 본문에서 (마셜 부인이 자신의 노동을 통해) 이러한 활동을 지원한다고 나의 언어로 먼저 기술했다.

> 편이나 스테이시가 겪는 제도적 경험에 대한 불만뿐만 아니라 아이들의 일상과 활동은 전적으로 마셜 부인이 담당하고 있었다. 마셜 부인이 딸들을 위하여 노력하는 것은 특별한 일이 아니다… 대부분의 중산층 어머니들은 조직적인 활동과 관련하여 비슷한 일을 수행한다. 예를 들어, 스테이시가 체조에 참여하게 된 방식은 어머니의 노력이 필요했다는 점에서 전형적인 사례이다.

그런 다음 마셜 부인의 말을 인용하여 제시함으로써 독자에게 나를 믿으라고 요구하는 대신 독자에게 내 주장의 근거를 **보여준다**.

> 그녀가 3학년을 시작했을 때 나는 그녀가 들어갈 만한 걸스카우트를 찾을 수 없었어요. 내 생각에 그녀는 단지 4년 동안 브라우니 단원이었어요. 그리고 음… 펀은 걸스카우트에 속해 있었어요. 스테이시는 걸스카우트가 될 나이가 아니었기 때문에, 우리는 자유로운 밤을 보냈어요[웃음]. 그래서 스테이시, 나는 그녀가 필요했어요. 나는 그녀가 뭔가를 하기를 원했고… 그녀는 공허했어요. 당신도 아는 것처럼. 음… 그리고 나는 그녀가 TV 앞에 앉아 있는 것을 원하지 않았어요.

나는 또한 어머니들이 소셜 네트워크를 통해 정보를 얻는 방식을 보여주고 싶었기 때문에, 인용문의 두 번째 부분을 사용하여 이 점을 강조했다. 체조 강사가 프로그램을 추천했지만, 그것만으로는 충분하지 않았다고 기술했다.

> 강사의 추천에만 의존하지 않고, 스테이시의 어머니는 자신의 사회적 네트워크를 활용했다.
> "그리고 몇몇 부모님의 말에 귀를 기울이기 시작했어요. 많은 부모님

> 들이 "글쎄요, 아이가 체조를 정말 좋아한다면 라이트에게 보내세요."라고 말하는 것을 들었어요."

나는 단순히 마셜 부인이 단순히 다른 부모들과 이야기했다고 주장하지 않았다. 대신, 마셜 부인이 체조 프로그램을 위해 어디로 가야 하는지 알아내기 위해 '내 귀를 정보망에 가져다 두어라'고 설명하는 인용문을 제시함으로써 근거를 보여준다. 그런 다음 이 인용문을 바탕으로 마셜 부인이 활용한 중산층 기반의 사회적 네트워크에 대해 논의한다.

> 이 경우, 마셜 부인은 레크리에이션 프로그램에 대한 정보를 수집하고 있었지만, 다른 경우에는 (스테이시가 학교의 영재 프로그램 참여 자격이 되지 않았을 때와 같이) 교육 문제를 해결하려고 했다. 전체 표본의 중산층 부모와 마찬가지로 마셜 부인의 "정보망"에는 교육자, 심리학자, 변호사, 심지어 의사인 친구와 친척이 많다. 결과적으로 중산층 부모는 노동자 계층이나 가난한 부모보다 전문가로부터 귀중한 정보와 조언에 비공식적으로 접근할 가능성이 더 높다.

여기서 분석은 중산층 부모들이 전문가로부터 귀중한 정보를 어떻게 얻는지를 설명하는 "비밀 정보망"의 개념에 연결된다. 햄버거처럼 인용문은 증거의 핵심이지만, 그 인용문을 논문의 전반적인 목적과 연결해주는 아이디어(윗쪽)와 해석(아래쪽)이 함께 있어야 한다.

연구자는 자신의 주장과 자신의 생각이 확실한 증거에 의해 뒷받침된다는 것을 독자에게 확신시켜야 한다. 물론, 다른 분야의 연구자들도 이런 방식으로 접근한다. 그러나 특히 양적 연구에서는 전형적인 모델과 복잡한 표가 문제점을 드러낼 수 있음에도 불구하고, 독자들은 결과를 신뢰하기 쉬운 경우가 있다. 반면, 질적 연구에서 연구자가 숫자 대신 단어를 사용할 때는 동일한 권위의 후광을 얻기 어렵다. 따라서 연구자는 독자의 신뢰를 얻기 위해 차근차근 설득해야 한다. 미국 과학 재단의 프로그램 담당자가 말했듯이, 문화기술지학자가 단순히 "나를 믿으세요!"라고 말하는 것만으로는 연구 지원금을 받기에 충분하지 않다. 마찬가지로, 독자가 연구 결과를 신뢰하는 것만으로는 충분하지 않다.

독자의 신뢰는 어떻게 얻는가?

주장의 범위를 제한하라

너무 많은 주장을 하지 않도록 주의해야 한다. 예를 들어, 질적 연구를 통해 특정한 사회적 과정이 아동의 학업 성취, 성인의 건강 결과 또는 삶의 다른 중요한 결정에 미치는 영향을 보여줄 수 있는 경우는 드물다. 마치 그런 영향을 입증할 수 있는 것처럼 글을 쓰는 것은 초보적인 실수일 수 있다. 그러나 당신의 연구는 중요한 매커니즘이나 과정을 밝힐 수 있다. 연구자가 그 과정의 결과를 결정적으로 보여줄 필요는 없다. 오히려 연구자가 확실히 증명할 수 없는 것을 주장하려고 한다면 연구는 심각하게 비판받을 수 있다. 이와 마찬가지로, 연구가 오랜 시간 동안 지속되지 않는 한, 일반적으로 연구자는 시간이 지남에 따른 변화를 보여주는 것도 어렵다. 몇몇 연구는 종단적이지만 대부분은 그렇지 않다. 그러므로 연구자는 자료를 가까이에 두고 연구자가 증명할 수 있는 내용을 주장해야 한다.

한 번에 너무 많은 자료를 소개하지 말라

독자가 소수의 아이디어만 이해할 수 있도록 해야 한다. 연구자는 여러 작은 아이디어를 큰 아이디어로 집단화해야 한다. 동료, 글쓰기 집단의 구성원, 교수의 조언을 듣는 것이 연구자에게 도움이 된다. 일단 연구자의 아이디어가 더 명확해지면, 글을 수정하는 과정에서 논점이 한 지점에서 다른 지점으로 건너뛰지 않도록 조심해야 한다. (물론 글의 초안에서는 논점이 이곳저곳으로 튀는 것이 흔하며 그 자체로 자연스러운 과정이다.) 최종 원고에서는 절이나 단락마다 하나의 주요 아이디어만 담는 방식을 선호하며, 그 절 전체를 통해 주장을 뒷받침하는 실증적 증거를 제시한다. 너무 많은 주장은 독자를 혼란스럽게 하고, 연구자의 주장을 뒷받침할 만한 충분한 깊이를 가지지 못한다고 느끼게 할 수 있다. 단 하나의 주장으로 글을 구성하면, 그 주장을 깊이 있게 전개하고, 다양한 관점을 고려하며, 주장을 뒷받침할 만한 충분한 근거를 제공하고, 반대되는 증거를 인정하며, 핵심 내용을 요약할 수 있게 된다.

증거가 주장과 일치하는지 확인하라

최종 원고에 넣은 증거는 수집한 증거의 극히 일부분에 불과하다. 물론, 자료를 수집한 후 결과가 빛을 보지 못하는 것은 좌절스러운 일이다. 그러나 이렇게 깊이 있는 자료를 가지고 있는 것은 좋은 일이다. 이는 연구자가 자신의 주장을 확신한다는 것을 의미한다. 연구자는 각 요점에 대해 여러 가지 예를 생각할 수 있어야 한다. 연구자는 자신이 좋아하는 현장 노트 발췌문이 있을 수 있지만, 이외에도 많은 다른 현장 노트, 다른 인용문, 그리고 같은 결론을 지지하는 다른 자료들을 가지고 있어야 한다. 특정 사람에게 너무 많이 의존하지 않도록 여러 참여자의 인용문을 포함하는 것도 좋다. 또한 표는 연구에 참여한 사람들의 경험을 간략한 인용문과 함께 요약함으로써 많은 자료를 전달하는 효과적인 방법이 될 수 있다. (표는 논지의 요점을 집약하기 때문에 일반적으로 매우 늦게 작성된다.) [표 9.1]은 『불평등한 어린 시절』에서 내 주장을 요약한 표를 재인쇄한 것이다.[15)]

전체적으로 연구 결과 부분은 연구자에게 견고하게 느껴져야 하고, 독

15) Lareau, *Unequal Childhoods*, p. 31. 그녀의 논문에서 강조된 표를 확인하기 위해 Blair−Loy의 *Competing*을 참고하라.

자에게도 견고하게 느껴져야 한다. 따라서 이를 뒷받침할 수 있는 연구 결과가 있는 경우에만 주장을 하는 것이 중요하다. 많은 경우, 경향이 전체 샘플에 나타나지 않고, 일부 샘플에서 나타날 수 있다. 이런 종류의 경향은 독자에게 명확하게 설명해야 한다.

만약 연구자가 사용하는 어떤 증거가 논문의 많은 아이디어 중 하나와 맞지 않는다면, 연구자는 그 증거를 다른 글을 위해 보관해야 한다. 연구자가 얼마나 많은 시간을 들여 이 자료를 수집했는지는 중요하지 않다. 연구자는 강력한 논거를 구축하기 위해 분석에 명확한 주의를 기울일 필요가 있다.

친절하고 건설적인 독자로부터 피드백을 받는 것이 중요하다. 나는 추가하는 것보다 잘라내기가 더 쉽기 때문에 초고를 지나치게 길게 쓰는 경향이 있다. 보통 나는 글쓰기 모임(3주마다 모임)에서 피드백을 받는다. 글쓰기 모임에서는 서로에게 같은 피드백을 준다. 이는 연구자가 말하는 것처럼 보이게 하고, 이를 더 명확하게 하며, 추가적인 논쟁을 없애고, 자료를 분석하는 데 도움이 된다. 이런 피드백을 바탕으로 나는 글을 수정할 때 단호해진다. 점점 덜 선호되고 있지만, 전자기기로 읽는 것보다 종이로 쓴 글을 읽는 것이 도움이 된다는 증거들이 있다.[16] 나는 혹독한 수정을 거쳐 초고를 꼭 다시 읽는다. (내가 글을 쓸 때 따르는 루틴은 소파에서 읽고, 수정하고, 인쇄하고, 다시 읽는 것이다.) 수정본을 읽을 때마다 단어를 자르고, 전문 용어를 없애고, 흐름을 개선하며, 새로운 통찰력을 얻는다. 대부분의 글은 여러 번의 수정을 거친다. 일부 연구자들은 친절하게 이전 버전의 논문을 공유하여 독자들이 연구자의 생각의 발전을 볼 수 있도록 한다.[17]

---

16) Barshay, "Evidence Increases for Reading on Paper."

17) Jessica Calarco의 블로그 글 "Revise and Resubmit"를 참고하라. http://www.jessicacalarco.com/tips-tricks/2021/1/2/revise-and-resubmit.

【표 9.1】 자녀 양육의 차이 유형화 연구

	자녀 양육 접근법	
	집중 양육	자연적 성장의 성취
주요 요인	부모는 자녀의 재능, 의견, 기술을 적극적으로 육성하고 평가함	부모는 아이를 돌보고 아이가 성장할 수 있도록 함
일상생활의 조직화	성인이 주관하는 다양한 어린이 여가 활동	친척들과 어울림
언어 사용	추론/지시 성인 진술에 대한 아동 논쟁 부모 자식 간의 확장된 협상	지시어 성인에게 질문하거나 도전하는 경우 없음 하위 지침의 일반적인 승인
제도적 개입	아동을 대신한 비판과 개입 자신의 역할을 맡기 위한 아동의 훈련	제도 의존 무력감과 좌절감 가정과 학교에서의 육아 관행 사이의 갈등
결과	아동의 권리의식이 새롭게 나타남	아동의 신체에 대한 구속이 나타남

증거를 빠트리지 말라

학술지에 투고한 첫 번째 논문은 약 30페이지 분량으로 4개의 인용문을 포함하고 있었다. 한 심사위원은 내 논문이 "문화기술지적으로 빈약하고 분석적으로 한정적"이라고 평가했으며, 다른 한 심사위원은 "다소 광범위한 일반화에 기반한 얇고 대략적인 자료"를 제시했다고 지적했다. 심사위원들의 말이 옳았다. 증거는 연구의 핵심이다. 하나의 논문에 몇 개의 인용문이 적절할까? 불완전한 방법이지만, 나는 종종 더블 스페이스 기준으로 내 논문의 페이지 수를 계산하고, 모든 페이지에 하나의 인용문 또는 예시를 목표로 한다. (예를 들어, 20페이지의 논문이라면, 약

15~20개의 인용문을 포함한다.)

연구자는 일반적으로 연구에 활용할 많은 현장 노트와 인용문을 선택할 수 있기 때문에, (증거가 생각을 뒷받침하는 한) 연구자가 좋아하는 것을 사용하는 것이 좋다. 지나치지 않은 한 감정적인 느낌이 있는 인용문을 사용하는 것도 도움이 된다. 재미있고 신랄하거나 강력한 인용문은 연구를 풍부하게 할 수 있다. 그러나 현명하게 판단하고, 현장에서 배운 내용 이상으로 나아가지 않아야 한다. (또한, 연구자는 누군가를 위험에 빠뜨리거나 타협하게 할 수 있는 정보를 포함하지 않아야 한다.) 하지만 생동감 있는 원고는 독자가 읽기에 더 흥미롭다. 그렇다고 해도 균형이 필요하다. 증거가 필요하지만, 너무 많은 증거를 담아서도 안 된다.

인용문을 길게 만들지 말라

연구자는 글을 쓸 때, 아주 긴 인용문과 방대한 양의 자료를 포함하고 싶다는 유혹에 빠질 수 있다. 부분적으로 연구자는 연구 참여자에게 애착을 가질 수 있으며, 그들의 목소리를 논문에 생생하게 담고 싶어할 수 있다. 또한, 결과에 매료될 수도 있다. (질적 연구자는 자신의 연구 자료에 큰 애착을 가지기 마련이다. 그러나 불행히도 독자는 방대한 자료를 필요로 하지 않는다.)[18] 자료 한 장의 전체 목적은 **아이디어**를 조명하는 것이다. 독자가 맥락을 이해할 수 있도록 충분히 인용문을 넣되, 그 인용문은 핵심에 집중되어야 한다. 비록 명확하고 절대적인 규칙이 있는 것은 아니지만, 일반적으로 4~8줄이 적당하다. 한 페이지의 3/4 분량의 인용문은 독자가 해석하기 어려울 수 있으므로 더 작은 단락으로 나누

---

18) 다른 사람들은 참여자의 목소리와 자율성을 더 완전히 표현하기 위해 참여자의 긴 발췌문을 포함하는 것을 강하게 믿는다. 그러나 독자를 위해 긴 발췌문을 선택하는 사람은 참여자가 아닌 저자이므로 연구자의 역할은 피할 수 없다. 게다가 긴 인용문은 여러 요점을 담고 있어 독자들이 요점을 파악하기 어려울 수 있으며, 독자는 저자의 목적에서 벗어나 혼란스러워하거나 집중력을 잃을 수 있다.

고, **연구자**는 독자가 인용문에서 원하는 내용을 쉽게 파악할 수 있도록 안내해야 한다. 마찬가지로, 한 인용문에 너무 많은 아이디어가 포함되어 있으면 안 된다. 그런 경우 독자에게 혼란을 줄 수 있다.

해석의 약점을 인정하라

자신의 관점에서 문제를 인정하고 논의하지 않는 것은 독자를 괴롭힌다. 연구자는 글을 쓰며 문제를 명확히 인식하고 있기 때문에, 문제를 인정한 후 이를 설명하려고 노력해야 한다. 세상은 좀처럼 깔끔하고 단정하지 않다. 대부분의 질적 연구에서 모든 증거가 연구자의 주장을 뒷받침하는 완벽한 줄 세우기를 했다는 것은 신뢰할 수 없다. 때로는 사람들이 자신의 생각과 행동에 모순되는 경우가 있으며, 집단의 일부 구성원들은 다른 집단의 사람들과 다른 견해를 가지고 있을 수 있다. 따라서 연구자는 명확하게 "네, 제 주장을 지지하지 않는 증거가 있었습니다."라고 말해야 한다. 연구자는 증거를 간략하게 제시한 후, 가장 중요한 것은 이것이 왜 결론을 뒤집을 만한 치명적인 요소라고 보지 않는지에 대한 이유를 설명해야 한다. 예를 들어, 공동 저술한 논문에서 우리는 인종적으로 다양한 초등학교에 다니는 많은 아프리카계 미국인 부모들이 학교에 대해 깊은 불신을 가지고 있음을 증명했다. 이 논문은 부모가 이러한 우려를 어떻게 표현했는지에 대한 사회 계층의 차이에 초점을 맞추고 있다. 그러나 논문은 또한 다른 아프리카계 미국인 부모들이 상황을 다르게 보고 있다는 점도 밝혔다.

> 게다가 모든 부모가 학교에서 흑인 아동들이 백인 아동들보다 불평등하고 덜 호의적인 대우를 받는다고 동의한 것은 아니다. 다수의 흑인 부모들은 학교에 문제가 있는지 모르겠다고 말했다. 또 다른 흑인 부모들은 퀴글리(Quigley) 학교의 아이들이 인종에 기초하여 부당한 대우를 받지 않는다고 주장했다. 이러한 부모들 중 일부는 다양한 사회

계급의 위치에서 인종적 불평등에 대해 불평하는 다른 흑인 부모들에 대해 공개적으로 적대적이었다.[19]

여기에서 일부 아프리카계 미국인 부모들이 교장 선생님께 열렬한 지지를 보내면서, 인종적 불편함을 호소하는 다른 부모들에 대한 적대감을 보인 점을 강조하기 위해 추가 인용문을 제공했다. 간단히 말해, "부모들의 인식의 차이"라는 제목의 짧은 부분에서 우리는 반대되는 증거를 인정했지만, 논문의 주된 목적은 분명히 전달했다.

반대되는 증거를 논의할 때, 그것이 드물거나 특정 집단에 집중되어 있다는 점, 혹은 역설적으로 그 규칙을 입증하는 예외였다는 점을 언급할 수 있다. 이 논의는 짧아야 하지만 반드시 포함되어야 한다. 이 경우 어조가 중요하다. 연구자는 이를 무시하고 싶지 않을 것이다. 오히려 연구자는 반대되는 증거에 설득될 준비가 되어 있었지만, 그 증거들이 결정적인 논거가 되기에 부족했다는 점을 독자에게 납득시키는 것이 중요하다. 물론 이 책의 앞부분에서 언급했듯이, 연구자는 수집한 증거에 의해 자신의 생각을 기꺼이 바꾸는 것이 중요하다. 결국, 연구하기 전에 이미 무엇을 발견할 것인지 이미 알고 있다면, 연구를 할 필요가 있겠는가?

증거를 요약하지 말고 해석하라

연구자가 하는 가장 일반적이지만 지루한 작업 중 하나는 아이디어를 제시하고, 자료를 제시한 다음, 연구자가 방금 읽은 자료를 간단히 요약하는 단락을 쓰는 것이다. 이것은 독자에게는 짜증스러울 뿐만 아니라 연구자에게도 기회를 낭비하는 일이다. 인용문을 단순히 요약하는 것 대신에, 연구자는 이를 넘어서야 한다. 연구자는 다음 질문에 답하고 싶을 것이다. 이 증거가 아이디어를 어떻게 뒷받침하는가? 아이디어가 논문을

19) Lareau and Horvat, "Moments of Social Inclusion and Exclusion."

어떻게 뒷받침하는가? 이 인용문에서 정확히 어떤 점이 이런 결론을 도출했는가? 예를 들어, 바네사 로페즈 무뇨즈(Vanessa Lopes Muñoz)와 나는 학부모 참여에 관한 논문에서 학부모가 학교의 조직을 둘러싸고 교장 선생님과 충돌했다고 묘사했다.

> 대조적으로, 부모들은 학교가 더 개인적이고 유연하며 재미있기를 원했다. 간단히 말해서, 그들은 학교가 덜 관료적이기를 바랐다. 베스(Beth)는 점심 시간의 분위기에 대해 전반적인 우려를 표명했다. "재미. 단지 약간의 재미가 필요해요. 지루하고 긴장돼요. 전체 분위기가 그런 것 같아요... 요즘은 점심 시간에 예절 교육 같은 걸 하더라고요. 아이들이 속삭이듯 조용히 이야기해요... 점심 시간이 너무 재미없게 변한 것 같아요."

우리는 "그래서 학부모들은 점심이 '재미없다'고 불평했다."고 말할 수도 있었다. 이것은 인용문의 핵심 단어를 반영한 표현이지만, 독자에게 새로운 정보를 제공하지는 않는다."라고 설명할 수 있다.

대신에 우리는 독자에게 문헌에 대한 우리의 비판(즉, 연구자들이 부모와 교육자 사이의 조화를 과장했다는 점)을 간략히 상기시키고, 핵심 주장(부모와 교장이 서로 다른 우선순위를 가지고 있다는 점)을 명확히 제시했다.

> 부모 참여에 관해 연구자들은 부모와 교육자가 적절한 수준의 의사소통을 통해 조화롭게 일할 수 있다고 가정한다. 우리는 그들이 아이들을 위해 최선을 다한다는 비슷한 일반화된 목표를 공유한다는 것을 발견했지만, 어떻게 아이들을 우선시할 것인지에 대한 그들의 다른 생각은 상당한 장벽이었다. 따라서 아이들을 위해 최선을 다해 일을 할 때도, 부모와 교장은 매우 다른 우선순위를 가졌다.

따라서 이 분석은 독자에게 왜 이러한 연구 결과가 중요한지를 상기시켜 준다. (이전 연구들은 일반적으로 학부모와 교사의 조화로운 관계를 가정했다.) 간략하게 말하는 것은 중요하지만, 논문 중간에 적절히 배치된 문장은 자료를 선행연구의 한계와 연결함으로써 독자에게 왜 이러한 인용문이 중요한지를 상기시켜 줄 수 있다.

연구자의 주장을 잘 보여주는 측면을 짚어주면서, 독자를 다시 사례로 끌어들일 수 있다. 같은 주장을 계속 반복하지 않아야 하기 때문에, 이는 매우 미묘한 균형이 필요하다. 대신, 이 증거가 전체적인 논지에 어떤 고유한 기여를 하는지 독자가 이해하도록 돕는 것이 중요하다. 여기에 내가 쓴 두 논문의 사례가 있다. 나는 이곳에서 계층이 어떻게 성인으로의 이행을 형성했는지에 대한 종단적 자료를 제공한다.[20] 이 예에서 나는 사회계층과 문화적 지식에 대한 분석적 요점을 만들었으며, 젊은 남자가 직장에서 겪은 문제에 대한 이야기를 다루었다. 다음은 초기 버전 중 일부이다.

> 다른 사람들은 자신의 꿈을 어떻게 실현할 것인지에 대해 어려움을 겪는다고 호소했다. 예를 들어, 지난 10년 동안 가난한 가정의 백인 청년 마크 그릴리(Mark Greely)는 세이프웨이 식료품점에서 일해왔다. 그러나 그는 "컴퓨터를 활용한" 직업을 원했으며, 구체적으로는 컴퓨터 수리와 프로그래밍을 목표로 했지만, 구체적인 목표가 부족했다. 그는 좌절감을 느꼈다. 또한, 그는 10년 동안 운전면허를 취득할 계획을 가지고 있었고, 최근에는 필기 시험을 통과했다. 그러나 불안 장애로 인해 운전면허를 취득하는 것이 그의 인생에서 중요한 목표가 되었다. 그럼에도 불구하고 그는 관리자와 말다툼을 하다가 (자신을 모욕했다는 이유로 "때리겠다"고 위협) 해고되었지만 실업 급여를 받을 수 있었고, 결국 직장으

20) Lareau, "Cultural Knowledge and Social Inequality."

> 로 복귀했다. 놀랍게도, 그는 그의 분노에 공감한 동정심 많은 판사의 도움을 받았다.[21] 그러나 관리자에게 신체적 상해를 가하겠다는 위협은 다른 노동자 계급 남성들이 직장에서 모욕을 다루는 방식과 비슷했지만, 조직의 정책에는 부합하지 않았다.

나의 글쓰기 모임의 한 구성원은 이렇게 기록했다. "이것은 약간 불분명하게 느껴져요. 이 사건들 중 하나에 집중해서 조금 더 발전시킬 수 있을까요?"

수정본에서는 마크가 조직 내 갈등을 조율하는 데에 있어서 그의 문화적 지식이 한정되어 있다는 분석 논점을 문단의 첫 문장에 배치하면서, 그 외의 사건들에 대한 설명도 조금 더 구체적으로 풀어냈다.

> 다른 사람들은 또한 조직 문제를 관리하는 데 어려움을 호소했다. 가난한 가정의 백인 청년 마크 그릴리는 세이프웨이 식료품점에서 10년 동안 일을 했다. 오랜 재직 기간에도 불구하고 마크는 최근 세이프웨이에서 일자리를 잃었다. 그가 설명하길, 서른 살 때 대중교통의 불가피한 지연으로 인해 늦게 출근했는데, 화가 난 관리자가 그를 사무실로 불러 "나도 만약 고등학교 졸업장도 없이 스물한 살이 되었다면, 직장을 잃는 게 두려웠을 거야."라고 말했다. 이 모욕을 들은 마크는 "말대답"을 하며, 그 남자를 "때리겠다"고 위협했다. [이 반응은] 물론 조직의 정책을 따르지 않은 것이다.
>
> 요약하자면, 노동 계급과 가난한 청년들은 조직이 어떻게 작동하는지에 대해 불완전한 이해를 가지고 있었고, 업무에서 갈등을 해결하는 데 어려움을 겪었으며, 도움을 요청하는 데 많은 제약을 느꼈고, 조직에서 개인화된 지원을 찾는 데 종종 실패했다. 나의 주장은 중요한

21) 이 논문에서는 사건들에 대한 더 긴 설명을 제공한다. Lareau, "Cultural Knowledge and Social Inequality."

> 삶의 전환과 그 전환에 이르는 작은 순간들 속에서 비경제적인 요인이 어떤 역할을 하는지 밝히는 데에 목적이 있다.

따라서 연구자는 글에서 연구 결과를 가능한 명확하게 설명하기 위해 노력해야 한다. (예: 관리자로부터 모욕을 당한 후, 마크는 그의 관리자를 위협했다.) 그리고 예를 개념과 연결해야 한다. (예: 노동 계층 청년은 조직이 어떻게 작동하는지에 대해 불완전하게 이해한다.) 또한 전반적인 주장과 연결해야 한다. (예: 사회 계층은 제도에 대한 문화적 지식을 형성한다.) 연구자는 역할 모델 연구를 통해 자료, 개념적 주장, 주요 주장을 어떻게 연결하는지를 보여줄 수 있다.

연구의 모든 부분이 서로 연결되도록 하라

논문이나 책을 쓸 때, 전체적인 그림을 놓치기 쉽다. 하지만 연구자는 모든 요소가 서로 잘 맞아떨어지도록 해야 한다. 논문의 각 부분은 일관되게 정렬되어야 하며, 서로 다른 방향으로 시작하기보다는 동일한 결론을 지향해야 한다. 어떤 사람들은 작성한 내용을 바탕으로 논문의 개요를 거꾸로 작성하여 자신이 가진 분석을 정리하기도 한다. 때로는 작품의 응집력을 높이기 위해 전체 절을 삭제하기도 한다.

도덕주의자가 되지 말아라

사회과학 분야에서 자료 수집 과정 중에 관찰한 것에 대해 도덕적으로 분노하기 쉬운 경우가 있다. 합리적인 사람들은 글쓰기 작업에서 취해야 할 입장에 대해 동의하지 않을 수 있다. (이 문제에 대한 자세한 내용은 민족지학적 권위에 관한 논문을 참조하라.) 면담 참여자의 답변에 충실하려는 노력은 중요하지만, 연구자의 어조는 또 다른 문제이다. 예를 들어, 연구자의 분석에서 "~할 의무가 있다", "~해야 한다", "비열한", "터무니없는" 및 "비난"과 같은 단어는 종종 연구자의 태도가 분석에 드러나고 있다는 신호가 된다.

이러한 접근 방식을 피해야 하는 이유는 무엇일까?

도덕적 분노의 어조를 사용하면, 그러한 견해에 동의하지 않는 독자를 잃을 수 있으며, 더 중요한 것은 독자가 연구자가 제시한 것과 기술한 내용을 신뢰하지 않을 수 있다는 것이다. 연구자가 강한 견해를 분명히 드러낸다면, 독자는 연구자가 제시한 분석에 신뢰를 잃을 수 있다. 질적 연구에서 연구자는 자료 수집의 중심이며, 연구자가 (거의 도움을 주지 않는) 자료를 보고 기록한다. 강한 도덕적 관점을 가지고 있을 경우 연구자의 관점을 지지하지 않는 자료(예: 반증하는 증거)를 인식하지 못하거나 무시하게 될 가능성이 크다. 이는 문화기술지학자가 완전히 객관적이거나 편견이 없을 수 없다는 것을 의미하는 것이 아니다. 우리는 사회적 동물이며, 완전한 객관성은 불가능하다. 우리의 사회적 입장은 모든 사회적 상호작용에서 드러나며, 이는 연구자의 작업을 이끈다.[22] 문제를 어떻게 다룰지에 대해서는 다양한 입장이 존재한다. 내 입장은 개인적인 신념에 맞서 싸우고, 그것에 회의적인 태도를 가지며, 내 생각이 도전을 받는 상황에 나 자신을 두고, 반증이 되는 증거를 열심히 찾는 것이 타당하다는 것이다. 글을 쓸 때 연구자는 독자가 중요한 것을 이해할 수 있도록 해야 한다. 가능한 만큼, 연구자의 목표는 글을 쓸 때 독자들과 소통하는 것이다. 다른 단어로도 연구자의 의미를 쉽게 전달할 수 있을 때, 굳이 그 단어 선택으로 인해 독자를 잃어서는 안 된다. 이 과정에서 어려운 순간이 있을 수 있다. 예를 들어, 연구자가 인종적 편견을 보이는 연구 참여자의 인용문을 인용할 때, 그들의 말이 많은 사람에게 불쾌감을 줄 수 있다. 한 가지 방법은 이 편견을 인정하고, 독자들이 그것을 연구 참여자의 관점으로 보게 하는 것이다.

22) Peshkin, "In Search of Subjectivity," p. 17.

글 속에서 자신의 역할에 대해 생각하라

존 반 마넌(John Van Maanen)이 『필드 이야기(Tales of Field)』에서 분명하게 보여주듯이, 당신은 다양한 방식의 글쓰기 중에서 선택할 수 있다. 특히 매트 데스몬드(Matt Desmond)가 그의 저서 『퇴거(Evicted)』에서 그랬던 것처럼, 당신 자신이 사라진 "서사"를 작성할 수 있다.23) 내가 선호하는 것은 연구자가 독자에게 자신이 그 상황에 있었다는 것을 거의 상기시키지 않는 것이다. (이누이트 가족과 시간을 보내며 쓴 책인 『절대 분노하지 않는다(Never in Anger)』의 작가 장 브릭스(Jean Briggs)는 이 작업에 능숙하다.) 연구자는 연구자 자신이 연구의 스타가 되는 것을 원치 않는다.

이 균형을 잡는 일은 쉽지 않다. 자신을 서사의 주인공으로 만들 수 있는 방법은 여러 가지다. 자신의 경험을 이야기하는 데 많은 시간을 할애할 수도 있고, 자신의 발견 과정을 이야기하는 데 사용할 수도 있다. 이런 연구자에 대한 초점은 흥미롭고 매력적일 수 있지만, 연구 대상자에 대한 집중을 방해할 수 있다. 다른 사람들은 이에 동의하지 않을 수도 있다.

논의 절 작성하기

뮤지컬에서 서곡은 보통 앞으로 다가올 곡들의 음악 메들리로 공연의 전체적인 흐름을 알려주는 역할을 한다. 이와 비슷하게, 논의(또는 결론)에서는 서론에서의 작업을 재검토하는 것이 중요하다. 주요 요점을 반복하고 알게 된 내용의 의미를 논의하는 것이 목표이기 때문에, 논의 절에서

---

23) Margery Wolf는 이렇게 쓴다. "일부 비평가들은 민족지가 다른 문화의 경험을 대표하는 것 자체가 가능하냐고 의문을 제기하며, 다른 이들은 그 시도 자체의 윤리를 의심하며 그 과정을 식민주의(지배)의 일환으로 본다." *A Thrice-Told Tale*, p. 5.

새로운 자료를 소개하지 않는다. 새로운 생각으로 독자를 놀라게 해서도 안 된다. 오히려 연구자가 논의하는 모든 요점은 연구자가 제시한 자료에 의해 예상되어야 한다. 연구자는 주요 내용을 이해했는지 걱정하는 학생을 상상해 볼 수도 있다. 즉, 학생이 주요 내용을 이해했다는 확신을 갖는 것이다.

따라서 연구자는 독자의 마음속에서 선행연구의 한계와 연구의 필요성을 새롭게 하는 것으로 시작해야 한다. 연구자는 이를 몇 문장으로, 때로는 한 문장으로 할 수 있다. 연구의 한계를 인정하되, 그것이 당신의 주장을 무너뜨릴 만한 치명적인 문제는 아니라는 점을 설명해야 한다. 그리고 당신의 연구가 선행연구에 어떤 기여를 하는지 분명히 밝혀야 한다.

"그래서 무엇을 의미하는가?"라는 질문에 답하기

선행연구에 대한 연구자의 기여를 설명하라. (예: 성격에 따라 몇 문장에서 몇 단락으로). 앞서 언급했듯이, 그다음에는 시사점에 대해 논의하는 것이 일반적이다. 이 단계에서는 "확장된 시야"로 접근하며, 더 넓은 관점에서 사고하는 것이 중요하다. 이 연구가 다른 분야에 미치는 영향은 무엇인가? 예를 들어, 저소득층 여성이 상사, 보육교사 또는 사회복지사를 신뢰하지 않는 방식에 대한 연구는 1세대 학생들이 교수로부터 얻는 조언을 왜 신뢰하지 않는지에 대한 통찰을 제공할 수 있다. 연구자는 자신의 연구가 다른 분야의 사회적 과정을 밝히는 데 어떤 도움이 될 수 있는지 살펴봐야 한다.[24] 연구자는 연구의 핵심 개념과 다른 중요 개념 간의 관계에 대해 논의할 수 있다. 또한 해결되지 않은 연구 문제를 제기하고 추가 연구의 필요성을 생각할 수 있다.

마지막으로, 연구자는 연구의 정책적 의미나 더 광범위한 영향을 고려할 수 있다. 연구 결과를 통해 어떤 정책을 재고해야 할까? 누가 무엇을

---

24) Levine, *Ain't No Trust.*

해야 할까? 어떤 잠재적인 문제가 나타날 수 있을까? 연구자는 모든 답을 다 알지는 못하지만, 그 문제에 대해 진지하게 고민하고 시간을 보냈다. 그러니 자신이 배운 것을 공유하라.

글을 마무리할 때는, 연구에서 다룬 중요한 주제로 다시 돌아가며 강한 인상을 남기는 것이 중요하다. 연구의 한계를 언급하면서 흐지부지 끝내는 것은 피해야 한다. 물론 한계를 인정하는 것은 필요하지만, 그것을 글의 마지막에 배치해서는 안 된다. 대신, 독자들에게 남길 중요한 생각을 강조하며 글을 마무리해야 한다. 연구자가 주장할 수 있는 범위 내에서 연구를 통해 배운 것에 대해 솔직하고 단호하게 말하라.

만약 누군가가 5년 뒤에 이 연구를 기억하게 된다면, 그들이 기억해야 할 요점은 무엇인가? 이것을 연구에서 마지막에 강조해야 할 것이다.

> 솔직히 말하자면, 글쓰기는 무서운 일이다.
>
> 크리스틴 루커,
> 『사회과학에서의 살사 댄스(Salsa Dancing in the Social Sciences)』

글쓰기의 불확실성 관리하기

어떤 사람들은 차분하고 자신감 넘치며 신중하게 글을 쓰는데, 이들은 정말로 축복받은 사람들이다. (이들은 이 부분을 읽지 않아도 될 것이다.) 그러나 많은 이들은 글쓰기에 어려움을 겪거나, 불안감을 극복하기 위해 미루는 경우가 많다.[25]

질적 자료를 사용하면 특히 글쓰기에 걱정이 생길 수 있다. 이러한 고민 중 일부는 서로 모순된다. 예를 들어, 연구자는 방대한 분량의 데이터를 가지고 있어 압도당하는 동시에 한 편의 글에 들어갈 수 있는 인용문

25) Lieberman, “Why You Procrastinate.”

의 수가 제한되어 답답할 수 있다. 자료 속을 헤엄치고 있기 때문에 인용문을 선택하는 것이 무게감 있게 느껴질 수 있다. 동시에 자료가 충분하지 않은 것처럼 느껴질 수 있다. 자신의 주장에 대한 근거가 있는지 걱정할 수 있으며, 더 많은 자료를 수집하기 위해 다시 돌아가야 한다는 생각에 공황에 빠질 수 있다. 본 것에 대한 확신이 들더라도 자료를 가지고 대담한 주장을 하는 것은 무서워 보일 수 있다. 더 많은 자료를 원할 수도 있다. 이러한 고민은 정당하지만, 특히 모순된 고민이 동시에 표면화될 수 있기 때문에 관리가 필요하다. 이로 인해 마비로 이어질 수 있다.

글쓰기에서 불안을 완화하는 기술

당신이 불안감을 느끼는 연구자라면, 글쓰기 과정을 어렵게 만드는 것이 무엇인지에 대해 약간 성찰해보는 것이 도움이 될 수 있다. 외로움을 느끼는가? 불충분함을 느끼는가? 자신이 쓴 글이 어떻게 받아들여질지 걱정이 되는가? 어려움의 근원을 아는 것이 해결에 도움이 될 수 있다. 예를 들어, 만약 독자가 외로움을 느낀다면 (이는 흔한 문제임) 친구와 조용히 글을 쓰거나 글을 쓰기 전후에 교제 시간을 계획하거나, 다른 교제 수단을 찾거나, 소셜 미디어를 이용할 수 있다. 자신의 주장이 타당한지 의심이 든다면 의심의 근원을 추궁할 수 있다. 자료가 충분하지 않아서 걱정이 되는가? "그래서 뭐?"라는 질문에 답하지 않아서 화가 나는가? 논쟁이 충분히 흥미롭지 않아서 걱정이 되는가? 그렇다면 다른 사람이 자신의 초안을 읽고 피드백을 주도록 할 수 있다. 만약 다른 사람들이 자신의 초안을 어떻게 볼지 걱정된다면, 고민의 근원을 찾아야 한다. 연구 참여자가 어떻게 반응할지 걱정되는가? 분야의 다른 사람들이 어떤 반응을 보일지 걱정되는가? 특히 권력과 특권 측면에서 자신의 지위에 대해 초조해하는가? 천편일률적인 답은 없지만, 고민의 근원을 분별하는 시간을 갖는 것은 가치가 있다. 연구자의 두려움을 이야기하고, 안심시켜 줄 친구가 있는 것도 중요하다. 파멜라 리차드(Pamela Richards)가 지적한 바와 같이, 어떤 사람들은 독자가 진심으로 말해줄 것이라고 믿지 않는다. 따라서 비공식적인 초기 심사위원이 연구자가 쓴 것이 좋다고 말하더라도, 연구자는 그들이 거짓말을 하고 있거나 지나치게 긍정적이라고 초조해할 수 있다. (이는 특히 완벽주의자들에게 그렇다.)

루커가 지적한 바와 같이, 글쓰기는 "두려울" 수 있으며, 연구자가 받는 피드백과 그 과정을 신뢰하는 것은 어려울 수 있다.[26] 그러나 좋은 친구는 형편없는 글을 심사에 제출하도록 내버려두지 않을 것이다. 대부분의 심사자는 비판적이기 때문에, 그들이 어떤 것을 칭찬한다면 그것을 받아들이는 것이 합리적이다. 만약 연구자가 이러한 모든 문제를 생각해 보았지만 여전히 글쓰기가 어렵다면, "작업 일정"을 세우고 그 약속을 지키기 위한 전략을 갖는 것이 도움이 될 것이다.[27]

이 과정에서 연구자의 글을 읽어줄 사람을 만나는 것은 매우 중요하다. 연구자는 자신을 약간 아는 사람들, 즉 친절하면서도 비판적이지만 지나치게 비판적이지는 않은 사람들과 정기적으로 만날 수 있는 기회를 만들어야 한다. 예를 들어, 나의 글쓰기 모임에서는 우리 셋이 3주에 한 번씩 얼굴을 마주하고, 각자가 원하는 피드백을 받거나 자료 수집, 섭외 등에서 겪는 문제에 대해 이야기한다. 공유할 글이 있다면, 모이기 이틀 전까지 배포하고, 세부적인 피드백이나 종합 의견을 준다. 우리는 또한 연구 재원 마련을 위한 계획서, 연구 참여자 모집 안내문, 면담 지침, 코딩 계획 및 작성된 글의 일부를 공유한다. 많은 경우, 우리는 아무 것도 작성하지 않은 채 단순히 직면한 문제를 해결하기 위해 대화한다. 회의

26) Luker, *Salsa Dancing*, p. 22.

27) Sarah Quinn이 Ann Patchett의 "The Getaway Car"에서 이 인용문을 알려준 것에 감사한다.

사이에 문제가 발생하면, 우리는 일반적으로 즉각적인 피드백을 제공하는 것을 최우선으로 한다. 우리는 또한 성공을 축하하기도 한다. 글쓰기 모임을 운영하는 방법에는 여러 가지가 있으며, 여러 기관에서 이러한 지원을 제공한다.[28)]

용서
나는 내가 원하는 책을 쓸 수는 없지만, 내가 쓸 수 있는 책을 쓸 것이다. 그 여정 속에서 평생 동안 나는 나 자신을 용서할 것이다.
소설가 앤 패쳇(Ann Patchett)

규칙적으로 글쓰기 시간을 확보하는 것은 많은 사람들에게 중요하다. 많은 이들은 새벽 몇 시간과 같이 **매일** 쓰는 글쓰기가 필수적이라고 생각한다.[29)] 하지만 나는 종종 늦은 밤에 글을 쓰기 때문에 이러한 규칙적인 방식은 나에게 적합하지 않다. 나는 또한 종이와 펜을 사용하여 장이나 논문에 대한 아이디어를 스케치하는 "개요" 작업을 한다. 또한 (이전 장에서 언급한 바와 같이) 면담지와 현장 노트를 읽고 인용문을 수집한다. 다른 연구에 대한 비판, 나의 생각, 그리고 참고할 인용문을 파악하려고 노력한다. (나는 주의가 산만해지는 것을 원하지 않아 컴퓨터를 사용하지 않고 기억을 통해 작업을 진행하지만, 다른 연구자들은 인용문을 직접 찾아보며 작업하는 것을 선호하기도 한다.) 나는 전체적인 주장을 어느 정도 정리한 후에 인용문을 꺼내기 시작한다.

나는 글쓰기를 시작하면 다른 일정이 없을 때는 거의 하루 종일 글쓰

28) 예를 들어, 일부 대학에서는 글쓰기 그룹을 지원한다. 자세한 내용은 National Center for Faculty Development and Diversity를 참고하라. 또한, http://getalifephd.blogspot.com/를 포함해서 글쓰기에 관한 수많은 블로그가 있다.

29) 작가들은 글쓰기에 대해 쓰는 것을 좋아하기 때문에 이 주제에 대한 방대한 문헌이 있다. 유독 엄격한 글쓰기 일정에 대해서는 Zerubavel의 *Clockwork Muse*를 참고하라. 또한 Valian의 "Learning to Work"도 참고하라.

기에 몰입하는 편이다. 나는 글을 쓰는 동안 끓였다가 다시 데울 수 있는 수프나 찌개 같은 요리를 하는 것이 도움이 된다고 느낀다. 요리는 TV 쇼, 영화, 게임 등과 같이 나를 깊게 끌어들이지 않으며, 도움이 되는 산만함을 제공한다. 심부름을 나가는 것은 작업 흐름에 방해가 되지만, 식기 세척기를 비우거나 잡초를 뽑거나 산책을 하는 것과 같은 집안일은 도움이 된다.[30]

초안이 나오면, 이를 수정하고 또 수정한다. 다른 사람에게 읽게 한 후, 그들의 의견에 따라 다시 수정한다.

우유부단함과 수정

만약 글쓰기에 대한 부담을 느낀다면, 자신의 주장을 계속해서 바꾸고 있지는 않은지 경계해야 한다. 나는 걱정이 많은 연구자들이 서론을 작성하여 특정 문헌의 한 부분으로 배치한 뒤, 그곳에 결점이 있다고 판단하여 새로운 문헌으로 바꾸는 경우를 자주 보았다. 그들은 매번 그것이 더 나은 접근법이라고 확신하지만, 또 다시 변화를 겪는다. (이것은 선행연구에 대한 두려움을 느끼는 또 다른 예이다.)[31] 내가 아는 역사학자는 핵심 장을 5년 동안 15번 이상 수정한 사례가 있다. 그 동안 증거는 변하지 않았고, 도입부도 잘 기술되었기 때문에, 나는 계속되는 수정이 우유부단함과 불안감에서 비롯된 것이라고 생각한다. 만약 논문의 요점을 정리하는 데 몇 주를 소비하고, 원고를 계속 수정하고 있다면, 다른 사람에게 도움을 요청하는 것이 필요하다.[32]

30) Korkki, "To Stay on Schedule, Take a Break."

31) Becker는 *Writing for Social Scientists*에서 비유를 제시한다. 칵테일 파티에서 여러 소규모 그룹 대화가 서로 다른 하위 분야에서 진행되는 방에 들어간 상황을 떠올려 보라. 어떤 대화에 참여하고 싶은가?

32) 한 독자는 이러한 불안이 정당화될 수 있다고 지적한다. 민족지학자들이 존경하는 데이터를 가지고 있지만, "구성이 잘 맞지 않는다"고 생각하는 심사위원들로부터 피드백을 받을 수 있기 때문이다.

때때로 이러한 도전은 자신보다는 다른 사람에게서 더 쉽게 찾아진다. 그리고 잘못된 우유부단함은 인생에서 되풀이되는 패턴일 수 있다. 어려운 삶의 순간에 대한 개인적인 예를 들자면, 78세의 아버지가 갑작스럽게 돌아가셨을 때, 어머니는 아버지의 추도식에 무엇을 입을지 결정하는 데 오랜 시간을 보냈다. (그는 어느 날 오후 집에서 심한 뇌졸중을 앓았고, 10일 후 병원에서 사망했다.) 가족들이 추도식을 준비하는 동안, 슬픔에 잠긴 어머니는 자신이 입을 적절한 옷이 없다는 것을 깨달았다. 그래서 패션 회사에 다니는 동생이 어머니를 모시고 쇼핑을 갔다. 어머니는 평소에 쇼핑을 잘 하지 않았고, 48년을 함께한 남편이 사망한 상황에서 마음에 드는 옷을 찾는 것은 당연히 어려운 일이다. 그러나 어머니가 치마가 있는 재킷, 바지가 달린 단추 재킷, 주머니가 있는 은은한 줄무늬 롱 재킷, 주머니가 없는 하이웨이스트 반짝이 재킷 등 다양한 재킷을 입어보자 동생은 의심하기 시작했다. 결국 동생은 "엄마, 그건 옷 때문이 아닌 것 같아요."라고 말했다. 어머니는 슬픔의 기억이 재킷에 대한 자신의 혐오감을 자극하고 있다는 것을 깨달았다. 어머니는 재킷을 선택하지 않으면서, 추도식과 죽음 자체를 피할 수 있기를 바랐던 것이었다.[33] 이러한 통찰력을 얻은 어머니는 다음에 입어본 정장을 망설임 없이 구매했다.

질적 연구에서도 마찬가지로, 동일한 데이터를 바탕으로 여러 가지 주장을 전개할 수 있지만, 그중 하나를 선택해야 한다. 그리고 때때로 이 선택에는 용기가 필요하다. 결국 앞서 이야기한 것처럼 좋은 주장은 다른 연구에 대한 비판을 바탕으로 한다. 연구자는 새로운 사고방식을 제시하려고 하는 것이다. 그러나 다른 사람들이 기분 나빠할지도 모른다는 걱정을 하기 쉽다. 어떤 사람들은 자신을 기다리고 있을지 모르는 최악의 상황을 상상하기도 하고, 실제로 연구자가 언어적 공격을 받을 때도

33) Joan Didion의 남편의 갑작스러운 죽음 후에 쓴 감동적인 회고록, *The Year of Magical Thinking*을 참고하라.

있다.[34] 이는 드문 일이지만, 가끔은 그런 일이 실제로 일어난다. 대부분의 경우에는 무시당하기 때문이다. 내가 첫 번째 책을 쓸 때, 나의 좋은 친구도 의사로서 자신의 첫 책을 집필하고 있었다. 우리 둘 다 글쓰기 과정에 대해 걱정하고 있었다. 그녀는 다음과 같은 글을 내게 보냈고, 나는 냉장고에 그걸 붙여두었다. "의사에게 나쁜 날은 누군가가 죽는 날이야. 누군가 내 글 때문에 쓰러져 죽지 않는 한 나는 그에 대해 걱정하지 않을거야. 나는 계속 글을 쓸거야." 이 말은 가치 있는 관점이다. 서투른 구조의 논의와 열등한 글은 바람직하지 않지만, 아무도 죽이지 않는다. 공격을 받을 가능성은 명확하지 않지만, 공격을 받더라도 살아남을 것이다. 또한 어떤 사람들은 부정적인 관심조차 독자를 끌어당길 수 있다고 믿기 때문에, 글에 나쁜 홍보는 없다는 생각을 한다. 그러나 때때로 당신은 자신의 주장을 글로 써내고, 왜 관련 있어 보이는 다른 연구가 핵심을 놓쳤는지 설명하기 위해 용기를 내야 한다. 당신은 새로운 것을 시도하고 있다. 그리고 그것이 중요하다고 생각한다. 당신은 분명한 목소리로 말하고자 한다.

그러므로 일단 어떤 길을 선택한 후에는 그 선택이 현명한지 의심해서는 안 된다. 대신, 계획에 충실해야 한다. 논지의 빈틈이 걱정된다면, 자신의 글의 질을 스스로 제대로 판단하지 못할 수도 있다는 사실을 기억해야 한다. 최소한, 접근 방식을 포기하기 전에 다른 사람에게 그 글을 읽고 약점을 평가해달라고 해야 한다. 또한, 언제든지 각주에서 연구의 한계를 인정하고, 그것이 치명적인 문제가 아님을 설명하며, 독자에게 다른 참고 문헌을 제시할 수 있다는 것을 명심해야 한다. 한 편의 글이 완벽할 수는 없다.

자신의 글쓰기 습관에 대해 알게 되면, 글쓰기를 용이하게 하기 위해

34) Steven Lubet가 여러 학자들을 비판한 내용을 참고하라. 그는 한 번도 민족지를 연구한 적이 없지만, *Interrogating Ethnography*에서 공격하고 있다.

자신의 인생을 정리하려는 노력을 기울일 것이다.[35] 불안감으로 작품을 완성하지 못하는 경우, 전문가의 도움을 받는 것이 필요할 수 있다. 예를 들어, 인지 행동 치료와 같은 단기적인 치료(최소 8회 방문)는 삶을 크게 변화시킬 수 있다. 또한, 프로젝트를 형성하고 강화하는 데 도움을 줄 수 있는 전문적인 개발 편집자도 있다. 전문 편집자(또는 개발 편집자)는 당신의 주장을 강조하고 논지를 간소화하며 작품을 다듬는 데 도움을 줄 수 있기 때문에 글쓰기에서 자유로워질 수 있다.[36]

마지막으로, 더 많은 경험을 쌓을수록 글쓰기가 덜 부담스럽고 더 다루기 쉬워질 수 있다. 많은 글을 쓸수록 걱정은 줄어든다. 그러나 글쓰기가 여전히 어려워 보인다면, 그것을 받아들이는 것이 필요하다. 불안한 연구자라도 불안감을 관리하는 법을 배우면 연구 논문, 학위 논문, 그리고 책을 완성할 수 있다. 실제로, 불안함을 느끼는 많은 작가들이 훌륭한 글을 많이 써왔다.

코다(Coda)

당신의 최종 글쓰기는 종종 수정 과정을 통해 더 짧고 명확해진다. 수정은 글쓰기 과정에서 중요한 부분이다. 게다가 우리 중 소수만이 타고난 좋은 글쓰기 능력을 가지고 있으며, 대부분은 이러한 기술을 배워야

35) Zerubavel, Clockwork Muse; and Valian, "Learning to Work."

36) 개발 편집자는 많은 데이터를 가지고 있고 논지가 있지만, 주요 요점을 명확히 하는 데 도움이 필요할 때 특히 유용하다. 나는 반복해서 글을 쓰는 습관이 있고(한 단락 내에서 시제를 바꾸기도 한다), 그래서 주요 작업(이 책의 선택된 장 포함)에서 전문 편집자와 함께 작업했다. 대부분의 경력 동안 나는 개인 자금으로 이를 지불했다. 편집자는 항상 감사의 글에서 언급되므로, 그곳에서 찾는 것이 좋다. 또는 주변에 물어보면 편집자를 사용하는 사람들(많은 국제 학자 포함)을 발견할 수 있다. 약속하기 전에 편집자와 샘플 편집을 해보는 것이 좋다. 편집자와 함께 작업할 때 안전하다고 느껴야 하며, 편집자의 의견이 글을 더 좋게 만든다고 느껴야 한다. 그렇지 않으면 다른 편집자를 찾아보는 것이 좋다.

한다. 글쓰기는 자신의 장단점을 배우는 자기 발견의 과정이기도 하다. 예를 들어, 논의 부분을 작성하는 것보다 인용문을 편집하는 것이 더 쉬운 경우도 있다.

질적 자료로 글을 쓰는 것은 특별한 어려움이 있다. 질적 연구자는 종종 수천 페이지의 자료를 가지고 있지만, 글을 쓰는 데에는 엄격한 제약이 따른다. 너무 길어서는 안 되며, 현장 노트와 면담 전사본 중 극히 일부만 최종 연구에 포함될 수 있다. 그리고 글을 쓰는 과정에서 무수히 많은 결정을 내려야 한다. 예를 들어, 하나의 인용문이 다른 인용문만큼 설득력이 있을 수 있지만 이러한 결정의 대부분은 명확한 답을 가지고 있지 않다.

하지만 당신의 연구는 다른 형태의 사회과학과는 다른 방식으로 사람들의 생각을 바꿀 수 있다. 연구 참여자의 관찰과 면담을 바탕으로 잘 진행된 연구는 사람들의 삶을 생생하게 드러내며, 독자가 직면한 문제를 이해하는 데 도움을 준다. 당신은 생생하고 구체적이며 설득력 있는 언어를 통해, 독자가 연구 참여자의 삶을 진심으로 이해할 수 있도록 돕고자 한다. 또한 연구 참여자의 살아있는 경험을 더 넓은 개념적 맥락과 연결하여 독자들에게 그것이 왜 중요한지 이해할 수 있도록 하고자 한다. 잘 쓰여진 작품에 매료되는 경험은 큰 즐거움이다. 정말 좋은 글을 읽는 것은 작가로부터 작은 선물을 받는 것과 같다. 그 선물은 의심할 여지없이 인생에서 받은 선물이며, 비록 초보일지라도 다른 사람에게 줄 수 있고 줘야 하는 선물이다.

제 10 장

결론
면담과 참여 관찰 연구의 가치

Listening to People

면담과 참여 관찰은 일상생활의 생생한 그림을 제공하는 방식으로 우리의 지식을 깊게 만들어준다. 이러한 접근은 다른 연구가 종종 해내지 못하는 것을 실현해낼 수 있기도 하다. 특히, 이런 연구들로 인해 특정한 환경에 있는 사람들의 어려움과 경험을 이해할 수 있고, 의도하지 않고 알려지지 않은 정책의 결과를 포착할 수 있으며, 개인의 일상적 삶에 제도적 힘이 어떤 영향을 미쳤는지 풍부하게 알 수 있다. 당신의 연구는 사회과학의 학문적 기준에 따라 수행되면서 체계적으로 이뤄지겠지만, 각 연구는 고유하다. 이들 연구의 결과는 종종 심층적이고, 기술적이며 설명적인데, 특히 일련의 연구 질문을 제시하는 것이 아니라, 환경의 특수성을 설명하는 연구 질문을 발전시키는 데 집중하기 때문이다. 이런 연구들은 또한 사람에 대한 우리 머릿속의 그림을 구체화하고, 심지어 체계적인 자료를 제공하면서도 감정이 담겨 있기도 하다. 따라서 심층 면담과 참여 관찰은 우리의 지적 세계를 확장하고 감성을 움직이기 때문에, 세상에 대한 우리의 이해를 높일 수 있다. 물론 개념적 모델은 학문 분야별로 다양하지만, 경험적 양상을 기록하는 과정을 통해 많은 연구자는 어떤 일이 어떻게 생겨나는지, 왜 그런 일이 일어나는지 탐색한다. 연구 결과를 통해 주요 쟁점에 대한 사람들의 생각하는 방식을 바꾼다면, 그 연구는 더 좋은 정책을 만들어내도록 하는 데 기여할 수 있다.

연구자는 사회적 세상에 통합되는 방식으로 새로운 지식의 형식을 창출해낼 수 있다. 당신은 지금 저평가받거나 혹은 무시되고 있는 쟁점을 돋보이도록 할 수 있다. 어떤 경우에는 이런 연구가 새로운 연구의 지평을 형성해낼 수 있다. 면담과 참여 관찰연구는 변화하는 시대에 쉽게 적응하기 때문에 대규모 설문 조사 연구보다 더 민첩하다. 종단연구는 사회적 동향에 대한 지도를 만드는 데 중요하기는 하지만, 상당한 제약이 있다. 질문지가 너무 길어서는 안 되고, 나중에 질문을 추가하기도 힘들며, 혹은 새로운 연구 방향을 제시하며 심층적으로 탐구하기도 어렵다. 그러나 연구자는 참여 관찰에서 더는 새로운 것을 발견하기 어려울 때까지 계속해서 탐구해나갈 수 있다. 면담 또한 독창적인 질문을 탐구하는 환경을 제공한다. 결과적으로 당신은 조직적 과정, 생생한 경험, 타인의 관점을 정책입안자를 포함해 더 광범위한 청중들에게 전해줄 수 있다. 당신은 조직 수준에서 핵심적인 사회적 과정의 개념화를 향상할 수 있다. 예를 들어 조직이 어떻게 노동자의 경력 개발을 무심코 방해하는지에 관해서 말이다. 또한, 왜 환자들이 의사들의 처방에 순순히 따르지 않는지, 부모의 사회적 계급이 교육에서 아이들의 혜택으로 어떤 방식으로 전달되는지 등 다른 이들의 경험을 상세하게 설명해줄 수 있다.

더 나아가, 면담과 참여 관찰 연구는 중요한 사회적 힘들이 복잡하게 얽혀 있음을 강력하게 기술해 줄 수 있다. 사회과학자들은 형사 사법 제도, 교육 제도, 혹은 노동시장 등 하나의 제도에 초점을 두는 경우가 많다. 그러나 다중적인 제도가 동시에 우리 삶을 조형해나가는 것이 현실이다. 면담과 참여 관찰은 아주 특별한 방식으로 그리고 아주 상세하게 이런 제도들이 개인 삶을 가로질러 반향한다거나 혹은 각 제도 간에 서로 충돌하는 방식을 보여주는 데 적합하다. 이런 식으로, 조직, 단체, 사람들을 조형해나가면서 사회구조적인 힘이 상호 교차하는 방식에 관한 복잡하면서도 풍부한 자료에 접근할 수 있다. 이런 자료는 너무도 구하기 어렵다.

글을 쓸 때의 중요한 이점도 있다. 당신은 자료와 분석을 통해 서사, 즉 이야기를 만들어서 독자들이 연구 참여자들의 생생한 경험을 깊이 이해할 수 있도록 도울 수 있다. 우리 모두는 등장인물이 오랫동안 우리와 함께 머물러 있는 책 혹은 영화로 깊은 감동을 받은 적이 있을 것이다. 새로운 방식으로 세상을 바라보게 하거나 자신에 대해 뭔가를 가르쳐주고, 따라서 삶에 새로운 관점을 불어넣어주기 때문이다. 방법론적 지침을 따르는 사회과학 연구자들은 소설가의 상상이나 많은 언론인이 하는 일과는 상당히 거리가 멀다. 그러나 면담을 수행하고 참여 관찰을 하는 사람들은 결과를 기술하기 위해 숫자보다는 말을 사용한다. 즉, 그림을 그리기 위해 말을 사용한다. 이야기가 우리에게 남는다.

이점은 이것만이 아니다. 면담과 참여 관찰 연구를 수행함으로써 연구자는 권력을 가진 사람들을 포함해 다른 사람들이 세상을 다르게 보도록 하는 중요한 일에 관여한다. 당신이 하는 일은 중요하다.

실수와 일시적 문제는 정상이다

면담과 참여 관찰에 특유의 기여점이 있는 것과 마찬가지로 이런 종류의 연구를 수행하는 것은 새로운 길을 개척하게 되는데, 이 과정에서 불가피하게 몇몇 실수들이 일어나게 된다. 실제로, 내가 수행했던 모든 연구 프로젝트에서 어느 정도는 익숙하지 않을 일을 하다 보니 실수를 저질렀다. 멍청한 말을 하기도 했고, 잘못된 사람들을 만나기도 했다. 중요한 회의를 놓치기도 했다. 실수는 고통스럽다. 하지만 이런 실수는 아주 정상이라 할 수 있다. 어떤 실수들은 다른 실수들보다 더 심각하다. 예를 들어, 완고하다거나 폐쇄적인 마음을 갖는 것, 면담을 좌지우지하려는 것, 혹은 피드백을 줄 수 없다거나 주의해 남의 말을 들으려고 하지 않는 것은 수준 높은 연구를 수행하는 데 아주 큰 문젯거리이다. 그럼에도 불구하고, 사람들은 이런 도전적인 문제를 통해서도 더 나아질 수 있다. 상당한 노력과 작은 진전(가능한 전문적인 도움을 받아)이 필요할 테지만, 더 나은 경청자가 되는 법을 배울 수 있고, 좀 더 지적으로 유연하게 될 수 있다. 피드백을 수용하는 능력도 키울 수도 있다. 이 모든 것들은 수준 높은 연구에서 아주 중요하고도 절대 타협할 수 없는 요소들이다. 운 좋게도 대부분의 실수는 대체로 평범한 것들로 가끔 당신이 계획한 방식대로 일이 안될 수 있다. 어쩌면 예산이 깎이거나 부부 간에 불화가 있었던 아주 불운한 날에 그 사람들을 만날 수도 있다. 잘못된 모든 일이 다 당신의 잘못 때문은 아니다.

게다가 실수는 대체로 만회할 수 있다. 상대방이 화가 났다거나 강하게 저항한다면 그들의 우려에 귀를 기울여라. 이들이 말하는 것이 무엇인지 이해해야 한다(절대 방어적이거나, 설명하거나, 정정하거나, 공격하려고 하지 말고). 당신이 제대로 이해했음을 확인하기 위해 상대방의 말을 다시 말하고, 사과하고, 귀를 기울여야 한다. 존중하는 것이 핵심이다. 실제로 일부 연구는 갈등을 보였던 관계가 일단 회복되면 더 친밀해질 수 있다고 한다.[1] 최대한 주의한다고 하더라도, 일시적 어려움을 잘 견뎌내고 좋은 성과를 낼 수 있다. 도로를 주행하다가 한번 부딪힌다고 해서 "이게 아닌데, 나는 최악이야. 여기서 그만둬야겠어."라고 생각하며, "길을 벗어나는 것"은 잘못이다. 당신이 어떻게 다르게 행동할 수 있었을지에 대해 곰곰이 생각해보는 것이 더 좋다. 자책하는 일은 결코 도움이 되지 않는다. 오히려 우리 삶이 그렇듯 실수는 피할 수 없다. 우리는 실수로부터 배우고 인생은 그렇게 계속된다.

새로움이라는 선물

새로운 것을 배우는 일은 어려울 수 있다. 무엇을 하고 있는지 모르겠

1) 연구 관계에서 세부 내용은 다르지만, 커플을 위한 인정과 '회복'의 원칙은 중요한 시사점을 제공한다. Benson, "Repair Is the Secret Weapon".

고, 자신의 능력을 넘어서는 일을 하는 것처럼 느끼거나, 어디에도 속하지 못한다고 느낄 수 있다. 심지어는 무엇을 모르는지조차 모를 수도 있다. 때로 나쁜 상황에서는 전체 기획에 대한 희망이 전혀 보이지 않는다고 느낄 수도 있다. 새롭고 경험이 부족하다는 것은 상당히 도전적인 문제다.

그러나 신참 연구자는 연구 분야에 아주 특별한 선물을 가져올 가능성이 크다. 이를 과소평가해서는 안 된다. 이런 연구자들은 종종 상황을 독특한 방식으로 볼 수 있다. 이들은 주류 사상에 안착해 있지 않고, 더 많은 시간을 일에 매달린다. 언젠가 내가 『무명의 선물(The Gift of Obscurity)』이라는 글을 쓴 적이 있다. 그 글에서 나는 교수들이 더 고참이 되어가면서 취하게 되는 전문적 책무의 모든 것에 대해 논했다. 이러한 책무는 아주 중요하며, 일부는 존경받을 만한 것이지만, 시간은 제로섬 기획이므로 기성 연구자들은 자료를 수집하고, 읽고, 생각하고 또 글을 쓰는 시간이 적음을 의미한다. 연구자로 새로운 프로젝트를 통해 경력을 시작하고 있다면, 당신은 온전히 자신을 그 일에 내던질 수 있으며, 참여 관찰을 위해 엄청난 시간을 들여 머무를 수 있다. 생활에 지장이 있다고 하더라도, 기성 학자들보다 더 많은 시간을 들여 일을 할 것이다. 이런 추진력과 현장에서의 엄청난 시간은 진실로 대단한 것이다. 사회생활의 특성이 사람들의 생활이 지닌 진정한 복잡성을 드러내고, 거의 이해하기 어려운 강력하고 구조적인 장애물들의 껍데기가 벗겨질 때 이로 인해 생기는 이익은 믿기 어려울만큼 대단할 것이다. 이 과정은 진정 변혁적이라 하지 않을 수 없다.

많은 연구가 제안하는 바와 같이, 다른 사람들을 알게 되는 것, 즉 "약한 고리의 힘"이 큰 도움이 되지만, 사람들은 자신을 도울 수 있는 사람에 대한 접근뿐만 아니라 이들의 기능 및 네트워킹에 대한 관심 정도가 다르다.[2] 연구자로서의 경력을 시작한 초기에 나의 분야에서 성공하지 못하면 어쩌나 염려했었다. 현장에 아는 사람이 한 명도 없었다. 결과물을 만들어 내는 일에도 느렸다. 하지만 연구 과정에서 인맥이나 네트워킹보다 더 중요한 능력주의적 요소가 있음을 발견했다.[3] 블라인드 동료 검토가 아주 중요하다. 누가 썼는지 알 수 없는 훌륭한 연구가 정해진 과정을 거쳐 발간되고 있고 유명 연구자들이 수행한 겉만 그럴듯한 연구들은 종종 게재가 거부된다. 학술지 편집자들은 반드시 발간해야 하는 논문 호수를 채울만한 양질의 논문이 충분하지 않을 경우 잠을 설치게 된다. 당신이 논문을 투고하는 것은 그들에게 호의를 베푸는 일이다. 게다가 사람들은 참여 관찰과 면담 방법을 사용한 수준 높은 연구를 읽고 싶어한다. 사람들은 정말 훌륭한 연구를 보게 될 때 다른 사람들에게도 그 연구를 읽어보라고 말한다. 결론적으로 대화의 장에서 새로운 사람들이 끼어들 수 있는 여지는 늘 있기 마련이다. 당신은 첫발을 잘 내디뎌야 한다. 피드백도 잘 찾아야 하고, 그 말에 귀를 기울여 잘 수정하고 초점을 맞춰야 한다. 그리고 이 과정을 계속 반복해야 한다. 가장 훌륭한 연구라 할만한 일부 글들은 어리고 경험이 많지 않은 연구 초심자들이 수행한 것이다. 매일 나는 새롭고 훌륭한 연구들을 읽을 수 있기를 기대한다. 당신도 바로 그 중 한 명이다.

면담 및 참여 관찰 수행하기

연구 경험은 일종의 여행이다. 모든 연구 프로젝트는 시작 단계가 있

2) McPherson et al., "Birds of a Feather."

3) 이는 특권층이 누릴 수 있는 혜택이 없음을 의미하는 것이 아니다. 대학 생활의 "숨은 교육과정(hidden curriculum)"에 대한 설명은 Calarco의 *Field Guide for Grad School*를 참고하라. 하지만 요점은 사람들이 새로운 통찰을 제공할 수 있다는 것이다. 한 가지 예를 들자면, Matt Desmond의 가족은 그가 어렸을 때 집을 잃었다. 젊은 학자였던 그는 *Evicted*에서 연구가 부족한 사회생활 분야에 대한 새로운 통찰을 보여주었다. 이외에도 많은 연구가 이루어졌다.

다. 이상적으로는 당신의 희망과 욕심을 담은 일종의 백일몽으로 시작한다. 이러한 꿈은 시간, 에너지, 돈, 관심, 가능성이라는 현실과 맞부딪히게 된다. 이 책에서 나는 연구 계획, 자료 수집 및 분석, 논문 작성에서 당신이 대면하게 될 다양한 단계를 거치도록 안내하였다. 당신의 진정한 초점은 시간이 지남에 따라 드러날 것이고, 정말 많고 힘든 결단을 내려야 할 것이다. 이상적으로 당신은 연구 분야의 선행연구에서 문제를 느끼고, "도움이 되는 수정"을 하고자 할 것이다. 당신은 경험적 지식을 늘리고 사회생활의 핵심적인 측면을 개념화하는 일을 진전시키려고 할 것이다. 당신의 연구는 대단하지 않더라도 지속적이고 중요한 문제를 다루기 위한 도약판으로 활용될 수 있다. 명료한 글쓰기를 통해서 당신의 연구 결과는 해당 분야의 동료 연구자뿐만 아니라, 수업 시간 혹은 혼자서 당신의 연구를 읽을 수 있는 똑똑한 대학생들에게도 유용할 것이다. 당신 글의 독자는 아주 세세한 내용과 함께 그 글의 큰 구조를 보게 될 것이고, 이 연구가 왜 필요했는지 이해하게 될 것이다.

우리는 모두 삶의 여정을 이어가고 있으며, 당신도 분명 계획한 연구에서 사용할 기술을 발전시켜온 경험을 축적하고 있을 것이다. 자신만의 연구 여정을 시작하는 일은 상당히 도전적인 일임이 틀림없다. 어쩌면 무서울지도 모른다. 그러나 당신의 새로운 경험은 정말 흥미진진하고 또 재미있을 것이다. 이 여정이 영원히 진행되는 것은 아니다. 시작, 중간, 마지막 단계가 있는 여정이며, 어렵고도 정말 멋진 순간들로 흩뿌려진 그런 여정이다.

당신의 연구 여정이 잘 되기를 빌어본다.

맺음말

L i s t e n i n g　　t o　　P e o p l e

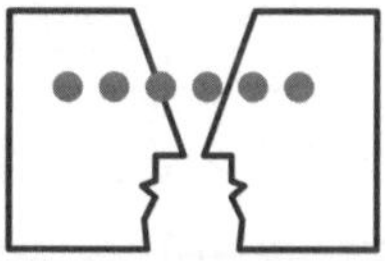

믿음(faith)

- 약속에 대한 충실: 의도의 진실성
- 증거가 없는 것에 대한 확고한 믿음: 완전한 신뢰
- 특히 강한 신념을 가지고 믿는 것[1)]

어떤 측면에서 참여자 관찰과 면담을 통해 연구를 수행하는 것은 믿음의 행위이다.

연구 프로젝트를 시작하는 것은 당신이 삶에 들어와 자신들을 알아갈 수 있도록 허락해줄 좋은 사람들이 있다는 믿음의 행위이다.

프로젝트를 지속하고, 현장에 반복적으로 가서 점점 더 많은 사람들과 면담하는 것은 결국 자신이 무엇을 하고 있는지 알아낼 것이라고 믿는 것이다.

연구를 마치고 연구 결과를 글로 정리하는 것은 자신이 말할 무언가를 가지고 있다는 확신과 그 말이 심사자에게 가치 있게 받아들여질 것이라는 믿음을 필요로 한다.

연구를 출판하는 것은 독자가 읽을만한 가치를 발견할 것이라는 믿음의 행위이다.

당신이 연구하는 동안, 당신의 프로젝트를 좋아해줄 사람들이 곁에서 지지해 줄 수 있다면 좋을 것이다.

1) Merriam–Webster Dictionary에서 "faith"의 정의를 참고하라. (https://www.merriamwebster.com/dictionary/faith.)

하지만 그렇지 않다.

따라서, 그 과정 동안 당신을 도와줄 사람들을 찾아야 한다.

좋은 연구를 수행한 많은 사람들이 실수를 했고, 연구를 잘 할 수 있을지 걱정했으며, 대체로 비틀거리며 그 과정을 통과했다.

그리고 당신 역시 그렇게 하게 될 것이다.

감사의 글

Listening to People

박사학위를 취득한 캘리포니아대학교 버클리(University of California, Berkeley) 사회학과 교수님뿐만 아니라 캘리포니아대학교 산타크루스(University of California, Santa Cruz)에서 학부 시절에 만난 뛰어난 교수님들께도 감사드린다. 캘리포니아 대학교 버클리에서 나는 많은 교수님들로부터 많은 것을 배웠지만, 특히 앨리 러셀 혹실드(Arlie Russell Hochschild)와 마이클 부라워이(Michael Burawoy)와의 교류는 특히나 많은 성장을 가능하게 했다. 스탠포드(Stanford) 대학교의 박사 후 연구원으로서 나는 셜리 브라이스 히스(Shirley Brice Heath), 밀브레이 맥라흘린(Milbrey McLaughlin), 그리고 리 슐먼(Lee Shulman)과 함께 매우 유용한 문화기술지 과정을 배웠다. 나는 또한 내가 박사후 연구원이었을 때와 남부 일리노이대학교(Southern Illinois University)에서 내 일을 시작했을 때 제 곁에 있어 준 휴 "버드" 미한(Hugh "Bud" Mehan), 애런 시쿠렐(Aaron Cicourel) 그리고 고인이 된 조지 맥클루어(George McClure)에게 많은 빚을 졌다.

나는 협업을 통해 많은 것을 배웠다. 무수히도 많이 예리하고 회의적인 질문들과 함께 귀 기울여 준 엘리엇 와이닝거(Elliot Weininger)에게 특별히 감사의 인사를 전한다. 3주에 한 번씩 만나 함께 연구물을 읽는 펜실베이니아대학교(University of Pennsylvania, Penn) 글쓰기 모임도 큰 도움이 되었다. 모임의 구성원은 수년에 걸쳐 증가하고 감소했다. 이 원고의 초고를 읽고 의견을 준 애슐리 카트라이트(Ashleigh Cartwright), 이린 치앙(Yi-lin Chiang), 셰럴 퍼거슨(Sherelle Ferguson), 리타 하비(Rita Harvey), 피터 하비(Peter Harvey), 혜정 조(Hyejeong Jo), 카타리나 헤흐트(Katharina Hecht), 블레어 새켓(Blair Sackett), 도론 시퍼－세바(Doron Shiffer－Sebba), 캘빈 짐머맨(Calvin Zimmerman) 등에게 감사를 전한다. 이 책의 초판을 검토해주신 틸러 발도르(Tylor Baldor), 아만다 바렛 콕스(Amanda Barrett Cox), 제시카 맥크로리 칼라코(Jessica McCrory Calarco), 노라 그로스(Nora Gross), 그리고 알리야 하미드 라오(Aliya Hamid Rao)에게도 감사를 전한다. 『불평등한 어린 시절』에서 특별한 역할을 해준 패트리샤 베르하우(Patricia Berhau)에게도 감사를 전한다. 바네사 로페스 무뇨스(Vanessa Lopes Muñoz), 카렌 한센(Karen Hansen), 그리고 티모시 블랙(Timothy Black)은 이 프로젝트의 초기 우승자(챔피언)였고, 그 과정에서 귀중한 논평을 해주었다. 익명의 심사자들과 에이미 스타인버거(Amy Steinbugler), 벤자민 셰스타코프스키(Benjamin Shestakofsky), 캐롤린 타이슨(Karolyn Tyson), 엘레나 반 스티(Elena van Stee), 마리온 스탠더푸어(Marion Standefur)의 피드백은 이 책을 상당히 좋게 만들었다. 그리고 이 책이 거의 완성되었을 때, 로빈 리드너(Robin Leidner)와 레슬리 백(Leslie Paik)은 책 전체를 꼼꼼하게 검토해주었다. 메건 컴스톡(Meghan Comstock)과 린제이 골드스미스－마키(Lindsay Goldsmith－Markey)도 선택한 장들을 읽으며 나를 도왔다. 시카고 대학 출판부의 엘리자베스 브랜치 다이슨(Elizabeth Branch Dyson)은 인내심을 가지고 이 책을 기다리면서 매우 귀중한 편집 조언을 해주었다. 미주 전역의 다른 사회학자들도 이 책 프로젝트에 대해 이야기했고, 내가 의심스러운 순간에 인내심을 가지라고 격려했다.

동료들과 함께 글을 쓰는 모임은 훌륭한 발명품이며, 마이아 쿠치아라(Maia Cucchiara)와 주디스 레빈(Judith Levine)과 함께하는 글쓰기 모임은 훌륭한 자산이 되었다. 차를 마시며, 그리고 따뜻한 마음으로 원고를 여러 번 읽고, 날카로운 질문을 하고, 열정과 도움이 되는 비평을 했다. 존 월리스(Jon Wallace)는 초기 단계에서 중요한 의견을 제공했다. 나는 또한 이 책의 일부 장과 실제로 내가 평생 동안 쓴 모든 책을 열심히 편집해 준 캐서린 무니(M. Katherine Mooney)에게 큰 빚을 졌다. 첼시 가드너(Chelsea Gardner)가 이끄는 재능 있는 학부생 집단(케이틀린 앙(Caitlin Ang), 숀 송(Shawn Sangeun Kim), 나다니엘 레딩(Nathaniel Redding), 그리고 엘롬 베도미(Elom Vedomey))은 내가 검토를 위해 제출한 원고에 대한 도서관 지원과 원고 교정을 봐주었다. 메리 코라도(Mary Corrado)의 세심한 편집에 감사드린다. 최종 교정을 해준 조안 에린 라라우(Joan-Erin Lareau), 앤디 히메네스(Andy Jimenez), 에드워드 스티븐스 4세(Edward Stevens IV), 그리고 헥터 토레스(Hector Torres)는 큰 도움을 주었다.

면담과 참여 관찰을 통해 중요한 연구를 해 온 모든 연구자들께 감사드린다. 공간의 제약으로 인해 모든 연구자의 이름을 나열하지 못하는 것에 대해 송구하지만, 그 연구들이 오늘의 나를 있게 했다. 여기 필라델피아에서 내 생각을 형성하는 데 특별한 역할을 해 준 나의 동료 조이 찰튼(Joy Charlton), 킴벌리 고예트(Kimberly Goyette), 데이비드 카렌(David Karen), 조쉬 클러그먼(Josh Klugman), 데미 커즈(Demie Kurz), 다니엘 로리슨(Daniel Laurison), 캐서린 맥클랜드(Katherine McClelland), 재닌 레밀라드(Janine Remillard), 리사 스뮬리얀(Lisa Smulyan), 에이미 스타인버거, 엘리자베스 유셈(Elizabeth Useem), 웨슬리 슈마(Wesley Shumar)를 언급하고 싶다. 펜실베니아와 미국 전역에 있는 나의 동료이자 민족학자인 찰스 보스크(Charles Bosk), 데이비드 그라시안(David Grazian), 로빈 리드너, 벤자민 셰스타코프스키도 든든한 지원군이 되어주었다. 이 책에서 조언을 해주신 모든 분들께 감사를 드린다.

1994년 우리의 첫 만남에서 사무엘 프리먼(Samuel Freeman)은 내가 『불평등한 어린 시절』 프로젝트를 위해 어린 아이들이 있는 가정에서 어떻게 참여 관찰을 했는지 설명했을 때 눈에 띄게 놀랐다. 바로 그는 절대 자신의 집에 아무도 방문하지 않도록 할 것이라고 말했다. 또한, 그는 문화기술지의 전체 프로젝트가 극도로 거슬린다고 생각했고, 왜 누군가가 그것에 참여하기로 동의하는지 이해하지 못했다. 우리의 현저한 세계관 차이에도 불구하고 우리의 결혼 생활은 내 인생에서 가장 좋은 것 중 하나였다. 그가 나를 지지해 준 덕분에 이 책은 더 좋아질 수 있었다. 그와 우리의 자녀들, 그리고 손주들이 내 삶에 가져 온 많은 선물에 감사드린다.

마지막으로 대학원과 학부 과정의 내 학생들이 가르쳐 준 모든 것에 대해 빚을 지고 있다. 강의와 대화를 통해 새로운 시각으로 연구의 과정을 볼 수 있었다. 나는 또한 그들이 이 책에서 문화기술지 연구에 대한 어려움을 공유할 수 있게 해준 것을 기쁘게 생각한다. 언젠가 자신의 연구를 완수하기를 희망하는 젊은 학자에게 이 책을 바친다.

3장 부록

인간주체보호를 위한 기관생명윤리심의위원회 탐색
: 또는 IRB 과정 관리 방법

L i s t e n i n g t o P e o p l e

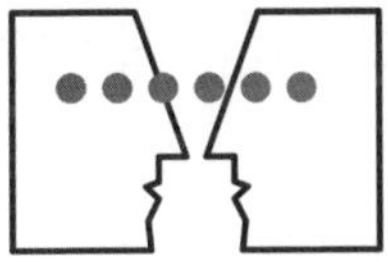

IRB는 적절한 감독이 없으면 연구 참여자에게 해를 끼칠 수 있는 불량 연구자가 존재하기 때문에 필요하며, 더 일반적으로는 연구자가 충분히 광범위한 가능성을 고려하지 않아 부주의하게 해를 끼칠 수 있기 때문이다. IRB는 연구자가 자료를 충분히 보호하지 않을 가능성도 문제로 지적한다. 예를 들어, 연구자가 실수로 자료가 담긴 가방을 지하철에 두고 내리거나, 민감한 정보를 담고 있는 온라인 데이터베이스에 적절한 보호 장치를 두지 않을 수 있다. IRB의 목적은 연구에 참여하기로 동의한 사람들이 신원이 식별되어 보안이 미흡한 자료를 통해 피해를 입는 일이 없도록 보호하는 데 있다. 만약 재난이 발생하는 경우 (예: 연구를 수행하는 동안 끔찍한 교통사고를 당하거나, 체포되거나, 기타 계획에 포함되지 않은 부정적인 사건이 발생하는 경우), IRB의 공식 승인은 연구자가 대학에서 승인한 활동을 수행하고 있다는 사실을 입증한다. 어떤 경우에는 대학 활동을 수행하기 때문에 대학이 일정 부분 책임을 질 수도 있다.

문제

IRB는 특히 의료 종사자가 연구 대상자에게 해를 끼칠 수 있는 약물을 실험하는 경우에 적합하다. 그러나 사회 및 행동 연구자에게는 그 과정이 더 복잡하다. 실제로 문화기술지 연구를 시작하는 과정에는 "닭이냐, 달걀이냐"의 문제가 있다. 연구 허가를 받을 수 있는지 여부를 모른 채 특정 장소에서 연구를 시작할 수는 없다. 인간 대상의 보호를 위해 현장에 있는 사람들의 허가와 IRB의 승인이 필요하다. 그러나 연구자가 무엇을 할지 정확히 알기 전에는 그 연구를 위한 허가를 받을 수 없다.

문제를 더 복잡하게 만드는 것은 특정 환경에서 시간이 지남에 따라 연구 질문이 발전할 수 있다는 점이다. 그러나 IRB 신청서, 연구 계획서, 연구비 신청서, 그리고 조직 내 의사결정권자들이 설정한 여러 장벽을 통과하려면 자신이 무엇을 할 것인지 정확하게 진술해야 한다. 이로 인해 연구자는 상당한 스트레스를 겪게 된다.

해야 할 일

IRB 규정을 따라야 하므로, 제안된 연구 질문의 성격에 대한 최선의 판단을 바탕으로 "성의 있게" 그리고 "충분히 괜찮은 수준으로" IRB를 신청해야 한다. (유일한 예외는 연구 결과를 수업에서 발표하거나 공개적으로 발표할 계획이 없는 경우이다.) 또한, IRB 신청서를 제출해두는 것은 연구자 본인의 이익을 위한 일이기도 하다. 연구자가 승인된 연구 계획과 약간 다르게 연구를 수행하더라도, IRB를 파일에 보관하는 것이 그렇지 않은 경우보다 훨씬 더 낫기 때문이다.

문화기술지 프로젝트가 진행되는 모든 순간에 IRB를 완벽하게 준수하기는 어렵다. 연구자나 IRB 사무국 직원 모두 IRB를 업데이트하고 수정하기 위해 자주 연락하는 것을 원하지 않는다. 따라서 첫 제출에서 최선을 다한 다음, 필요에 따라 정기적으로 변경 승인을 위한 공식 요청을 통해 수정본을 제출하는 것이 바람직하다. 사소한 변경은 면제될 수도 있다. 예를 들어, 우리 대학에서는 면담 지침의 질문을 수정하더라도 IRB의 수정이 요구되지 않는다. 그러나 모집 또는 동의서 양식에 대한 샘플 문구를 변경하는 경우, 새로운 유형의 연구를 추가하거나 새로운 형태의 자료를 수집하기로 결정하는 경우에는 수정이 요구된다. 일반적으로 이러한 종류의 변경은 한 학기에 한 번 발생할 수 있으며, 자료 수집이 2년 동안 지속되는 연구에서는 세 차례 정도의 수정이 있을 수 있다.

확장

IRB를 제출할 때는 가능한 한 광범위하게, 그리고 유연하게 연구를 설명해야 한다. 연구에서 하고 싶은 일을 예상해보고, 지나치게 좁거나 빠르게 쓸모없어질 수 있는 방식보다는 (새로운 연구 질문의 발전을 포함할 수 있는) 일반적이고 추상적인 용어로 연구를 서술하는 것이 좋다. 예를 들어, 기본적인 형태의 관찰(예: 업무 환경에서 시간 보내기, 회의 참석하기, 이메일 사본 받기, 민감하지 않은 문서 복사하기, 점심 대화 참여하기, 사무실 밖에서 식사하기 등)에 대한 허가를 요청할 수 있다. 또한 면담할 사람의 수를 두 배 또는 세 배로 늘릴 수도 있다. (각 면담에 대한 면담 지침은 IRB 신청서와 함께 제출되어야 한다.)

연구 질문이 발전할 수 있기 때문에, 연구 목표를 구체적으로 명시하여 "대학이 노동시장 경험에 미치는 영향을 조사하겠다."보다는 "최근 대학 졸업자와 같은 청년들이 인생을 시작할 때의 전환점에 대해 탐구하고 싶다."는 일반적인 방식으로 연구 목표를 진술하는 것이 좋다. 이와 비슷하게, 많은 IRB 사무국에서는 일반적인 면담 질문("당신의 일에 대해서 말해주세요.")을 승인한다. 면담에 사용된 일련의 조사 항목(예: 업무, 좋아하는 것, 싫어하는 것, 성취감, 좌절감 등)을 명시할 수 있다. 감사 선물을 제공할 계획이 있다면, 가능한 여러 선물의 목록을 작성하고 그 가치를 명시해야 한다. 면담 참여자는 한 명당 약 20달러 이하의 사례를 받을 수 있으며, 이는 꽃, 음식, 상품권, 액자 등으로 다양할 수 있다. 그러나 상황에 따라 감사 선물을 하지 않을 수도 있다.

승인 이전에 IRB는 당신이 관찰하려는 장소(예: 학교, 병원, 기업)에서 발급한 허가 문서를 요청할 수 있다. 또한 병원, 교도소, 학교 등 일부 기관에서는 자체 IRB 절차를 갖추고 있으며, 이러한 기관들은 일반적으로 당신의 기관 IRB의 승인을 요구할 수 있다. (다만, 경우에 따라 다른 기관이 IRB 승인을 수락하고 별도의 검토를 요구하지 않을 수도 있다.) IRB를 통해 지원서를 제출한 후, 연구를 수행할 장소의 이름을 입력하거나 나중에 추가할 수 있다. 아니면, 연구를 수행하고자 희망하는 기관명을 기재할 수 있다. (IRB는 그 곳에 직접 연락하지 않는다.) IRB 관계자들은 거의 항상 단락을 수정하거나, 질문을 명확히 하거나, 오류를 수정하라고 요구하는 과정을 "반복"한다. IRB 과정은 시간이 오래 걸릴 수 있으므로, 프로젝트의 모든 세부사항을 확정하기 전에 시작하는 것이 가장 좋다. IRB 승인을 받은 후 다른 기관 이름으로 대체할 수도 있다. **모든 세부사항을 마무리하려다 심사 절차 자체를 지연시키는 것보다는, 일단 초안을 제출하고 나중에 수정하는 편이 낫다.** 연구 참여자를 만났을 때는 가능한 즉시 시작하는 것이 좋다. "좋아요, 감사합니다! IRB 승인을 받고 올게요!"라고 말하는 것은 어색할 수 있다. IRB 위원회는 지원서의 일부로 현장의 간략한 확인서를 요구할 수 있지만, 최종 승인 단계에서 IRB 신청서가 거의 완료된 상태일 때 이 정보를 제출하는 것도 가능하다.

IRB 신청서를 제출하기 전에, 성공적인 IRB 신청 경험이 있는 롤모델을 찾는 것이 중요하다. IRB 절차를 잘 알고 있는 사람, (이상적으로는) IRB 직원과 잘 알고 있는 사람이 있다면, (비록 그들은 종종 이런 부탁을 거절하고 신청서를 먼저 제출하라고 말한다고 하더라도) 그 사람에게 검토를 요청하고 제출해야 할 서류를 미리 점검해 달라고 부탁함으로써 시간을 절약할 수 있다. 일반적으로 IRB 직원에게 전화를 통해 이메일보다 더 많은 정보를 얻을 수 있다. 따라서 전화기를 들어 직접 연락을 시도하고, 메시지를 남기며, 그들이 다시 연락해 주기를 요청하는 것이 좋다.

동의 문제

어떤 조직에서는 한 사람의 승인만으로 연구를 진행할 수 있는 "소극적 동의" 방식을 허용한다. 이 경우, 조직 내 한 명이 승인을 하면, 나머지 사람들에게 연구를 알리는, (참여를 원하지 않는 사람은 거부할 수 있는) 방식이다. 이 방식은 이상적이다. 예를 들어, 나는 교실에서 참여 관찰을 수행하기 위해 소극적 동의를 받았다. 교장은 연구가 진행되고 있음을 부모에게 알렸고, 부모는 연구에 참여하지 않기로 선택할 수 있는 기회를 제공받았다. 나는 교실을 방문했지만, 아이를 교실에서 내보내거나 교육 활동을 방해하지 않았다. (오히려 도움을 주었다.) 나는 부모에게 보낼 편지와 교장이 서명한 양식을 IRB에 제출했다. 수동적 동의가 없는 경우에는 IRB 신청서에 연구에 참여하는 각 유형의 사람(예: 교장, 교사, 학부모, 학교 행정 직원)을 위한 별도의 동의 양식이 필요하다. 18세 미만의 아이들은 부모나 권한 있는 사람의 동의 없이는 보육원이나 학교에서 정상적인 활동을 방해받거나 면담에 참여할 수 없다. 모든 사람에게 구두 동의는 매우 유용하며, 법적으로 허용된다. 서면 동의가 연구 목적에 어떻게 방해가 되는지 IRB에 설명해야 한다. 또한, 동의서 양식에 별도의 체크박스를 두어 음성 녹음의 일부를 학회에서 재생하는 것에 동의하게 할 수도 있다. (응답자의 목소리가 발표 중에 나오는 것은 매우 강력하다.) 일부 출판사들은 연구 참가자들이 (실명 없이) 자신의 정보를 게재할 수 있도록 동의했는지 요구한다. 이 경우, 독자가 책을 통해 인물을 추측할 가능성은 낮지만, 그 가능성이 존재함을 인정받고자 하는 것이다. 이러한 정보는 주요 동의 양식에 포함될 수 있다 ("나는 이 연구의 결과가 기사 또는 책 형태로 출판될 수 있음을 이해합니다."). 참여 관찰을 위해 연구 현장에서 무엇을 찾을 것인지에 대한 최선의 추정치를 제출해야 한다. (예를 들어, "내 관찰에서는 부모와 교사가 어떻게 상호작용하는지, 자원 봉사의 순간, 아이들의 학업 진행에 대한 논의, 긴장이나 갈등의 순간을 특히 살펴볼 것이다.")

기간

IRB와 관련된 문제를 협의하는 것은 서두르지 않을 때 수월하게 진행된다. IRB를 협의하는 것은 비행기 여행을 하기 전에 보안 검색대를 통과하는 것과 비슷하다. 심사 과정은 까다로울 수 있지만, 대부분의 경우 여행자는 결국 여행을 시작할 수 있다. 그러나 검색대를 빠르게 통과하기란 어렵다. IRB 승인을 받기 위해서는 일반적으로 4~6개월의 시간이 필요하다. 일부 기관에서는 신속 승인이 필요한 경우 3주 안에 승인을 완료할 수도 있지만, 일반적으로는 훨씬 더 시간이 걸린다. (대부분의 연구비 지원 기관에서는 IRB 승인 없이도 제안서를 제출할 수 있다. 그러나 연구비 지원을 받기 전에 IRB 승인이 완료되어야 한다.) IRB 심사 과정의 기간을 고려할 때, 연구자들은 연구를 시작하고자 하는 학기 또는 1년 전에 IRB를 제출해야 한다. 일부 기관에서는 모순적인 상황이 존재한다. 논문 제안서가 승인될 때까지 IRB를 제출할 수 없다는 것이다. 만약 그렇다면, 현재 진행 중인 관련 연구에 참여할 수 있는지 확인하는 것이 좋다. 연구 제안서는 현재 진행 중인 연구에 대한 수정안으로 제출될 수 있다. 이는 큰 요청 사항이 아니며, 중요한 시점에 몇 달의 시간을 절약할 수 있는 방법이기도 하다. 이후 필요하다면, 신청서를 수정하기 위한 서류를 제출해서 당신이나 다른 사람으로 연구책임자를 변경할 수 있다.[1] (그러나 연구를 시작하기 전에 자료의 소유권과 잠재적인 공동 저자 계획에

1) 일부 대학에서는 학생들이 자신들의 연구의 연구책임자가 되는 것이 허용되지 않는다. 오직 교수만이 이 역할을 맡을 수 있다. 그럼에도 불구하고 학생들은 보통 모든 서류를 작성한 뒤 교수에게 검토해달라고 요청한다. 또한, 많은 학과는 IRB 신청서에 대해 학과장이나 학과 대표의 승인을 요구한다. 이들에게 신청서를 다음 주에 검토해야 한다고 사전에 안내하는 것이 중요하다. 만일 학과 대표가 출장 중일 경우, 부재 동안 서명을 대신할 수 있는 사람이 있는지 물어보는 것이 합리적이다. 학생들이 학과 서명을 기다리며 신청서 처리가 2주 이상 지연된 것으로 알려져 있으며, 사전 조정을 통해 이러한 지연을 줄일 수 있다.

대해 명확하고 직접적인 대화를 나누는 것이 중요하다.)

시간이 부족하다면 IRB 신청서를 제출하여 18세 이상의 사람들을 면담하는 것과 같은 연구의 작은 부분에 대한 승인을 먼저 받아야 한다. (이 승인은 전체 연구의 일환으로 간주되어야 한다.) 많은 기관에서 눈덩이 표본을 통해 취약 계층이 아닌 성인과 면담하는 경우는 "면제"의 대상이 되며, IRB 검토도 비교적 간단하다. 이를 통해 최소한 현장에 대한 접근 권한을 확보하고 프로젝트의 일부를 시작할 수 있다. 이후 승인 후에는 "수정본" 제출을 통해 추가 연구를 수행하면 된다. 공공 장소에서의 관찰을 위한 승인은 대개 면제되거나 간단하게 처리될 수 있다.

전체 위원회 검토를 거쳐야 하는 IRB 신청과 관련해서, 대부분의 IRB 위원회가 매달 회의를 개최한다. 수감자, 어린이, 환자 및 기타 취약 계층과의 상호 작용이 포함된 연구는 반드시 전체 위원회 검토를 필요로 한다. 일반적으로 위원회는 IRB 신청서를 검토한 후 해당 연구에 대해 추가적인 질문을 한다. 일부 대학에서는 연구자가 수정된 신청서를 위원장에게 제출할 수 있으며, 위원장이 이를 단독으로 승인할 수 있다. 그러나 운이 좋지 않다면, 전체 위원회 검토를 위해 다시 위원회에 제출해야 할 수도 있다. IRB가 연구자의 연구 수행을 방해한다는 이야기가 있지만, 이는 종종 해결할 수 있다. 예를 들어, IRB가 처음에 아동 면담을 포함하는 프로젝트의 일부 요소를 제한하더라도, 연구가 진행되는 과정에서 해당 주제를 다시 검토하고 승인받는 것이 가능하다. 한 가지 방법은 부모를 먼저 면담하는 것이다. 그 후, 면담이 끝난 시점에서 부모에게 향후 연구에서 아이들을 관찰하거나 면담할 수 있는지 문의한다. 하지만 항상 중요한 것은 연구의 각 부분을 "분리"하는 것이다. 즉, 부모가 A 부분에 참여하더라도 B 부분을 거절할 수 있도록 하는 것이 중요하다.

연구를 위해 필요한 자료 중 하나는 연방정부가 발행하는 국립보건원(NIH)의 기밀유지증명서다. 이 증명서는 법적 조치(예: 소환장)로부터 연구자를 보호하며, 연구의 기밀성을 보장하는 연방 명령이다. NIH 연구지원금 수혜자는 일상적으로 이러한 보호를 받는다. 연구에 건강과 관련된 질문이 포함되어 있다면, NIH 지원금을 받지 않더라도 이 증명서를 받을 수 있다. 일부 연구자는 자격을 얻기 위해 건강 관련 질문을 면담 지침이나 참여 관찰 질문에 추가하기도 한다. NIH 연구지원금 수혜자를 위해 고안된 이 증명서는 연구에 "행동" 요소가 있는 사회과학자들에게도 적용될 수 있다. NIH는 "비국립보건원 자금 지원" 연구를 포함하여 기밀유지증명서를 받는 방법에 대한 명확한 지침을 제공한다. 이 증명서는 누군가가 자료를 다른 사람에게 넘겨야 한다고 주장할 가능성이 있는 경우에 유용할 수 있다.

형식적인 관료주의적 언어는 제쳐두고 말하자면, 내가 만난 IRB 심사위원 중 어느 누구도 연구를 방해하는 데 관심이 없다. 그들은 단지 연구가 법을 준수하는지 확인하고 싶을 뿐이다. 심사위원들이 지적했듯이, 사고는 언제든지 발생할 수 있다. 그렇기 때문에 일찍 시작하고, 급한 경우에는 작게 시작하는 것이 좋다. 연구 참가자에게 제공해야 할 모든 정보를 공유해야 하며, 당신이나 당신의 가족이 연구에 참여하게 된다면 무엇을 알고 싶을지 고민해 보아야 한다.

찾아보기

참고문헌

본 QR코드를 스캔하시면

이 책의 참고문헌을 확인하실 수 있습니다.

저자 소개

아네트 라로(Annette Lareau)

캘리포니아대학교 버클리 캠퍼스에서 사회학 박사학위를 받았다. 메릴랜드 대학교와 템플대학교 사회학과 교수를 거쳐, 현재 펜실베이니아대학교 사회학과 교수로 있다. 가족생활(family life)을 연구의 중심에 두는 사회학자로, 특히 가족생활의 사회 계층 차이 및 가족과 기관의 관계를 연구해 왔다. 주요 저서는 가족－학교 관계에 관한 『가정의 이점(Home Advantage)』, 자녀 양육의 문화적 논리에 관한 『불평등한 어린 시절(Unequal Childhoods)』, 부모가 거주지를 결정하고 자녀를 학교에 보내는 과정에 대한 『거주지 선택, 학교 선택(Choosing Homes, Choosing Schools, 킴벌리 고예트(Kimberly Goyette)와 함께 편집)』이다. 최근에는 공저로 난민 가족이 상향 이동을 추구하면서 제도 내에서 어떻게 장애물과 복잡한 상황에 직면하는지에 대한 『우리는 그곳이 천국이 될 것으로 생각했습니다: 불평등한 미국의 난민들(We Thought It Would Be Heaven: Refugees in an Unequal America)』을 저술하였다.

역자 소개

유성상

서울대학교 교육학과 교수. 서울대학교 교육학과에서 학부와 석사과정을 공부하고 미국 캘리포니아대학교(UCLA)에서 박사과정(국제비교교육)을 마쳤다. 교육, 발전, 불평등, 사회정의가 맞닿는 주제에 관심이 있고, 교육을 통한 사회변혁의 가능성을 탐색하고 있다.

이인영

한국청소년정책연구원 부연구위원. 서울대학교 교육학과를 졸업하고 동 대학원에서 석사과정(글로벌교육협력)과 박사과정(교육사회학)을 마쳤다. 청소년의 삶과 교육, 그리고 사회정의에 학문적 관심을 두고 있다.

박채원

서울대학교 아시아연구소 아시아–아프리카센터 방문학자, 한국외국어대학교 특임강의교수. 한국외국어대학교 포르투갈어과를 졸업하고 서울대학교 글로벌교육협력 전공에서 석사과정과 박사과정을 마쳤다. 글로벌 남반구의 교육과 발전에 학문적 관심을 두고 있다.

정다정

서울대학교 교육연구소 객원연구원. 고려대학교 정치외교학과 학부와 석사과정에서 공부하고 서울대학교 글로벌교육협력 전공에서 박사과정을 마쳤다. 교육, 생태, 발전이 맞닿는 주제에 학문적 관심을 두고 있다.

사람에게 귀 기울이기

초판발행 2025년 11월 10일

지은이 아네트 라로(Annette Lareau)
옮긴이 유성상·이인영·박채원·정다정
펴낸이 노 현

편 집 이혜미
기획/마케팅 이선경
표지디자인 BEN STORY
제 작 고철민·김원표

펴낸곳 ㈜ 피와이메이트
서울특별시 금천구 가산디지털2로 53, 210호(가산동, 한라시그마밸리)
등록 2014. 2. 12. 제2018-000080호
전 화 02)733-6771
f a x 02)736-4818
e-mail pys@pybook.co.kr
homepage www.pybook.co.kr
ISBN 979-11-7279-031-8 93370

정 가 20,000원

박영스토리는 박영사와 함께하는 브랜드입니다.